Guillermo Maldonado
Das Königreich der Kraft
Manifestation hier und jetzt

Guillermo Maldonado

Das Königreich der Kraft

Manifestation hier und jetzt

Deutsch von Ursula Jung

Verlag Gottfried Bernard
Solingen

ISBN 978-3-941714-39-7
Best. Nr. 175539

Übersetzung: Ursula Jung
Lektorat: Elisabeth Bernard, Solingen
Grafikdesign: Daniel Bernard, Kirchheim/Th;
Adaption des amerikanischen Originals
Satz: Satz & Medien Wieser, Stolberg
Druck: CPI – Clausen & Bosse, Leck
Printed in Germany

Inhalt

Vorwort von Christoph Häselbarth 7

1. Das Königreich Gottes ist in dir 11
2. Das ursprüngliche Herrschaftsmandat 46
3. Die Auferstehung von Jesus errichtete sein Reich und seine Herrschaft über das Reich der Finsternis 87
4. Der geistliche Kampf zwischen zwei Reichen 128
5. Das Evangelium vom Reich Gottes heute verkündigen . 167
6. Die Wiederherstellung des Übernatürlichen in der Gemeinde 207
7. Eine Herrschaft von Königen und Priestern 243
8. Glaube: Die Währung im Reich Gottes 271
9. Demonstrationen der Kraft des Reiches Gottes im Hier und Jetzt 302
10. Die Ausbreitung des Reiches Gottes durch geistliche Macht 329

Vorwort

Wir sind nicht nur deutsche Staatsbürger, sondern auch Bürger des Reiches Gottes auf Erden. Als Repräsentanten und Botschafter seines Reiches haben wir ein Anrecht, die Kraft und Vollmacht dieses Reiches in uns zu tragen. Durch unseren Glauben wird diese wunderwirkende Kraft sehr real erlebbar.

Wie und wo? Im Alltag, wo Gott durch uns seine wunderwirkende Macht sichtbar machen wird. Apostel und Pastor Maldonado erzählt viele inspirierende Beispiele dazu. Das fordert uns einerseits heraus, aber es motiviert uns auch zu beten: Herr, ich bitte und glaube, dass ich die Krafterweise deines Reiches auch selbst erleben werde.

Wir dürfen uns als Vertreter und Bevollmächtigte des Reiches Gottes verstehen und damit sind wir Mitregenten seines Reiches.

Es sollte normal sein, dass Kraftwirkungen, Heilungen und Wunder, d.h. übernatürliche Ereignisse, geschehen, die Jesus durch uns, die Vertreter seines Reiches, geschehen lässt. Wie bei Jesus: ... Er lehrte in ihren Synagogen und verkündete das Evangelium von dem Reich und heilte alle Krankheiten und alle Gebrechen (Matthäus 4,23).

Später sagte Jesus zu seinen Jüngern und damit auch zu uns: Ich gebe euch Vollmacht über die Dämonen und alle Krankheiten und alle Gebrechen zu heilen (Matthäus 10,1). So werden durch uns die Manifestationen seines Reiches sichtbar, und wir erleben die übernatürliche Kraft des Reiches Gottes – sofern wir das wollen, erbitten und voll Glauben erwarten.

Wir sind aus Gott und damit sind wir ein Geist, der eine Seele hat und in einem Körper lebt, geschaffen, schöpferisch tätig zu sein und mit Jesus im Leben zu herrschen. Wir sollen nicht unter den Umständen des Alltags leben, denn wir sind berufen, mit Jesus über die Umstände zu herrschen. Das klingt ziemlich abgehoben. Doch in diesem Buch wird uns anhand vieler Beispiele erklärt, wie uns das durch die in uns wohnende übernatürliche

Kraft möglich ist. Wir haben Autorität, weil wir uns der gewaltigen Autorität Jesu untergeordnet haben.

In dem Buch lehrt uns Apostel Maldonado, nach welchen Prinzipien wir im Leben geistlich herrschen und regieren können. Wir bekommen eine Offenbarung davon, dass der auferstandene, siegreiche Jesus in uns lebt.

Wir werden gelehrt, wie wir den Kampf zwischen den zwei Reichen, dem Reich der Finsternis und dem Reich des Lichts, gewinnen können. Die dazu angeführten Beispiele sind sehr ermutigend. Wegen der Vollmacht, die Jesus uns, seinen Jüngern, gab, können wir Dämonen austreiben und dadurch die Macht des Reiches Gottes demonstrieren.

Junge Leute, die die übernatürliche Kraft des Evangeliums erleben, sind nicht mehr zu halten. Sie haben nur noch ein Verlangen: Ich möchte mehr davon erleben.

Dieses Evangelium der Errettung und der Kraft wird die Kirchen und die Welt erschüttern und verändern. Damit erhebt sich für viele Gemeinden die Frage, ob sie dieses Evangelium des kraftvollen Reiches Gottes annehmen wollen - oder nicht. Es kann sich auch Widerstand dagegen erheben.

Die gute Antwort lautet: Wie hat sich Jesus damals verhalten, was sagt er im Vaterunser und wo erleben wir heute das Kommen seines Reiches? Denn das Evangelium des Reiches Gottes kann nicht gelebt werden ohne Errettung, Heilungen und Befreiung von dunklen Mächten.

Wir glauben, jetzt ist die Zeit, in der das Reich Gottes in mächtiger Weise weltweit erlebt wird. Deutschland wird Erweckung erleben, weil Gott aus Gnade unser Land mit der übernatürlichen Kraft des Reiches Gottes beschenken wird.

Wenn Sie dieses Buch mit einem offenen Herzen lesen, werden Sie ganz sicher sagen: Ich möchte das Reich Gottes, das sich durch mitfolgende Heilungen und Wunder zeigt, ebenso erleben, wie es in diesem augenöffnenden Buch beschrieben wird. Selbst wenn sich manche Bedenken dagegen erheben und heilige Kühe geschlachtet werden müssen, werde ich nach den Anweisungen der Bibel mit vollem Einsatz nach dem Reich Gottes trachten (Matthäus 6,33).

Jesus hat uns mit einer umfassenden Befreiung aus Sklaverei von Furcht, Ablehnung, Krankheiten und vielem mehr beschenkt – wenn wir es im Glauben ergreifen und den Stand von Königen und Priestern einnehmen. Als diese sind wir berufen, mit Jesus im Leben zu herrschen.

Als Könige und Priester bringen wir uns und alles, was wir sind und haben, Gott als ein ihm wohlgefälliges Opfer dar. Mit Jesus in uns treten wir jetzt in eine Zeit ein, in der wir große Taten Gottes, Wunder und Heilungen erleben werden, die wir bisher für undenkbar hielten.

Wir dürfen uns entscheiden, Teilhaber dieser übernatürlichen Reich-Gottes-Ereignisse zu sein, denn wir sind durch Jesu Blut Bundespartner Gottes. Wir leben nicht mehr in der Sklaverei von Mangel, Krankheit, Angst und Gebundenheit, nein, wir leben als bevollmächtigte Könige und Priester Gottes, die autorisiert sind, im Namen Jesu über die Umstände zu herrschen und zu regieren.. Wir tun dies im Glauben, der uns von Gott geschenkt wird und können somit in der übernatürlichen Kraft Gottes befehlend beten.

In diesem Buch wird ausgezeichnet erklärt, wie unser Maß des Glaubens in uns aktiviert wird, so dass die göttlichen Lösungen aus dem Himmel unsere Bedürfnisse stillen. Das sollte jeder Christ verstanden haben und im täglichen Leben praktizieren. Deshalb konnte Jesus sagen: Ihr werdet die gleichen Werke tun wie ich und noch größere (Johannes 14,12).

Glaube, der aus einer göttlichen Offenbarung kommt, spricht kühn Heilung und Wiederherstellung über dem kranken Körperteil aus.

Anhand starker Beispiele erklärt Apostel Maldonado in ansteckender Weise, wie das Reich Gottes in übernatürlicher Kraft und mitfolgenden Wundern verkündet und erlebt werden kann.

Gott beschenkt heute in zunehmendem Maße Christen aller Konfessionen und Prägungen mit einer Sehnsucht und einer Leidenschaft, das Reich Gottes in Kraft und Wundern zu demonstrieren. Dieses Buch wird das Feuer dieser Leidenschaft in jedem Christen entzünden, der sich danach ausstreckt.

Wir dürfen lernen, unseren Geist zu ermutigen, göttliche Offenbarungen zu ergreifen, und unser Geist wird lernen, über unsere Seele und unseren Körper die Führung zu übernehmen.

In uns nimmt die Leidenschaft zur Ausbreitung des Reiches Gottes sowie die Kraft und die Salbung ständig zu, wenn wir den Heiligen Geist bitten, uns in die Fülle der für uns vorbereiteten Werke hineinzubringen. Denn wir leben in einer Zeit, in der ganze Nationen vom Erweckungsfeuer des Reiches Gottes erfasst und verändert werden.

Das Buch fordert jeden Leser heraus und stellt ihn vor die Frage: Wirst du deine Berufung als König und Priester einnehmen und von ganzem Herzen danach trachten, mit übernatürlicher Kraft Gottes Reich zu bauen?

Das Buch fordert aber auch jede Gemeinde heraus, sich dafür zu entscheiden: Wir wollen in die Dimension des Gemeinde- und des Reich-Gottes-Wachstums hineinkommen, in der Apostel Maldonado uns vorausgegangen ist. Gott wird den Gemeinden Gnade, Salbungen, Autorität, Heilungen, Wunder, Finanzen und Begabungen in dem Maße geben, wie es jeweils nötig ist gemäß ihrer Vision und ihrem Glauben.

Wir werden in diesem besonderen Buch inspiriert, wie wir Widerstände Satans überwinden und Durchbrüche und Siege erleben können.

Wenn Sie dieses Buch mit einem offenen Herzen und einem willigen Geist durchlesen, wird sich für Sie eine neue Welt eröffnen – nämlich die übernatürliche, siegreiche Welt des Reiches Gottes.

Dr. Christoph Häselbarth

Kapitel 1

Das Königreich Gottes ist in dir

Jesus machte seinen Jüngern gegenüber diese bemerkenswerte Aussage: „*Fürchte dich nicht, du kleine Herde! Denn es hat eurem Vater wohlgefallen, euch das Reich zu geben*" (Lukas 12,32). Diese Erklärung gilt auch den heutigen Nachfolgern von Jesus. Egal mit welchen Schwierigkeiten oder Ängsten wir in unserem Leben zu kämpfen haben, Gott hat uns sein Reich gegeben. Es leuchtet kraftvoll in der Dunkelheit unserer Welt und fegt Krankheit, Sünde, Dämonen, Mangel und sogar den Tod hinweg. Ich lade dich ein, in Gottes Reich der Kraft einzutreten, damit du erlebst, wie es sich im Hier und Heute manifestiert!

Durch zusammengesetzte Satellitenfotos hat die NASA ein eindrucksvolles Bild der Erde bei Nacht angefertigt. Jeder weiße Lichtpunkt auf diesem Bild repräsentiert das Licht einer einzelnen Stadt oder andere Lichtquellen, und die vereinten Lichter der verschiedenen Großstadtregionen erscheinen als strahlende Lichtflecke.

So wurde nicht nur ein wunderschönes Bild geschaffen, sondern dieses Sichtbarmachen von Licht auf solcher Art von „Satellitenkarten" vermittelt auch etwas vom Lebensstil der Menschen quer über den Globus. Die Ausbreitung der Verstädterung wird dadurch aufgezeichnet und es macht den nächtlichen Stromverbrauch sichtbar. Manchmal werden diese Satellitenkarten auch dazu benutzt, um auf wirtschaftliche Entwicklungen und andere gesellschaftliche Faktoren hinzuweisen. Wissenschaftler und Forscher nennen das „Lichtstärke- oder Leuchtkraft-Daten".[1]

---

[1] geology.com/articles/satellite-photo-earth-at-night.shtml; geology.com/press-release/world-at-night/; http://www.flickr.com/photos/wwworks/2712986388/

Lichter scheinen in der Dunkelheit

Ihr seid das Licht der Welt; eine Stadt, die oben auf einem Berg liegt, kann nicht verborgen sein … So soll euer Licht leuchten vor den Menschen, damit sie eure guten Werke sehen und euren Vater, der in den Himmeln ist, verherrlichen (Matthäus 5,14 +16).

Jesus beschreibt seine Nachfolger als Menschen mit „geistlicher Leuchtkraft". Was wäre, wenn wir die Strahlungsintensität von Gottes Licht, das von Gläubigen überall auf der Erde ausgestrahlt wird, auf einer Karte darstellen könnten, und der Grad der Leuchtkraft den geistlichen Zustand von Menschen und ihr Tätigsein für Gott anzeigen würde? Wir würden entdecken …

- welche Nationen oder Regionen das Licht Gottes auf der Erde am hellsten ausstrahlen.
- wie weit und in welchem Ausmaß wir das Reich Gottes auf der Erde ausgebreitet haben.

Die zusammengestellten „geistlichen Lichtstärke- oder Leuchtkraft-Daten" aller Christen dieser Welt würden uns zeigen, in welchem Ausmaß wir *„leuchten als Lichter in der Welt"* (Philipper 2,15; Schlachter 2000). Wenn wir wirklich unser Licht leuchten lassen, dann sollten wir auf dieser Art von Karte „Flecken" von strahlendem geistlichem Licht in unseren Städten, Bundesländern, Regionen und Nationen sehen. Gläubige, die sich in Einheit als „leuchtende Städte" zusammenschließen, können überall dort, wo sie leben, arbeiten oder reisen, die geistliche Dunkelheit vertreiben.

Von innen heraus leuchten

Auf den Satellitenkarten der NASA sind die weißen Lichtpunkte deutlich zu sehen. Wir können aber die Elektrizität nicht sehen, die diese Lichter erzeugt, da sie in zahlreichen Generatoren unsichtbar wirksam ist.

Auf eine vergleichbare Weise wird unser geistliches Licht in uns „erzeugt“. Wenn wir wiedergeboren werden (Johannes 3,1-21), kommt Gott, um durch den Heiligen Geist in uns zu wohnen, und das Reich Gottes wird in uns errichtet. Jesus sagte: „Das Reich Gottes kommt nicht so, dass man es beobachten könnte; auch wird man nicht sagen: Siehe hier! Oder: Siehe dort! Denn siehe, **das Reich Gottes ist innerhalb**[2] **von euch**“ (Lukas 17,20-21).

Wenn auf der Erde keine Elektrizität erzeugt oder benutzt würde, dann wäre unsere physikalische Welt nachts viel dunkler. Gibt es in Städten oder Regionen einen großen Stromausfall, dann verringert sich die Helligkeit auf den Satellitenfotos. Wenn sich aus den unterschiedlichsten Gründen das Licht Gottes in uns verringert, dann werden wir ebenfalls nur ein schwaches geistliches Licht ausstrahlen. Dadurch wird sich das Reich Gottes in unserem persönlichen Leben nicht weiterentwickeln und auch nicht in der Welt.

Fließt das Reich Gottes jedoch durch die übernatürliche Kraft des Heiligen Geistes in uns und durch uns, gleicht das einem großen Generator. Das passiert wenn wir lernen, wie das Reich Gottes funktioniert und nach seinen Prinzipien handeln. Dann werden wir leuchten! Wenn wir anderen den Weg ausleuchten, damit sie das Reich Gottes in ihrem eigenen Leben empfangen und Wunder und Transformationen erleben, geben wir Gott damit Ehre.

Zuerst muss das Reich Gottes in uns hineinkommen, damit es sich äußerlich manifestieren kann.

Kürzlich diente ich in einer Versammlung in Dallas, Texas, und unter der Salbung Gottes fanden viele Wunder und Heilungen statt. Pastor Damion aus Phoenix, Arizona, der unter der Abdeckung einer Gemeinde steht, die mit unserem Dienst ver-

[2] Fußnote in der Elberfelder Bibel

bunden ist, war ebenfalls anwesend. Er berichtete von einem Wunder, in das eine Frau aus seiner Gemeinde involviert war. Der Stiefvater dieser Frau lebt in Detroit und arbeitet für einen Stromversorger. Man hatte ihn mit einem Metallrohr geschlagen, weil er sich weigerte, etwas Illegales im Zusammenhang mit seiner Arbeit zu tun. Daraufhin musste sein rechtes Auge entfernt werden und die Augenpartie wurde zugenäht. Pastor Damion erhielt von dieser Frau einen Anruf, in dem sie ihn um Gebet für ihren Stiefvater bat.

Dieser Pastor hatte in seiner Gemeinde über einige der Prinzipien aus meinem Buch *Übernatürlich in der Kraft Gottes leben*[3] gelehrt. An einem Sonntag bewegte Gott ihn dazu, eine Aufnahme von einem unserer Gottesdienste vorzuspielen, die er von unserer Webseite heruntergeladen hatte. Er erinnerte sich, dass ich erwähnt hatte, solche Aufnahmen während eines Gottesdienstes abzuspielen, da der Geist der Heilung und Befreiung in der Atmosphäre bleiben würde. Dadurch würden diejenigen, die Glauben haben, weitere Heilungen und Befreiungen empfangen. Nach einer kraftvollen Zeit von Lobpreis und Anbetung ließ Pastor Damion im Glauben die Aufnahme abspielen. Er war voller Erwartung, dass etwas geschehen würde. Gegen Ende der Aufnahme betete ich, und in diesem Moment empfand die eben erwähnte Frau, dass Gott sie aufforderte, ihre Hand als einen prophetischen Akt über ihr rechtes Auge zu legen, um die Heilung ihres Stiefvaters in Detroit zu beschleunigen. Sie hatte Glauben und der Rest der Gemeinde glaubte mit ihr, dass etwas geschehen würde.

Dreißig Minuten nach Ende des Gottesdienstes bekam Pastor Damion einen Anruf von dieser Dame. Sie schrie in das Telefon, so dass er dachte, etwas Schreckliches sei passiert, doch sie sagte: „Das Auge ist wieder da!“ Folgendes hatte sich ereignet: Der Stiefvater befand sich noch im Krankenhaus und bei der Morgenvisite untersuchte ein Arzt die Nähte der Augenhöhle. Dabei bemerkte er, dass sich etwas unter dem zugenähten Augenlid bewegte. Der Arzt dachte, das kann doch nicht sein, und sie öffneten die Nähte. Da war ein Auge! Der Mann war in der Lage, Schatten und Umrisse zu sehen, so wie ein neugeborenes Baby

---

[3] © 2012 Verlag Gottfried Bernard, Solingen, www.gbernard.de

sieht, bevor seine Sehkraft voll entwickelt ist. Später konnte er wieder perfekt sehen. Gott erschuf ein neues Auge, wo das vorige Auge aufgrund des erlittenen Schadens entfernt worden war.

Der Stiefvater war nicht gläubig, doch nach diesem kraftvollen Wunder wurde er errettet und ist jetzt voller Feuer für Gott. Mehr noch, seine Stieftochter wurde schwanger, obwohl die Ärzte ihr gesagt hatten, sie könne keine Kinder bekommen. Und auch die andere Tochter dieses Mannes, die in Detroit lebt, wurde von Morbus Crohn[4] geheilt. Das sind die Dinge, die das Königreich Gottes hervorbringt, wenn es auf der Erde demonstriert wird!

Das Reich der Kraft

Viele von uns haben Pastoren und Lehrer über das Reich Gottes sprechen hören, doch nur wenige besitzen eine tiefe Offenbarung und ein Verständnis davon, was es wirklich ist. Dadurch verpassen wir seine Wahrheiten und seine Nutzen. Wir verstehen sein lebensveränderndes Potenzial nicht. Bitte Gott, während du dieses Kapitel liest, dir eine Offenbarung über sein Reich mit der dazugehörigen Kraft und seinen Eigenschaften zu geben. Gottes Reich ist eine Realität, die wir auch heutzutage empfangen und genießen können.

Gottes souveräne Herrschaft

Was ist das Reich Gottes? Es ist seine souveräne Herrschaft auf der Erde. Das griechische Wort im Neuen Testament für „Königreich" ist *basilẹia*. Es bedeutet Königtum, Herrschaft, Reich oder auch Souveränität, königliche Macht. Der Wortstamm ist *basilẹus*, der sich auch auf die Vorstellung von einer „Grundlage der Macht" bezieht.

Ein irdisches Reich ist ein bestimmter Bereich, der unter dem Einfluss, der Herrschaft, dem Willen und der Macht eines Königs oder Fürsten steht mit dem Zweck, seine Einwohner zu regieren. Ohne ein Herrschaftsgebiet oder Untertanen kann es keinen Kö-

---

[4] Chronisch-entzündliche Darmerkrankung

nig geben. Das Königreich der Himmel – das Reich Gottes – ist sein Reich und seine Grundlage der Macht auf der Erde. Es ist seine Herrschaft oder Regentschaft, in der er seinen Willen hier und heute durch das erlösende Werk seines Sohnes im Leben seines Volkes etabliert. Gott regiert über Gebiete, Objekte und Menschen; er herrscht über Krankheit, Armut und Unterdrückung. Er ist seinem geistlichen Feind, Satan (der Teufel), überlegen, welcher versucht, sein eigenes Reich der Finsternis auf der Welt zu verbreiten, um Gottes Reich des Lichts entgegenzuwirken.

Alles, worüber ein König regiert, wird als sein Herrschafts- oder Staatsgebiet bezeichnet.

Gott ist der absolute Herrscher des Universums, unsere Welt mit eingeschlossen. Er möchte, dass wir aktiv daran teilnehmen, sein Reich hier auf der Erde auszubreiten. *„Des HERRN ist die Erde und ihre Fülle, die Welt und die darauf wohnen“* (Psalm 24,1). Das unsichtbare, ewige und permanente Reich Gottes beeinflusst die sichtbare, physikalische, natürliche Welt mit Hilfe von Männern und Frauen, die durch den Geist in sein Reich hineingeboren wurden.

Wo das Reich Gottes regiert, wird es auf sichtbare Weise demonstriert, und jedes Werk des Feindes muss weichen. Finsternis kann nicht in einem Gebiet bleiben, das durch das Licht Gottes besetzt ist. Wenn beispielsweise das Reich Gottes auf eine Person kommt, dann muss Krankheit, Sünde, Boshaftigkeit und jedes andere Werk der Hölle fliehen.

Einmal diente ich auf einer Konferenz in der größten Gemeinde von Peru; wir hielten einen Heilungs- und Wundergottesdienst ab. Dort begegnete ich der siebenjährigen Loretta Ismaeles, die ohne Schilddrüse geboren war. Dadurch werden Kleinwuchs und andere Symptome hervorgerufen, einschließlich fehlenden Haarwuchses. Loretta litt tagtäglich unter Schwäche und Schlaflosigkeit. Sie sagte ihrer Mutter, sie wünschte sich geheilt zu werden. Sie wollte nicht für den Rest ihres Lebens die vom Arzt verordneten Tabletten einnehmen, um die Krankheit unter Kontrolle zu halten.

Dieses kleine Mädchen besuchte mit seiner Mutter den Heilungs-und Wundergottesdienst. Während ich diente spürte Loretta, wie Feuer zu ihrem Herzen und in ihren Mund aufstieg, und sie hauchte es aus. Sie glaubte fest, dass sie dabei ihre verschiedenen Gebrechen aushauchte. Sie kam nach vorne zum Altar, um Zeugnis von ihrer Heilung zu geben. Ich bat einen der anwesenden Ärzte ihren Hals zu untersuchen, um zu sehen, ob jetzt eine Schilddrüse vorhanden war. Der Arzt prüfte den Hals sorgfältig und konnte die Drüse fühlen! Gott hatte eine neue Schilddrüse für Loretta erschaffen. Das Mädchen weinte vor lauter Glück. Sie fühlte selbst nach der Schilddrüse und hüpfte vor Freude, als sie sie fand. Sie war so glücklich zu wissen, dass sie geheilt war. Nun musste sie nicht mehr länger Medikamente einnehmen und ständig versuchen, mit Kräftemangel und anderen Symptomen klarzukommen. Das Ganze war eine sichtbare Demonstration der Gegenwart des kraftvollen Reiches Gottes in unserer Welt von heute. Es bringt seinen Willen für Heilung und Ganzheit auf die Erde.

Das Reich Gottes ist die Manifestation des geistlichen Bereichs, der Gottes Herrschaft, Macht und Willen demonstriert.

Das Reich Gottes und die Gemeinde

Wir müssen erkennen und verstehen, dass das Reich Gottes nicht das Gleiche ist wie die Gemeinde. Vielen Pastoren, Lehrern und Gläubigen entgeht die deutliche Offenbarung und Absicht der Bibel in Bezug auf das Reich Gottes. Jesus sprach mehr als einhundertmal über das Reich Gottes, auf die Gemeinde bezog er sich dagegen nur zweimal. Nach seiner Kreuzigung und Auferstehung blieb er noch vierzig Tage auf der Erde, bevor er in den Himmel auffuhr. Was tat er in dieser Zeit? Er redete mit seinen Jüngern *über das Reich Gottes* (Apostelgeschichte 1,3). Jesus ist der Sohn Gottes (völlig Gott und völlig Mensch), und nachdem er seinen Auftrag auf der Erde ausgeführt hatte, setzte Gott ihn als Herrscher über die Welt ein. In Offenbarung 11,15 heißt es: *„Die Königreiche der Welt sind unserem Herrn und seinem Christus zuteil geworden, und er wird herrschen von Ewigkeit zu Ewigkeit!"* Gott gab Jesus alle Autorität im Himmel und auf der Erde (Matthäus 28,18). Er ist unser Herr und König, und durch ihn verbreitet sich das Reich Gottes auf der ganzen Welt.

Folglich besteht die Gemeinde aus denjenigen, die durch den Tod und die Auferstehung Jesu erlöst wurden und dazu berufen sind, sein Reich zu verbreiten, genauso wie es Jesus tat, als er auf der Erde lebte. Die Gemeinde ist nicht das Reich Gottes, sondern die *Agentur*, durch die das Reich Gottes ausgebreitet wird.

Die meisten von uns besitzen mehr Wissen über die Lehre und Kultur unserer einzelnen Gemeinden und Denominationen als über das Reich Gottes. Doch die Gemeinde untersteht immer den Absichten und Zielen des Reiches Gottes. Keine christliche Gemeinde und kein christlicher Dienst sollte nach einer eigenen Agenda handeln. Im übernatürlichen Reich müssen wir von einer Reich Gottes Mentalität bestimmt werden, nicht von einer demokratischen Denkweise.

Das Reich Gottes und das Reich des Himmels

Ein weiteres Missverständnis gibt es bezüglich der Bedeutung des Ausdrucks „Reich Gottes" im Vergleich zu „Reich des Himmels". In der Schrift werden diese Ausdrücke oft gleichbedeutend verwendet, doch glaube ich, dass jeder trotz der Ähnlichkeit etwas Bestimmtes bedeutet. Das Himmelreich ist ein geistlicher Ort, der „Himmel" genannt wird, von wo aus Gott die Erde und das ganze Universum regiert und beeinflusst. Es ist der Wohnort Gottes oder seine Atmosphäre, wo sein Thron, der Hofstaat der Engel, die Ältesten und so weiter zu finden sind (z. B. Offenbarung 4,9-10). Der Thron der Herrlichkeit und Macht des Vaters ist umgeben von einem *„unzugänglichen Licht"* (1. Timotheus 6,16).

Das Reich des Himmels ist das Herrschaftsgebiet von Gott.

Das Himmelreich ist unsichtbar, hat aber als Reich Gottes Auswirkungen auf die sichtbare Welt. Alles was auf der Erde geschieht, um das Reich Gottes auszubreiten, muss zuvor im Himmel offenbart, ausgesprochen und angeordnet werden. Das Reich Gottes weitet die Herrschaft und Autorität des Königs auf der Welt aus. Dort, wo sein Wille befolgt wird, bringt das den Himmel auf Erden hervor.

Wir können es so ausdrücken: Das Reich Gottes ist die Atmosphäre, die durch unsere Beziehung zu Gott in Gehorsam und Unterordnung erzeugt wird. Die geistliche und emotionale Atmosphäre an den verschiedenen Orten ist das Resultat von Beziehungen. Wenn beispielsweise unter den Mitgliedern einer Hausgemeinschaft gute Beziehungen bestehen, dann kann man dort eine gute Atmosphäre wahrnehmen. Etwas Ähnliches erleben wir, wenn der Wille Gottes befolgt wird und sein Reich über einem Gebiet, einem Ort oder einer Person die Herrschaft übernimmt. Haben wir die rechte Beziehung mit unserem himmlischen Vater, werden wir eine geistliche Atmosphäre von Himmel auf Erden erleben. Diese können wir dann den Menschen um uns herum vermitteln.

In diesem Buch liegt der Fokus auf dem Reich Gottes – wie Gott sich wünscht, dass die Gläubigen als seine Gemeinde damit fortfahren, seine Herrschaft auf der Erde mittels ihrer Autorität in Jesus und ihrer Kraft im Heiligen Geist auszuweiten.

Das Reich Gottes besteht darin, seinen Willen und seine Herrschaft auf der Erde so auszuführen, wie im Himmel.

Eigenschaften des Reiches Gottes

Wir wollen einige der unterschiedlichen Eigenschaften des Reiches Gottes erforschen, so dass wir bei der Ausbreitung seines Reiches auf der Erde entsprechend handeln.

1. Es ist ein übernatürliches Reich

> *Jesus antwortete: „Mein Reich ist nicht von dieser Welt" (Johannes 18,36).*

Das Reich Gottes ist weder physikalisch, noch hat es eine irdische Hauptstadt, so wie Rom z. B. die Hauptstadt des Römischen Reiches war. Es ist ein übernatürliches oder geistliches Reich. Seine Hauptstadt ist im Himmel, und von dort aus herrscht Gott.

Die Hauptstadt des Reiches Gottes ist im Himmel.

Weil das Reich Gottes nicht von dieser Welt ist, kommt es auch nicht auf natürlichem Weg. Wir sehen keine materiellen Gebäude, eine Armee oder irgendetwas dieser Art vom Himmel herabkommen. Wie wir schon festgestellt haben, befindet sich das Reich Gottes in dir und in mir - und es ist mitten unter uns und unseren Geschwistern in Christus - wo auch immer wir hingehen. Indem die Kraft des Heiligen Geistes durch unser Menschsein wirkt, beeinflusst das Leben Gottes die Erde.

Das Königreich offenbart sich auf sichtbare Weise durch Zeichen und Wunder der bedingungslosen Liebe Gottes. Wenn zum Beispiel eine Person von einem dämonischen Einfluss befreit wird, sehen wir den konkreten Beweis der Ankunft des Reiches Gottes und seinen Zusammenprall mit dem Reich Satans, denn wenn dämonische Mächte aus dem Leben einer Person ausgetrieben werden, gibt es dabei oft Symptome wie z. B. Zuckungen. Darüber hinaus kommt der Tag, an dem das Reich Gottes für jedes Auge sichtbar auf der Erde eintreffen wird, nämlich dann, wenn Jesus körperlich zurückkehrt, um seine Herrschaft auf dieser Welt aufzurichten (z. B. Offenbarung 1,7; 1. Thessalonicher 4,16-17).

2. Es ist ein Reich der Kraft, nicht nur der Worte

> *Denn das Reich Gottes [besteht] nicht in Worten, sondern in Kraft (1. Korinther 4,20).*

Das Reich Gottes sollte niemals nur auf eine abstrakte Weise mit Worten verkündet werden, noch als etwas, das erst in der Zukunft kommen wird. Es sollte vielmehr in Kraft und in der Gegenwart – im Jetzt – bekannt gemacht werden. Der Apostel Paulus schrieb: *„Denn unser Evangelium erging an euch nicht im Wort allein, sondern auch in Kraft und im Heiligen Geist und in großer Gewissheit“* (1. Thessalonicher 1,5). Viele Prediger sprechen über das Reich Gottes, aber ihre Lehre wird nicht von den entsprechenden Manifestationen begleitet. Daran erkennt man ihren Mangel an Offenbarung über die wahren Qualitäten des Reiches Gottes. Es fällt ja leicht etwas zu predigen, das nicht beweisbar ist, denn dann setzten wir unseren Ruf nicht aufs Spiel. Doch jedes Mal, wenn das Reich Gottes gepredigt wird, muss es einen sichtbaren Beweis für die Kraft Gottes geben, durch welche Kranke geheilt, Gefangene und Unterdrückte befreit und Verlorene gerettet werden. Schau dir den Dienst von Jesus an:

> *Und Jesus durchzog ganz Galiläa, lehrte in ihren Synagogen und verkündigte das Evangelium von dem Reich und heilte alle Krankheiten und alle Gebrechen im Volk (Matthäus 4,23; Schlachter 2000).*

Bei jeder Verkündigung des Reiches Gottes muss es durch ein sichtbares Werk offenbar werden.

Wie du wahrscheinlich weißt, bedeutet das Wort *Evangelium* „Gute Nachricht“. Was sollte demnach geschehen, wenn wir das *Evangelium vom Reich Gottes* verkünden? Die gleichen guten Dinge, die passierten, wenn Jesus predigte. Er zeigte die Macht des Reiches Gottes durch Zeichen und Wunder, durch Heilungen und durch das Austreiben von Dämonen. Immer dann, wenn er die gute Nachricht vom Reich Gottes verkündete, konnten diese fünf Dinge, welche die Menschheit seit dem Sündenfall plagen, nicht länger bestehen bleiben:

- Krankheit
- Sünde

- Dämonen
- Armut
- Tod

Krankheit, Sünde, Dämonen, Armut und Tod gehen alle vom Reich Satans aus. Wenn Jesus sie dann mit dem überlegenen Reich Gottes konfrontierte, erlebten sie deshalb jedes Mal eine vollständige Niederlage. Leider gibt es heutzutage eine große Anzahl von Theologen und Predigern, die noch nie eine Heilung oder Austreibung von Dämonen erlebt haben. Sie besitzen nur ein gedankliches Wissen vom Reich Gottes, haben aber keine Erfahrungen damit gemacht. Sie waren noch nie Zeugen der sichtbar gewordenen Kraft Gottes.

Während einer „Wunder-Kampagne" in unserer Gemeinde predigte ich zuerst über die Kraft Gottes, dann diente ich anderen in dieser Kraft auf nachweisbare Weise. Unter den Teilnehmern dieser Veranstaltung befand sich eine schwangere Frau namens Madeline. Man hatte bei der ersten Ultraschalluntersuchung festgestellt, dass ihrem Baby die rechte Niere fehlte. Madeline war darüber bekümmert, aber sie begann für ein Wunder zu beten. Im nächsten Monat wurde ein weiteres Sonogramm durchgeführt und die Ärzte bestätigten, dass sich die rechte Niere nicht gebildet hatte. Doch Madeline gab nicht auf. Sie kämpfte weiter den guten Kampf des Glaubens.

Inmitten dieser leidvollen Situation besuchte sie unsere Veranstaltung, voller Glauben für ein kreatives Wunder. Ich machte einen Altaraufruf für alle Personen, die ein kreatives Wunder benötigten, und Madeline war eine der ersten, die darauf reagierte. Ich proklamierte das Wort und weinend ergriff sie es für sich in dem Glauben, dass Gott ein Wunder getan hatte. Im neunten Monat ihrer Schwangerschaft ging sie zur letzten Ultraschalluntersuchung.

Der Arzt sagte zu ihr, er könne gar nicht verstehen, was passiert sei. Was vorher nicht dagewesen war, gab es jetzt: die rechte Niere des Babys war aufgetaucht! Nach der Geburt konnte Madeline zur Ehre Gottes voller Freude und Dankbarkeit bezeugen, dass ihre kleine Tochter gesund und im Besitz aller Organe war. Die übernatürliche Kraft des Reiches Gottes hatte ein kreatives

Wunder geschaffen, etwas, wozu die medizinische Wissenschaft nicht in der Lage war und ist.

Die Offenbarung der Botschaft vom Reich Gottes, die wir verkündigen, kann durch die sichtbare Manifestation der Kraft, Herrschaft und Autorität Gottes unter Beweis gestellt werden.

3. Es ist ein unerschütterliches Reich

> *... da wir ein unerschütterliches Reich empfangen ... (Hebräer 12,28).*

Unsere Welt wird auf vielerlei Weise erschüttert. Der Himmel, die Meere, der Erdboden, die globale Wirtschaft, Staatsführer und Regierungen, einzelne Gemeinden und Kirchen, Denominationen und Dienste: alle werden erschüttert. Es gibt nur einen sicheren Ort für uns: das Reich Gottes. Sind wir unter seiner Abdeckung und Autorität, dann können wir nicht erschüttert werden. Krankheit wird nicht in der Lage sein, uns zu besiegen, Armut wird keine Herrschaft über uns haben, Wirtschaftskrisen können uns nicht unseren Frieden oder unser tägliches Brot rauben, moralische Verderbtheit wird unsere Kinder nicht ergreifen und Naturkatastrophen werden uns nicht verheeren. Aufgrund unserer Abdeckung und unseres Schutzes durch das unerschütterliche Reich Gottes werden wir über all diese Dinge die Oberhand haben.

> *Jeder nun, der diese meine Worte hört und sie tut, den werde ich mit einem klugen Mann vergleichen, der sein Haus auf den Felsen baute; und der Platzregen fiel herab, und die Ströme kamen, und die Winde wehten und stürmten gegen jenes Haus; und es fiel nicht, denn es war auf den Felsen gegründet (Matthäus 7,24-25).*

4. Es ist ein Reich, dessen Wirklichkeit im Hier und Heute erfahren wird

Tut Buße, denn das Reich der Himmel ist nahe gekommen (Matthäus 4,17).

Als Jesus über das Reich Gottes predigte, sprach er hauptsächlich in der Gegenwartsform darüber, indem er sagte: *„Es ist nahe"* oder *„ist zu euch gekommen"* (Matthäus 12,28), oder *„mitten unter euch"* (Vers 28, Hoffnung für alle). Er sprach nur relativ wenig über das Reich Gottes als ewige Zukunft. Er stellte es als gegenwärtige Realität dar, ohne Vergangenheit und ohne Zukunft – nur ein ewiges Jetzt. Jesus sprach davon, dass das Reich Gottes *„gekommen sei"*, weil der Himmel auf der Erde war. Er sagte den Menschen nicht, sie sollen auf den Tod warten, um das Reich Gottes im Himmel zu genießen. Seine Botschaft war, dass das Reich Gottes angekommen war und in Empfang genommen werden konnte.

Eine Vielzahl von Menschen denkt, das Reich Gottes bestehe nur aus Vergebung der Sünden und einer Zukunft im Himmel. Doch es ist viel mehr! Solche Menschen haben genug Buße getan, so dass ihnen vergeben ist und sie errettet sind, doch ihre Reue und Umkehr ist nicht bis an den Punkt gelangt, dass sie das Reich Gottes in seiner Fülle auf sichtbare Weise erleben. Wie wir in Kürze sehen werden, bedeutet vollständige Buße und Umkehr eine komplette Veränderung der Denkweise. Vergebung ist nur der Zugang in das Reich Gottes, welches unendlich, ewig und von unbegrenzter Kraft ist.

Desgleichen hat sich die Gemeinde als Ganzes im Laufe der Geschichte begrenzt, da sie das Reich Gottes oft entweder als ein vergangenes Ereignis oder eine künftige Realität betrachtet hat. Es fehlte aber die Offenbarung seiner gegenwärtigen Existenz. Die Ewigkeit wurde häufig als etwas angesehen, das wir nach dem Tod oder nach der Wiederkunft Jesu erleben, während Ewigkeit in Wirklichkeit immer im Jetzt existiert. Im ewigen Jetzt setzt sich Ewigkeit zusammen aus Vergangenheit, Gegenwart und Zukunft. Die Gemeinde ist aus Gründen, die wir in einem späteren Kapitel noch ansprechen werden, oftmals vor übernatürlichen Manifestationen zurückgescheut.

Fürs Erste ist es wichtig zu wissen, dass das Reich Gottes auf der Erde durch Jesus errichtet wurde. Und als er in den Himmel zurückkehrte, übertrug er seine Autorität auf die Gemeinde, um das Reich Gottes im Hier und Jetzt weiter auszubreiten – in der „Gegenwart“ jeder nachfolgenden Generation von Gläubigen. Das Reich Gottes bringt alles mit sich, was ein Mensch benötigt, wie etwa Heilung, Befreiung, Wohlstand und Bestimmung. Es ist heute erfahrbar und kann auf jede Situation angewendet werden, die wir gerade erleben.

Das Reich Gottes ist eine ewige Realität, die jede derzeitige Situation hier und heute beeinflussen kann.

Im gesamten Neuen Testament lesen wir vom Reich Gottes, das auf die Erde gebracht wird. Wenn ich also einer Person in meinem Dienst begegne, die an Krebs leidet, erinnere ich mich daran, dass Krebs im Himmel nicht existiert. Ich bete für diese Person und der Krebs verlässt sie. Ich muss nicht darauf warten, dass Jesus zurückkehrt, damit ich entweder Heilung empfange oder mit Heilung diene. Ich trage das Reich Gottes in mir und manifestiere seine Kraft hier und jetzt. Das Gleiche gilt für alle Leiter in meinem Dienst. Als meine Frau Ana auf einer Konferenz in Argentinien tausenden von Menschen diente, begegnete sie einer Frau mit Namen Alejandra. Sie trug ein Kopftuch, um damit ihre Kahlheit zu verbergen. Alejandra berichtete, dass sie während der letzten zwölf Monate dreimal operiert wurde, um dadurch den lebensbedrohlichen Brustkrebs zu heilen, der sie befallen hatte. Ihre linke Brust war entfernt worden und sie unterzog sich einer Chemotherapie, durch welche sie ihre Haare verloren hatte. Alejandra hatte beim Stillen ihrer neugeborenen Tochter einen Knoten in Größe eines Eies entdeckt, und die Ärzte hatten bestätigt, dass es sich um Krebs handelte. „Als ich diese Nachricht bekam“, sagte sie, „war das Einzige, was ich machen konnte, mich eng an Gott zu halten und zu sagen: ‚Herr, ich gebe dir mein Leben'. Ich erwartete mein Wunder und ließ mich nicht davon abbringen." Das war die Bekräftigung ihres Glaubens.

Während der Konferenz war die Gegenwart Gottes sehr stark. Als Pastorin Ana die Gänge ab und auf ging, legte sie ihre Hände auf Alejandras Schultern und erklärte sie als geheilt. „In diesem Moment spürte ich nichts", berichtete Alejandra, „doch als ich für weitere Untersuchungen zum Arzt ging, waren alle überrascht zu entdecken, dass der Krebs verschwunden war!" Das Wunder endet aber hier nicht. Nach den drei Operationen bestand ihre linke Brust nur noch aus einer winzigen Masse in Größe einer Rosine. Man hatte alles bis auf den Knochen entfernt, einschließlich des Muskelgewebes. Sie konnte ihren linken Arm nicht heben oder irgendetwas damit machen, weil er aufgrund der fehlenden Bänder anschwellen würde. Obwohl sie dem Herrn sehr dankbar war für die Heilung von Krebs, war sie dennoch unglücklich. Sie wollte ihren Körper nicht in solch einem Zustand sehen. Ihr Ehemann Juan erzählte uns den Fortgang der Geschichte: „Ich sagte zu Gott: ‚Das ist nicht der Gott, den ich kenne! Ich möchte eine neue Brust für meine Frau'! Dann machte ich einen Bund mit ihm in dem Glauben, dass er es tun würde. Eines Morgens sagte meine Frau zu mir: „Sieh mal!" Und als ich hinschaute, waren ihre Brüste gleich groß! Das einzig sichtbare Zeichen war eine kleine Narbe von der Operation. Gott erschuf eine neue Brust! Das war ein echtes Wunder von Gott, eine völlige Wiederherstellung. Der Herr rekonstruierte ihre Brust, etwas, das nur selten erlebt wird!" Die sichtbare Manifestation der Kraft Gottes geschieht im „Jetzt", und Alejandra ist wieder komplett, so als hätte der Krebs ihren Körper nie befallen.

Das Reich Gottes war gekommen, ist gekommen und wird kommen.

Der Charakter von Gottes Reich

Wie können wir erkennen, dass das Reich Gottes tatsächlich mitten unter uns ist? Wenn wir die Natur oder das Wesen des Reiches Gottes erleben und in Übereinstimmung damit leben.

> *Denn das Reich Gottes ist nicht Essen und Trinken, sondern Gerechtigkeit und Friede und Freude in dem Heiligen Geist (Römer 14,17).*

Das Reich Gottes besteht nicht aus materiellen Dingen oder bloßen Worten, sondern aus drei Haupteigenschaften - Gerechtigkeit, Friede und Freude - die nur beim Heiligen Geist zu finden sind.

1. Gerechtigkeit
In Gerechtigkeit leben hat mehrere Bedeutungen:

1. Mit Gott in einer guten Beziehung zu leben durch die Vergebung und Erlösung, die wir durch den Tod und die Auferstehung von Christus empfangen.
2. Genauso zu handeln wie Gott, so wie es in Micha 6,8 steht: *Er fordert von euch nichts anderes, als dass ihr euch an das Recht haltet, liebevoll und barmherzig miteinander umgeht und demütig vor Gott euer Leben führt.*
3. Sich Gott unterzuordnen, um ihm gegenüber Rechenschaft abzulegen über die eigenen Gedanken, Worte und Taten. Ihm die Erlaubnis für Korrektur zu geben und dass er uns *„leitet in Pfaden der Gerechtigkeit um seines Namens Willen“* (Psalm 23,3).

Außerhalb des Reiches Gottes gibt es keine Gerechtigkeit, sondern nur Rebellion.

Um innerhalb des Reiches Gottes sein zu können, müssen wir gerecht sein, unabhängig davon, welcher Denomination wir angeschlossen sind oder wie wir uns selbst bezeichnen mögen. Wir können zu einer Gemeinde der Pfingstler, Baptisten, Methodisten oder sonst wem gehören, aber wenn wir uns nicht der Herrschaft Gottes unterworfen haben, sind wir Rebellen und ungerecht. Nur diejenigen, die sich innerhalb des Reiches Gottes befinden, kennen Gerechtigkeit; außerhalb dieses Reiches herrscht Satan über uns. Die gute Nachricht ist, dass jeder, der Buße tut und umkehrt, die Gerechtigkeit empfangen kann, die durch Jesus Christus kommt. In dieser Gerechtigkeit können wir in das Reich Gottes eintreten und haben wahres und ewiges Leben.

2. Frieden

> *... und die Herrschaft ruht auf seiner Schulter; und man nennt seinen Namen: ... Friedefürst. Die Mehrung der Herrschaft und der Friede werden kein Ende haben ... (Jesaja 9,5-6; Schlachter 2000).*

Der Prophet Jesaja verkündete ein wichtiges Zeichen des Messias (Jesus Christus) und die Kernaussage der guten Nachricht, die er auf die Erde bringen würde: die *Herrschaft* würde auf seiner Schulter sein. Er würde die Führung und Regierung der Menschheit übernehmen, die alle unter ihrer eigenen Herrschaft verloren gegangen waren, seit die Menschen erstmals gegen Gott rebelliert hatten. Im nächsten Kapitel werden wir diese Thematik genauer erkunden. Die Herrschaft von König Jesus bringt all denen, die sich ihr unterordnen, wahren und dauerhaften Frieden.

Frieden ist nur für den möglich, der ein Leben führt in Unterordnung unter das Reich und die Herrschaft von Jesus Christus.

Das hebräische Wort für Frieden ist *schalom*, und es bedeutet *Vollständigkeit, Unversehrtheit, Sicherheit* mit den Begriffsinhalten von *Wohlbefinden, glücklich sein, Gesundheit* und *Wohlstand.* Dadurch, dass wir durch Jesus Christus gerechtfertigt worden sind, bekommen wir Frieden und andere lebensspendende Zuwendungen.

Ein Maß, mit dem man den Erfolg einer Herrschaft oder Regierung messen kann, ist der Friede, den die Staatsbürger genießen. Und wahrer Frieden auf Erden kommt durch das Reich Gottes. Deshalb ist es auch zwecklos, wenn Nationen nach Frieden außerhalb von Gottes Reich suchen.

> *Siehe, kommt das nicht von dem HERRN der Heerscharen, dass dann Völker fürs Feuer sich abmühen und Völkerschaften für nichts sich plagen? Denn die Erde wird davon erfüllt sein, die Herrlichkeit des HERRN zu erkennen, wie das Wasser den Meeresgrund bedeckt (Habakuk 2,13-14).*

Die Geschichte hat gezeigt, dass es ohne eine gerechte Regierung oder Herrschaft keinen Frieden geben kann. Die Worte *Gerechtigkeit* und *Frieden* stehen demnach immer im Zusammenhang; das eine kann ohne das andere nicht existieren. Ohne Gerechtigkeit zu haben können wir keinen Frieden erleben. Jesus möchte über die Menschheit herrschen, um ihnen sowohl Gerechtigkeit als auch Frieden zu bringen.

> *Und das Werk der Gerechtigkeit wird Friede sein und der Ertrag der Gerechtigkeit Ruhe und Sicherheit für ewig (Jesaja 32,17).*

Rebellen finden keinen Gefallen an Frieden. Wir können „religiös" sein und immer noch eine rebellische Natur haben. Weder der Versuch, alle Regeln einzuhalten, noch religiöse Rituale bewirken Gerechtigkeit. In dem Gleichnis vom verlorenen Sohn in Lukas 15 bleibt der ältere Bruder zuhause und hält alle Gebote seines Vaters. Doch im Herzen war er genauso rebellisch wie sein missratener Bruder. Die Willkommensfeier seines Vaters für den jüngeren Bruder, der Buße getan hatte, brachte den Herzenszustand des älteren Bruders ans Licht (Lukas 15,25-32). Frieden ist eines der wichtigsten Bedürfnisse der ganzen Menschheit. Deshalb können wir verstehen, warum Menschen sich unbehaglich, unglücklich und elend fühlen, wenn sie keine Beziehung zu Gott haben und ein Leben führen, das im Gegensatz zu seinem Reich steht. Frieden mit Gott durch Jesus Christus zu empfangen beendet unsere Rebellion und unser Elend.

Friede, Friede den Fernen und den Nahen! spricht der HERR. Ich will es heilen. Aber die Gottlosen sind wie das aufgewühlte Meer. Denn es kann nicht ruhig sein, und sein Wasser wühlt Kot und Schlamm auf. Kein Friede den Gottlosen! spricht mein Gott (Jesaja 57,19-21).

Warum sind die Meere immer „unruhig", kabbelig und in dauernder Bewegung? Wissenschaftler haben herausgefunden, dass die Ozeane ständig auf verschiedene Kräfte reagieren. Die Gravitationseinflüsse des Mondes und der Sonne erzeugen Ebbe und Flut. Strömungen tragen ebenfalls zur Bewegung des Wassers bei. Die Gezeiten führen zu Auf- und Abbewegungen des Wassers, während die Strömungen es vor und zurück bewegen[5]. Ein von Gott getrennt lebender Mensch befindet sich in einem Zustand unbehaglicher Ruhelosigkeit, ähnlich den aufgewühlten Wassern des Meeres. Er ist unfähig, Frieden zu finden und fühlt sich nie zufrieden gestellt.

War die Welt schon jemals so unruhig wie heute? Schau dich um und beobachte, wie die Menschen zielstrebig und fast schon besessen nach Vergnügen suchen. Was bringt dieses unaufhörliche Streben hervor, wenn nicht Unruhe, Unzufriedenheit und einen Mangel an Frieden? Oft sagen die Leute so etwas wie: „Denken wir nicht mehr länger an unsere Probleme, lass uns etwas unternehmen!" „Ich halte es alleine zuhause nicht mehr aus." Oder: „Ich werde noch verrückt." Manche versuchen Abhilfe für ihre Unruhe zu schaffen, indem sie ständig Partys besuchen oder anderen Vergnügungspraktiken nachgehen. Sie haben ein ständiges Verlangen nach etwas Neuem. Der moderne Ausdruck dafür ist „Realitätsflucht" oder „Flucht aus der Wirklichkeit". Da sie so aufgewühlt sind, suchen sie nach Wegen, um „etwas Gutes zu fühlen", oder nach Situationen, wo sie alles hinter sich lassen können, was sie beunruhigt. Sie versuchen, sich durch Unterhaltung, Abenteuer und starke Emotionen zu stimu-

[5] http://oceanservice.noaa.gov/navigation/tidesandcurrents/

lieren. Diese Bemühungen zeigen das grundlegende Unbehagen und die Besorgnis, die durch das Wirken negativer geistlicher, emotionaler und physischer Kräfte in ihrem Leben erzeugt werden.

Der Apostel Jakobus schrieb, dass eine Person, die an der Realität von Gott und seiner Wahrheit zweifelt, *einer Meereswoge gleicht, die vom Wind getrieben und hin- und hergeworfen wird ... ein Mann mit geteiltem Herzen, unbeständig in allen seinen Wegen* (Jakobus 1,6,8). Viele Menschen fühlen sich zwischen Gut und Böse hin und her gerissen; zwischen dem Wissen, sie sollten tun, was richtig ist, doch neigen sie zu dem, was schlecht und zerstörerisch ist. Aber jeder hat ein Bedürfnis nach Frieden, und ohne den Frieden Gottes werden wir uns nie zufrieden fühlen. Wie ich schon sagte, der einzige Weg, um Frieden zu finden, besteht in der Unterordnung unter Gottes Herrschaft und dem Empfang seiner Gerechtigkeit durch Jesus Christus. Wenn Gerechtigkeit in unser Herz einzieht, bringt das ewigen Frieden, Ruhe und Sicherheit hervor.

3. Freude

> *Darum seid nicht bekümmert, denn die Freude am Herrn ist eure Stärke (Nehemia 8,10; Schlachter 2000).*

Gottes Reich bringt uns auch Freude! Es besteht ein Unterschied zwischen Glück und Freude; Glück gehört zum Bereich der Seele, während Freude zu dem Bereich des Geistes gehört.

Glücklichsein ist verbunden mit äußeren Umständen. Abhängig von der Natur dieser Umstände fühlen wir uns glücklich oder traurig. Eine große Anzahl von Menschen glaubt, ein schönes Auto, ein neues Haus und einen gut bezahlten Job mit genug Geld zum Begleichen aller Rechnungen zu haben, würde sie glücklich machen. Wenn sie dann diese Dinge erreichen, sind sie vorübergehend glücklich. Doch verändert sich der Zustand verschiedener Lebensumstände oft – Finanzen, Beziehungen, Gesundheit usw., was bedeutet, dass ihr Glücklichsein ständig in Gefahr ist.

Im Gegensatz dazu steht Freude immer im Zusammenhang mit einer stabilen Quelle, die sich weder verändert, noch schwankt, noch von äußeren Kräften beeinflusst wird. Diese Quelle ist Gott und sein unerschütterliches Reich. Ungeachtet der Umstände, die wir vielleicht gerade durchleben, ist seine Freude unsere Stärke. Wir müssen nur sicherstellen, dass wir in der Unterordnung zu Jesus und seinem Königreich bleiben, dann werden wir Friede und Freude im Heiligen Geist haben.

4. Der Heilige Geist

Der Heilige Geist ist der Administrator und Exekutor[6] des Reiches Gottes. Er ist der Einzige, der die Dinge des Reiches Gottes und seines Königs offenbaren kann (z. B. 1. Korinther 2,11-12). Wenn wir den Heiligen Geist empfangen, werden wir zu Trägern von Gottes Reich, welches durch den Heiligen Geist in uns und durch uns offenbart wird.

Ohne den Heiligen Geist gibt es kein Reich und keine Herrschaft von Gott.

Der Heilige Geist wirkt ständig im Leben der Gläubigen, die sich ihm unterordnen. Er erzeugt große geistliche Aktivität und manifestiert Heilungen, Wundertaten, Zeichen und Wunder. Er bringt das Übernatürliche sowohl innerhalb der Gemeinde wie auch in der Gesamtheit des Reiches Gottes hervor. Würde der Heilige Geist aus unserer Mitte entfernt, dann würden wir mit einem rein theoretischen, theologischen und historischen Reich Gottes ohne jede Kraft zurückbleiben. Dieses Reich wäre nicht in der Lage, Veränderungen oder Transformation in den Menschen zu wirken. Gerechtigkeit, Friede und Freude sind nur dort möglich, wo der Heilige Geist tätig ist.

Die Gemeinde betrügt sich selbst, wenn sie über das Reich Gottes und das Christentum spricht, aber nicht zulässt, dass die übernatürliche Kraft dieses Gottes im Leben der Menschen offenbar wird. Wie können wir das Reich von Gott verkündigen, wäh-

[6] Der Ausführende, Vollstreckende

rend wir gleichzeitig die Dinge des Geistes ignorieren, ablehnen und kritisieren? Wie können wir ein Reich Gottes predigen, ohne von der Erfüllung mit dem Heiligen Geist zu reden? Wie können wir ein Reich der Kraft proklamieren, ohne Heilungen, Wundertaten, Zeichen und Wunder als sichtbare Beweise vorzuweisen? Wie können wir das Reich Gottes willkommen heißen und dem Heiligen Geist nicht die Freiheit geben, sich unter uns zu bewegen?

Wir müssen danach trachten, das Reich Gottes in all seiner Fülle in unserem eigenen Leben und in unserer Welt zu manifestieren. Während einer Kampagne für Heilungen und Wunder in Südamerika traf ich Efrain Sigala. Seit zwanzig Jahren verbrachte er sein Leben angeschlossen an einen Sauerstofftank, und er war es müde, so weiterzuleben. Efrain war nicht arbeitsfähig (er war Pastor gewesen) und konnte kaum laufen, deshalb hatte man ihn für behindert erklärt. Jeden Tag fühlte er sich schwach und betete zu Gott um Stärke, damit er weitermachen konnte.

Obwohl Efrain Christ war, kannte er die übernatürliche Kraft von Gott nicht. Auch von meinem Dienst wusste er nichts. Doch einige seiner Freunde, die ebenfalls Pastoren waren, berichteten ihm davon, wie sich der Geist Gottes in meinen Gottesdiensten bewegt. Sie kauften ihm eine Eintrittskarte für unsere Veranstaltungen. Voller Erwartung verkündete Efrain, dass er vollständig geheilt nach Hause zurückkehren werde. Als die Zeit kam, den Anwesenden zu dienen, und ich gerade für ein Baby und eine Frau betete, die Atemschwierigkeiten hatten, sagte Efrain zu seiner Frau: „Die Zeit ist gekommen." Er begab sich nach vorne zum Altar und erzählte seine Geschichte. Er erklärte, er leide an Lungenfibrose, was zu Entzündungen und Narbengewebe in der Lunge führte und auch seine Stimmbänder beschädigt hatte. Das Atmen fiel ihm schwer und sein Körper war nur gering belastbar. Zusätzlich war eine Herzklappe blockiert und die Ärzte vermuteten, dass er Krebs hatte.

Ich betete für Efrain. Im Namen von Jesus verfluchte ich die Krankheit und befahl dem Geist des Lebens und Gesundheit vom Himmel in seinen Körper zu kommen. Plötzlich begann Efrain unter der Kraft des Heiligen Geistes zu zittern. Als das Zittern aufhörte, leuchteten seine Augen. Als Akt des Glaubens entfernte er seine Sauerstoffmaske und atmetet mehrmals tief ein. Sofort fing er an, sich ohne Schwierigkeiten zu bewegen und zu gehen. Er war geheilt! Zuerst ging er und dann lief er sogar über die ganze Bühne. Vor dem Wunder sah seine Haut gelblich aus, doch jetzt hatte sie einen gesunden rosa Schimmer. Efrain war die Verkörperung von Glück! Seine Lungen waren geheilt, und seitdem benötigte er kein Sauerstoffgerät mehr. Dazu erlangte er die volle Funktionsfähigkeit seiner Gliedmaßen wieder. Das ist wahres Christentum - die Kraft Gottes sichtbar gemacht durch uns, seine Kinder.

Die übernatürliche Demonstration des Reiches Gottes kommt nur durch den Heiligen Geist, nicht durch Theologie oder Lehre.

Für das Kommen des Reiches Gottes beten

Dein Reich komme; dein Wille geschehe, wie im Himmel, so auch auf Erden (Matthäus 6,10).

Das Vaterunser, das Jesus seine Jünger lehrte, handelt davon, Gott den Vater anzubeten, Gemeinschaft mit ihm zu haben und sein Reich auf die Erde zu bringen. Beachte, dass die erste Bitte nach *„Geheiligt werde dein Name"* (Matthäus 6,9), *„Dein Reich komme"* ist. Gottes Reich sollte unsere Top-Priorität haben.

Des Weiteren bestätigt dieses Gebet, wo sich das Reich Gottes manifestieren soll - *„auf der Erde"*. Noch einmal, viele Christen glauben, dass der Hauptzweck des Reiches Gottes darin liegt, sie in den Himmel zu bringen. Stattdessen ist klar, dass sein Zweck darin liegt, den Himmel auf die Erde zu bringen! Wir müssen verstehen, dass der Wille, die Macht und die Herrschaft unseres Königs hier und heute auf der Erde auf die gleiche Weise ausgeführt werden muss, wie dies im Himmel geschieht.

Gegenüber diesem Zweck sind alle anderen Gebete zweitrangig, sowie auch alle unsere persönlichen Bedürfnisse, Nöte, Prüfungen und Schwierigkeiten. Nachdem wir gebetet haben, dass Gottes Wille auf der Erde geschieht, so wie im Himmel, können wir für unser *„tägliches Brot"* beten (Matthäus 6,11). Die meisten Christen geben jedoch ihren eigenen Problemen und Bedürfnissen Vorrang vor dem Reich Gottes. Sie erkennen nicht, dass genau dies die Ursache dafür ist, warum ihre Bedürfnisse nicht befriedigt werden: Ihre Prioritäten haben die falsche Reihenfolge (Matthäus 6,31-33).

Ist das Königreich oberste Priorität in unserem Leben – wir beten Gott an, dienen anderen, heilen die Kranken, legen Zeugnis ab von Jesus, setzen die Geknechteten frei, geben Opfer und verkünden das Evangelium überall, wo wir hingehen – werden alle unsere Bedürfnisse erfüllt werden. Wir sollten der Art und Weise, wie dieser Teil des Vaterunsers ausgedrückt wird, besondere Aufmerksamkeit schenken: *„Dein Reich komme; dein Wille geschehe, wie im Himmel, so auch auf Erden"*. Diese Aussagen kommen mir nicht vor wie passive Bitten, sondern wie energische und nachdrückliche Aufforderungen. Später sagt Jesus: *„Von der Zeit an, als Johannes der Täufer auftrat, bis zum heutigen Tag bricht sich das Himmelreich mit Gewalt Bahn* (*leidet Gewalt*, Schlachter 2000), *und Menschen versuchen mit aller Gewalt, es an sich zu reißen"* (Matthäus 11,12; Neue Genfer Übersetzung). Wir müssen „ergreifen", was im Himmel ist, und es auf die Erde bringen. Wenn wir beten, ziehen wir alles, was im Himmel ist, auf die Erde: Gesundheit, Befreiung, Frieden, Freude, Vergebung, Wunder, Heilung, Wohlstand und vieles mehr! Verlassen wir uns auf das Reich Gottes, dann können wir sichtbar alles hervorbringen, was benötigt wird.

Der Himmel ist das Muster oder die Vorlage, die wir zu unserem Umfeld bringen müssen. Treffen wir auf Menschen mit Arthritis, Diabetes, Krebs oder irgendeiner anderen Krankheit, müssen wir uns daran erinnern, dass es im Himmel keine Krankheit gibt. Dann müssen wir das Reich des Himmels auf die Erde „ziehen", damit sich seine Kraft manifestieren kann und Menschen im Namen von Jesus geheilt und befreit werden können.

Im Vaterunser geht es darum, Gott den Vater anzubeten, Gemeinschaft mit ihm zu haben und sein Reich auf die Erde zu bringen.

Wie man in das Reich Gottes hineinkommt

Bis jetzt haben wir gelernt, was das Reich Gottes ist, wo es zu finden ist und was seine wichtigsten Eigenschaften und Merkmale sind. Jetzt wollen wir herausfinden, wie man vollständig dort hineinkommen kann. Das Erlösungswerk Jesu durch das Kreuz ist Teil der Versorgung von Gott, aber es gibt etwas, dass wir selbst tun müssen.

1. Wiedergeboren werden

Jesus antwortete: Wahrlich, wahrlich, ich sage dir: Wenn jemand nicht aus Wasser und Geist geboren wird, kann er nicht in das Reich Gottes hineingehen (Johannes 3,5).

Das Reich Gottes wird durch die geistliche Geburt betreten und dieses *„neu geboren"* sein (1. Petrus 1,3; Einheitsübersetzung) verleiht uns die Staatsbürgerschaft darin. Wir können nicht in das Reich Gottes gelangen, indem wir religiös sind, zu einer Denomination, einem Dienst oder einer Sekte gehören, einer bestimmten Philosophie angeschlossen sind, die Theologie der Erlösung durch das Kreuz kennen oder durch irgendwelche anderen Möglichkeiten. Es ist nötig, dass eine völlige Trennung vom Fluch der Sünde stattfindet. Die Nabelschnur der Ungerechtigkeit (Iniquität[7]), die uns mit der Sünde und der rebellischen Natur verbindet, muss durchtrennt werden. Das Reich Gottes ist nicht bloß eine „Mängelbeseitigung". Es bedeutet, dass man eine neue Schöpfung wird (2. Korinther 5,17).

---

[7] http://de.wiktionary.org/wiki/Iniquität: Abweichung von Gerechtigkeit und Rechtschaffenheit

Es gibt keinen Eintritt in das Reich Gottes außer durch die neue Geburt.

2. Buße tun

Und nachdem Johannes [der Täufer] überliefert war, kam Jesus nach Galiläa und predigte das Evangelium Gottes und sprach: Die Zeit ist erfüllt, und das Reich Gottes ist nahe gekommen. Tut Buße und glaubt an das Evangelium (Markus 1,14-15).

Johannes der Täufer bereitete den Weg für das Kommen Jesu, indem er die Menschen zur Buße rief. Jesus konnte sich den Israeliten nicht als Messias präsentieren, solange ihre Herzen nicht zur Buße bereit waren, da dies die erste Voraussetzung oder Bedingung dafür ist, ihn zu empfangen.

Das Wort *predigen* in Markus 1,14 stammt von einem griechischen Wort ab mit der Bedeutung „ausrufen (als ein öffentlicher Ausrufer), insbesondere göttliche Wahrheit". Es bedeutet folglich auch: zu predigen, verkündigen, veröffentlichen. Der Dienst von Jesus machte da weiter, wo der Dienst von Johannes dem Täufer aufhörte. Es gab keine Veränderung in der Botschaft, die sie verkündigten; beide riefen die Menschen zur Buße auf. Warum? Weil das Reich Gottes angekommen war und das Herz der Menschen bereit sein musste, es zu empfangen. Die Wiedergeburt findet nur durch Buße statt.

Buße ist die unabdingbare Voraussetzung, um sich auf den Empfang des Reiches Gottes und die Geburt in dieses Reich hinein vorzubereiten.

In der Ökonomie des Reiches Gottes müssen wir uns zuerst demütigen, bevor wir erhöht werden; wir müssen geben, um zu empfangen; wir müssen dienen, um groß zu werden und wir müssen sterben, damit wir leben können (z. B. Matthäus 23,12; Lukas 6,38; Matthäus 20,26; Johannes 11,25). Demnach müssen wir unserer eigenen „Regentschaft" sterben – unseren selbstsüchtigen Wünschen, Ansichten und Entscheidungen – und uns Gott unterordnen, damit wir wirklich in ihm und seinem Reich leben können.

Wovon sollen wir Buße tun und warum?

> *Wir hatten uns alle verirrt wie Schafe, jeder ging für sich seinen Weg. Doch der Herr lud auf ihn [Jesus] die Schuld von uns allen (Jesaja 53,6; Einheitsübersetzung).*

In Kapitel 2 werden wir sehen, dass alle Probleme und Schwierigkeiten, denen wir begegnen, in dem Moment begannen, als die ersten Menschen sich von der Herrschaft Gottes entfernten und versuchten, auf ihre eigene Art und Weise zu leben. Gott bezeichnete diesen Weggang als Ungerechtigkeit (Iniquität), Sünde und Rebellion. Jeder Mensch hat diese Natur der Ungerechtigkeit, Sünde und Rebellion geerbt. Die einzige Lösung für unser Problem besteht darin, wieder in das Reich Gottes einzutreten. Heutzutage gibt es jedoch so viel Rebellion, dass eine große Zahl von Menschen noch nicht einmal das Wort *Regierung* oder *Herrschaft* in Bezug auf Gott hören wollen. Sie sehen die Ankunft des Reiches Gottes nicht als eine gute Nachricht an, weil sie nicht bereit sind, Buße zu tun oder ihr falsches Denken und ihre verkehrten Wege zu ändern.

Iniquität entspricht Rebellion und allen daraus folgenden Konsequenzen.

Wahre Buße bringt eine neue Denkweise mit sich, die eine Veränderung im Verhalten wiederspiegelt. Diese Veränderung ist ein Nachweis für das Werk des Heiligen Geistes im Herzen eines Menschen, was schließlich zu einer neuen Lebensweise führt. Buße ist keine Emotion, obwohl sie auch durch Gefühle ausgedrückt werden kann. Wenn wir unseren wahren, bankrotten geistlichen Zustand vor Gott sowie die rebellische Natur erkennen, die uns von ihm weggeführt hat, ist Buße eine Entscheidung , uns um 180 Grad zu drehen und in die entgegengesetzte

Richtung zu gehen – auf ihn zu. Buße zeigt auch unsere Entscheidung, uns nicht mehr länger selbst zu regieren, sondern von Gott gemäß seiner Herrschaft regiert zu werden. Somit bewirkt Buße, dass die Sünde stirbt. Obwohl Buße erforderlich ist, um in das Reich Gottes hineinzukommen, müssen wir auch immer danach trachten, unsere Gedanken und Wege in Übereinstimmung mit Gottes Gedanken und Wegen zu erneuern. Es ist wichtig, ihm unser Leben täglich unterzuordnen, damit wir uns weiter in die richtige Richtung bewegen.

Jeder Mensch ist von Natur aus ein Rebell, der durch seine Gedanken, Entscheidungen und Taten diese Rebellion zum Ausdruck bringt.

Auch wenn du kein Dieb, Lügner, Ehebrecher, Mörder oder ständiger Übeltäter bist, hattest du in dem Augenblick, in dem du in diese Welt eintratst, diese rebellische Natur: Du wurdest in Schuld geboren (Psalm 51,7). Die Bibel sagt: *„denn alle haben gesündigt und erlangen nicht die Herrlichkeit Gottes“* (Römer 3,23). In gewissem Sinne ist es unvermeidlich, dass wir sündigen, da die Schuld bzw. Iniquität durch unsere Blutlinie kommt. Doch hat Gott uns auch ein Gewissen und die Fähigkeit gegeben, unsere Vernunft zu gebrauchen. Das hilft uns dabei, Gut und Böse zu unterscheiden. Aber das ist nicht alles, denn er bietet an, dass sein eigener Heiliger Geist in uns wohnt, der uns dabei hilft, ihm zu gehorchen. Wir können uns entscheiden, entweder in Ungerechtigkeit und Sünde zu leben, oder wir können Buße tun und in das Reich des Lebens eintreten. Wir müssen zur Besinnung kommen, indem wir die Wahrheit über uns und unseren sündigen Lebensstil einsehen. Dann müssen wir eine Kehrtwendung machen und in die entgegengesetzte Richtung gehen.

> *Kommt denn und lasst uns miteinander rechten!, spricht der HERR. Wenn eure Sünden rot wie Karmesin sind, wie Schnee sollen sie weiß werden. Wenn sie rot sind wie Purpur, wie Wolle sollen sie werden. Wenn ihr willig seid und hört, sollt ihr das Gute des Landes essen (Jesaja 1,18-19).*

Was bedeutet es, von ganzem Herzen Buße zu tun?
Von ganzem Herzen Buße zu tun bedeutet anzuerkennen, dass wir unabhängig von Gott gelebt haben. Das führte dazu, dass wir über uns selbst bestimmt haben und durch ein Leben nach eigenem Gefallen unsere sündige Natur zufrieden stellten. Wir haben gedacht, gefühlt und getan, was wir wollten, und stellten unsere eigenen Wünsche und Maßstäbe in Bezug auf persönlichen Nutzen und Zufriedenheit an erste Stelle. Wir übernahmen die Regierung oder Herrschaft über uns selbst; wir trafen die Entscheidung darüber, welchen Karriereweg wir einschlagen, welches Geschäft wir eröffnen, wo wir leben, wen wir heiraten usw., jedoch ohne vorher Gott zu fragen. Deshalb scheitern viele von uns immer wieder und fragen sich, warum sie überhaupt geboren wurden und ob es irgendeinen Sinn im Leben gibt. Wir fragen uns, warum wir so depressiv sind oder warum so viele junge Menschen sich für Selbstmord entscheiden, weil sie glauben, damit der schrecklichen Leere in ihrem Inneren ein Ende zu bereiten. Die „Freiheit" so zu leben wie wir wollen und für die wir so hart kämpfen hat dazu geführt, dass wir keine Bestimmung im Leben mehr haben.

Damit unsere Buße echt ist, müssen wir uns von diesem Tag an unter die Autorität und Regentschaft Gottes stellen und ihm gestatten, in unserem Leben völlige Herrschaft zu haben. Jede unserer Entscheidungen muss sich auf ein Prinzip oder ein Gebot des Reiches Gottes gründen. Da wir jetzt leben, um dem König zu gefallen, werden wir nichts mehr ohne seine Zustimmung, Autorität und Führung tun. Das ist wahre Buße!

Veränderung ist der Beweis für Buße. Und Veränderung ist keine Veränderung, solange es keine echte Transformation gibt.

Viele Menschen in der Gemeinde von heute haben nie wirklich Buße getan. Ihr Zustand wird ersichtlich durch ihr fortgesetztes rebellisches Verhalten, ihre Wutanfälle, Depressionen, Selbstbezogenheit und anderes mehr. Es mangelt ihnen an Frieden und sie können die Gerechtigkeit, die Gott durch Jesus

Christus zur Verfügung gestellt hat, nicht vollständig in Empfang nehmen. Die Kraft des Reiches Gottes ist für diejenigen verfügbar, die in vollem Umfang Buße getan und sich von ihrer Rebellion gegen Gott losgesagt haben. Dann, und nur dann, können sie seine Verheißungen der Erlösung, Heilung, Befreiung, Gerechtigkeit, Frieden, Freude und Wohlstand in Anspruch nehmen. Es ist auch wichtig zu erkennen, dass unsere Freiheit und übernatürliche Versorgung in Christus keine Ausrede für uns ist, so zu leben, wie wir es wollen. Vielmehr ermöglichen sie uns, die Wohltaten des Reiches Gottes zu genießen, während wir auch anderen mit ihnen dienen.

In über zwanzigjähriger Erfahrung in meinem Dienst im Umgang mit Menschen bin ich zu dem Schluss gekommen, dass die meisten ihrer Probleme durch eine unvollständige Herzensbuße verursacht sind. Werden sie dann zu einer vollständigen Buße angeleitet, hören die meisten ihrer Probleme auf, denn jemand der Buße tut, widersteht Gott nicht mehr länger. Stattdessen sagt er: „Herr, hier bin ich. Ich will tun, was immer du möchtest." Lehren wir Menschen über das Reich Gottes und sprechen dabei nicht über Themen wie Gehorsam, Unterordnung und unter Gottes Regentschaft stehen, enthalten wir ihnen das Wesen dieses Reiches vor.

Egal ob du Christ bist oder nicht, ob du eine Gemeinde besuchst oder nicht, wenn du dich mit diesem rebellischen Lebensstil des Getrenntseins von Gott identifizierst und dich selbst als verloren und ziellos betrachtest und nicht weißt, warum du überhaupt geboren wurdest; wenn du allem am liebsten ein Ende bereiten würdest, weil dir das Leben zu viel geworden ist; wenn du krank bist und die ärztliche Behandlung keine Erleichterung oder Heilung gebracht hat – dann ist es an der Zeit, dass du heute das Reich Gottes mit den Manifestationen seiner Kraft erlebst. Tue Buße von deinem Lebensstil in der Vergangenheit, verzichte auf Sünde, Ungerechtigkeit (Iniquität) und Rebellion gegenüber Gott und kehre um zu ihm. Er möchte sein Reich in dir sichtbar werden lassen. Sein Wunsch ist, dass durch dich sein Reich auch andere erreicht und ihnen Gerechtigkeit, Frieden und Freude im Heiligen Geist bringt. Wenn du mit Gott versöhnt werden möchtest und du bereit bist, dich unter seine Herrschaft zu begeben, dann bete dieses Gebet der Buße und empfange Vergebung, damit du in das Reich Gottes mit all seiner Fülle eintreten kannst:

Himmlischer Vater, ich erkenne an, dass ich ein Sünder bin und tue Buße über meine Lebensweise, die im Gegensatz zu dir und deinem Reich steht. Ich wende mich ab von all meinen Sünden und meiner Rebellion und will dir von ganzem Herzen nachfolgen. Ich bekenne mit meinem Mund, dass Jesus der Sohn Gottes ist, und ich glaube in meinem Herzen, dass du, Vater, ihn von den Toten auferweckt hast. Im Namen von Jesus bin ich errettet. Lass dein Reich in meinem Leben sichtbar werden. Gebrauche mich, um dein Reich überall auszubreiten, wo ich hingehe. Amen!

Die Priorität, nach dem Königreich zu trachten

Trachtet aber zuerst nach dem Reich Gottes und nach seiner Gerechtigkeit! Und dies alles wird euch hinzugefügt werden (Matthäus 6,33).

Wir haben gelernt, dass es außerhalb von Gottes Reich keine Gerechtigkeit oder Frieden gibt, da Rebellion nur Chaos und Zerstörung hervorruft. Nur durch das Empfangen der Gerechtigkeit von Jesus im Glauben und einem Leben in Unterordnung unter das Reich Gottes kann man gerecht werden. Für jedes aufkommende Bedürfnis wird gesorgt werden, wenn unsere Prioritäten richtig gesetzt sind. Wenn ich mich auf die Prinzipien des Reiches Gottes konzentriere und entsprechend ausrichte, kommt Gottes Ordnung in mein Leben. Es aktiviert seine Zusagen, mich mit Nahrung, Getränken, Kleidung, einem Bett zum Schlafen, einem Dach über dem Kopf, Finanzen und anderem mehr zu versorgen. Dieses Prinzip stelle ich schon seit langen Jahren in meinem persönlichen Leben und meinem Dienst unter Beweis.

Überall dort, wo wir Menschen in schwierigen Umständen begegnen, sollen wir die Realität von Gottes Willen, Macht und

Herrschaft manifestieren. Krankheit, Unterdrückung, Armut, Traurigkeit, Scheidung, Depression, Kriminalität, Boshaftigkeit und Mord existieren im Himmel nicht. Das Reich Gottes auf der Erde aufzurichten bedeutet, diese Dinge im Leben von Einzelpersonen, Familien, Gemeinden, Städten oder Nationen zu beenden oder zu verhindern. Wenn etwas nicht am Willen Gottes ausgerichtet ist, dann muss es für uns vorrangig sein, es entweder neu auszurichten oder zu entfernen. Das hängt davon ab, um was es sich handelt.

Ich praktiziere täglich „Reich Gottes Leben", aber ich bin nicht der Einzige! Ständig trainiere ich Jünger und rüste sie aus, damit sie das Reich Gottes dann überallhin mitnehmen. In unserer Familie und unserem Dienst sehen wir, wie tausende von Menschen Erlösung, Befreiung und Wiederherstellung erhalten. Dies geschieht durch meine Frau und mich, durch unsere Pastoren, Ältesten, Diakone, Mentoren und Leiter unserer „Häuser des Friedens"[8] (ein Dienst der Gemeinde), aber auch durch Pastoren, die unter unserer geistlichen Abdeckung stehen, und durch unsere Jünger überall auf der Welt. Im Namen von Jesus befreien sie Menschen von Homosexualität, Lesbianismus, Bestialität, Pornographie, Masturbation, Inzest, Diebstahl, Verlassenheit, Zauberei und Süchten wie z. B. Alkohol, verschreibungspflichtigen Medikamenten und illegalen Drogen.

Wir haben gesehen, wie Jesus Menschen von Krebs, AIDS, Hepatitis, Arthritis, Diabetes, Lupus[9], bipolare Störungen[10], Schizophrenie und vielen anderen Erkrankungen geheilt hat. Zahlreiche Menschen erlebten kreative Wunder. Sie empfingen zum Beispiel neue Organe, die ihnen vorher gefehlt hatten, oder Fehlbildungen wie beispielsweise Gaumenspalten wurden beseitigt. Warum geschieht das? Weil wir glauben, dass der Himmel eine Wirklichkeit ist, die wir hier und heute erleben können.

Zwei meiner vielen geistlichen Kinder sind Pastoren einer Gemeinde in Spanien und sie tun die gleichen übernatürlichen Werke wie ich. Eine junge Frau namens Gabriela Ascencio, die jetzt

---

[8] House of Peace, Gemeinschaftstreffen in Privathäusern

[9] Autoimmunkrankheit

[10] Auch bekannt als manisch-depressive Erkrankung

Bankberaterin und Studentin der Geisteswissenschaften ist, besuchte ihre Gemeinde. Sie erzählte ihnen, dass ihr Leben aufgrund von Magersucht, Bulimie, einer manisch-depressiven Störung sowie starker Depressionen die reinste „Hölle" war. In der Vergangenheit hatte sie sich oft selbst verletzt und mehrfach versucht, sich umzubringen. Deshalb wurde sie auch mehrere Male in der Psychiatrie stationär behandelt. Die Ärzte hatten ihr mitgeteilt, dass ihr Zustand sich nicht mehr bessern würde, und sie für den Rest ihres Lebens verschreibungspflichtige Medikamente nehmen müsse. Diese Arzneimittel machten sie schläfrig und führten sogar manchmal dazu, dass sie bewusstlos wurde. Wenn sie dann aufwachte, verlor sie sogleich wieder die Kontrolle.

Diese Pastoren in Spanien dienten Gabriela mit innerer Heilung und Befreiung, und die Kraft Gottes setzte sie frei! Heute ist sie vollständig geheilt und mit dem Heiligen Geist erfüllt. Sie bezeugt: „Mein Leben drehte sich nur um meine Krankheiten. Nichts machte mir Freude und ich hatte keine Träume, Pläne oder Ziele. Ich fühlte mich einsam und verbrachte die Tage mit Pläneschmieden, wie ich mich selbst verletzen oder umbringen könnte. Ich hasste meine Familie. Oft konnte ich nicht essen, weil ich mich schuldig fühlte. Wenn ich aber etwas aß, konnte ich den Drang, mich zu erbrechen, nicht beherrschen. In den schlimmsten Zeiten meiner Magersucht und Bulimie war ich unfähig, mir Kleidung zu kaufen, mich im Spiegel zu betrachten und ich konnte mich noch nicht einmal waschen. Ich war nicht fähig zu lernen, wollte nichts mit Menschen zu tun haben und war nicht in der Lage, zu vergeben oder jemanden zu lieben." Heute studiert, arbeitet und dient Gabriela, und sie liebt den Herrn und andere Menschen. Sie ist eine Mentorin, die anderen mit Befreiung und Bestätigung dient.

Wenn du dich dazu entscheidest, die Offenbarungen dieses Buches zu empfangen, und es wagst, die Errichtung des Reiches Gottes zu deiner Priorität zu machen, dann wirst du erleben, wie im Namen von Jesus Wunder anfangen zu geschehen. Das unsichtbare Reich wird sich im sichtbaren Bereich manifestieren und das Leben von Menschen transformieren.

Ich ermutige dich, diese Entscheidung zu treffen und überall, wo du hingehst, das Reich Gottes sichtbar zu machen. Gibt es dort geistliche Dunkelheit, beseitige sie; gibt es dort Krankheit, treibe den Geist von Krankheit aus. Das Reich der Kraft ist in dir. Du musst es lediglich hier und heute demonstrieren!

Kapitel 2

Das ursprüngliche Herrschaftsmandat

Gottes Plan, sein Reich auf der Erde durch die Menschen auszubreiten, begann nicht erst mit unserer Erlösung in Jesus. Es geht dabei nicht nur um eine Antwort auf den Sündenfall des Menschen. Es geht um einen ewigen Sinn und Zweck, und Gottes Plan trat schon vor Beginn der Schöpfung in Kraft.

In diesem Kapitel erfahren wir etwas über die Herrschaft, die Gott den ersten Menschen gab, Adam und Eva, und über Gottes Absichten mit der Erde. Wir werden untersuchen, wie Satan den Garten Eden betrat, um Adam und Eva zu verführen, und wie sie ihre Herrschaft verloren. Wir werden erkennen, wie durch das Opfer Jesu am Kreuz unsere Beziehung mit unserem himmlischen Vater wiederhergestellt wurde. Das befähigt uns dazu, unseren Herrschaftsauftrag zu erfüllen. Des Weiteren werden wir zur Änderung unserer Denkweise herausgefordert, um so eine Mentalität des Rückzugs zu vermeiden und stattdessen eine Mentalität der Ausbreitung und Erweiterung zu bekommen. Wir müssen uns nicht mehr länger von Umständen, Problemen oder Satan beherrschen oder kontrollieren lassen. Wir können ein siegreiches Leben führen und erneut die Herrschaft ausüben, die Adam und Eva verloren haben.

Es gibt heute viele Beweise für die Ausbreitung von Gottes Reich. Sieh dir einmal die Geschichte von einem meiner geistlichen Söhne, Paulo DaSilva, an. Obwohl Paulo in Brasilien in einem christlichen Elternhaus aufwuchs, kam er im Alter von sechzehn Jahren vom rechten Weg ab. Zwei Jahre lang war er verwickelt in Drogen, Lügen und Gewalt, bis er ein persönliches Erlebnis mit Gott hatte und in die Gemeinde zurückkehrte. Paulo studierte Theologie, wurde Pastor und arbeitete hart, um Menschen für Jesus zu gewinnen. Seine Gemeinde wuchs auf 450 Mitglieder an. Dann setzte ein Stillstand ein und die Gemeinde wuchs nicht mehr weiter. Statt von Freude und Energie erfüllt zu sein, fühlte Paulo sich müde und betrübt.

Doch dann entdeckte er die übernatürliche Kraft des Reiches Gottes. Als er diese Kraft sichtbar unter Beweis stellte, setzte Gott Wachstum in seiner Gemeinde frei. Jetzt hat er mehr als 1 300 aktive Mitglieder und tauft jeden Monat hunderte von neuen Gläubigen. In weniger als zwei Jahren gründete seine Gemeinde sechs neue Gemeinden in Brasilien. Er erlebt, wie erstaunliche Wunder geschehen. Gott heilt Menschen von Krebs, AIDS und vielen anderen Gebrechen und Krankheiten. Ehen werden wiederhergestellt, Menschen erfahren Befreiung von Süchten und erleben finanziellen Wohlstand. Die Jugendlichen in der Gemeinde brennen für Gott. Überall, wo sie hingehen, dienen sie im Übernatürlichen. Und die Leiterschaft der Gemeinde wird transformiert, während die Menschen lernen, in der übernatürlichen Kraft des Reiches Gottes zu leben. Du kannst das auch!

Wenden wir uns nun den Ursprüngen unserer Königreich-Gottes- Kraft und Autorität zu.

Unser souveräner Schöpfer

Im Anfang schuf Gott den Himmel und die Erde (1. Mose 1,1).

Der erste Vers der Bibel ist nur kurz, vermittelt uns aber eine tiefe Bedeutung. Die Schrift erklärt als Erstes den Ursprung der Menschheit. Sie erzählt uns, wo wir – nicht Gott – herkommen. Die Worte „*im Anfang*“ beziehen sich auf Zeit. Gott ist der Zeit nicht unterworfen; er ist vielmehr derjenige, der sie geschaffen hat. Folglich bezieht sich das erste Buch Mose auf den Beginn unseres Universums und den Anfang der Menschheit.

Das hebräische Wort für Gott in 1. Mose 1,1 ist *Elohim*. Das ist der Name für Gott, der im Zusammenhang steht mit ihm als dem Schöpfer[11]. Als Mose ihn fragte, wie denn sein Name sei, gab Gott ihm eine weitere Offenbarung über sich. Er antwortete:

---

[11] http://www.hebrew4christians.com/Names_of_G-d/Elohim/elohim.html; http://www.abarim-publications.com/Meaning/Elohim.html

„Ich bin, der ich bin“ (2. Mose 3,14). Ein Bibel-Lexikon formuliert, dass diese Antwort „mehr ist als eine einfache Aussage über seine Identität. Es ist eine Proklamation der göttlichen Herrschaft über alle Dinge.“[12] Gott existiert durch sich selbst. Er ist von nichts und niemandem sonst abhängig, um existieren zu können. Der Name „Ich Bin“ birgt in sich jeden Aspekt der Natur Gottes sowie alle anderen Namen, mit denen er in seinem Wort noch benannt wird.

Im 1. Buch Mose stellt Gott sich zuerst selbst vor, ehe er irgendetwas oder irgendjemanden sonst einführt: *„Im Anfang schuf Gott ...“*. Das ist auch richtig so, denn nur Gott selbst kann uns sich und seine Werke offenbaren. Beachte, dass er sich hier speziell als Schöpfer vorstellt. Damit offenbart er eine seiner wichtigsten Eigenschaften, die niemand sonst besitzt oder kopieren kann.

Vor Gott gab es keine anderen Wesen oder Gegebenheiten. Als noch nichts von unserem Universum existierte, begann Gott zu erschaffen. Als erstes erschuf er den Himmel - unser Universum und unsere Atmosphäre - und die Erde. Bedenke, dass der Thronsitz Gottes im Himmel der Ursprungsort ist, aus dem alle Ressourcen der Erde (und des restlichen Universums) stammen. Es war der Wille Gottes, dass der Himmel auf die Erde kommt und hier dupliziert wird. Nachdem er die physikalische Welt und die Tiere erschaffen hatte, schuf Gott den Mann und die Frau als Krone seiner Schöpfung. Er übertrug ihnen die Verantwortung, seine Herrlichkeit auf diesem Planeten sichtbar werden zu lassen.

Geschaffen nach Gottes Ebenbild

Und Gott sprach: Lasst uns Menschen machen in unserm Bild, uns ähnlich! ... Und Gott schuf den Menschen nach seinem Bild, nach dem Bild Gottes schuf er ihn; als Mann und Frau schuf er sie (1. Mose 1,26-27).

---

[12] Vine's Complete Expository Dictionary of Old and New Testament Words, 13-14.

Das Wort *„Bild"* ist im hebräischen das Wort *zäläm,* was bedeuten kann „ Abbild, repräsentatives Bild", aber es kann auch verwendet werden im Sinne von „wesentliche Natur". Die Menschen besitzen die wesentliche Natur Gottes.

Das Wort *„ähnlich"* ist eine Übersetzung des hebräischen Wortes *demut.* Es kann die Bedeutung haben von: Abbild, Ähnlichkeit, Gestalt, Form, Figur, Muster. Dieses Wort „kennzeichnet das Original, dem etwas nachgebildet wird". Ich meine, die Bibelausgabe *„The Living Bible"* hat den Sinn von 1. Mose 1,27 am besten erfasst: *„Ähnlich Gott machte Gott den Menschen"*. Gott erschuf den Menschen sich gleich. Der ICH BIN entnahm den Menschen aus seiner eigenen Substanz. Man könnte auch sagen, dass er sich selbst im Menschen reproduzierte. Der Mensch soll auf der Erde das sein, was Gott im Himmel ist.

Als Hilfe für ein besseres Verständnis dieser bemerkenswerten Wahrheit wollen wir uns ein natürliches Beispiel anschauen. Wenn Eltern ein Kind zeugen, schaffen sie damit einen anderen Menschen, dessen Gene von ihnen kommen. Das Erbgut meiner Söhne Bryan und Ronald stammt sowohl von ihrer Mutter Ana wie auch von mir. Sie gehören zu unseren Blutlinien und sind die Fortsetzungen der Familie Maldonado hier auf Erden. Da wir in ähnlicher Weise aus der Essenz Gottes geschaffen wurden, besitzen wir seine „Gene". Wir sind keine „Götter"; wir sind nicht göttlich. Dennoch besitzen wir Gottes Natur und Eigenschaften. Aus diesem Grund lesen wir in der Bibel, dass die Menschen „ *nur wenig geringer gemacht [wurden] als Gott [elohim]"* (Psalm 8,6; Einheitsübersetzung)

Mehrere Bibel-Ausgaben übersetzen das Wort *elohim* in diesem Vers mit *„Engel"* oder *„himmlischen Wesen"*. Ich glaube aber es ist angemessen, dieses Wort mit *„Gott"* zu übersetzen, so wie es die Einheitsübersetzung, Luther Bibel 1984, Neues Leben.Die Bibel und die Neue Genfer Übersetzung tun. Gott schuf den Menschen nach seiner eigenen Art; er erschuf uns in seiner Abstammungslinie.

Der Mensch soll auf der Erde das sein, was Gott im Himmel ist.

Wir sind in vielerlei Hinsicht wie unser Schöpfer, und einiges davon wollen wir uns nun einmal näher ansehen. Erstens, „*Gott ist Geist*" (Johannes 4,24), und in unserem Wesen sind wir Menschen Geist (z. B. Prediger 12,7). Der Mensch ist Geist mit einer Seele und lebt in einem physischen Körper. Zweitens, Gott denkt, stellt sich etwas vor, entwickelt Ideen und schmiedet Pläne. Der Mensch macht das Gleiche, indem er sein physisches, gottgegebenes Gehirn benutzt. Drittens, Gott bringt Emotionen zum Ausdruck, ebenso der Mensch. Viertens, Gott empfindet Schmerz, wenn er abgelehnt oder verraten wird, und er liebt, gibt und vergibt; bei uns Menschen ist das auch der Fall. Fünftens, Gott ist fähig zu hassen, aber er hasst keine Personen, sondern Sünde. Die Menschen können ebenfalls hassen. Diese Eigenschaft wird jedoch aufgrund der gefallenen Natur oft verdreht und missbraucht und war schon oft Anlass für schreckliche Konflikte und Zerstörungen auf unserer Welt.

Außer dem Menschen besitzt kein geschaffenes Wesen die oben genannten Eigenschaften. Wir Menschen sind die Einzigen, die Gott in seinem Ebenbild geschaffen hat. Ich möchte es nochmals betonen, ich sage damit nicht, dass die Menschen Gott sind, sondern sie sind von der gleichen „Art" wie er. Adam und Eva waren die „Erweiterung" von Gott und dazu bestimmt, die Erde dem Himmel gleich zu gestalten.

Zum Herrschen geschaffen

> *Und Gott segnete sie, und Gott sprach zu ihnen: Seid fruchtbar und vermehrt euch, und füllt die Erde, und macht sie euch untertan; und herrscht über die Fische des Meeres und über die Vögel des Himmels und über alle Tiere, die sich auf der Erde regen (1. Mose 1,28).*

Die Menschen wurden geschaffen um zu herrschen. Sie waren die legalen Repräsentanten Gottes, um die Gesetze seines Reiches auf der Erde anzuwenden oder durchzusetzen.

Vor einiger Zeit war ich eingeladen, in der Stadt Rosario in Argentinien auf einer dreitägigen Veranstaltung für christliche Leiter zu predigen. Vor der Reise verbrachte ich mehrere Tage in der Gegenwart Gottes. Inbrünstig suchte ich sein Angesicht, um Richtung und Führung für diese Aufgabe zu erhalten. In Argentinien angekommen verbrachte ich noch mehr Zeit damit, Gottes Angesicht zu suchen, im Geist zu beten, anzubeten und Fürbitte zu tun, bis ich deutlich seine Stimme vernahm. Er sagte: „Ich werde etwas Außergewöhnliches tun." Am letzten Tag war eine Abendveranstaltung in einer Stierkampfarena - mit Steinsitzen und viel Sand - geplant. Doch es regnete stark, wodurch das bereits installierte Equipment und die Beleuchtung für die Veranstaltung beschädigt worden waren. Deshalb dachten die Gastgeber schon daran, alles abzublasen.

Es hörte auf zu regnen, alles war nass, doch trotz allem kamen die Leute und füllten die Arena. Als ich an die Reihe kam, sagte der gastgebende Pastor zu mir: „Beil dich, denn es wird gleich wieder regnen. Bete einfach nur kurz für die Kranken." Sowie ich das Mikrofon in die Hand nahm und die Leute begrüßte - es waren über zwölftausend Teilnehmer aus den verschiedenen Regionen des Landes - begann es wie aus Kübeln zu regnen. Dunkle Wolken hingen über der Stierkampfarena und der Regen war unerbittlich. In diesem Augenblick führte der Herr mich, ein einfaches Gebet zu sprechen: „Danke, Herr, für den natürlichen Regen, den du uns schenkst. Aber wir wollen keinen natürlichen Regen, wir wünschen uns, dass du geistlichen Regen ausgießt."

Sofort hörte der Regen auf, die dunklen Wolken verschwanden und der Himmel war klar und voller Sterne. Das war ein unglaublicher Moment. Jeder der Anwesenden war tief berührt, ganz besonders jene, die ein Wunder brauchten. Gott ließ ein außergewöhnliches Zeichen geschehen, indem er den Regen stoppte! Er demonstrierte damit auch ein Herrschaftsprinzip, bei dem die natürliche Welt dem Willen Gottes durch Menschen unterworfen ist, die Gott als seine Werkzeuge gebraucht. Ich konnte nun predigen, in Heilungen und Wundern dienen und sogar prophetische Worte über das Land aussprechen. Und an diesem Abend wurden wir Augenzeugen erstaunlicher Wunder.

Unter den vielen Zeugnissen kann ich mich besonders an zwei erinnern, bei denen Gott neue Nieren schuf. Es handelte sich um eine junge Frau, die nur mit einer Niere geboren war, und um einen Mann, dem eine Niere entfernt worden war. Der Mann war völlig überrascht von dem Geschehen; er weinte und dankte Gott für das Wunder. Er berichtete, dass er die fehlende Niere jetzt in seinem Inneren spüren konnte. Nach der Veranstaltung suchte er seinen Arzt auf, der ihm bestätigte, dass er eine brandneue Niere besaß!

Ein weiteres eindrucksvolles Zeugnis stammt von einem Mann, dem aufgrund einer Missbildung ein Knochen in seiner Ferse fehlte. Gott tat ein kreatives Wunder und füllte die Lücke in seinem Fuß mit einem neuen Knochen. Darüber hinaus geschah bei seiner Tochter das gleiche Wunder, welche hunderte von Kilometern entfernt vom Veranstaltungsort wohnte. Eine Frau bezeugte, dass sie von Herzrhythmusstörungen geheilt war. Es gab an diesem Abend noch eine ganze Menge von großartigen Zeugnissen – sie alle bringen Gottes Verlangen zum Ausdruck, sein Reich auf der Erde zu verbreiten.

Nun wollen wir mehr über die Herrschaft erfahren, die Gott Adam und Eva übertrug.

„Seid fruchtbar und vermehrt euch und erfüllt die Erde"

Das Mandat, das Gott dem Menschen gab, begann mit den Worten: „Seid fruchtbar und vermehrt euch und erfüllt die Erde …" Hier sehen wir wieder die Konzepte von unseren beiden Berufungen, nämlich uns auszubreiten und Gott als sein Ebenbild zu repräsentieren. Durch die nachfolgenden Generationen von Adam und Eva und ihren Kindern sollte die Erde stets mit dem Reich Gottes erfüllt werden.

Ich glaube, diese Herrschaft war das höchste Maß an geistlicher Macht, die dem Menschen gegeben wurde – es ist eine „territoriale Macht". Deshalb mussten Adam und Eva als erstes ihr Territorium kennenlernen. Wir können nicht über ein Gebiet Macht ausüben, über das wir uns in Unwissenheit befinden.

Und Gott, der HERR, nahm den Menschen und setzte ihn in den Garten Eden, ihn zu bebauen und ihn zu bewahren (1. Mose 2,15).

Nachdem Gott Adam erschaffen hatte, setzte er ihn in das Umfeld seiner Gegenwart. Das Wort *Eden* bedeutet Freude oder Vergnügen. Das Wort *Garten* kennzeichnet ein Gehege oder einen eingezäunten Platz. Der Wortstamm hat die Bedeutung von rundherum absichern; es ist etwas, das schützt, verteidigt, bedeckt oder umgibt. Wenn wir uns in der Herrlichkeit Gottes befinden, sind wir von seiner Gegenwart umgeben und dadurch geschützt.

Gott gab den Menschen den Garten Eden als Ausgangsbasis oder Startpunkt, denn seine Herrlichkeit sollte ihr Zuhause sein. Von diesem Zeitpunkt an war es ihre Aufgabe, die Herrschaft Gottes auf der ganzen Erde auszubreiten, indem sie diese Herrlichkeit mit sich nahmen.

Wir sollten verstehen, dass Eden, obwohl Ausgangspunkt für alles, noch einige Male in der Bibel erwähnt wird. Der Ort kommt sogar in 1. Mose nach mehreren Kapiteln wieder zur Sprache. Aus meinen Nachforschungen habe ich geschlossen, dass Eden kein physischer Standort auf der Erde war, sondern eine offene Tür oder ein Eingang in den Himmel. Es war ein Umfeld, das ein Tor oder ein Portal zum Himmel bildete, denn Gott manifestierte dort seine Herrlichkeit. Adam bewegte sich dorthin, wo auch die Herrlichkeit oder Gegenwart Gottes sich hinbewegte. Später hatten auch andere Menschen, einschließlich Jakob, Begegnungen mit der Gegenwart Gottes. Diese Begegnungen fanden nicht an einem feststehenden Ort auf der Erde statt. Im Fall von Jakob war es ein Traum, den er während einer Übernachtung in einer Stadt namens Lus hatte. In seinem Traum sah er eine Leiter vom Himmel auf die Erde herabkommen. Jakob nannte den Ort nach seinem Traum „Bethel", was bedeutet „Haus Gottes" (1. Mose 28,19). In gewisser Weise war Bethel Jakobs „Eden".

Permanente Ausbreitung ist das vorherrschende Prinzip des Reiches Gottes. Das sollte auch die Denkweise der Gemeinde sein – nicht Rückgang, Schrumpfung oder Stagnation. Unser Dienst, zum Beispiel, erweitert sich kontinuierlich und anhaltend, seit wir Gott und seinem Reich dienen. Am Anfang waren wir zwölf Leute, die sich in meinem Wohnzimmer trafen. Innerhalb von drei Monaten stieg die Anzahl der Teilnehmer auf vierzig. Deshalb zogen wir um in ein kleines Gebäude, um uns dort zu treffen, doch wuchs die Gemeinde schnell auf 150 Personen an. Also benötigten wir eine Erweiterung des Gebäudes. Zum Zeitpunkt der Fertigstellung dieses Ausbaus hatten wir 250 Mitglieder und ein Jahr später waren es 650. Nach weiteren achtzehn Monaten kauften wir, in Erfüllung eines prophetischen Wortes, eine ehemalige jüdische Synagoge. Sie begann sich schnell bis an den Rand ihrer Kapazität zu füllen. Wir führten jeden Sonntag fünf Gottesdienste durch, um die 5 000 Menschen unterzubringen, die unsere Gemeinde besuchten. Ein wichtiger Faktor in unserem Wachstum war die Herrschaft des Reiches Gottes, denn Gott hatte uns ein bestimmtes Gebiet gegeben, wo wir uns in seinem Namen ausbreiten sollten.

Nur vier Jahre nach Gründung unseres Dienstes erhielten wir noch ein prophetisches Wort mit der Anweisung, neues Land zu kaufen. Nach weiteren vier Jahren begannen wir mit der Errichtung eines riesigen Gemeindegebäudes mit Platz für 6 000 Menschen. In der Gründungsgemeinde und unseren Tochtergemeinden sind heute zusammen über 20 000 aktive Gemeindemitglieder. Im Zusammenhang mit unserer Reich Gottes Expansion sind wir mehr als einmal zu mehr als 50 Nationen gereist, um die übernatürliche Kraft Gottes zu manifestieren. Wir erreichen auch Millionen von Menschen in vielen Nationen mit der Botschaft und Kraft Gottes durch die Medien – Fernsehen, Radio, das Internet und Zeitschriften. Derzeitig bieten wir über 100 Gemeinden rund um den Globus geistliche Abdeckung. Das beinhaltet sowohl Tochter- wie auch Satellitengemeinden, die sich uns angeschlossen haben, nebst all den anderen Gemeinden, die mit ihnen verbunden sind.

Das vorherrschende Prinzip des Reiches Gottes ist permanente Expansion.

All das ist in weniger als zwanzig Jahren seit Gründung unseres Dienstes geschehen. Die geistliche Ausbildung und Zurüstung tausender von Leitern vervielfachte diese Ausweitung, weil die Leiter die übernatürliche Kraft Gottes in ihre Städte und Nationen mitbrachten und sich dort ebenfalls multiplizierten, indem sie sich in das Leben anderer investierten. Unsere Universität für den übernatürlichen Dienst[13] schult Menschen für den fünffältigen Dienst der Apostel, Propheten, Pastoren, Lehrer und Evangelisten (Epheser 4,11). Die Ausbreitung des Reiches Gottes in unserem Dienst ist ein anhaltender Prozess und aufgrund der Herrschaft, die wir in dem speziellen Territorium ausüben, das Gott uns gegeben hat, ist die Frucht unserer Arbeit unermesslich. Trotzdem sind wir immer noch nicht zufrieden! Wir gehen weiter vorwärts, um unser nächstes Ziel zu erreichen, das zu noch größeren Expansionen des Reiches Gottes beitragen wird. Ich erzähle das alles um zu betonen, dass dieses Buch nicht von Theorien handelt, sondern von Erkenntnissen, die aus praktischer Erfahrung stammen. Alles, was ich auf diesen Seiten mitteile, sind Erfahrungen unseres Dienstes. Tausende von Menschen haben die Manifestationen des Reiches Gottes in unseren Gottesdiensten oder durch unsere Sendungen gesehen und gehört.

„Unterwerft euch die Erde und herrscht“

Zwei weitere Wörter definieren in 1. Mose 28 das Mandat, das Gott den Menschen bei der Schöpfung gab: *unterwerfen* und *herrschen*. Das Wort *unterwerfen* ist im Hebräischen *kabasch* mit der wörtlichen Bedeutung *niedertreten*. Es beinhaltet Konzepte wie „erobern, unterwerfen, in Knechtschaft bringen, Gewalt, unterdrücken, in Abhängigkeit bringen“. *Unterwerfen* ist ein Begriff, der oft mit militärischer Macht in Zusammenhang steht. Er kennzeichnet die Kraft, jemanden oder etwas zu unterdrücken oder unter Kontrolle zu bringen.

Das Wort *„herrschen“* ist eine Übersetzung des hebräischen Wortes *radah*. Auch dieses Wort hat die Bedeutung von *niedertreten*. Seine Nebenbedeutungen sind: unterwerfen, kommen um

---

[13] University oft he Supernatural Ministry

zu herrschen, behaupten gegen, regieren, Herrschaft ausüben, herrschen über und dominieren. Viele dieser Bedeutungen implizieren, jemanden gewaltsam zu etwas zwingen, unter die Füße bringen (am Boden halten) oder versklaven. Wir können nicht über die Bedeutung des Reiches Gottes sprechen, ohne die Unterwerfung von Satan mitsamt seinen Werken einzubeziehen.

Gott stattete die Menschen mit seiner Kraft und Autorität aus, damit sie in drei Hauptbereichen Herrschaft ausüben können, während sie als seine Stellvertreter und Botschafter sein Reich auf der Erde ausbreiten:

1. Herrschaft über die Schöpfung
2. Macht, die Werke Gottes zu verrichten
3. Autorität über Satan, Dämonen und andere Geister

Die Menschen sollten über die Schöpfung herrschen - über die Natur, Raum, Zeit und Materie. Sie sollten die Könige der Schöpfung sein - unter Gott. Dementsprechend war ihnen die Kraft übertragen worden, die Werke auszuführen, zu denen Gott sie berufen hatte. Tausende von Jahren später schreibt Paulus Vergleichbares über diejenigen, die durch Jesus Christus erlöst worden sind: *„Denn wir sind sein Gebilde, in Christus Jesus geschaffen zu guten Werken, die Gott vorher bereitet hat, damit wir in ihnen wandeln sollen"* (Epheser 2,10). Die Menschheit besaß auch Autorität über Satan und seine Dämonen. Sie hatte die Befugnis, über den Feind zu herrschen und ihn zu unterwerfen. Später in diesem Kapitel werden wir sehen, dass sie eine tragische Entscheidung trafen und ihre Autorität nicht wahrnahmen. Und das ist der Ursprung für die unzähligen Probleme der Menschheit.

Herrschaft ist die höchste geistliche Macht, die dem Menschen gegeben wurde, denn sie ist eine territoriale Macht.

Herrschaftsprinzipien verstehen

Was bedeutete es für die Menschheit eigentlich wirklich, über die Erde zu herrschen? Es gibt ein paar grundlegende Prinzipien, die uns helfen zu verstehen, um was es bei Herrschaft überhaupt geht. Was bedeutete es für Adam und Eva vor dem Sündenfall und was bedeutet es für uns, die wir durch Jesus Christus unsere Herrschaft zurückerhalten haben und das Reich Gottes auf der Welt weiter ausbreiten? Das Verständnis von Herrschaft wird uns in die Lage versetzen, Fallgruben und Fehler zu vermeiden, die uns in Bezug auf unsere Aufgaben von der Bahn abbringen könnten.

1. Der Mensch wurde mit einem Machtinstinkt geschaffen

Gott schuf Adam mit dem inneren Verlangen und der Befähigung zu herrschen. Das ist der Grund, warum der größte Wunsch vieler Menschen der nach Macht ist. Jeder besitzt diesen Trieb und hat das Bedürfnis danach, Macht auszuüben. Wenn jemand etwas anderes behauptet, betrügt er sich nur selbst. Gott schuf uns mit diesem Instinkt, der den Verstand oder die Möglichkeit zu wählen übersteigt. Ich denke, es ist vergleichbar mit den Instinkten bei Tieren. Gott schuf beispielsweise die Vögel mit einem Instinkt zum Fliegen und rüstete sie deshalb mit Flügeln und Federn aus, damit sie dazu auch fähig sind. Den Fischen gab er den Instinkt zu schwimmen, und so gestaltete er sie mit Schuppen und Kiemen, damit sie unter Wasser atmen können. Als Gott die Menschheit schuf, gab er Männern wie Frauen den Geist (Sinn, Instinkt) zu führen und zu herrschen. Deshalb kreierte er sie mit der Fähigkeit zu denken, Herausforderungen anzugehen und kreativ zu sein und gab ihnen ein Verlangen danach, ihre Macht auszuüben.

Dieser innewohnende Drang ist der Grund dafür, warum manche Menschen in Verzweiflung geraten, wenn sie in irgendeiner Weise die Kontrolle über ihr Leben verlieren. Viele von ihnen sind bereit alles zu opfern, um wieder an die Macht zu gelangen – oder wieder ein Gefühl von Macht zu haben. Ich kenne das aus eigener Erfahrung in meinem Umgang mit Präsidenten,

Premierministern, Senatoren, Abgeordneten, Gouverneuren, Bürgermeistern, Geschäftsführern, Unternehmern, führenden Sportlern und Unterhaltungskünstlern und so weiter. Menschen streben nach hohen Positionen wegen der Macht, die sie dadurch bekommen. Manche Regierungsposten stellen beispielsweise keine großen Gehälter in Aussicht, aber sie bieten ein großes Maß an Einfluss und Machtbefugnis. Führungskräfte in solchen Positionen haben oft ein Gefühl von Wichtigkeit, wenn andere ihnen den Vortritt lassen und sie mit ihren Titeln ansprechen.

Diejenigen, die solche Führungskräfte aufsuchen und vor ihnen „buckeln", werden normalerweise nicht von der Person in dieser Position angezogen, sondern von der Macht, die sie besitzen. Viele von uns tun im Alltag das Gleiche, nur in einem geringeren Maß. Warum gehen wir zu einem Arzt, wenn wir uns krank fühlen? Weil er sich durch Ausbildung und intensives Studium Wissen und Fähigkeiten angeeignet hat und deshalb die Macht besitzt, uns zu heilen.

Leider verstehen aufgrund des Sündenfalls die meisten von uns nicht, was wahre Macht ist. Eine große Anzahl von Menschen versucht, sich ihren Wunsch nach Macht aus den falschen Quellen zu erfüllen, wie zum Beispiel Religion, Zauberei, Jagd nach Ruhm, großartige Leistungen, akademische Grade, Reichtum und vieles mehr. Die Macht, die sie auf diese Weise gewinnen, stellt letztendlich aber nicht zufrieden, denn sie ist nur temporär und spiegelt nicht das Leben und die Absichten des Reiches Gottes wider.

Wenn Gott etwas konzipiert, stattet er es mit der Fähigkeit aus, seinen Zweck zu erfüllen. Deshalb besitzen die Menschen einen Instinkt für Macht.

2. Führen ist nicht das Gleiche wie herrschen

Als nächstes müssen wir den Unterschied zwischen führen oder leiten und herrschen kennenlernen. Die meisten verstehen den Unterschied nicht, besonders in der westlichen Gesellschaft. Hier ist der Unterschied, den ich im Folgenden noch näher erläutern werde: Wir leiten oder führen, wenn Menschen uns freiwillig folgen und uns die Erlaubnis erteilen, sie zu führen. Wir herrschen, wenn Menschen uns nicht folgen wollen, obwohl sie wissen, dass wir den Willen Gottes ausführen. Wenn wir herrschen und Gott gegenüber gehorsam sein wollen, müssen wir auch Entscheidungen treffen, die den Gefühlen und Wünschen von Menschen entgegenstehen.

Jesus ist unser Modell für Leiterschaft. Er wusch z. B. seinen Jüngern die Füße, um uns dadurch zu zeigen, dass wir einander dienen sollen (Johannes 13,3-7). Jesus sagte auch, dass jemand, der groß werden will, ein Diener werden muss, genauso wie er nicht gekommen war, um sich dienen zu lassen, sondern um zu dienen (Matthäus 20,25-28).

Wir führen oder leiten durch geistliche Vaterschaft, Beziehungen, Dienst und Vorbild, wenn Menschen uns freiwillig folgen.

Einige Gläubige fassen ihre gottgegebene Bestimmung von Herrschaft ausschließlich im Sinne von Führung auf, obwohl darin auch der unverzichtbare Aspekt von herrschen enthalten ist. Infolgedessen ist ihre Auffassung von Herrschaft unvollständig. Herrschen ist in Situationen und Bereichen erforderlich, in denen Führung nicht anwendbar ist, weil die Menschen, für die wir verantwortlich sind, nicht bereit sind, den Absichten Gottes zu folgen. Du führst oder leitest Menschen nur dann, wenn sie sich dir freiwillig unterordnen. Wenn du herrschst, lässt du den Leuten keine Wahl; du fragst sie nicht um Erlaubnis. Eine gute Illustration dafür ist das antike Rom. Die Römer führten nicht, sie herrschten, und deshalb konnten sie viele Länder und Gebiete erobern.

Zuerst müssen wir denen, für die wir die Verantwortung tragen, Führung anbieten, so wie Paulus auch Timotheus ermutigte: *„Einen älteren Mann fahre nicht hart an, sondern ermahne ihn als einen Vater, jüngere als Brüder; ältere Frauen als Mütter, jüngere als Schwestern in aller Keuschheit“* (1. Timotheus 5,1-2). Wenn wir jedoch bei jemandem in unserer Obhut auf entschlossenen

Widerstand stoßen, müssen wir unsere Herrschaft praktizieren. In solchen Situationen können wir nicht ständig nach der Meinung anderer fragen, denn es reicht aus, den Willen Gottes zu kennen. Gottes Wille ist genug – wenn es das ist, was Gott möchte, dann ist es auch genau das, was getan werden muss.

Wenn du nicht herrschst, gibst du deine Autorität auf und deine Salbung verringert sich.

Ein paar Beispiele sollen helfen, den Unterschied zwischen führen und herrschen besser zu verstehen. Erstens, wenn es zu einem Zusammenstoß zwischen dem Reich Gottes und dem Reich der Finsternis kommt, ist es absolut wichtig, über den Feind zu herrschen und ihn zu unterwerfen. Es liegt auf der Hand, dass wir den Feind nie werden „überreden" können, das Richtige zu tun, noch wird es uns möglich sein, ihn durch unser gottgefälliges Vorbild zum Guten zu beeinflussen. Er befindet sich in totaler Rebellion gegen Gott und wird sich in dieser Beziehung nie ändern. Unsere einzigen Optionen bei Satan sind herrschen und unterwerfen.

Zweitens, innerhalb einer Familie mit Ehemann, Ehefrau und Kindern ist der Mann laut Bibel das Haupt (Epheser 5,23). Er ist derjenige, der Gottes Führung für die Familie suchen muss und durch Vorbild seine Führungsrolle ausübt. Beide Eltern sollen ihre Kinder lehren und trainieren, doch ist hauptsächlich der Vater derjenige, der die Kinder disziplinieren muss, wenn sie nicht gehorchen wollen. Dann ist herrschen statt führen nötig, so wie wir es vorhin definiert haben. Wenn ein Vater sich zwar um die physischen und emotionalen Bedürfnisse seiner Kinder kümmert, sie aber bei Bedarf nie korrigiert, erweist er ihnen damit keinen guten Dienst und befolgt auch nicht die Anweisung aus der Bibel (Epheser 6,4).

Gottes ursprüngliche Absicht für seine Herrschaft bestand aus Auftrag und Priorität. Auch bei gleichwertigen Diensten gibt es eine Vorrangigkeit.

Als Haupt der Familie muss der Ehemann/ Vater manchmal unliebsame Entscheidungen zum Besten der ganzen Familie treffen. Als Adam die Frucht von Eva annahm, schloss er sich ihrer Führung an, statt seine ihm von Gott zugewiesene Herrschaft auszuüben. Die Sünde geschah nicht, als Eva die Frucht aß, sondern als Adam hineinbiss. Gott hatte ihn unter seiner souveränen Herrschaft zur höchsten Autorität auf Erden eingesetzt. Zuerst schuf Gott Adam aus dem Staub der Erde, danach wurde Eva aus einer „Rippe" oder der „Seite" von Adam geformt. Auch wenn sie gemeinsam über die Erde herrschen sollten, besaß Adam als Haupt die oberste Autorität. Leider nahm er diese nicht wahr. Anstatt zu herrschen und „Nein!" zu dem Vorschlag des Teufels und dem Angebot der Frucht seitens Eva zu sagen, kapitulierte Adam vor den Gefühlen und Wünschen der Frau.

Adam wurde aus dem Garten Eden vertrieben, weil er nicht herrschte, als er es sollte.

Ein dritter Bereich, der uns hilft, den Unterschied zwischen führen und herrschen zu verstehen, ist die Gemeinde. Nach Jesu Vorbild zu führen ist für alle unerlässlich, die in einer Gemeinde eine Autoritätsposition innehaben. Das beinhaltet bedingungslose Liebe und Opferbereitschaft zu zeigen, wie auch aus einem tiefen Erbarmen für die Bedürfnisse der Menschen heraus Heilungen und Wunder zu wirken. Wenn die Menschen Leiter erleben, die auf die gleiche Weise dienen wie Jesus, werden sie von den Botschaften angezogen, die ihnen aus dem Wort Gottes verkündigt werden. Es gibt aber auch Momente, in denen wir dem Beispiel von Jesus, nämlich zu herrschen, folgen müssen. Er predigte, lehrte, heilte und sprach zahlreiche Themen und Fragestellungen an, während er seiner Führungsrolle nachkam. Wenn er aber habgierigen und scheinheiligen religiösen Leitern begegnete, übte er seine Herrschaft aus. Als er beispielsweise sah, dass die Geldwechsler den Tempel als Markt für ihre Geschäfte missbrauchten, verscheuchte er sie von dort und stellte die Ordnung Gottes für sein Haus wieder her (Matthäus 21,12-13: Markus 11,15-17).

Sehen wir uns noch ein Beispiel aus der frühen Gemeinde an. Paulus musste sich mit der Gemeinde von Korinth und dem Thema sexueller Unmoral befassen. Ein Mann schlief ungeniert mit der Frau seines Vaters und war nicht zur Buße bereit. Statt die Angelegenheit anzupacken, schaute die Gemeinde einfach weg. Paulus gab die Anweisung, diesen Mann aus der Gemeinde auszuschließen. Er hoffte, das würde den Mann dazu bringen, wieder zur Besinnung zu kommen und Buße zu tun, so dass er vom Gericht Gottes verschont bleiben würde (1. Korinther 5,1-5). Die Korinther folgten dem Rat von Paulus und die Disziplinierungsmaßnahme gelang.

Als Paulus den 2. Korintherbrief schrieb, hatte der Mann inzwischen gründlich Buße getan. Dieses Beispiel vermittelt uns die wahre Absicht von Herrschaft in Bezug auf andere Menschen (im Gegensatz zu Satan). Herrschen hat nichts zu tun mit bestrafen – es ist zur Korrektur gedacht, während gleichzeitig die göttliche Ordnung wiederhergestellt wird. Es stellte sich heraus, dass die Korinther ihre Herrschaft so eifrig versahen, dass sie den Mann weiter mieden, obwohl er Buße getan hatte. Nachdem Paulus ihren Gehorsam gewürdigt hatte, forderte er sie deshalb auf, diesem Mann zu vergeben, ihn wieder in ihre Gemeinschaft aufzunehmen und ihm gegenüber die Liebe Jesu zu zeigen. Dadurch konnte ihn der Kummer nicht überwältigen und Satan wurde keine Gelegenheit gegeben, diese Situation für sich auszunutzen (2. Korinther 2,4-11). In gleicher Weise sagt die Bibel, dass Gott uns zu unserem Nutzen züchtigt, damit wir seiner Heiligkeit teilhaftig werden (Hebräer 12,5-10).

Wir herrschen über diejenigen, die zwar unter unserer Verantwortung stehen, uns aber nicht aus freiem Willen folgen wollen.

3. Zwischen Herrschaft und Autorität besteht ein Unterschied

Um Gottes Herrschaftsmandat nachzukommen, muss man den Unterschied zwischen Herrschaft und Autorität kennen. In Bezug auf Gottes Befehl in 1. Mose 1,28 gebrauchen Menschen diese

Worte manchmal als untereinander austauschbar, doch haben sie unterschiedliche Bedeutungen. Um diesen Unterschied zu verstehen, wollen wir die Auswirkungen unserer Berufung einmal näher betrachten.

Gott gab Adam, Eva und ihren Nachkommen die ganze Erde als ihr Territorium, mit dem Garten Eden – Gottes Gegenwart und Herrlichkeit – als Grundlage ihrer Autorität. Doch kein Mensch alleine konnte *„die Erde füllen und sich untertan machen" (1. Mose 1,28)*. Das Mandat der Herrschaft ist ein kollektives Mandat. Die Menschen sollten gemeinsam die Erde füllen und sich untertan machen, indem jeder seine einzigartige Bestimmung erfüllt, für die er oder sie geschaffen wurde. In Einheit sollten sie daran arbeiten, die Absichten Gottes zu erfüllen.

Durch unsere Erlösung in Christus übertrug Gott jedem von uns in ähnlicher Weise ein Stück „Territorium" oder „territoriale Macht", wo wir unser Maß an Herrschaft auf der Erde ausüben können. Diese Herrschaft beruht auf dem Glauben, der Salbung und den Gaben, die er uns gegeben hat. Unsere Worte und Taten sind am effektivsten, wenn wir uns in dem Gebiet befinden, das Gott uns zugewiesen hat, und wir als Erstes nach seinem Reich trachten.

Diese territoriale Macht ist nicht rein symbolisch; sie ist eine Realität, in der wir leben müssen. Das Gebiet, in dem wir fruchtbar sein sollen, ist nicht ein allgemeiner oder zufälliger Bereich, sondern etwas ganz Spezifisches. Zur Veranschaulichung ein Beispiel aus dem Rechtssystem: Ein Polizist aus Miami, Florida, hat nicht die Autorität, im Staat Kalifornien einen Kriminellen zu verhaften, weil sein Machtbereich in Miami liegt. Außerhalb dieser Stadt kann er seine Macht nicht anwenden, weil er sich dort nicht mehr innerhalb seines Zuständigkeitsbereichs befindet. Aber angenommen, Beamte der Strafverfolgung aus einer Stadt in Kalifornien bitten einen Polizisten aus Miami um Unterstützung und Beratung, weil sie Schwierigkeiten bei der Aufklärung eines Verbrechens in ihrem Staat haben und seine Fachkenntnisse in einem bestimmten Bereich benötigen. Der Polizist aus Miami wäre dann außerhalb seines primären Gebietes tätig. Obwohl er dort immer noch keine Verhaftungen vornehmen könnte oder andere legale Machtbefugnisse besäße, würde er den kalifornischen Beamten innerhalb ihres Zuständigkeitsbereiches helfen und sie unterstützen.

Vor diesem Hintergrund können wir *Herrschaft* definieren als totale Macht, die Gott einer Person in einem bestimmten Gebiet gegeben hat. Dagegen bezieht sich *Autorität* auf eine delegierte Macht, um „legal" im Gebiet einer anderen Person tätig sein zu können. Autorität ist das gesetzliche Recht, um für Gehorsam zu sorgen und zu handeln wie Gott. Jemand, der seine Herrschaft ausübt, hat das Territorium erhalten, das Gott ihm zugeteilt hat. Er hat die Absichten und Ziele Gottes in Bezug auf dieses Gebiet erfahren und verstanden. Deshalb kann er anderen Personen Autorität übertragen, so dass sie von seinem Namen, seiner Macht, seinen Worten, seiner Salbung und seinen Ressourcen Gebrauch machen können, um eine Teilherrschaft in diesem Gebiet auszuüben. Obwohl jeder von uns ein ihm zugeordnetes Territorium hat, werden wir auch zu verschiedenen Zeiten unseres Lebens im Gebiet eines anderen unter delegierter Autorität tätig sein, damit das Werk Gottes in der ganzen Welt verwirklicht werden kann.

Herrschaft ist absolute Macht über ein Gebiet und Autorität ist das legale Recht, sie auszuüben.

Ich möchte ein praktisches Beispiel für die Beziehung zwischen Herrschaft und Autorität aufzeigen. Wenn Kinder heranwachsen, übertragen die Eltern ihnen ein gewisses Maß an Autorität, das ihrem Alter und ihren Fähigkeiten entspricht, damit sie innerhalb oder außerhalb ihres Zuhauses Aufgaben erledigen können. Aufgrund der Ermächtigung durch ihre Eltern und unter deren Beaufsichtigung führen die Kinder diese Aufgaben durch. Die Eltern delegieren Autorität an ihre Kinder, um sie auf das Leben vorzubereiten, doch sind sie diejenigen, die nach wie vor zuhause herrschen.

Jemand mit einer delegierten Autorität steht nie über der Person, welche die Autorität übertragen hat, weil diese Person die

Herrschaft besitzt. Gott weist jemanden einem Gebiet zu und setzt diese Person dort hinein; dementsprechend hat sie dort die territoriale Macht. Sie besitzt diese Herrschaft nicht durch persönliche Wahl, sondern bekam sie von Gott.

Wenn wir für die Herrschaft verantwortlich sind, dann sollten wir vorsichtig damit sein, wem wir unsere Autorität übertragen und wieviel wir davon weitergeben. Weil Menschen für eine bestimmte Aufgabe ausgesandt wurden, denken sie manchmal, sie hätten auch die Herrschaft, obwohl sie in Wirklichkeit nur eine delegierte Autorität besitzen. Sie befinden sich in einer Probezeit, die dazu dient, ihren Gehorsam, ihre Treue und ihre Loyalität zu testen. Wenn Menschen denken, sie wären niemandem sonst Rechenschaft schuldig, weil ihnen eine begrenzte Herrschaft gegeben wird, stehen sie außerhalb der Ordnung und handeln im Geist der Rebellion.

Damit eine Person Autorität delegieren kann, muss sie in Herrschaft sein.

Ordnen sich Menschen weder Gott noch den ihnen von Gott gesetzten menschlichen Autoritätspersonen unter, werden sie anfällig für den Geist der Rache und für die Attacken des Feindes. Sich Gott unterzuordnen ist das oberste Gebot. Es muss unbedingt beachtet werden, damit der Feind keinen Zutritt zu unserem Leben erhält.

Treten wir in der Autorität Gottes auf, dann handeln wir nicht bloß als Menschen, sondern im Namen von Gott. Jedes Mal, wenn wir einfach nur natürliche Menschen bleiben wollen, obwohl Gott uns seine Autorität gegeben hat, übernatürlich zu sein, führt das zu einem geistlichen Kampf. Nochmals, übernatürlich zu sein bedeutet, wie Gott zu handeln. So wie Jesus ist, so sind auch wir in dieser Welt (1. Johannes 4,17). Üben wir die Autorität Gottes aus, müssen Krankheit und Dämonen gehen, weil wir die Repräsentanten Gottes auf der Erde sind – entweder durch Herrschaft oder durch delegierte Autorität.

Der Fortbestand der Macht einer Person wird bestimmt von ihrer Unterordnung unter Autorität. Eine Person, die sich nicht der Autorität unterstellt, steht nicht unter geistlichem Schutz.

4. Falsche Motive und illegitime Mittel sind rechtswidrige Gründe für Herrschaft

Damit wir wahre Herrschaft ausüben, müssen wir darauf achten, unsere Autorität nicht zu missbrauchen. Wir wollen uns noch einmal ansehen, was Jesus über Führen und Dienen gesagt hat:

> *Da rief Jesus sie [seine Jünger] zu sich und sagte: „Ihr wisst, wie die Herrscher sich als Herren aufspielen und die Großen ihre Macht missbrauchen. Bei euch aber soll es nicht so sein. Wer bei euch groß sein will, soll euer Diener sein, und wer bei euch der Erste sein will, soll euer Sklave sein. Auch der Menschensohn ist nicht gekommen, um sich bedienen zu lassen, sondern um zu dienen und sein Leben als Lösegeld für viele zu geben" (Matthäus 20,25-28; Neue evangelistische Übersetzung).*

Gottes Motivation in Bezug auf Führung oder Herrschaft ist immer der Wille Gottes und das Wohl seines Volkes. Wenn Menschen rebellieren und gegen die Gesetze seines Reiches verstoßen, muss er sie regieren – herrschen. Seine Intention dabei ist, dass sie sich wieder auf seinen Willen besinnen und umkehren. Nochmals, es ist eine Sache, beherrscht zu werden, und eine ganz andere, regiert zu werden. Entweder werden wir von Gott regiert oder vom Teufel beherrscht; es gibt da keinen neutralen Boden. Satan ist ein unrechtmäßiger Herrscher mit der Motivation zu töten und zu zerstören (Johannes 10,10). Er wird nie zum Wohle von Menschen herrschen und seine Methoden sind immer Täuschung, Kontrolle und Lügen (Johannes 8,44).

Bei Menschen, die von ihrer gefallenen, fleischlichen Natur bestimmt werden, stehen oftmals falsche Motive und Gründe hinter der Ausübung ihrer Macht. Sie neigen dazu, unzulässige Mittel wie Manipulation, Überlegenheit und Kontrolle einzusetzen. Wo immer wir diesen drei Merkmalen begegnen sollten wir erkennen, dass dahinter ein Geist der Rebellion wirksam ist. Gott manipuliert oder beherrscht niemals.

Herrschen bedeutet nicht, wie ein Diktator zu handeln. Vielmehr ist große Weisheit und Selbstkontrolle erforderlich. Ein Diktator unterwirft Menschen, um seinen eigenen statt Gottes Willen durchzusetzen. Er will seine Macht anwenden, statt den Menschen zu dienen und sie in die Segnungen Gottes zu führen, die über die Gehorsamen ausgeschüttet werden. Die Diktatoren unserer Welt unterjochen die Menschen und liefern sie dadurch Armut, Kontrolle und Ungerechtigkeit aus.

Männer und Frauen wurden geschaffen, um über ihre Umgebung oder ihre Umwelt zu herrschen; sie waren nicht dazu gedacht, beherrscht, kontrolliert oder unterdrückt zu werden. Gott sah nicht vor, dass wir so leben sollten, und das ist auch nicht Teil unseres Herrschaftsmandats. Jesus kam auf die Erde, um die Menschheit wieder in den Stand der Herrschaft zu versetzen, damit wir über Krankheit, die Umstände und Satan mitsamt seinen Dämonen herrschen können. Daher haben wir Macht über Alkoholabhängigkeit, Drogenmissbrauch, schlechte Gedanken und alles andere, was uns dazu bringt, uns vom Willen Gottes zu entfernen. Die Herrschaft wurde uns nicht gegeben, damit wir andere Menschen unterwerfen können, sondern den Feind. Wenn Gott uns Autorität im Leben anderer Menschen gibt, dann nur, um sie zu regieren, zu führen und auszurichten, aber nie, um sie zu unterjochen. Der Einzug der Sünde in diese Welt brachte die Menschen dazu, andere Menschen zu kontrollieren und zu unterwerfen.

Diejenigen, die rebellisch sind gegenüber Gott und jene, denen er Autorität übertragen hat, werden auch von der gefallenen Natur beeinflusst. Die Vorstellung von Herrschaft ist ihnen ein Ärgernis, denn sie wollen in der Lage sein, all das zu tun, was sie selbst wollen. In jedem Menschen steckt ein Rebell und deshalb muss ein wahrer Leiter sich dazu entscheiden, das zu tun, was Gott anordnet. Auch muss er fähig sein zu erkennen, wann er führen und wann er herrschen muss. Wenn wir zum Beispiel die Wahrheit über Gottes Willen in Bezug auf eine bestimmte geistliche Sache wissen, aber nicht entsprechend handeln, wird es häufig darauf hinauslaufen, dass die Menschen in unserer Obhut uns in die Richtung lenken, in die sie gehen wollen – was nicht unbedingt der Weg Gottes sein muss.

Wahre geistliche Reife zeigt sich in der Unterordnung unter geistliche Autorität.

Heutzutage sehen wir in den Nationen, wie sich etliche Regierungsbeamte dem Gruppendruck unterwerfen. Sie schließen Kompromisse in Bezug auf ihre Grundsätze und werden dadurch zu Politikern ohne eigene Überzeugungen. Sie werden ausschließlich von den Forderungen und Ansprüchen der Leute geleitet, anstatt vom Willen Gottes.

Wenn in den Familien die Eltern ihren Kindern erlauben, ihren eigenen Willen durchzusetzen, sich respektlos zu benehmen oder die internen Regeln nicht einzuhalten, dann üben sie keine gute Herrschaft in ihrem Zuhause aus. Wird die rebellische Gesinnung von Kindern toleriert, werden diese sich über ihre Eltern hinwegsetzen. Tragischerweise werden sie nicht nur gegen das Haupt der Familie rebellieren, sondern auch gegen Gott. Eltern müssen entschieden handeln – herrschen – um den Weg ihrer Kinder geradlinig zu machen. Tun sie das nicht, müssen sie sich mit den Konsequenzen auseinandersetzen. Dazu könnten Drogenkonsum, Gefängnisstrafen, ein Leben in sexueller Freizügigkeit und das allgemeine Scheitern ihrer Kinder gehören. Kinder brauchen die Führung durch ihre Eltern zu ihrem Wohlergehen.

Als Gott zu mir sprach, schuldenfrei und ohne Bankkredit ein Gemeindegebäude zu errichten, teilte ich diese Vision meiner Familie und den engsten Leitern mit. Das Projekt würde Millionen kosten und zu diesem Zeitpunkt hatten wir das Geld für den Bau nicht. Wie auch immer, es war Gottes Auftrag. Unter meinen engsten Leitern waren fünf Ehepaare, die nicht mit dem Projekt übereinstimmten. Sie unterstützten mich nicht, weil das in ihren Augen nicht von Gott kam, sondern meinen persönlichen Ambitionen entsprang. Doch in meinem Herzen wusste ich, dass dieses Gemeindegebäude Gottes Wille war. In diesem Fall musste ich also meine Herrschaft ausüben und nicht zulassen, dass diese fünf Ehepaare mich lenkten. Ich sagte ihnen, wenn sie mir folgen würden, wären sie willkommen. Wären sie dazu aber nicht bereit, würde ich es eben mit den restlichen Leuten durchziehen. Die Ehepaare verließen die Gemeinde und ich folgte den Anweisungen Gottes. Das Gebäude wurde schuldenfrei errichtet und Gott sorgte für alle benötigten Gelder - von Minute zu Minute und von Tag zu Tag. So wurden wir zu einem Vorbild für viele andere Pastoren, die ebenfalls ihre Gemeindegebäude schuldenfrei erbauten. Ich hatte mich entschieden zu herrschen, und als Ergebnis wurde Gott verherrlicht.

5. Das Prinzip von Vermehrung ist ein ewiges Prinzip

Wenn wir die ersten vier Aspekte von Herrschaft verstehen, müssen wir auch im Auge behalten, dass es im Reich Gottes ein ewiges Prinzip der Vermehrung gibt. Dieses Prinzip erklärt, warum Adam und Eva „fruchtbar sein und sich vermehren sollten" (1. Mose 1,28). Wie wir schon festgestellt haben, war Eden nur ein Ausgangspunkt; es war nicht als Selbstzweck gedacht. Gott sagte Adam und Eva, sie sollen Eden über die ganze Welt ausdehnen - seine Gegenwart und Herrlichkeit. Er wollte nicht, dass sie sich mit weniger zufrieden geben oder sich nach einer anderen Lebensweise richten. Das Reich Gottes ist ein unbegrenztes Reich, das sich unablässig ausbreitet. Es hat immer existiert, es existiert jetzt und es wird sich in Ewigkeit in einer Art und Weise immer weiter ausdehnen, die wir jetzt noch nicht wissen oder uns vorstellen können.

Der Teufel weiß, dass, je weiter sich Gottes Reich auf der Erde ausbreitet, sein Ende umso näher rückt, da nicht beide Reiche das gleiche Territorium besitzen können. Aus diesem Grund setzte er seinen Plan um und verführte Adam und Eva zum Ungehorsam gegenüber Gott, um so die Absichten Gottes zu stoppen. Seit dieser Zeit hat sich die Strategie Satans nicht geändert. Er kämpft ständig darum, das Volk Gottes davon abzuhalten, Gottes Reich weiter zu verbreiten. Er will uns beschränken und davon abbringen, weiter vorzudringen. Er entwickelt seine Pläne nicht nur, um uns als Einzelne aufzuhalten, sondern auch unsere Familien, Gemeinden und Unternehmen. Deshalb ist es wichtig, seine Pläne zu erkennen und nicht in seine Fallen zu tappen. Wir müssen lernen über ihn zu herrschen, damit Gottes Absichten auf der ganzen Erde ausgeführt werden können. Darum wollen wir jetzt untersuchen, wie und warum die Menschheit ihre Herrschaft einbüßte. Daraus können wir lernen, wie wir stark und effektiv in der Herrschaft leben und bleiben, die wir durch Jesus Christus zurückgewonnen haben.

Wie die Menschheit ihre Herrschaft einbüßte

Um zu verstehen, warum Gott Adam und Eva Herrschaftsmacht über Satan gab und warum sie diese Herrschaft verloren, müssen wir uns den Hintergrund und die Motivationen von Satan anschauen. Er wurde von Gott als Engel mit dem Namen Luzifer oder „Licht" geschaffen. Jedoch rebellierte er gegen Gott und wurde aus dem Himmel ausgestoßen, zusammen mit einem Drittel der Engel, weil diese sich mit ihm zusammengetan hatten. Einige Theologen und Bibelgelehrte kamen zu dem Schluss, dass die Rebellion von Satan und sein Ausschluss aus dem Himmel zwischen den beiden ersten Versen von 1. Mose stattfand – zwischen „ *Am Anfang schuf Gott den Himmel und die Erde.*"(Vers 1) und „*Und die Erde war wüst und leer, und Finsternis war über der Tiefe*" (Vers 2). Ich teile diese Sichtweise und werde aus dieser Perspektive heraus die Bedeutung der Ereignisse in Bezug auf das Herrschaftsmandat der Menschheit erörtern.

Als Adam und Eva geschaffen wurden, war Satan bereits aus dem Himmel vertrieben worden und sein Reich der Finsternis und Zerstörung war „in Betrieb". Der Teufel hatte das Territorium Erde beschlagnahmt und Gotte gestattete ihm, das zu tun – für seine Absichten. Es ist absolut wichtig zu erkennen, dass Satan nie stärker ist als Gott. Er ist nur ein geschaffenes Wesen und wurde nach seiner Rebellion aus dem Himmel geworfen. Gott hat immer die völlige Kontrolle über alles, was er geschaffen hat.

In 1. Mose 1,2 steht: „*Und die Erde war wüst und leer, und Finsternis war über der Tiefe*". Das bedeutet, dass die Erde sich in Chaos und Finsternis befand, weil Satan sie für sich in Besitz genommen hatte. Ist das Reich der Finsternis anwesend, verursacht das immer Chaos, Verwüstung und Zerstörung. Doch sagt 1. Mose 1,2 auch: „… und der Geist Gottes schwebte über dem Wasser". Selbst inmitten von Finsternis war die Schöpfungskraft Gottes gegenwärtig, weil die Erde nicht Satan gehörte. Er hatte sie sich widerrechtlich angeeignet. Unter dem Einfluss des Geistes Gottes erhielt die Erde Licht, Ordnung und Leben. Die Wasser wurden geschieden, trockenes Land kam zum Vorschein und die Pflanzen und Tiere wurden erschaffen. Zum Schluss erschuf Gott den Menschen und platzierte ihn in Eden – in die Mitte seiner Herrlichkeit. Wie wir schon vorher erörtert haben, sollten die Menschen das Reich Gottes von dort aus über die ganze Erde ausbreiten und so auf ihr herrschen, wie Gott im Himmel herrscht. Auf diese Weise gab Gott den Menschen nicht nur die Herrschaft über die natürliche Welt, inklusive allem, was sich darauf befindet, sondern auch über den Feind, der immer noch auf der Erde anwesend war. Sie sollten ihn und sein Reich unterwerfen – ihn durch geistliche Kraft unter Kontrolle bringen.

Gottes ursprüngliche Absicht war, dass die Menschen als seine Vertreter die himmlischen Gesetze auf der Erde verwirklichen.

Der Teufel jedoch wollte die Erde wieder mit Finsternis bedecken. Dazu musste er seine Herrschaft zurückerobern und den Menschen das Territorium wegnehmen, über das Gott ihnen Autorität gewährt hatte. Satans Plan war, die Menschheit zu Ungehorsam und Rebellion zu verführen, so dass sie nicht länger in der Herrlichkeit bleiben könnten – auf diese Weise war es ja auch bei ihm selbst geschehen. Er streifte also auf der Erde umher und trachtete danach, Gottes höchste Schöpfung zu vernichten (1. Petrus 5,8).

Und die Schlange [Satan in Gestalt einer Schlange] war listiger als alle Tiere des Feldes, die Gott, der HERR, gemacht hatte; und sie sprach zu der Frau: Hat Gott wirklich gesagt: Von allen Bäumen des Gartens dürft ihr nicht essen (1. Mose 3,1)?

Die Bibel schweigt sich darüber aus, wann oder wie Satan den Garten Eden betrat. In der Schrift ist nur verzeichnet, dass Adam der Versuchung erlag. Wenn Satan Eden betreten konnte, die Wohnstätte der Herrlichkeit Gottes, müssen wir verstehen, dass Gott dies zuließ. Er griff nicht ein, weil er Adam und Eva dieses Gebiet übergeben hatte. Doch in seiner Souveränität führte Gott sogar inmitten von Satans Verführung seine Pläne aus.

Da Satan eine verzerrte Zusammenfassung von Gottes Anweisung gab, wollen wir uns noch einmal anschauen, was Gott tatsächlich zu Adam sagte: „*Und Gott, der HERR, gebot dem Menschen und sprach: Von jedem Baum des Gartens darfst du essen; aber vom Baum der Erkenntnis des Guten und Bösen, davon darfst du nicht essen; denn an dem Tag, da du davon isst, musst du sterben!*" (1. Mose 2,16-17).

Meiner geistlichen Erkenntnis nach war es nicht das erste Mal, dass Satan sich Eva in Gestalt einer Schlange näherte und sie in ein Gespräch verwickelte, um sie in Versuchung zu führen. Ich sage das aus folgendem Grund. Wenn eine Person sündigt, geschieht dies normalerweise nicht ganz plötzlich. Die Bibel lehrt, dass Sünde ein Same ist – ein Gedanke oder ein Wunsch – den man in Erwägung zieht oder über den man nachdenkt, bis er im Herzen eingepflanzt ist und schließlich zu einer Tat führt. Ich glaube der Teufel übernahm den Körper der Schlange, um die Menschheit wiederholt zu versuchen, denn der Feind besitzt keine schöpferische Waffe. Er kann nicht erschaffen, er kann lediglich imitieren. Deshalb war Hartnäckigkeit oder Ausdauer schon immer eine seiner Hauptstrategien. Beim Lesen dieser Schilderung im 1. Mose können wir erkennen, dass Evas Antwort nicht die einer überraschten oder erstaunten Person war. Es scheint, als sei sie diese Besuche und Gespräche gewohnt gewesen. Man kann leicht verstehen, wie der Betrüger durch fortwährende Beharrlichkeit ihre Widerstandsfähigkeit zermürbte.

Wahrscheinlich war Adam jedes Mal zugegen, wenn die Schlange zu Eva sprach, sodass er gleichermaßen versucht wurde. Nur gab Eva als Erste der Versuchung nach. Die Schrift sagt, dass sie „*getäuscht*" wurde (1. Mose 3,13; 1. Korinther 11,3), Adam jedoch „*nicht getäuscht wurde*" (1. Timotheus 2,14). Adam versuchte allerdings nicht, Eva vom Essen der Frucht abzuhalten, sondern erlag ebenfalls der Versuchung. Als Adam bewusst sündigte, wurde die Erde verflucht (1. Mose 3,14-20). Auf diese Weise machte Satan sich zum rechtmäßigen Regierungschef der Erde. Nicht Gott gab ihm diese legitime Autorität, sondern aufgrund seiner Sünde übertrug Adam seine Autorität an das Reich der Finsternis.

Hätte Adam den Teufel aus dem Garten Eden vertrieben, so hätte dieser fliehen müssen (Jakobus 4,7). Als im Neuen Testament Satan Petrus einflüsterte zu versuchen, Jesus vom Tod am Kreuz für unsere Sünden abzuhalten, entgegnete Jesus: *„Geh hinter mich, Satan!"* (Matthäus 16,23). So hätte auch Adam reagieren sollen. Meiner Überzeugung nach kannte Adam seinen Feind gut und wusste, dass dessen Vorschlag falsch war. Gott hatte ihm die Autorität und Macht zum Widerstand gegeben, und dennoch machte Adam weiter und war Gott ungehorsam. Gleichermaßen gibt es in unserem Leben bestimmte Umstände, in denen Gott nicht eingreift, weil er uns darüber bereits durch Jesus die Herrschaft – die Macht und die Autorität – gegeben hat.

Die vier Phasen von Adams Fall

Wie sah der Prozess aus, durch den Adam seine Herrschaft, Autorität und Macht verlor, die Gott ihm gegeben hatte, um über die Erde zu herrschen? Man kann vier Phasen identifizieren, die zu Adams Abstieg führten. Nach meiner langjährigen Diensterfahrung ist es das gleiche Muster, nach dem der Feind Männer und Frauen im Leib Christi auch heute ermutigt, um sie durch Versuchungen zu vernichten. Deshalb ist es außerordentlich wichtig, in dieser Hinsicht besonders wachsam zu sein.

1. Adam war sich seines Zusammenlebens mit dem Bösen bewusst

Und Gott der HERR ließ aufwachsen aus der Erde allerlei Bäume, verlockend anzusehen und gut zu essen, und den Baum des

> *Lebens mitten im Garten und den Baum der Erkenntnis des Guten und Bösen (1. Mose 2,9).*

Als Adam sich im Garten Eden befand, wusste er Bescheid darüber, dass es auch das Reich des Feindes gab. Er wusste, dass das Gute zusammen mit dem Bösen auf der Erde sein würde – zumindest eine Zeit lang. Zur gleichen Zeit verlieh Gott Adam die Herrschaft und gab ihm Instruktionen, wie mit dem Bösen zu verfahren sei. Die Anweisung lautete, das Böse zu unterwerfen und darüber zu herrschen. Als Adam mit der Versuchung konfrontiert wurde, besaß er die Fähigkeit zum Widerstand und Sieg über Satan und sein Reich, denn er hatte noch nicht gesündigt. Weil er mit Gott und seinem Geist verbunden war, musste sich das Böse seiner Herrschaft unterordnen.

Koexistent mit dem Bösen bedeutet nicht, es zu tolerieren.

Dann kam Satan und diskutierte in einer bestimmten Art und Weise mit Adam und Eva über die Gebote Gottes, um sie zu verwirren und ihren geistlichen Widerstand zu schwächen. Noch einmal, in solch einer Situation war es Adams Aufgabe, Satan unter seine Füße zu bringen und ihn zu zwingen, sich geschlagen zu geben. Er sollte über ihn herrschen und ihn zur Unterwerfung bringen. Denn es war Adams Aufgabe, den Willen Gottes durch Herrschaft, Schutz und die Ausbreitung des Reiches Gottes auf der Erde auszuführen.

2. Adam begann das Böse zu dulden

> *Da sagte die Schlange zur Frau: Keineswegs werdet ihr sterben! Sondern Gott weiß, dass an dem Tag, da ihr davon [vom Baum der Erkenntnis des Guten und Bösen] esst, eure Augen aufgetan werden und ihr sein werdet wie Gott, erkennend Gutes und Böses (1. Mose 3,4-5).*

Wann ging Adam von einer Koexistenz mit dem Bösen dazu über, es zu tolerieren? Als er anfing die Versuchung in Erwägung zu ziehen, statt seine Herrschaft zu ergreifen und die Schlange sofort aus dem Garten Eden zu vertreiben. Indem er über die Aussagen Satans nachdachte, gab er dem Bösen das Recht, sein Leben zu berühren und sich in seine Beziehung mit Gott einzumischen.

Jesus sandte an die Gläubigen von sieben verschiedenen Gemeinden des ersten Jahrhunderts Botschaften der Ermahnung und Ermutigung. Sie sind im Buch der Offenbarung verzeichnet. In seiner Botschaft an die Gemeinde in Thyatira erklärte er, dass er einiges gegen sie hatte. Eine Sache war, dass sie eine Frau namens „Isebel" duldeten. Möglicherweise war das ihr richtiger Name oder aber er wurde benutzt, um sie mit der Isebel im Alten Testament in Verbindung zu bringen. Sie war die Frau von König Ahab gewesen, der die Israeliten in falsche Lehre, Götzendienst und Unmoral führte. Jesus sagte: *„Du lässt diese Isebel, die behauptet, eine Prophetin zu sein, ungehindert gewähren. Und dabei verführt sie mit ihrer Lehre meine Diener zu sexueller Zügellosigkeit und zum Essen von Opferfleisch, das den Götzen geweiht wurde"* (Offenbarung 2,20; NGÜ). Auf gleiche Weise wie die Gemeinde von Thyatira ließen auch Adam und Eva die Schlange, Satan, gewähren. Sie ließen zu, dass er sie geistlich beeinflusste. Das war unnatürlich, denn in der physischen Welt würde kein normaler Mensch zulassen, dass sich eine Giftschlange in seinem Haus einnisten würde. Der erste Impuls wäre, sie zu vernichten, bevor sie zubeißen und jemanden vergiften und töten könnte.

Das Böse, dass du duldest, wird zu dem Bösen, dass dich vernichtet.

Jeder von uns duldet bestimmte Sünden und falsche Elemente in seinem Leben, obwohl wir wissen, dass sie Gott missfallen, z. B. böse bzw. schlechte Gedanken, Haltungen, Aktionen und Gewohnheiten; Umgang mit Menschen, die schädlich sind für unsere geistliche und emotionale Gesundheit und anderes mehr. Vielen von uns ist dabei nicht bewusst, dass wir dadurch in die Fußstapfen von Adam treten und dem Feind das Recht geben, in unser „Eden" einzudringen und unsere Beziehung mit Gott zu untergraben. Dadurch wird unser Zugang zu seiner Gegenwart blockiert.

Verschlechtert sich unsere Beziehung zu Gott oder entdecken wir, dass wir in einem Bereich unseres Lebens geistlich attackiert werden, müssen wir uns selbst ein paar unbequeme Fragen stellen: Wie hat der Feind in unserem Zuhause, unseren Finanzen oder unserem Beruf Fuß gefasst? Könnte es sein, dass wir aufgehört haben, den Zehnten unseres Einkommens zu geben und Gott dadurch nicht mehr mit unserem Geld geehrt haben? Wie plagt der Feind unseren Körper durch Krankheit und Leiden? Kann es sein, dass wir eine Krankheit geduldet oder unseren Körper schlecht behandelt haben, so dass er krank wurde? Wie ist Satan in unsere Gemeinde, Stadt oder Nation eingedrungen? Auf welche Weise haben wir ihm das legitime Recht gegeben, uns heimzusuchen? Was autorisierte seine Attacke gegen uns? Ich bin überzeugt, Gott wird uns die Antworten darauf geben, wenn wir ihn in Integrität und Demut suchen. Wenn wir Buße tun, wird das Blut von Jesus uns reinigen (1. Johannes 1,7-9). Dann können wir unser Eden wiedererlangen und uns die Herrschaftsrechte, die der Feind uns gestohlen hat, wieder aneignen. Später in diesem und auch im nächsten Kapitel werden wir sehen, wie Jesus diese Rechte für uns zurückgewonnen hat, und wie wir in seinen Sieg eintreten können.

Der Ungehorsam einer Person gibt Satan die rechtliche Ermächtigung, sie anzugreifen.

3. Adam verlor die Furcht des Herrn bzw. die Ehrfurcht vor Gott

Die Furcht des HERRN bedeutet, Böses zu hassen. Hochmut und Stolz und bösen Wandel und einen ränkevollen Mund, das hasse ich (Sprüche 8,13).

Die Furcht des Herrn bedeutet, ihn zu verehren, zu respektieren und ehrfurchtsvoll zu bewundern. Adam ging von der Koexistenz mit dem Bösen dazu über, es zu dulden. Durch die Duldung des

Bösen büßte er die Furcht des Herrn ein, welche uns davor schützt, dem Bösen nachzugeben. Als Adam der Gefahr des Bösen gegenüber gleichgültig wurde, ging er bald darauf eine Beziehung damit ein. Wenn wir unsere Ehrfurcht vor Gott verlieren, wird das Böse nicht zurückgehalten. Das Wort Gottes sagt, dass, wenn wir den Herrn fürchten, wir das Böse hassen werden, d. h. ihm nicht erlauben, uns zu beeinflussen!

Der Verlust der Furcht des Herrn führt zu einem Verlust der Sensibilität gegenüber dem Bösen. Wir erkennen seine Gefahr und die Konsequenzen nicht mehr und schließen Kompromisse mit der Wahrheit.

4. Adam sündigte schließlich

> *Und die Frau sah, dass der Baum gut zur Speise und dass er eine Lust für die Augen und dass der Baum begehrenswert war, Einsicht zu geben; und sie nahm von seiner Frucht und aß, und sie gab auch ihrem Mann bei ihr, und er aß (1. Mose 3,6).*

Hier sehen wir die Endphase in Adams Niedergang. Von Koexistenz mit dem Bösen ging er über zur Toleranz des Bösen und verlor dadurch die Furcht des Herrn. Schließlich musste er die Herrlichkeit Gottes verlassen und kam unter den Fluch der Sünde. Auf diese Weise büßte die Menschheit ihre Herrschaft sowie ihr Leben in der Gegenwart Gottes ein. Darüber hinaus verloren sie das Hoheitsgebiet, das Gott ihnen gegeben hatte, und kamen unter die Knechtschaft Satans. Adam gab dem Feind die Schlüssel zu seinem Leben und dadurch übernahm Satan die Regentschaft auf der Erde. Jesus nannte den Teufel *„den Herrscher* [oder *Fürst*] *dieser Welt"* (Johannes 12,31; 14,30; 16,11). Paulus wiederholte diese Beschreibung, indem er sich auf ihn als den „Gott dieser Welt" (2. Korinther 4,4) bezog.

Auch heute findet im Leben von Millionen von Menschen der gleiche traurige Abstieg statt und sie erliegen der Versuchung. Die Strategie des Betrügers besteht darin, uns mental, emotional und körperlich zu zermürben, bis wir letztendlich nachgeben und sündigen. Genau wie Adam und Eva hätten wir der Schlange gleich beim ersten Erscheinen widerstehen und sie unterwerfen sollen. So müssen wir mit Satan umgehen, wenn wir versucht werden. Solltest du heute in Versuchung geraten, dann rate ich dir, diese Gedanken nicht zu dulden. Wende die Autorität an, die Jesus dir gegeben hat, weise diese Gedanken von dir (treibe sie aus), unterwerfe den Bösen und bringe ihn unter deine Füße (Römer 16,20; 2. Korinther 10,5). Satan und seine Dämonen beobachten uns; sie kennen unsere Schwächen. Sie warten auf eine Gelegenheit, um uns, oft durch Täuschung, in unserem schwächsten Bereich zu verführen, bis wir in unserer Wachsamkeit nachlassen und aufgeben.

Satan wird nicht lockerlassen, bis er dich fallen sieht. Lass dich deshalb weder auf eine Diskussion mit ihm noch auf ungöttliche Vorschläge oder Anregungen von ihm ein. Du musst ihn zurechtweisen - ihn hinauswerfen - und zwar sofort! Auch wenn dir diese Gedanken oder Argumente von der Vernunft her gut oder logisch vorkommen, sein Ziel ist es, dich zu zerstören - dich zu töten.

Das katastrophale Ergebnis von Adams Sünde

Die schreckliche Konsequenz aus Adams willentlichem Ungehorsam war, dass die Menschheit nun eine sündhafte Natur besaß, die jede Person jeder nachfolgenden Generation der Menschheit erbte. Als Adam und Eva sündigten, dachten sie nicht an die Konsequenzen ihrer Handlung und welche Auswirkungen dies auf ihre Nachkommen haben würde. Meiner Meinung nach waren sie es nicht gewohnt, an etwas Zukünftiges zu denken, weil in der Gegenwart Gottes alles in einem ewigen „Jetzt" ist. Doch weil sie sündigten, wurden ihre Kinder und Nachfahren unter dem Fluch der Sünde mit dem Erbe der Rebellion und Ungerechtigkeit geboren.

Durch den Sündenfall wird das Leben der Menschen von vielen schädlichen Dingen beherrscht, wie beispielsweise von Drogen, schlechten Angewohnheiten, Geldliebe, einem ungesunden

Verlangen nach Ruhm und den Quälereien durch Dämonen. Hauptsächlich dominieren ihre eigenen fleischlichen Begierden. Die Menschheit, die Gott eingesetzt hatte, um über die Erde zu regieren, wurde nun von dem Feind ihrer Seele beherrscht, manipuliert und kontrolliert. Für eine Zeit lang wurde der Plan Gottes für die Menschheit durchkreuzt, doch da nichts Gott jemals überraschen, noch seinen Plänen ein Ende bereiten kann, wurden seine Absichten nicht vereitelt. Allem Anschein nach schien es das Ende der Menschheit zu sein. Doch Gott hatte schon einen Erlösungsplan entworfen, in dem das Blut des perfekten Lammes den Preis für unsere Sünde zahlen und unsere Herrschaft über den Feind und sein Reich der Finsternis wiederherstellen würde.

Wir haben einen allwissenden Gott – er kennt die Vergangenheit, Gegenwart und Zukunft in Bezug auf die Zeit sowie die Ewigkeit. Erlebst du schwierige Zeiten, in denen die Pläne Gottes für dein Leben lahmgelegt zu sein scheinen, oder wenn du in Bezug auf ein bestimmtes emotionales, körperliches oder geistliches Problem frustriert bist: Gott hat das schon vorausgesehen. Deshalb hat er auch schon eine Lösung für dein Problem, genauso wie es für die Frau in dem folgenden Zeugnis der Fall war.

Vor nicht allzu langer Zeit ging ich mit meinem Team nach East London in Südafrika, um den Menschen dort die übernatürliche Kraft Gottes zu bringen. In einer der Gemeinden hatten sich hunderte Menschen versammelt. Im Publikum saß auch Penelope Quluba, bei der drei Jahre zuvor Darmkrebs festgestellt worden war. Die Ärzte hatten ihr mitgeteilt, dass es eine aggressive Form des Krebses sei, der nicht entfernt werden könnte. Sie sagten auch, sie würde irgendwann gelähmt sein und Nierenversagen bekommen. Die einzige Behandlungsmöglichkeit bestand in Bestrahlung und Chemotherapie. Außerdem musste sich Penelope einer Operation unterziehen, in der man ihr einen künstlichen Darmausgang anlegte, der mit Stoma-Beuteln versorgt werden musste. Infolgedessen fühlte sie sich gehemmt und befangen, denn sie war nicht nur krank, sondern es umgab sie auch ein unangenehmer Geruch.

Nach ihrer Diagnose sprach Penelope regelmäßig Heilung über ihrem Körper aus, indem sie das Wort Gottes proklamierte und ihrem Körper mitteilte, dass er der Tempel des Heiligen

Geistes ist und nicht mit aggressivem Krebs oder einem Stoma-Beutel geschaffen wurde. Zum Zeitpunkt unserer Veranstaltung in East London stand ihr nach Beendigung der Chemotherapie eine weitere Operation bevor, denn die Ärzte wollten sehen, was in ihrem Darm vor sich ging. Ich rief all diejenigen zum Altar, die an Krebs oder HIV erkrankt waren. Penelope kam nach vorne, ich legte ihr die Hände auf und erklärte sie im Namen von Jesus für geheilt. Als sie zwei Wochen danach wieder das Krankenhaus aufsuchte, waren die Ärzte völlig verdattert, da sie keine Spur von Krebs mehr finden konnten! Sie entfernten den Stoma-Beutel und stellten den Normalzustand für den Darm wieder her. Durch Gottes Gnade ist Penelope nun krebsfrei und voller Vitalität.

Jesus gab der Menschheit die Herrschaft zurück

Als Gott in Gestalt seines Sohnes Jesus Christus auf die Erde kam, war Satan der „Hausherr“ der Erde. Die Menschheit zahlte ihm „Miete“ durch ihr Leiden unter der Herrschaft seines Reiches der Dunkelheit. Doch der Sohn Gottes trennte sich bereitwillig von seiner himmlischen Herrlichkeit und Majestät, um durch den Heiligen Geist im Mutterleib einer Jungfrau empfangen zu werden und uns aus unserer Knechtschaft zu befreien. Jesus wurde von Gott durch die Kraft des Heiligen Geistes gezeugt, aber er musste von einer Frau geboren werden, um sowohl ganz und gar menschlich, wie auch völlig Gott zu sein (Jesaja 7,14; Lukas 1,35).

Die Erlebnisse, die Adam im Garten Eden mit Satan hatte, waren sehr verschieden von denen, die Jesus tausende von Jahren später in Palästina erlebte. Es gab dabei aber auch ein paar wichtige Gemeinsamkeiten. Adam hatte mit einem Wesen zu tun, das aus dem Himmel hinausgeworfen worden war und auf der Erde keinen rechtlichen Status innehatte. Satan war in keiner Weise Macht über irgendetwas gegeben worden (Offenbarung 12,9). Er war und wird weiterhin ein Lügner, Dieb und Zerstörer sein. Doch der Sündenfall Adams versetzte ihn in die Lage, rechtmäßig das Herrschaftsgebiet der Erde in Besitz zu nehmen.

Jesus kam also in diese Welt um sich mit jemandem zu befassen, der die Herrschaftsgewalt der Menschheit an sich gerissen und sich als derjenige etabliert hatte, der das Sagen hat. Jesus trat ihm im geistlichen Kampf als Mensch und nicht als Gott gegenüber. Hätte er es als Gott getan, wäre Satan nicht in der Lage gewesen, sich ihm entgegenzustellen. Er wäre unverzüglich und problemlos besiegt worden. Der springende Punkt ist aber, dass durch den Erlass Gottes die Menschheit die Herrschaftsgewalt über die Erde erhalten hatte. Aus diesem Grund musste Satan Adam, einen Menschen, bezwingen, um so die Regentschaft über die Erde zu erlangen. Und Jesus musste als Mensch in die Welt kommen, um die Werke Satans zu vernichten und ihn für immer zu besiegen.

Es gibt noch einen bedeutsamen Unterschied zwischen den Erfahrungen von Adam und Jesus. Adam wurde als erwachsener Mensch geschaffen und in Eden hineingesetzt. Er empfing auf direkte Weise offenbartes Wissen von Gott über die Erde und über seine Aufgabe. Dazu war er umgeben von der Herrlichkeit des Vaters. Jesus kam als Baby auf die Welt. Er musste körperlich, mental und geistlich wachsen und mittels seiner physischen Sinne verstehen lernen, wie die natürliche Welt funktioniert. Geistliche Offenbarung erhielt er, indem er kontinuierlich den Vater durch Gebet und Gemeinschaft mit ihm suchte. Er verbrachte Stunden in der Gegenwart Gottes. Die Versuchung von Adam durch Satan fand mitten in einem Garten voller köstlicher Früchte statt, während Jesus nach einem vierzigtägigen Fasten in der Wüste von Satan versucht wurde.

Wie Jesus mit dem Teufel umging

Dann wurde Jesus von dem Geist in die Wüste hinaufgeführt, um von dem Teufel versucht zu werden; und als er vierzig Tage und vierzig Nächte gefastet hatte, hungerte ihn schließlich (Matthäus 4,1-2).

In diesen Versen sehen wir, dass Satan bei Jesus die gleiche Taktik anzuwenden versuchte wie bei Adam: Ihn zum Sündigen zu verleiten und dann zu besiegen. Der Teufel versuchte Jesus drei Mal und jede Versuchung war gegen seine Identität als Sohn Gottes gerichtet. Interessant dabei ist, dass Jesus die Macht hatte, alles zu tun, wozu der Teufel ihn herausforderte. Aber er tat es nicht, weil die Versuchungen keine triftige Grundlage dafür waren, die Macht und Kraft Gottes zu manifestieren.

Jesus hatte vom Vater nicht Autorität und Macht erhalten, damit er seine Identität bestätigen konnte, sondern um Satans Reich zu besiegen. Er hatte es gar nicht nötig, dem Teufel irgendetwas zu beweisen. Jesus entkräftete einfach alle drei Versuchungen mit dem Wort Gottes und bezwang so den Feind. Danach kehrte er *„in der Kraft des Geistes"* (Lukas 4,14) aus der Wüste zurück, um seinen Auftrag auszuführen. Jesus besiegte den Feind als Mensch. Dadurch zeigte er, dass es einem Menschen möglich ist, in der Kraft des Heiligen Geistes Versuchungen zu überwinden. Der Heilige Geist war bei der Taufe von Jesus auf ihn herabgekommen, kurz bevor dieser in der Wüste in Versuchung geführt wurde (z.B. Matthäus 3,16). Nach den Versuchungen durch den Teufel wurde Jesus dann durch den Heiligen Geist bevollmächtigt. Durch den Geist Gottes schaffte Jesus, worin Adam versagt hatte.

Später starb Jesus für uns als Opfer am Kreuz; er wurde begraben, stieg hinab in die Hölle und besiegte Satan vollständig, indem er die Schlüssel von Tod und Hölle an sich nahm. Er wurde siegreich zu neuem Leben auferweckt, um die Herrschaft, Macht und Autorität wiederherzustellen, die die Menschheit im Garten Eden verloren hatte. Die Gläubigen haben es weiterhin mit den Versuchungen und Attacken seitens Satan zu tun, doch seit der Auferstehung Jesu von den Toten ist er illegal als Herrscher auf dieser Erde tätig, genauso wie er zu Adams Zeiten vor dessen Sündenfall keinerlei Rechte hier besaß. Und mehr als das, die Macht Satans ist besiegt worden. Er hat nicht mehr länger Autorität über uns, es sei denn, wir gewähren sie ihm, so wie Adam es tat. In jedem Umstand oder jeder Versuchung haben wir die Wahl, entweder den Feind zu besiegen oder ihm nachzugeben. Wenn wir nachgeben, gestatten wir ihm, in unserem Leben Fuß zu fassen.

Nimm dir deine Herrschaft zurück

Und Jesus trat zu ihnen [den Jüngern] und redete mit ihnen und sprach: Mir ist alle Macht gegeben im Himmel und auf Erden (Matthäus 28,18).

Solange er kann wird Satan weiter Menschen in Versuchung führen, um seine Herrschaft auf der Erde wiederherzustellen – bis Jesus wiederkommt. Doch wenn wir unsere Identität in Christus kennen und bereit sind, die Schlange aus unserem Eden zu vertreiben, kann Satan uns nicht bezwingen. Paulus sagte im Wesentlichen, dass er nicht zulässt, dass ihn irgendetwas beherrscht, was ihn nicht in Christus auferbaut (1. Kor. 6,12). Der Teufel kann nur die Autorität ausüben, die wir ihm gewähren. „*Gebt dem Teufel keine Möglichkeit*" (Epheser 4,27; Neues Leben.Die Bibel). Dank Jesus hat jeder Gläubige die Macht, auf der Erde das zu binden, was bezwungen werden muss, und das zu lösen, was freigesetzt werden soll (Matthäus 16,19; 18,18). Wir müssen jedoch unter der Autorität unseres himmlischen Vaters bleiben und, so wie Jesus, ein Leben im Gehorsam ihm gegenüber wie auch den dazu beauftragten menschlichen Autoritäten führen.

Der Plan des Teufels war es, Adams Eden zu kontrollieren und ihn davon abzuhalten, sich zu erweitern. Das Gleiche versucht er auch mit uns.

Wir müssen Krankheit, Betrübnis, Depression, Armut, Ängste oder andere böse Strategien zu unserer Vernichtung nicht tolerieren. Manche Menschen können Krankheiten nicht binden oder besiegen, weil diese für sie zur Norm geworden sind. Dadurch haben sie dem Feind den Schlüssel zu ihrer Gesundheit gegeben. Wir müssen bereit sein, jedes Werk des Teufels zu unterwerfen und zu beherrschen. „*Hierzu ist der Sohn Gottes offen-*

bart worden, damit er die Werke des Teufels vernichte" (1. Johannes 3,8).

Was Jesus für uns vollbracht hat ist kraftvoll. Es befähigt uns, Satan mitten in den schwierigen Umständen einer gefallen Welt zu besiegen. Jesus stellte nicht nur die ursprüngliche Herrschaft wieder her, die wir verloren hatten, sondern er verhieß uns auch ein Auferstehungsleben, das *„über die Maßen mehr* [ist], *als wir erbitten oder erdenken*" (Epheser 3,20).

Vor kurzem war ich eingeladen, auf einer Konferenz in Dallas, Texas, zu dienen. An einem Abend, an dem ich nicht predigte, wollte ich für mich selbst etwas von Gott empfangen. Als ich am Ende des Gottesdienstes gerade gehen wollte, kam eine Frau zu mir. Sie erzählte mir, ihr Arzt habe gesagt, sie bräuchte 2 neue Kniegelenke, weil sie dort keine Bänder mehr hatte und die Knochen verschlissen waren. Die Frau litt unter starken Schmerzen und die einzige Lösung war ein Wunder. Ich erkannte solch einen Glauben in ihr, dass ich sie für geheilt erklärte. Augenblicklich empfing sie ihre Heilung! Sie begann ihre Beine zu bewegen und rannte hin und her, was sie vorher nicht konnte. Der Arzt hatte zu ihr gesagt, wenn sie ihre Knie wieder beugen und laufen wolle, müsse sie nagelneue Knie bekommen. Weinend rief sie: „Ich kann es nicht glauben, ich habe brandneue Knie."

Wenn du dem Feind erlaubt hast, dein Eden zu betreten, und Versuchungen deinen Willen zerstört haben; wenn du deine Herrschaft verloren und dem Feind übergeben hast, dann gibt dir Jesus heute eine neue Gelegenheit. Kehre um und bitte Gott, dir durch das Opfer Jesu am Kreuz deine Sünden zu vergeben. Entscheide dich jetzt, dir deine Herrschaft durch die Auferstehungskraft Jesu zurückzuholen, sei es die Herrschaft über deinen Charakter, dein Benehmen oder sogar über kriminelles Verhalten. Übernimm die Herrschaft über Süchte wie Alkohol, illegale Drogen oder verschreibungspflichtige Tabletten; nimm Autorität über Krankheit, unerlaubtem Sex, Angst, Depression, Wut, Bitterkeit, Unvergebenheit, dem Geist des Selbstmords, Zank oder Klatsch. Sage dich jetzt von diesen Dingen los und herrsche darüber. Gott hat dir die Herrschaft über alle Werke Satans und über die sündige Natur gegeben!

Im geistlichen Bereich zu herrschen beginnt damit, über den eigenen Geist zu herrschen.

Jesus sprach: „*Aber von den Tagen Johannes des Täufers an bis jetzt wird dem Reich der Himmel Gewalt angetan*" (Matthäus 11,12). Ich glaube es bedeutet, dass Satan um sein Leben kämpft, wenn wir anfangen sein Reich zu beseitigen. Jesus sagte, wenn das Wort vom Reich Gottes gepredigt wird, dann kommt sofort der Teufel, um es denen zu entreißen, die es nicht verstehen (Matthäus 13,19). Der Feind will nicht aus dem Hoheitsgebiet im Leben von Menschen vertrieben werden. Alle geistlichen und körperlichen Kämpfe, die die Menschen auf der Erde gekämpft haben – vom Garten Eden bis in die heutige Zeit – waren und sind Kämpfe um Territorien. Selbst in Bezug auf unser persönliches Leben gilt: Unsere größten Kämpfe drehen sich um das Territorium unseres Lebens und unseres Dienstes. Wenn wir dienen, werden wir zu einer Bedrohung für Satan, weil wir sein Reich der Finsternis von Menschen und Orten entfernen, bei denen oder wo er über einen Stützpunkt oder ein Bollwerk verfügte. Die wahre Verkündigung vom Reich Gottes wird zu einem Zusammenstoß mit dem Reich Satans führen. Wenn wir sehen, wie Dämonen durch den Geist Gottes ausgetrieben werden, ist das Reich Gottes unter uns (Matthäus 12,28; Lukas 11,20).

Jesus sagte auch: „*... der Fürst der Welt kommt; und in mir hat er gar nichts*" (Johannes 14,30). Es gab nichts von der Natur Satans bei Jesus und wir sollten alles von der Natur des Feindes in uns ausrotten. Lasst uns ein neues Leben gemäß der Gerechtigkeit, dem Frieden und der Freude des Reiches Gottes führen. Wenn wir Buße tun, umkehren und Gott von ganzem Herzen darum bitten, dass sein Reich in unserem Leben regiert, wird er den Geist der Herrschaft über uns freisetzen. Wir müssen über das ganze Gebiet herrschen, das er uns gegeben hat, angefangen mit unserem Geist, unserer Seele und unserem Körper.

Bereits vor Erschaffung der Welt hatte Gott wunderbare Pläne für das menschliche Geschlecht. Vielleicht war sein Herz betrübter als zu jedem anderen Zeitpunkt in der Geschichte der Menschheit, als Adam seine Herrschaft über die Erde im Garten

Eden verlor und die Regierungsgewalt an Satan aushändigte. Seitdem taumelt die Menschheit weiterhin unter Satans Reich der Dunkelheit. Doch durch die Geschichte hindurch hat die Liebe Gottes sein Volk immer getragen und versorgt. Und durch Christus erfüllte er seinen Plan zur Erlösung aller Menschen. Jesus kam auf die Erde und veränderte alles, indem er alles neu macht (Offenbarung 21,5). Seitdem haben wir Zugang zu Gnade und Kraft, um durch den Heiligen Geist persönlich umgestaltet zu werden. Wir sind ebenfalls dazu befähigt, das Königreich Gottes in unser Umfeld hineinzubringen. Lasst uns in der Realität leben, dass unsere Herrschaft zurückgewonnen wurde und dass das Reich Gottes sich in alle Ewigkeit weiter ausbreiten wird.

Kapitel 3

Die Auferstehung von Jesus errichtete sein Reich und seine Herrschaft über das Reich der Finsternis

Dieses Kapitel beinhaltet eine wesentliche biblische Wahrheit, die im Leben vieler Menschen außerordentliche Veränderungen hervorgerufen hat. Es hat sie umgestaltet und in die Lage versetzt, auch andere zu transformieren. Es handelt sich um die Wahrheit, dass Jesus in der Kraft der Auferstehung regiert und wir, während wir sein Reich ausbreiten, durch ihn in der gleichen Kraft herrschen können, die ihn von den Toten auferweckte.

Die Auferstehung macht das Christentum einzigartig unter allen Religionen der Welt, denn die Nachfolger der anderen Religionen wissen, dass ihre Oberhäupter tot und begraben sind. Doch Jesus lebt und seine Macht der Auferstehung ist immer noch in Kraft, da er Menschen überall auf der Erde rettet, heilt und befreit.

In der Bibel gibt es mehrere Passagen, in denen von Menschen die Rede ist, die starben und von den Toten wiederauferstanden, einschließlich des Sohnes der Witwe von Nain (Lukas 7,11-16) und Lazarus (Johannes 11,38-44). Ihre Auferstehung unterschied sich aber von der Auferstehung Jesu. Sie starben als Sünder und wurden mit der gleichen sündhaften Natur wieder von den Toten auferweckt. Darüber hinaus starben sie auch wieder und werden in diesem Zustand verbleiben, bis Jesus wiederkommt. Jesus dagegen lebte völlig frei von Sünde und, nachdem er mit den ganzen Sünden der Menschheit auf sich starb, wurde er glorreich ohne Sünde zu neuem Leben auferweckt. Er lebt bis heute – und für immer – um all denen Leben zu geben, die an ihn glauben.

Wenn wir in den Gemeinden die Botschaft von der Auferstehung Jesu hören, wird sie oftmals ohne Offenbarung und nur von einem historischen Gesichtspunkt aus präsentiert. Folglich erleben wir häufig nicht, dass sich die Kraft Gottes unter seinem Volk manifestiert. Um von seiner Kraft zu profitieren, benötigen wir eine Offenbarung über seine Auferstehung im „Jetzt".

Durch seine Auferstehung machte Jesus sein göttliches Wesen, sein Reich und seine Herrschaft über das Reich Satans rechtsgültig. Die Auferstehung ist kein Mythos oder eine Legende. Es war ein historisches Ereignis, das in der Geschichte der Menschheit ein „vor" und ein „nach" einführte. Es kennzeichnet eine Trennlinie zwischen der Herrschaft Satans über die Erde und der Bezwingung von Satan durch Jesus, seine ewige Herrschaft und der Wiedereinsetzung der Herrschaft der Menschheit über die Erde. Es eröffnete eine neue Ära, in der Menschen von der Knechtschaft Satans befreit werden, damit sie Gottes Kinder und Freunde werden können. Es gibt so viele Auswirkungen, Nutzen und Vorteile durch die Auferstehung, dass es unmöglich ist, sie alle aufzuzählen.

Nun folgt das Zeugnis einer Frau, die durch die Kraft der Auferstehung eine Transformation erlebte.

„Ich wurde schon als Baby verlassen und wuchs bei einer Stiefmutter auf, die mich misshandelte. Ich verstand nicht, wieso mir so etwas zustieß. Mit der Zeit fand ich heraus, dass auch meine Geschwister im Stich gelassen worden waren. Ich wuchs ohne persönliche Identität und ohne Liebe auf. Eines Tage packte mich meine Stiefmutter bei den Haaren und schrie mich an: „Du bist nicht meine Tochter." In diesem Augenblick verstand ich, warum ich nicht geliebt wurde, und der Schmerz in meinem Herzen nahm noch zu. Mit fünfzehn verließ ich mein Zuhause und wurde schließlich eine alleinerziehende Mutter. In den darauf folgenden Jahren gab es mehrere Männer in meinem Leben, doch auch sie verließen mich. Ich hatte mit dem letzten Mann, mit dem ich zusammenlebte, 2 Kinder, doch lehnte er unseren ersten Sohn ab und weigerte sich, ihn als sein Kind anzuerkennen. Er misshandelte ihn und brachte ihn dazu, sich minderwertig zu fühlen. Das war eine Wiederholung meiner eigenen Kindheit.

Eines Tages beschloss ich, alles hinter mir zu lassen und nie mehr zurückzukehren. Ich ging nach Miami, um dort alleine zu leben. Ich ließ meine Kinder im Stich, genauso wie ich im Stich gelassen worden war. Nachdem ich einige Zeit in den Vereinigten Staaten gelebt hatte, lud mich jemand in die Gemeinde von „King Jesus Ministry" ein. Dort begegnete ich Gott und öffnete Jesus mein Herz. Danach verstand ich, dass ich mich in der Gefangenschaft von Ablehnung, Verlassenheit und Schuld befand.

Während einer geistlichen Zurüstungszeit der Gemeinde leitete man mich an, diese Gebundenheiten im Gebet zu widerrufen. Als ich damit fertig war, spürte ich, wie mich jede Bedrückung verließ. Ich bin jetzt frei von diesem Generationsfluch der Verlassenheit. Der Schmerz in meinem Herzen ist verschwunden! Jetzt plane ich meine Rückkehr in mein Heimatland. Ich möchte meine Kinder wiedersehen und die Mutter für sie sein, die sie brauchen, die ich aber so lange nicht hatte sein können. Ich habe nun Frieden und Freude in mir. Die Liebe Gottes hat mich befähigt zu geben, was ich vorher nicht geben konnte. Ich wurde von einem Geist der Lust befreit, der mich jedem Mann nachlaufen ließ, der meinen Weg kreuzte. Meine Kinder werden jetzt nicht mehr länger leiden, weil der Generationsfluch der Verlassenheit gebrochen wurde!"

Die Frucht der Befreiung dieser Frau ist ein verwandeltes Leben, veränderte Werte und das Verlangen nach der Wiederherstellung ihrer Familie. Die Kraft, die in ihr wirksam wurde, ist die Kraft der Auferstehung. Die gleiche Kraft kann auch in dir wirken – genau jetzt.

Wir bitten den Heiligen Geist, uns im weiteren Verlauf dieses Kapitels die Kraft der Auferstehung Jesu für unser Leben zu offenbaren. Bitte sprich das folgende Gebet:

Heiliger Geist, du bist der Verwalter und Vollstrecker der Kraft der Auferstehung Jesu Christi. Ich bitte dich, mein Verständnis mit dem Geist der Weisheit und Offenbarung zu erleuchten, damit ich die Kraft der Auferstehung verstehen kann, sie in meinem Leben anwenden und über anderen freisetzen kann, die es nötig haben. Im Namen von Jesus, Amen!

Wir schauen uns jetzt drei Bereiche an, in denen Jesus für uns den Tod erlitt, damit wir sein Auferstehungsleben erleben können.

Jesus starb unseretwegen drei Tode

Jesus wird der *„letzte Adam"* genannt (1. Korinther 15,45). Als Sohn Gottes identifizierte er sich mit dem ersten Adam und jedem seiner Nachkommen, die jemals gelebt haben oder jemals leben werden, indem er ein Mensch wurde und alle Erfahrungen durchmachte, die ein Mensch erlebt. Sein Leben war ein Akt der Stellvertretung und erreichte am Kreuz seinen Höhepunkt, als er an unserer Stelle für unsere Sünden starb (Jesaja 53,6). Ungeachtet davon, wie wir verschiedene Sünden als größer oder unbedeutender einstufen, führen alle Sünden zum Tod (Jakobus 1,15). Doch Jesus „schmeckte" den Tod, damit wir ewiges Leben empfangen können (Hebräer 2,9).

Damit Jesus unser Stellvertreter sein konnte, musste er drei Arten von Tod erleiden. Diese Tode waren jedem Menschen bestimmt (ohne Jesu erlösendes Werk am Kreuz), und zwar aufgrund der Rebellion von Adam und der fest verwurzelten sündigen Natur, welche die ganze Menschheit erbte:

1. Der körperliche Tod
2. Der geistliche Tod
3. Der „Zweite Tod"

1. Körperlicher Tod

Der erste Tod, den Jesus erfuhr, war der Tod seines physischen Körpers.

> *... und Jesus rief laut: Vater, in deine Hände lege ich meinen Geist. Nach diesen Worten hauchte er den Geist aus (Lukas 23,46; Einheitsübersetzung).*

Jesus war verhaftet worden, man hatte ihn während der Nacht verhört und zum Tode verurteilt. Er wurde verspottet, durch Schläge gefoltert, mit einer Dornenkrone auf seinen Kopf gestochen und dann gekreuzigt, bis er starb. Als Jesus unseren Platz am Kreuz einnahm, war das keine symbolische oder theoretische Handlung. Er identifizierte sich vollständig mit unserer Menschlichkeit und übertrug unsere Sünden und sündhafte Natur auf sich selbst. In dem Augenblick, als er körperlich starb, trennte sich sein menschlicher Geist mit der Seele von seinem Körper. Sein Körper wurde in einem Grab beerdigt, wo er drei Tage lang blieb, doch sein Geist bestand weiter und erfüllte Aufgaben, um seine Mission als Erlöser der Welt zu vollenden.

In dem Austausch, der am Kreuz stattfand, trug Jesus die Folgen unseres Ungehorsams, damit wir die Vorteile und Nutzen seines Gehorsams empfangen können.

2. Geistlicher Tod

Jesus genoss keine besondere Gunst oder besondere Erfahrungen mit dem Vater, nur weil er Gottes Sohn war. Obwohl er göttlich war, war er auch menschlich, genauso wie du und ich, außer dass er ohne Sünde war. Jesu Leben als Mensch auf dieser Erde war abhängig von seiner Beziehung mit dem Vater. Ebenso haben wir Gläubigen kein Leben in uns selbst, sondern nur in unserer Beziehung mit dem Vater durch Jesus (Johannes 6,57).

Sünde trennt die Menschen vom Leben Gottes (Jesaja 59,2). Deshalb war die erste Konsequenz, die Jesus erlebte, als er am Kreuz die Sünden der Menschheit auf sich nahm, dass seine Beziehung mit Gott getrennt wurde. Er war abgeschnitten vom Leben, der Einheit und der Gemeinschaft mit dem Vater. Diese Trennung von Gott macht das Wesen von geistlichem Tod aus. Weil die ganze Menschheit in Schuld und Sünde geistlich tot war, ertrug Jesus für uns den geistlichen Tod. *„Den* [Jesus], *der Sünde nicht kannte, hat er* [Gott] *für uns zur Sünde gemacht, damit wir Gottes Gerechtigkeit würden in ihm“* (2. Korinther 5,21).

Unseretwegen ließ Jesus zu, dass er wirklich vollständig vom Vater verlassen wurde. Als er am Kreuz ausrief: *„Mein Gott, mein Gott, warum hast du mich verlassen?“* (Matthäus 27,46), war es das erste Mal, dass sein Gebet nicht beantwortet wurde. Warum wurde sein Gebet nicht beantwortet? Weil unsere Sünde in ihm einen Bruch in seine Beziehung mit dem Vater herbeigeführt hatte.

Dieselbe Wahrheit gilt auch für uns, sogar als Gläubige. Gott verliert nie seine Fähigkeit oder Kraft, die Gebete seines Volkes zu hören. Aber vielleicht erhalten wir keine Antworten auf unser Gebet, wenn wir Sünde in unserem Leben haben, weil unsere Sünden uns von ihm trennen.

Nur Sünde oder Vergehen[14] können eine Person von Gott trennen.

3. Der „Zweite Tod"

Die Evangelien enthüllen nicht eigens, was Jesus im Jenseits zwischen seinem Tod am Kreuz und seiner Auferstehung erlebte. Doch im Buch der Psalmen und bestimmten Passagen im Neuen Testament bekommen wir einige Offenbarungen, die wir uns in diesem Zusammenhang anschauen wollen.

Jesus lehrte: *„Denn wie Jona drei Tage und drei Nächte im Bauch des Fisches war, so wird der Menschensohn drei Tage und drei Nächte im Schoß der Erde sein"* (Matthäus 12,40). Nachdem Jesus gestorben war, stieg sein Geist hinab in die Hölle. In der Bibel wird das Jenseits manchmal „Scheol" oder „Hades" genannt. In dem Gleichnis Jesu von dem reichen Mann und Lazarus wird der Hades als ein Ort beschrieben, der in zwei Regionen eingeteilt ist: ein Ort der Qualen (wo die Geister der Ungläubigen auf ihr endgültiges Urteil warten) und *„Abrahams Schoß"* (wo die Geister der Gerechten auf die Vollendung der Mission der Erlösung durch den Messias warten, damit sie in der Gegenwart Gottes leben können), (Lukas 16,19-31). Jesus erlebte die Qualen im Hades oder Scheol, die sonst wir erfahren hätten.

Der „Zweite Tod" ist ewige Trennung von der Gegenwart Gottes. Es ist der dauerhafte geistliche Tod in der Hölle – der Bereich, in dem Menschen den Zorn Gottes für jede begangene Sünde und jedes Vergehen erleiden werden (siehe z. B. Offenbarung 20,11-15).

---

[14] Böses Tun, Abweichen vom rechten Weg

Jesus musste diese Art des Todes schmecken, weil er die Strafe bekommen musste, die wir ohne seine Erlösung erhalten würden. Er ertrug den Zorn Gottes im geistlichen Bereich für die Sünden und Vergehen der gesamten Menschheit, um uns vor diesem Ort der Qualen zu retten. Obwohl das Leiden Christi am Kreuz furchtbar war, so war sein geistliches Leiden in der Hölle, über das sich nur wenige Gläubige im Klaren sind, noch viel schrecklicher. Manchmal denken wir, dass seine Auferstehung leicht war, doch müssen wir verstehen, wovon er auferweckt wurde. In den Psalmen gibt es einen Vers, der die Erfahrung von Christus an diesem Ort der Qualen beschreibt:

> *... auch mein Fleisch wird sicher ruhen, denn du wirst meine Seele nicht dem Totenreich preisgeben und wirst nicht zulassen, dass dein Getreuer die Verwesung sieht (Psalm 16,9-10).*

Wo der Vers sagt *„mein Fleisch"*, bezieht sich das auf den physischen Körper Christi. Während sein Geist im Scheol war, ruhte sein Körper im Grab und verweste nicht (Apostelgeschichte 2,31; Epheser 4,8-10). Psalm 71 vermittelt uns auch eine Einsicht von der Zeit Jesu in der Hölle:

> *Not und Leid hast du zwar zugelassen, doch du wirst mir das Leben neu schenken und mich auch aus der dunkelsten Tiefe wieder heraufholen. Du wirst mich zu großen Ehren bringen und mich trösten (Psalm 71,20-21; Neues Leben.Die Bibel).*

Im Scheol war das primäre Leiden Jesu wiederum seine Trennung vom Vater. Die direkte Kommunikation, die sie während seines Lebens auf der Erde miteinander hatten, war unterbrochen. Er war allein und befand sich in der Dunkelheit. Doch Jesus verlor seinen Glauben nicht. Ich denke, die folgenden Worte treffen auf ihn zu, obwohl sie von den Söhnen Korachs geschrieben wurden:

> *HERR, Gott meines Heils! Des Tages habe ich geschrien und des Nachts vor dir. Es komme vor dich mein Gebet! Neige dein Ohr zu meinem Schreien! Denn satt ist meine Seele vom Leiden, und*

mein Leben ist nahe dem Scheol. Ich bin gerechnet zu denen, die in die Grube hinabfahren. Ich bin wie ein Mann, der keine Kraft hat, unter die Toten hingestreckt, wie Erschlagene, die im Grab liegen, derer du nicht mehr gedenkst. Denn sie sind von deiner Hand abgeschnitten. Du hast mich in die tiefste Grube gelegt, in Finsternisse, in Tiefen. Auf mir liegt schwer dein Zorn, und mit allen deinen Wellen hast du mich niedergedrückt (Psalm 88,1-7).

Dieser Psalm beschreibt Jesus als das perfekte Lamm, das alle Sünden und Vergehen der Menschheit trägt. Dafür widerfährt ihm der Zorn Gottes, und zwar nicht in seinem Körper, sondern in seinem Geist. Er empfängt jedes Urteil in seinem Geist. Wir können uns die Qualen, die er aushalten musste, gar nicht vorstellen. Wenn wir diese Verse zusammenfassen wollten, dann sagt Jesus im Wesentlichen: „Mein Geist ist umgeben mit Bösem; er hat den Scheol erreicht - das Reich des Todes. Ich bin zu einem Menschen ohne Gott geworden, abgeschnitten von seiner Gegenwart. Ich bin in den Abgrund gebracht worden - dem niedrigsten Ort, dem Ort der tiefsten Dunkelheit - und erleide die Auswirkungen des Zornes Gottes, eingeschlossen in einem Gefängnis. Ich wurde von meiner Familie und meinen Freunden abgeschnitten" (Psalm 88,19). Seine „Freunde" waren jetzt das Grab und die Dunkelheit.

In diesem Zustand stellte Jesus Gott bestimmte Fragen:

Wirst du an den Toten Wunder tun? Oder werden die Gestorbenen aufstehen, dich preisen? Wird von deiner Gnade erzählt werden im Grab, im Abgrund von deiner Treue? Werden in der Finsternis bekannt werden deine Wunder, und deine Gerechtigkeit im Land des Vergessens? (Psalm 88,10-12).

Diese Fragen wurden meisterhaft durch die Auferstehung Jesu von den Toten beantwortet, durch die der Vater den Sohn honorierte. Die Antwort auf alle diese Fragen ist: „Ja!" Zu erkennen, dass Jesus über die für die Menschen unbesiegbaren Feinde Tod und Hölle triumphiert hat, ist der Schlüssel für ein Verständnis über sein vollendetes Werk am Kreuz und seine Auferstehung.

Gott vollbrachte Wunder für jene, die geistlich tot waren und unter der Unvermeidbarkeit eines physischen Todes gelebt hatten. Seine Wunderwerke und seine Gerechtigkeit kennen alle, die in Jesus geistlich zu neuem Leben erweckt worden sind, und sie werden die körperliche Auferstehung bei seiner Wiederkunft erleben!

Gleichzeitig führte die Auferstehung Jesu die bemerkenswerte sofortige Auferstehung bestimmter Personen herbei, die im Glauben gestorben waren. Die Bibel berichtet: „*Die Gräber öffneten sich und die Leiber vieler Heiligen, die entschlafen waren, wurden auferweckt. Nach der Auferstehung Jesu verließen sie ihre Gräber, kamen in die Heilige Stadt und erschienen vielen*“ (Matthäus 27,52-53; Einheitsübersetzung). Es ist unklar, was mit diesen Heiligen nach diesem Ereignis geschah. Sie waren im Scheol in Abrahams Schoß gewesen, und als sie die Nachricht vom Sieg Jesu über Sünde und Tod bekamen, erhoben sie sich in der gleichen Auferstehungskraft aus ihren Gräbern.

Die Auferstehung ist eine Manifestation von Gott, dem Vaters, der seinen Sohn honoriert.

Jesus erlebte unseretwegen zwei Arten von Auferstehung

Das Verb *wiederauferstehen* weist hin auf „sich erheben“, „erwachen von den Toten“ oder „zurückkehren ins Leben“. Jesus erlebte Auferstehung auf zwei verschiedene Weisen, damit wir ein neues Leben in ihm führen können.

1. Jesus wurde in seinem Geist wieder lebendig gemacht

Denn es hat auch Christus einmal für Sünden gelitten, der Gerechte für die Ungerechten, damit er uns zu Gott führe, zwar getötet nach dem Fleisch, aber lebendig gemacht nach dem Geist (1. Petrus 3,18).

Das griechische Wort *zōopoieō*, das mit *„lebendig gemacht"* übersetzt wurde, könnte auch mit „belebt", „am Leben erhalten" oder „angeregt" wiedergegeben werden. Ich glaube, der oben genannte Vers sagt aus, dass Jesus durch den Heiligen Geist in seinem Geist wiederbelebt wurde bzw. Leben empfing, bevor sein physischer Körper von den Toten auferweckt wurde. Ich stelle mir diese Belebung auf folgende Weise vor: Als Jesus im Scheol war und die Strafe für unsere Sünden verabreicht bekam, fand im Himmel ein Treffen statt. Gott Vater und der Heilige Geist sprachen, mit den Engeln als Zuschauern, über den Tod Jesu und welches Urteil er dafür erhalten sollte, dass er für uns zur Sünde wurde. Plötzlich sagt der Vater, der Richter des Universums: „Jesus von Nazareth, mein Sohn, ist nicht schuldig. Er hat nie eine Sünde begangen, sondern trug die Sünden der Welt. Deshalb müssen wir ihn von den Toten auferwecken." Während Satan mit seinen Dämonen noch, wie sie meinten, ihren Sieg über den Sohn Gottes feierten, wurde in der Hölle eine gewaltige Explosion vernommen. Der Heilige Geist kam herab, um Jesus wieder zum Leben zu erwecken. Die Kraft Gottes kam auf seinen Geist, der sofort lebendig gemacht wurde. Das war die erste Auferstehung, die Jesus erlebte. Durch die gleiche Kraft werden wir alle eines Tages auferweckt werden (Römer 6,5)! Fürs Erste haben wir eine „Garantie" für unsere vollständige geistliche Auferstehung mit dem Geschenk des innewohnenden Heiligen Geistes empfangen (z. B. Römer 6,4; 2. Korinther 5,4-5).

> *... dem Geist nach lebendig gemacht. So ist er auch zu den Geistern gegangen, die im Gefängnis waren, und hat ihnen gepredigt (1. Petrus 3,18-19; Einheitsübersetzung).*

Das Wort für *„predigen"* in diesem Vers ist *kēryssō* und es bedeutet „verkündigen (als öffentlicher Ausrufer), insbesondere göttliche Wahrheit", „proklamieren" und „bekanntgeben". Ich interpretiere hier *„Geister"* als böse geistliche Wesenheiten oder Dämonen. Als Botschafter Gottes ging Jesus an den Ort, wo die Dämonen in der Hölle eingekerkert sind. Was hat er ihnen an diesem Ort verkündet? Er predigte nicht das Evangelium zum Zweck der Erlösung, sondern er machte eine Ansage. Ich denke, seine Erklärung lautete ungefähr so: „Alle herhören! Ich bin jetzt der Herr der Herren und der König der Könige. Mir ist alle Autorität gegeben worden. Deshalb habe ich die Schlüssel von Hölle und Tod. Ich habe Satan besiegt und lebe jetzt für immer!"

Jesus predigte auch zu denen, die in Abrahams Schoß waren, zu ihrer Rettung.

> *Denn auch Toten ist das Evangelium dazu verkündet worden, dass sie wie Menschen gerichtet werden im Fleisch, aber wie Gott das Leben haben im Geist (1. Petrus 4,6; Einheitsübersetzung).*

Diese Menschen waren in Erwartung der Erlösung durch den Messias im Glauben gestorben, so wie es der Hebräerbrief in Kapitel 11,Verse 13-16 beschreibt. Sie waren die ersten, die die gute Nachricht der Auferstehung erhielten. Wie wir gesehen haben wurde dies durch die Tatsache bestätigt, dass eine Anzahl von ihnen aus ihren Gräbern kam, nachdem Jesus körperlich auferstanden war.

Daher, als der himmlische Gerichtshof das Todesurteil von Jesus aufhob und der Heilige Geist ihn geistlich auferweckte, verkündete Jesus die Treue Gottes all jenen, die während ihres Wartens auf den Messias gestorben waren, und er proklamierte seinen Sieg auch vor seinen Feinden.

2. Jesus wurde in seinem Körper wieder lebendig gemacht

Nachdem der Geist von Jesus neues Leben empfangen hatte, kehrte er zurück in seinen Körper im Grab, wo er körperlich von den Toten auferweckt wurde, um für immer als ein neuer Mensch zu leben. Christus besiegte den Tod in seinen drei Formen – körperlicher Tod, geistlicher Tod und der Zweite Tod. Nichts konnte ihn aufhalten! Er bezwang Sünde, den Teufel und seine Dämonen, Tod und Hölle. Gott *„befreite ihn von dem Schmerz des Todes"* (Apostelgeschichte 2,24), als er Jesus auferweckte, und das Gleiche wird er auch für uns tun!

Nach dem mosaischen Gesetz genügten zwei vertrauenswürdige Zeugen, um eine Wahrheit zu beglaubigen (z. B. 5. Mose 19,15). Gott gab uns aber mehr als zwei Zeugen, um die Wahrheit über seinen Sohn Jesus und dessen Auftrag zu bestätigen. Erstens haben wir das Zeugnis der Propheten aus dem Alten Testament in Bezug auf das Kommen des Messias (z. B. Jesaja 53; Hosea 6,2), und die Bibel ist die höchste Autorität und die absolute Wahrheit, inspiriert von Gott. Elf der Jünger Jesu (Judas war gestorben), die drei Jahre mit ihm gelebt hatten und von ihm gelehrt worden waren, bezeugten, dass sie ihn von den Toten auferstanden gesehen hatten. Darüber hinaus gab es mehr als fünfhundert Menschen, die die physische Auferstehung von Jesus bestätigten. Und Paulus begegnete Christus auf der Straße nach Damaskus (z. B. Johannes 20,19-29; 1. Korinther 15,3-8). Zu dieser Liste könnten wir jeden hinzufügen, der jemals ein Erlebnis mit dem auferstandenen Christus hatte, und dessen Zeugnis durch die Umgestaltung seines Lebens und seines Herzens bestätigt wird.

Ich glaube, dies ist die Reihenfolge, in welcher die Auferstehung und Verherrlichung von Jesus geschah: Erstens, er wurde vom Scheol auferweckt in einer geistlichen Auferstehung; zweitens, er wurde körperlich von den Toten auferweckt, und drittens, der Vater erhöhte ihn zu seiner Rechten im Himmel und gab ihm Autorität über alles und jeden.

> *... und von Jesus Christus; er ist der treue Zeuge, der Erstgeborene der Toten, der Herrscher über die Könige der Erde (Offenbarung 1,5; Einheitsübersetzung)*

Jesus war der erste, der in Herrlichkeit zu neuem Leben erweckt wurde. Er war der *„Erstgeborene aus den Toten"*. Wenn wir uns mit dem Tod von Jesus, seinem Begräbnis und seiner Auferstehung identifizieren, dann sind wir „wiedergeboren" und werden eine neue Schöpfung. Nur wenn das geschieht, können wir durch das Gesetz von Erbschaft und Legitimation jeden Vorteil und Nutzen erhalten, der uns durch die Auferstehung bewilligt worden ist (z. B. Johannes 1,12-13; 1. Petrus 1,3). Wir sind mit Christus lebendig gemacht und auferweckt worden, so dass wir an himmlischen Orten Platz nehmen und gemeinsam mit ihm regieren können. Preis sei Gott!

Identifizieren wir uns mit dem Tod, dem Begräbnis und der Auferstehung von Jesus, werden wir eine neue Schöpfung, um mit ihm zu herrschen.

Grundlegende Errungenschaften durch die Auferstehung von Jesus

Die Auferstehung Jesu von den Toten ist fundamental für den Plan Gottes, die Menschheit zu retten und sein Reich auf die Erde zu bringen, denn sie vollbrachte folgendes:

- Unsere Gemeinschaft mit dem geistlichen Leben von Gott wurde wiederhergestellt. Der Tod und die Auferstehung Jesu machte uns wieder eins mit dem Vater; wir wurden mit ihm wiedervereinigt (2. Korinther 5,18; 1. Johannes 1,3).
- In unsere sterblichen Körper wurde Auferstehungsleben eingepflanzt. Es wird bei der Wiederkunft Christi für seine Gemeinde vollständig sichtbar werden, da zu diesem Zeitpunkt unsere Körper genauso verherrlicht werden wie seiner (Römer 8,11).
- Wir wurden zurückgebracht zur Ewigkeit in der Gegenwart Gottes. Das ist die Vollendung des perfekten Werkes von Jesus Christus am Kreuz und von seiner Auferstehung (1. Thessalonicher 4,17; Offenbarung 21,1-3).
- Wir wurden an himmlische Orte gesetzt, um mit Christus zu herrschen. Nachdem er für unsere Sünden bezahlt hatte und von den Toten auferstand, setzte Jesus sich als unser Hohepriester auf den Thron zur Rechten des Vaters. Sein sich hinsetzen repräsentierte die Tatsache, dass er sein Werk vollendet hatte. Die Priester unter dem levitischen Priestertum (eingeführt unter dem Gesetz von Mose) konnten sich nicht „hinsetzen“, weil die Darbringung der Opfer als Sühne für die Sünden unablässig stattfinden musste. Jesus aber setzte sich für immer hin, was ein Zeichen für seine Autorität, Regierung und Herrschaft ist, da seine Arbeit getan war. Als sein Sühnewerk vollbracht war, gab er uns die Herrschaft

zurück, die Adam verloren hatte. Noch bemerkenswerter aber ist, dass er uns mitsitzen lässt mit ihm in seiner himmlischen Herrschaft. Der Sohn Gottes ist der einzige König, der seinen Untertanen erlaubt, mit ihm zusammen zu regieren (z. B. Epheser 2,5-6; Hebräer 4,14; 6,20: 7,26-28; 10,11-13).

Es ist eine Tatsache, dass Jesus am Kreuz starb, aber es ist eine Sache des Glaubens, dass er von den Toten auferstand.

Eine Frau mit Namen Amelia, Mitglied einer Gemeinde in Argentinien unter der geistlichen Abdeckung von „King Jesus Ministry“, bezeugt die Kraft der Auferstehung, die ihr Kind von den Toten auferweckte. Sie hatte eine Risiko-Schwangerschaft und das führte dazu, dass im 6. Monat die Wehen einsetzten. Die Geburt war mit Komplikationen verbunden und das Mädchen kam tot zur Welt. Die Ärzte hielten das Baby noch mehrere Stunden unter Beobachtung, aber schließlich wurde sie offiziell für tot erklärt und der Körper ins Leichenschauhaus geschickt. Als man in der Gemeinde diese Nachricht bekam, begannen sie, für diese Familie in Fürbitte einzutreten.

Sobald Amalie in der Lage dazu war, bat sie darum, den Körper ihrer Tochter sehen zu dürfen. Doch wegen der vielen Vorschriften musste sie zwölf Stunden auf die Genehmigung warten. Schließlich erhielten sie und ihr Mann die Erlaubnis, das Leichenschauhaus aufzusuchen. Der Gerichtsmediziner führte sie zu einem kleinen Kästchen, in dem der winzige tote Körper lag. Amalia und ihr Ehemann sahen, dass das Baby in ein Tuch eingewickelt war. Amalia entfernte es und nahm das kalte Händchen ihrer Tochter in ihre Hand, um Auf Wiedersehen zu sagen. Auf einmal vernahmen sie einen schwachen Laut und das Baby bewegte sich. Sie lebte! Amalia war wie vom Schlag getroffen und stand kurz vor einer Ohnmacht. Als der Gerichtsmediziner sah, was da passierte, fing er an zu schreien. Er war total geschockt. Das Baby hatte mehr als zwölf Stunden bei extrem niedrigen Temperaturen im Leichenschauhaus gelegen. Sofort wurde sie auf die Neugeborenen-Station gebracht, wo man sich intensiv um sie kümmerte. Dort bestätigten die Ärzte dann auch, dass ihre Lebenszeichen normal waren.

Als der Direktor des Krankenhauses davon hörte, suspendierte er die Ärzte und Schwestern, die an der Geburt beteiligt gewesen waren. Er dachte, die Eltern des Babys würden eine Klage wegen ärztlicher Kunstfehler erheben. Er konnte sich nicht vorstellen, wie so etwas überhaupt hatte passieren können. Am Ende musste jeder zugeben, dass das Geschehene ein Wunder Gottes war. Das kleine Mädchen war durch die Kraft der Auferstehung Jesu von den Toten auferweckt worden, während es im Leichenschauhaus in dem kleinen Kästchen lag. Diese Nachricht ging durch die nationalen und internationalen Medien. Heute ist das Baby, Luz Milagros, bei seiner Familie und wächst gesund und kräftig heran. Ähnliche Wunder können in deinem Leben, in deiner Familie und in deiner Gemeinde passieren, wenn du die Kraft der Auferstehung auf deine Umstände anwendest.

Wichtige Offenbarungen über die Auferstehung

Ein Großteil der Gemeinden hat kein Verständnis über die wesentlichen Aspekte der Auferstehung von Jesus. Das liegt an mangelnder Offenbarung über diese unentbehrlichen Wahrheiten. Der Hauptzweck dieses Kapitels ist es, die Augen von Gottes Volk dafür zu öffnen, welche geistliche Tragweite oder Bedeutsamkeit darin liegt, dass Jesus in herrlicher Weise von den Toten auferweckt wurde und uns mit seiner Kraft durchdringt!

1. Die Auferstehung wird immer im Jetzt durch den Heiligen Geist offenbart

„*Später erschien Jesus auch den Elf* [Aposteln]" (Markus 16,14; Einheitsübersetzung). Das Wort für „*erschien*" ist das griechische Wort *phaneroō;* es bedeutet z. B.: offensichtlich machen, erscheinen, sichtbar machen, sich zeigen. Dieses Wort hat insbesondere auch die Bedeutung von „in seinem wahren Wesen offenbar werden". Man kann also auch sagen: Jesus offenbarte sich seinen Jüngern als der lebendige Christus. Warum war das nötig, wenn die Apostel ihn doch bereits kannten? Sie kannten ihn nur in einem menschlichen Sinn oder *„nach dem Fleisch“* (2. Korinther 5,16), doch war es notwendig, dass sie ihn auch in all seiner Göttlichkeit und Majestät dem Geist nach kannten. Sie mussten ihn nicht als den irdischen, sondern als den ewigen Christus erkennen, der in und aus sich selbst heraus alle Macht und Autorität besitzt. Diese mangelnde Offenbarung ist der Grund dafür, dass für die meisten Menschen die Auferstehung nur eine rein historische Bedeutung hat. Deshalb macht die Offenbarung über den lebendigen Christus den Unterschied aus zwischen jenen, die an die Auferstehung im Hier und Jetzt glauben – in der ewigen Gegenwart – und jenen, die daran als ein geschichtliches Ereignis glauben. Erstere sind belebt oder lebendig gemacht worden und empfangen in ihrem Leben die übernatürliche Kraft von Jesus.

Wir können etwas nicht wirklich glauben oder wertschätzen, wenn wir keine Offenbarung darüber haben.

Offenbarung zu erhalten ist so ausschlaggebend, weil ohne sie unser Glaube nicht wirken kann. Alles, was wir ohne Glauben tun, sind nur tote Werke (Jakobus 2,20). Unabhängig davon, in welcher Phase unseres Lebens oder Dienstes wir uns gerade befinden, und egal, wie groß unser Dienst oder das Ausmaß unseres Dienstes für die Gemeinde ist: Jedes echte Werk für Gott muss beginnen mit der Offenbarung des auferstanden Christus für das Reich Gottes, und zwar im hier und jetzt.

Jeder geistlich Dienende und jeder geistliche Dienst muss gegründet sein auf der Offenbarung des auferstandenen Christus in der Gegenwart.

2. Die Auferstehung Jesu ist eine Demonstration seiner Liebe und seiner Kraft

Durch das Opfer Jesu am Kreuz erhalten wir Vergebung, doch durch seine Auferstehung fangen wir an, in seiner Kraft zu handeln. Gott *ist* Liebe, aber er *hat* Kraft. Seine Liebe ist die Quelle seiner Kraft; er hat keine andere Kraft außer Liebe. Als Satan Jesus sah, wusste er, dass Jesus Gott war. Das lag an der reinen und aufopfernden Liebe, die er zeigte, und die ihn veranlasste zu heilen, zu retten, zu befreien und die Unterdrückten oder Zerschlagenen freizusetzen. Als Satan echter, wahrer Liebe begegnete, wusste er, dass damit Kraft verbunden war. Und die größte Demonstration der Liebe Gottes war der Tod Jesu am Kreuz für die Menschheit.

Doch die Gemeinde hat oft den Fehler gemacht, am Kreuz stehenzubleiben. Wir müssen uns der Auferstehung zuwenden. Ja, der Tod von Jesus erlöste, befreite und rettete uns. Und durch das Kreuz kreuzigen wir Sünde und das Fleisch. Doch die Auferstehung gibt uns neues und ewiges Leben in Gott; es ersetzt das alte Leben, das mit Jesus gekreuzigt wurde.

Jesus wurde auferweckt! Die Botschaft vom Kreuz und die Botschaft von der Auferstehung müssen immer zusammen verkündet werden. Wir werden eine neue Dimension der Kraft Gottes haben, wenn wir in eine neue Dimension seiner Liebe eintreten. Und wenn die echte, wahre Liebe von Gott aus uns herausströmt, wird sich die Kraft der Auferstehung manifestieren.

Das Kreuz ist die Demonstration der Liebe Jesu. Die Auferstehung ist die Demonstration seiner Kraft.

Wenn wir die Offenbarung über die Auferstehung Jesu empfangen und wirklich darin leben, werden wir Zeichen und Wunder, Wundertaten und Auferstehungen von den Toten erleben. Das wird das Reich Gottes auf der Erde weiter voranbringen. Empfange diese Offenbarung jetzt durch den Heiligen Geist! Ich sage, deine Augen und Ohren sind jetzt offen und können erfassen, dass Jesus Christus lebt und die Kraft seiner Auferstehung aktiv und verfügbar ist – hier und jetzt. Das folgende Zeugnis wird das bestätigen.

Stephanie Gonzáles aus Georgia wurde mit einer Gaumenspalte sowie Taubheit auf dem linken Ohr geboren. Im Alter von vier Monaten operierte man ihre Gaumenspalte das erste Mal. Als sie einige Jahre älter war, musste sie sich einem sehr schmerzhaften chirurgischen Eingriff unterziehen. Dabei wurde ein Teil ihrer Zunge abgeschnitten, um die Gaumenspalte weiter instand zu setzen. Danach konnte sie über zwei Monate nicht sprechen. Sie wurde durch eine Sonde ernährt und konnte sich nur schriftlich mitteilen. Ihre Mutter Argelia betete: „Herr, ich muss dein Werk sehen. Ich brauche einen Hoffnungsschimmer, denn ich verliere sie." Das waren Momente der Angst und Verzweiflung, doch es war Stephanie, die sogar in ihrem schwierigen Zustand versuchte, ihre Mutter zu trösten. Sie schrieb: „Mami, es geht mir gut. Ich werde wieder sprechen können. Ich verspreche es. Wir werden diese Prüfung zusammen durchstehen."

Stephanie unterzog sich auch einer Operation, bei der das Gehör ihres rechten Ohres wiederhergestellt werden sollte, aber es klappte nicht. Bei einem späteren zahnmedizinischen Eingriff stellte der Arzt eine sehr starke Infektion in ihrem rechten Ohr fest, die so schlimm war, dass das Trommelfell dadurch verschlossen war. Es gab nichts, was er da tun konnte. Die Infektion hatte den Schädelknochen[15] perforiert und zu dem Verlust des Gehörs auf dem rechten Ohr geführt; sie war darauf völlig taub. Nur ein Schädelknochen-Implantat[16] oder ein Wunder konnten ihre Hörfähigkeit wiederherstellen.

Argelia wurde von ihrem Bruder zu einer Konferenz in Atlanta eingeladen, die von „King Jesus Ministry" unterstützt wurde. Sie kam zusammen mit ihrer Tochter Stephanie. Sie hatte nicht verstanden, dass Jesus immer noch heilt und deshalb wiederholt gesagt: „Niemand kann mir helfen." Sie fühlte sich schuldig und fragte sich, was sie denn falsch gemacht hatte, dass sie und ihre Tochter so viele Jahre voller Opfer und Schmerzen ertragen mussten. Sie fragte sich, was wohl die Zukunft bringen würde und machte sich Sorgen, dass sie schließlich ihre Tochter doch noch verlieren würde.

Aber dann tat Gott auf dieser Konferenz ein kreatives Wunder. Heute hört Stephanie auf beiden Ohren perfekt, und das ohne Implantate. Auch ihr Sprechen ist völlig normal. Argelia ist allen

---

[15] Cranium

[16] Cranium Implantat

Personen sehr dankbar, die für sie gebetet haben. Sie ist glücklich, Jesus zu kennen und erklärt: „Das Wunder, das Jesus bei meiner Tochter getan hat, ist unbezahlbar." Stephanie ist ein sehr intelligentes Mädchen und hat seitdem schon einige Schulpreise gewonnen. Sie weist bessere schulische Leistungen auf als ihre Mitschüler und gewann sogar einen Preis für ihren Aufsatz mit dem Titel: „Meine Lebensgeschichte". Ihr Zeugnis ist ein wunderbarer Beweis dafür, dass die Auferstehungskraft von Jesus heilt und wiederherstellt.

Das Kreuz ist eine bekannte historische Tatsache, aber die Auferstehung muss in der Gegenwart offenbart werden.

3. Die Auferstehung Jesu ist das Fundament und der Lebensunterhalt des Christentums

Und mit großer Kraft legten die Apostel das Zeugnis von der Auferstehung des Herrn Jesus ab (Apostelgeschichte 4,33).

Ohne die Auferstehung Jesu gäbe es das Christentum nicht. Es ist das Fundament der Gemeinde Jesu Christi. Ohne die Auferstehung als Vollendung des Werkes am Kreuz gäbe es keine Sündenvergebung und keine Erlösung, denn es ist die Auferstehungskraft, die das Werk aktiviert (1. Korinther 15,17; Römer 10,9-10). Jede Menge Worte, Prinzipien, Gesetze oder Glaubenslehren können das Werk und die Kraft Christi nicht ersetzen. Menschen, die mit der Auferstehungskraft in Berührung gekommen sind, sagen: „Früher war ich (und sie nennen einige Erscheinungsformen der sündhaften Natur oder satanischer Unterdrückung), aber jetzt bin ich eine völlig andere Person. Die bösen oder schlechten Dinge, die ich getan habe, tue ich nicht mehr."

Die Auferstehung ist die einzige Kraftquelle für die Umgestaltung des Herzens.

4. Wenn Christus nicht auferstanden ist, wäre unser Glaube und unsere Botschaft vergeblich

> *Ist aber Christus nicht auferweckt worden, dann ist unsere Verkündigung leer und euer Glaube sinnlos (1. Korinther 15,14; Einheitsübersetzung).*

Wenn wir nicht glauben, dass Jesus von den Toten auferstanden ist oder dass seine Auferstehung auch heute Lebenskraft hat, was – und warum – predigen wir dann den Menschen? Die Urgemeinde bezeugte und verkündete die Auferstehung, indem sie die Kraft der Auferstehung freisetzte und unter Beweis stellte. Wenn du ein Pastor oder Evangelist bist, möchte ich dich folgendes fragen: Wann hast du das letzte Mal über die Auferstehung gepredigt? Hast du über christliche Prinzipien gepredigt, aber den Leuten nicht erklärt, woher sie die Kraft erhalten, um sie zu befolgen? Die Prinzipien sind wichtig, aber der einzige Weg für die Freisetzung der Kraft Gottes besteht darin, dass die Menschen eine Offenbarung der Auferstehung für die Gegenwart, für das Hier und Jetzt, bekommen. Werden Menschen weiterhin verloren und krank bleiben, wenn du die Kraft der Auferstehung verkündigst? Nein! Die Menschen werden Errettung, Heilung und Befreiung empfangen; sie werden transformiert und in Wohlstand leben. Diese Dinge geschehen durch den Glauben an den auferstanden Christus, der jetzt lebt – in der ewigen Gegenwart. In der Apostelgeschichte lesen wir über großartige Manifestationen der Kraft Gottes – außergewöhnliche Wunder, die ein Resultat der Verkündigung des auferstandenen Christus durch die Jünger sind. Das Gleiche habe ich in meinem Dienst auch erlebt. Meiner Meinung nach fehlt es heutzutage an diesem Hauptbestandteil des christlichen Glaubens in der Gemeinde.

5. Die Auferstehung bestätigt und rechtfertigt Christus als den Sohn Gottes

Jesus wurde von zwei irdischen Gerichten, einem religiösen und einem weltlichen, beurteilt und für „schuldig" befunden, obwohl er unschuldig war. Die Menschheit als Ganzes lehnte ihn ab (Psalm 2,1-3). Aber wie wir schon gesehen haben, hob Gott, der

Allmächtige, im Obersten Gerichtshof diese Entscheidung auf und rechtfertigte Christus am dritten Tag, indem er ihn aus den Toten auferweckte (Apostelgeschichte 13,29-31). Auf menschlicher Ebene ist das vergleichbar mit dem Vorgang, wenn das Oberste Gericht eines Landes das Urteil einer unteren Instanz aufhebt und eine neue Entscheidung fällt.

> *Der im Himmel thront, lacht; der Herr spottet über sie. Dann wird er zu ihnen reden in seinem Zorn und sie schrecken mit seinem Grimm: „Ich habe meinen König eingesetzt auf Zion, meinem heiligen Berg" (Psalm 2,4-6; Schlachter 2000).*

In der Bibel drückt das Lachen Gottes immer Sieg aus, nie etwas Humorvolles. Die Erklärung *„Ich habe meinen König eingesetzt"* bezieht sich auf Christus, dem durch den Vater alle Macht und Autorität gegeben wurde. Vor Grundlegung der Welt war Jesus *„das Lamm, das geschlachtet wurde"* (Offenbarung 13,8) für unsere Sünden, und er war außerdem gesalbt als König über alle Dinge, auch wenn er auf die Erde kommen musste, um diese himmlischen Realitäten zu erfüllen.

Wäre Jesus nicht auferstanden, wäre seine Identität als Herr und König nicht beglaubigt worden. In gewisser Weise hat die Auferstehung den Beschluss des Vaters in Psalm 2,7 vollständig erfüllt: *„Mein Sohn bist du, ich habe dich heute gezeugt."* Das mit *„gezeugt"* übersetzte Wort ist im Hebräischen das Wort *jalad* und es bedeutet gebären, zeugen, hervorbringen. Mit dem neuen Urteilsspruch des Obersten Gerichts *„gebar"* der Vater aus sich selbst Jesus als den ewigen Sohn Gottes.

Die Auferstehung von Jesus bestätigt, dass er der ist, der er zu sein behauptet, denn das Grab konnte ihn nicht zurückhalten. Seine Auferstehung stellt sein göttliches Wesen, seine Herrschaft und sein Königreich unter Beweis. Angesichts dieser Fakten reicht es nicht aus, nur über das Kreuz zu predigen. Der Apostel Paulus sah den auferstandenen Christus nie mit eigenen Augen, obwohl er ihm in dem strahlenden Licht auf der Straße nach Damaskus begegnete, doch sprach er weit mehr über die Auferstehung als über das Kreuz. Für Paulus waren das Kreuz und die Auferstehung nicht nur geschichtliche Ereignisse, sondern Wirklichkeiten, auf denen man sein Leben und seinen Glauben gründet.

Die Auferstehung ist die Bestätigung und Rechtfertigung von Jesus als Sohn Gottes und der Beweis von allem, was er beansprucht zu sein.

6. Christus ist der einzige mit dem Zeugnis, von den Toten auferweckt worden zu sein

Denn das Zeugnis Jesu ist der Geist der Weissagung (Offenbarung 19,10).

Jesus war der Erste, der geistlich und körperlich von den Toten auferweckt werden sollte. Er war, er ist und er wird als Sieger wieder auf die Erde kommen (Offenbarung 4,8). Die Prophetien über den Gesalbten oder den Messias im Alten Testament weisen auf Jesus hin. Sie bestätigen, dass er Gott ist und der Herrscher des Reiches Gottes. Wäre Jesus nicht auferstanden, dann läge die Begründung dafür darin, dass der Tod ihn besiegt hatte: Dann würde er sich nicht von irgendwelchen anderen Propheten, Lehrern und Philosophen unterscheiden, die je auf der Erde lebten.

Kein Religionsführer, kein Prophet oder irgendein Philosoph kann wahrhaftig behaupten, ein sündloses Leben geführt zu haben, von den Toten auferweckt worden zu sein und durch Gott, den Vater, verherrlicht worden zu sein. Jeder von ihnen ist noch immer tot: Buddha, Konfuzius, Mohammed, Karl Marx, Mahatma Gandhi und viele weitere. Ihre Anhänger geben diese Wahrheit problemlos zu und besuchen sogar jährlich ihre Grabstätten. Doch das Grab, in dem Jesus bestattet wurde, ist leer! Er lebt! Durch diese Tatsache befindet sich Jesus in einer einzigartigen Kategorie; es identifiziert ihn und sondert ihn ab als Gott (Apostelgeschichte 2,24).

Doch genau wie im ersten Jahrhundert wird auch in unserer Zeit die Authenzität des Zeugnisses Jesu Christi vom Feind attackiert und verfolgt. Wegen der Bezeugung von Jesus wurde Stephanus zu Tode gesteinigt, Petrus gekreuzigt, der Apostel Paulus eingekerkert und wahrscheinlich hingerichtet und Johannes auf die Insel Patmos verbannt. Satan wird durch das Zeugnis der Auferstehung in Schrecken versetzt, weil er weiß, es hat die Kraft, das Reich der Dunkelheit zu überwinden.

Wir müssen die Auferstehung Jesu durch die übernatürliche Kraft des Reiches Gottes beweisen. Angenommen ein Strafverteidiger entwickelt einen Fall, den er vor Gericht bringen will, und zieht dich als einen seiner Zeugen in Betracht. Um ein brauchbarer Zeuge zu sein, musst du in Bezug auf den Fall dem Richter und der Jury etwas persönlich Erlebtes oder einen Beweis vorlegen können. Kannst du keine eigene Erfahrung mitteilen oder einen Beweis erbringen, wäre es für den Anwalt sinnlos, dich als Zeugen aufzurufen. Gleicherweise ist ein echter Zeuge von Jesus jemand, der einen übernatürlichen Beweis von dessen Auferstehung vorweisen kann. In der heutigen Gemeinde sind viele Zeugnisse der Menschen unwirksam, weil sie Jesus ohne jeglichen Beweis verkündigen. Der Grund ist, dass heutzutage die Menschen für den geistlichen Dienst nach Qualifikationen beurteilt werden, die häufig nicht in Übereinstimmung mit dem Standard der Bibel sind. Es ist leicht, über etwas zu predigen, das wir nicht selbst erlebt haben.

Sind wir echte Zeugen? Wo ist unser Beweis für das leere Grab? Wo ist die Bestätigung durch übernatürliche Zeichen und Wunder, Wundertaten und Totenauferweckungen, dass Jesus auferstanden ist und in unserem persönlichen Leben und Dienst lebt? Sind wir bereit, Verfolgung zu riskieren für die Verkündigung der kompletten Botschaft vom Reich Gottes, vom Kreuz und von der Auferstehung Jesu, wobei wir seine übernatürliche Kraft auf der Erde freisetzen?

Wäre Jesus nicht auferstanden, gäbe es keinen Unterschied zwischen ihm und irgendeinem anderen Propheten, Lehrer oder Philosophen.

7. Die Auferstehung errichtete das Reich Gottes und zerstörte das Reich Satans

Er hat die Gewalten und die Mächte völlig entwaffnet und sie öffentlich zur Schau gestellt. In ihm hat er den Triumph über sie gehalten (Kolosser 2,15).

Als Jesus öffentlich hingerichtet wurde, wirkte sein Tod am Kreuz absolut demütigend. Zusätzlich zu seinen geistlichen und körperlichen Leiden wurde er von den römischen Wachen verspottet und geschlagen und viele Zuschauer verfolgten das ganze „Schauspiel". In Wirklichkeit war es aber Satan, der durch den Sieg Christi über Sünde und Tod gedemütigt wurde. Seine Niederlage wurde bei der Auferstehung Jesu öffentlich zur Schau gestellt. Als Jesus von den Toten auferweckt wurde, bestätigte er seine Herrschaft, errichte sein Reich als rechtmäßige Regierung und etablierte seine Herrschaft über Satan. Wäre er nicht auferstanden, hätte er kein Reich, über das er herrschen könnte, und das Reich Satans würde noch immer die Herrschaft über die Erde besitzen. Lob und Dank sei Gott, dass Jesus von den Toten auferstand, Satan besiegte und ihm alle Macht und Autorität wegnahm!

Jedes Mal, wenn wir die Auferstehung verkündigen, erinnern wir Satan an seine Niederlage.

8. Der Gewinn aus der Auferstehung Christi ist unsere Rettung, Erlösung, Rechtfertigung und Auferstehung

Jesus kaufte uns frei aus dem Reich der Dunkelheit, in dem wir als Sklaven lebten. Obwohl wir schuldig waren, erlöste er uns und erklärte uns für gerecht in ihm, so als ob wir nie gesündigt hätten. Wäre Jesus nicht auferstanden, dann wären wir nicht nur immer noch in Sünde, sondern wir hätten auch keine Grundlage für die Erlösung (Lukas 1,68-69; 1. Korinther 15,17; Römer 6,11). Als der erste, der wieder zum Leben erweckt wurde, ist Jesus das Haupt einer neuen Rasse (Epheser 2,15). Genauso, wie wir mit eingeschlossen waren in Adams Fall, seinen Verlust der Herrschaft und seinen Tod, so sind wir mit einbezogen in die Auferstehung Jesu und sein ewiges Leben! Noch einmal: Seine Auferstehung garantiert auch unsere Auferstehung (2. Korinther 4,14)! Unsere Leiber werden umgestaltet in Herrlichkeitsleiber, gleich wie bei Christus, wenn er für seine Gemeinde wiederkehrt (Philipper 3,20-21).

9. Die Auferstehung gibt uns das Recht, über alles zu herrschen, was Jesus besiegt hat

Denn wenn infolge der Übertretung des Einen der Tod zur Herrschaft kam durch den Einen, wieviel mehr werden die, welche den Überfluss der Gnade und das Geschenk der Gerechtigkeit empfangen, im Leben herrschen durch den Einen, Jesus Christus (Römer 5,17; Schlachter 2000).

Durch seinen Tod und seine Auferstehung besiegte Jesus die Sünde, den Tod, die Hölle, den Teufel mitsamt seinen Dämonen, Krankheit, die alte Natur und das Fleisch, die Welt, Angst, Armut, Rache, Ablehnung, Flüche und vieles mehr. Alles das, was Jesus besiegt hat, untersteht jetzt seiner Herrschaft – es ist ein bezwungener Feind. Ich ermutige dich, ergreife jetzt die Autorität und Herrschaft durch Christus über jeden Feind, der durch Jesu Auferstehung überwunden und besiegt wurde.

10. Die Botschaft über die Macht der Auferstehung setzt auch hier und heute Zeichen, Wunder und Wundertaten frei

Was glaubten und predigten die Jünger? Die Realität und die Botschaft der Auferstehung Jesu! *„Jene aber zogen aus und predigten überall, während der Herr mitwirkte und das Wort durch die darauf folgenden Zeichen bestätigte“* (Markus 16,20). Übernatürliche Zeichen folgten ihnen und bestätigten ihre Botschaft.

Pastor Maiken und Raquel Suniaja aus Venezuela sind zwei meiner geistlichen Kinder. Zehn Jahre lang waren sie Mitglieder einer Gemeinde, deren Pastor zwar ein netter Mann war, der aber nicht an die übernatürliche Kraft Gottes glaubte. Als Folge davon gab es an diesem Ort keine Frucht der Gegenwart Gottes. Eines Tages stieß Maiken auf die Webseite unseres Dienstes und hörte sich meine Botschaft „Übernatürlich in Gottes Kraft leben" an. Was er hörte, öffnete seine geistlichen Sinne; es aktivierte ihn und führte dazu, dass er eine radikale Entscheidung traf. Die Stimme Gottes sagte ihm, er solle einen Standort suchen und eine Gemeinde gründen. Er tat es, und von Anfang an wirkte Gott Wunder, um die Botschaft des Evangeliums vom Reich Gottes, die Maiken verkündigte, zu bestätigen. Nach jeder Predigt diente er in der Kraft Gottes, und die Menschen begannen geheilt zu werden von Krebs oder anderen Krankheiten und etliche wurden von den verschiedensten Süchten befreit.

Drei Monate später begegnete ich dem Pastorenehepaar Maiken und Raquel auf einer Veranstaltung in Caracas. Dort empfingen sie noch intensivere Aktivierung. Seitdem haben sich Wunder sowie Totenauferweckungen durch ihren Dienst vervielfacht, besonders unter Säuglingen. Pastorin Raquel ist examinierte Krankenschwester und arbeitet in 2 Kliniken. Eines Tages kam eine schwangere Frau mit dem Befund in die Notaufnahme, dass ihr Baby im Mutterleib gestorben war. Man hatte verschiedene Tests durchgeführt und das Baby anschließend für tot erklärt. Pastorin Raquel berichtete: „Ich erinnerte mich an die Lehre über die Kraft der Auferstehung und ergriff meine Autorität von Gott. Ich legte beide Hände auf den Bauch der Mutter und sagte: ‚Dein Kind wird leben'. Danach wies ich den Geist des Todes im Namen Jesu aus dem Kind. Als die Frau dann in den Operationssaal geschoben wurde, stellte das Operationsteam fest, dass das Baby lebte!" Die Ärzte und die Mutter standen völlig unter Schock, und die Nachricht revolutionierte das Krankenhaus.

Ein anderes Mal wurde eine schwangere Frau in eine der Kliniken gebracht, wo Pastorin Raquel arbeitete. Die Ärzte konnten bei ihr keine Lebenszeichen feststellen; weder sie noch das Baby hatten einen Herzschlag. Medizinisch gesprochen waren sie tot. Ohne zu zögern legte Pastorin Raquel ihre Hand auf die Stirn der Frau und befahl Leben in sie hinein, indem sie sagte: „Stehe zu neuem Leben auf – jetzt!" Innerhalb von Sekunden normalisierten sich die Lebenszeichen der Frau und auch der Herzschlag des Kindes war wieder feststellbar.

In einem anderen Fall wurde ein Baby tot geboren. Pastorin Raquel assistierte dem Kinderarzt, der die Reanimation (CPR:

Herz-Lungen-Wiederbelebung) durchführte, aber er konnte das Kind nicht wiederbeleben. Die Haut des Babys begann sich violett zu verfärben und der Körper wurde starr. Pastorin Rachel erzählte: „In diesem Moment war mein einziger Gedanke, dass Jesus jetzt an der Reihe war einzugreifen. Ich legte meine Hände auf den Körper des Säuglings, befahl dem Geist des Todes zu gehen und verkündete Auferstehung und Leben über dem kleinen Jungen." Preis und Dank sei Gott, nachdem sie gebetet hatte, bekam die Haut des Babys wieder die normale rosa Färbung und es war völlig gesund. Gott hatte den Kleinen von den Toten auferweckt! Das Pastorenehepaar Maiken und Raquel Suniaja stellen auch weiterhin unter Beweis, dass die Gegenwart Gottes mit ihnen ist und sie gesalbt sind, seine Herrlichkeit zu manifestieren.

Wenn der Heilige Geist die Auferstehung offenbart, wird dies mit Wundertaten und Zeichen und Wundern bestätigt.

Wie man in der Kraft der Auferstehung lebt

Wir werden uns jetzt die Grundprinzipien anschauen, wie man in der Kraft der Auferstehung Christi lebt.

1. Sterbe dem „alten Menschen" – dem Fleisch bzw. fleischlichen Selbst

„Ich bin mit Christus gekreuzigt" (Galater 2,20; Schlachter 2000) ist eine Todeserklärung an den „alten Menschen" – dem Fleisch oder dem fleischlichen Selbst – und das ist die wichtigste Voraussetzung, damit sich die Auferstehungskraft durch uns manifestieren kann. Wir sind oft gelehrt worden für Christus zu leben, doch die Bibel zeigt uns auch, dass wir unserem Selbst sterben müssen, damit wir überhaupt fähig werden, für ihn zu leben. Wir müssen mit Christus „gekreuzigt" werden, damit wir in sein Leben eintreten können.

Ich meine damit keinen körperlichen oder geistlichen Tod; Jesus bezahlte den Preis von Sünde und Tod für uns. Es handelt sich um den Tod der fleischlichen Wünsche und Begierden. Der Tod von Jesus war ein einmaliger Vorgang, doch muss jeder von uns dem Selbst sterben, damit wir die Auferstehungskraft empfangen und darin handeln können. Immer wenn unser fleischliches Selbst bzw. unsere sündige Natur im Wege steht, kann dadurch die Kraft Gottes in unserem Leben blockiert werden.

Bei vielen Gläubigen ist das Auferstehungsleben nicht erkennbar. Sie müssen noch dem Selbst sterben und sich dazu entscheiden, nach dem Geist zu leben. Durch Glauben ist jedem das Leben des Reiches Gottes zur Verfügung gestellt worden. Wenn das Auferstehungsleben Jesu in uns aktiviert ist, dann können wir auch anderen in Heilung und Befreiung dienen.

> *[Jesus sagte:] Wenn das Weizenkorn nicht in die Erde fällt und stirbt, bleibt es allein; wenn es aber stirbt, bringt es viel Frucht. Wer sein Leben liebt, verliert es; und wer sein Leben in dieser Welt hasst, wird es zum ewigen Leben bewahren (Johannes 12,24-25).*

Im Griechischen gibt es verschieden Wörter, die für „Leben“ eingesetzt werden, je nach speziellem Sinn, der vermittelt wird. Im obigen Vers wird das Wort für Leben mit *Psyche* wiedergegeben mit der Bedeutung „Seele“ oder als Hinweis auf „den Sitz der Persönlichkeit“. Die Seele setzt sich zusammen aus dem Verstand, dem Willen und den Gefühlen. Sie ist das Zentrum unserer Gefühle, Wünsche, Liebe, Zuneigungen und Vorlieben.

Ich bin der Ansicht, dass Christus in Vers 25 im Grunde genommen folgendes sagt: Wenn wir unser *Psyche* – was wir denken, fühlen und wollen – lieben, ohne nach dem zu streben, was Gott will, werden wir geistlich sterben. Doch wenn wir unser Leben hassen, und zwar im Sinne von sich abwenden von *„dem Geist dieser Welt“* (1. Korinther 2,12), werden wir ewiges Leben erhalten. Wir können nicht gleichzeitig ein selbstsüchtiges Leben und das Auferstehungsleben führen; es ist uns unmöglich, beides zusammen sichtbar werden zu lassen. Das eine muss für das andere sterben, damit es leben kann. Wir müssen dem alten Leben gegenüber sterben, damit es dem neuen Leben Platz macht.

Wir können die Kraft der Auferstehung nicht manifestieren, bis wir unserem Selbst gestorben sind.

Wenn wir dem Selbst sterben, beginnt eine andere Person – Jesus Christus – in und durch uns zu leben. „*... und nicht mehr lebe ich, sondern Christus lebt in mir*" (Galater 2,20). Wir sind zu völlig anderen Menschen geworden, weil wir der sündigen Natur gestorben sind. Sünde kann uns nicht mehr kontrollieren, weil nicht mehr wir selbst uns kontrollieren. Wir tun nicht mehr länger einfach das, was wir wollen oder fühlen, sondern was Jesus möchte. Wenn wir diesen Punkt erreichen sind wir so weit, um durch den Glauben von Christus zu leben. Das hervorstechende Zeichen, dass Jesus seiner eigenen *Psyche* gestorben war, zeigt sich im Garten Gethsemane. Dort starb er vor der Kreuzigung seinem eigenen Willen, als er betete: „*Mein Vater, wenn es möglich ist, so gehe dieser Kelch an mir vorüber! Doch nicht wie ich will, sondern wie du willst*" (Matthäus 26,39). Jesus erniedrigte sich selbst und deshalb wurde er von Gott erhöht.

Um ein Auferstehungsleben führen zu können, bedarf es der ständigen Entscheidung zur Selbstverleugnung: „*Wenn jemand mir nachkommen will, verleugne er sich selbst und nehme sein Kreuz auf täglich und folge mir nach*" (Lukas 9,23). Damit Jesus sein Leben durch uns sichtbar werden lassen kann, müssen wir seinen Willen tun und nicht unseren eigenen. Fortwährend müssen wir uns entscheiden, die Gedanken von Jesus zu denken, statt unsere eigenen Gedanken. Das gelingt nur durch die Kraft seiner Auferstehung und einem Leben im Geist (z. B. Galater 5,16-25). Das Fleisch will sich instinktiv die Kontrolle zurückholen, aber wenn wir uns täglich entscheiden, Jesus durch uns leben zu lassen, werden wir reichlich Frucht hervorbringen.

Wir leben in dem Maße, wie wir bereit sind zu sterben.

Der Apostel Paulus sagt allen Christen:

> *Wenn ihr nun mit dem Christus auferweckt worden seid, so sucht, was droben ist, wo der Christus ist, sitzend zur Rechten Gottes! Sinnt auf das, was droben ist, nicht auf das, was auf der Erde ist! Denn ihr seid gestorben, und euer Leben ist verborgen mit dem Christus in Gott (Kolosser 3,1-3).*

Die Betonung ist hier nicht der Glaube, sondern das Erreichen des Endes vom eigenen Selbst. Jeder von uns muss den Punkt erreichen, an dem wir aufgeben, weil wir alles uns nur Mögliche versucht haben und es keine andere Alternative mehr gibt als Christus. Dann geben wir unseren alten Lebensstil auf und sagen zu unserem himmlischen Vater: „Herr, lass dein Leben mich durchströmen." Jeden Tag müssen wir unserem Selbst sterben; es ist ein lebenslanger Prozess. Wir werden zehntausend Tode sterben, bevor wir unser endgültiges Ziel erreichen.

Demut und Hingabe sind die stärksten Zeichen dafür, dass wir dem Selbst gestorben sind.

Sterben wir unserem Selbst, wird jeder innere Widerstand gegen Veränderungen und Transformation durch Gott verschwinden. Wir hören auf zu kämpfen und liefern uns ihm aus. Kämpfen wir aber immer noch, dann zeigt dies, dass unsere sündige Natur noch in uns dominiert. Wenn wir total kapitulieren, werden wir uns dem Willen Gottes nicht mehr länger widersetzen. Wir werden sein „Eigentum". Dann ist es uns egal, was andere Menschen uns tun oder was der Arztbericht sagt, weil wir uns ganz auf die Kraft Gottes verlassen. Wir haben keine Angst mehr davor, Glaubensschritte zu machen oder große Risiken einzugehen, weil wir nichts mehr zu verlieren haben. Denke immer daran: Je vollständiger du dem Selbst stirbst, desto mehr wird sich die Kraft der Auferstehung in dir und durch dich manifestieren.

2. Lebe jetzt durch den Glauben Christi in dir

Das Leben im Glauben beginnt bei der Auferstehung, nachdem man dem Selbst gestorben ist. *„Was ich aber jetzt im Fleisch lebe, lebe ich im Glauben, und zwar im Glauben an den Sohn Gottes"*

(Galater 2,20). Wir können nicht im Glauben handeln, wenn wir in einem natürlichen, fleischlichen Zustand leben, in welchem wir von Vernunft, Zeit und Raum beherrscht werden. Das Fleisch kann keinen Glauben erzeugen, denn dieser ist keine natürliche sondern eine himmlische „*Substanz*" (Hebräer 11,1; *substance of things* - New King James Version). Daher brauchen wir den Glauben von Jesus und nicht unseren eigenen.

Der ins uns wohnende Glaube Christi ist das Auferstehungsleben.

„*Es ist aber der Glaube ...*" (Hebräer 11,1; Schlachter 2000). Wenn wir dem Selbst sterben, bekommen wir den Glauben von Christus, und der ist für das Jetzt. Wir beginnen uns in der Kraft der Auferstehung zu bewegen, die durch den Heiligen Geist in uns wohnt. Lebt das Fleisch noch, dann ist „unmöglich" sehr real, aber wenn das Fleisch tot ist, dann ist unsere Wirklichkeit: „mit Gott sind alle Dinge möglich" (Markus 10,27; New King James Version).

Viele Gläubige versagen im Glauben für „jetzt", weil sie versuchen zu glauben, ohne ihr Ego gekreuzigt zu haben. Was sie mit ihren Augen wahrnehmen ist für sie realer als die unsichtbare Wirklichkeit. Doch die übernatürliche, ewige Dimension kann man nur mit dem Glauben Gottes sehen und glauben, nicht mit dem Fleisch. Deshalb ist Glaube der Nachweis für die Auferstehungskraft.

Als Jesus starb, nagelte er das Wort „unmöglich" ans Kreuz. Nur durch das Kreuz und die Auferstehung können wir in den übernatürlichen Bereich übergehen. In dem Augenblick, als Christus von den Toten auferstand, wurde alles zu einer Möglichkeit für diejenigen, die glauben. Wir haben jetzt das gleiche Leben, das auch in Christus wirksam ist!

Glaube ist das Leben von Christus in dem Gläubigen, das in seiner Auferstehung seinen Ursprung hat.

Haben wir den Glauben Gottes, bekommen wir eine himmlische Perspektive, in der alles möglich ist. Wenn wir Gottes Wahrheit verkünden oder anordnen, dann tun wir das von einer Position des Regierens im Himmel aus, gemeinsam mit dem König. Die Himmel nehmen das Wort *unmöglich* nicht zur Kenntnis, denn dort ist alles vollendet, geheilt, umgestaltet, errettet und frei. Durch die Auferstehung lebt Jesus in uns, wir sind sein Wohnort. Dieses Innewohnen ist etwas anderes als ein Besuch oder eine Heimsuchung, wie sie im Alten Testament vorkamen, wenn Gott für eine begrenzte Zeit zu seinem Volk kam. Jetzt bleibt er in uns. Und wenn wir anderen Menschen dienen, kommt er durch uns zu ihnen.

Weil der Glaube für hier und heute ist, sollten wir unser Handeln nicht aufschieben in der Hoffnung, es irgendwann in der Zukunft zu tun. Wir können das, was wir beten, in diesem Moment bekommen. Wir sollten uns nicht mehr länger damit abmühen, zu glauben, sondern uns ganz einfach ausliefern, uns demütigen und Jesus gestatten, sein Leben, seinen Glauben und seine Kraft der Auferstehung in uns zu leben. Es muss eine Zeit in unserem Leben kommen, wo wir endgültig gestorben sind gegenüber Krankheit, Kritik, Ablehnung, Unvergebenheit, Unsicherheit, Angst und so weiter. Ich sage, der Himmel über dir ist offen – jetzt! Von diesem Tag an lebt Jesus sein Leben durch dich. Erlaube ihm, dich zu heilen, zu befreien und umzugestalten.

Wenn wir dem Selbst sterben, dann ist Glaube „jetzt".

3. Empfange jetzt im Glauben dein Erbe der Auferstehung

… damit ihr wisst, was die Hoffnung seiner Berufung, was der Reichtum der Herrlichkeit seines Erbes in den Heiligen und was die überragende Größe seiner Kraft an uns, den Glaubenden, ist, nach der Wirksamkeit der Macht seiner Stärke. Die hat er in Christus wirksam werden lassen, indem er ihn aus den Toten auferweckt und zu seiner Rechten in der Himmelswelt gesetzt hat (Epheser 1,18-20).

Die Gemeinde entstammt der Auferstehung Christi und gegenwärtig sind wir die Fortsetzung seiner Auferstehung auf der Erde. Das ist unser Erbe in ihm, aber wir können den Reichtum und die Kraft dieses Erbe nur im Glauben empfangen. Die Auferstehungskraft Jesu beinhaltet die Manifestation sowohl der früheren wie auch der künftigen (letzten) Herrlichkeit (Haggai 2,9). Die frühere Herrlichkeit umfasst alle übernatürlichen Ereignisse, die vom Gesetz über die Propheten bis hin zu Johannes dem Täufer im Neuen Testament stattfanden. Jesus war die Brücke zwischen der früheren und der künftigen Herrlichkeit. Er leitete nach seiner Auferstehung diese letzte Herrlichkeit ein. Zu Pfingsten wurde durch die Ausgießung des Heiligen Geistes diese herrliche Bewegung im Obergemach freigesetzt.

Wir haben das Zeugnis Jesu Christi – er ist auferstanden und er lebt! Deshalb müssen wir die Auferstehung mit der vereinten Kraft der früheren und der letzten Herrlichkeit demonstrieren. Dadurch wird sich die Zunahme an Errettungen, Wundertaten, Zeichen, Wundern, Dämonenaustreibungen und Totenauferweckungen beschleunigen, wo immer wir hingehen.

Fehlt die Offenbarung über die Auferstehung, wird es in der Gemeinde keine übernatürliche Kraft geben.

4. Erkenne Christus in seiner Auferstehungskraft

> *... um ihn [Christus] und die Kraft seiner Auferstehung und die Gemeinschaft seiner Leiden zu erkennen, indem ich seinem Tod gleich werde (Philipper 3,10).*

Das griechische Wort, das mit *„erkennen“* übersetzt wurde, ist *ginōskō* und bedeutet: etwas in Erfahrung bringen, begreifen, erkennen, wahrnehmen. Diese Definitionen weisen darauf hin, dass es um ein „erleben“ geht. In diesem Vers geht es darum, ein Erlebnis mit der Person Christi und der Kraft seiner Auferstehung zu haben. Das wünschte sich der Apostel Paulus und es sollte auch unser Wunsch sein, denn das, was wir von Christus kennen, bestimmt den Glauben, den wir heute einsetzen können. Wenn wir ihn nicht kennen, werden wir nicht in der Lage sein, seine Auferstehungskraft zu manifestieren. Das können nur diejenigen, die ihn auch erlebt haben.

Der Ausdruck *„um ihn* (Christus) ... *zu erkennen"* schließt mit ein, in jeder Hinsicht seine Auferstehungskraft zu erleben. Zum Beispiel müssen wir die Macht Jesu Christi kennen als Herrschaft (territoriale Macht), Salbung (Kraft zum dienen), Glaube (die Kraft, Wunder zu tun), herrschen oder regieren (die Kraft Gottes im Bereich von Autorität), Ausdauer (die Kraft, um den Charakter zu transformieren), Stärke (Kraft für den geistlichen Kampf), Wohlstand (die Kraft, um Wohlstand oder Reichtum zu gewinnen) und so weiter.

Die Ausgießung des Heiligen Geistes ist die Weiterführung der Auferstehung Jesu Christi.

Wir können eine Person erkennen, die eine Erfahrung mit der Auferstehungskraft von Jesus gemacht hat, denn diese Person wird eine neue Sichtweise aufweisen – die Sichtweise von Gott. Wenn du eine Offenbarung über oder Erfahrung mit der Kraft der Auferstehung hast, dann kann dir niemand mehr sagen, dass es irgendetwas gibt, das Gott nicht tun kann. So viele Theologen sprechen über Gott, haben aber noch nie seine Kraft erfahren. Man erkennt das an den begrenzten Dingen, die sie über Gott und sich selbst zum Ausdruck bringen. Jedes Mal, wenn Menschen eine echte Erfahrung mit Jesus und der Kraft seiner Auferstehung machen, werden sie dadurch umgestaltet und die Art und Weise ihres Denkens verändert sich. Sie wissen, dass alles möglich ist, weil sie die Sichtweise Gottes bekommen haben.

In der Auferstehungskraft Jesu konzentriert sich jeder Aspekt übernatürlicher Kraft. Wir können nicht damit zufrieden sein, einfach nur etwas über Jesus zu wissen. Nur wenn wir ihn und die Kraft seiner Auferstehung erlebt haben, werden wir fähig sein, den Missionsauftrag auszuführen und das Reich Gottes auszubreiten.

Das Auferstehungsleben, das uns durchströmt, ist der Natur nach und vom Ursprung her übernatürlich. Wundertaten, Zeichen, Wunder und die Auferweckung von Toten sollten für uns die Norm sein.

Vor diesem Hintergrund muss ich eine Frage stellen: Wenn wir die Kraft verstehen, die Jesus Christus von den Toten auferweckte, und auch verstehen, dass nichts unmöglich ist, wenn wir diesen Glauben haben, können gläubige Christen dann auch heute Tote auferwecken? Natürlich können sie das! Das war eines der Mandate Jesu für seine Jünger.

Wenn ihr aber hingeht, predigt und sprecht: Das Reich der Himmel ist nahe gekommen. Heilt Kranke, weckt Tote auf, reinigt Aussätzige … (Matthäus 10,7-8)

Mani Efran ist ein türkischer Pastor und Prophet. Er und einige seiner Leiter, die er ausbildet, nahmen an einer Konferenz in der Türkei teil, wo ich über das Übernatürliche lehrte. Erfüllt mit übernatürlichem Glauben für Kranke zu beten, verließen die Teilnehmer die Konferenz. Einer der Pastoren, der unter der Abdeckung von Pastor Efrans Gemeinde steht, kehrte in den Iran zurück. Dort wurde er gefragt, ob er für den schwer kranken Vater eines Gemeindemitglieds beten könnte. Der Pastor ging mit seiner Frau in die Klinik, doch als sie das Krankenzimmer betraten, wurde der Patient gerade von den mit ihm verbundenen Maschinen getrennt, denn er war soeben gestorben. Sobald sie mit dem Mann alleine waren, legte das Ehepaar seine Hände auf den toten Körper und proklamierte, dass Gott ihn wieder auferwecken würde. Als daraufhin nichts geschah, gingen sie betrübt zum Warteraum, um die Familie aufzusuchen.

Sie drückten der Familie ihr Beileid aus und entschuldigten sich dafür, zu spät gekommen zu sein. Doch der Sohn des Mannes erwiderte: „Worüber redet ihr da? Mein Vater ist nicht tot!" Und er rannte los um zu sehen, was mit seinem Vater passiert war. Dieser war in der Tat noch am Leben – in einem anderen Krankenzimmer. Zur gleichen Zeit jubelte aber eine andere Familie vor Freude und erzählte, dass *ihr* Vater von den Toten aufgewacht war und gefragt hatte: „Wo ist das Ehepaar, das für mich gebetet hat? Bringt sie zu mir, ich habe sie gesehen!"

Wie sich herausstellte, hatte man ihnen am Empfang das falsche Zimmer genannt. Gott hatte einen anderen Mann durch ihr Gebet von den Toten auferweckt! Dieser Mann berichtete, er habe in einer Vision das Krankenzimmer gesehen, in dem sein toter Körper lag, und er konnte beobachten, wie das Ehepaar in den Raum kam und für ihn betete. Er erkannte sie wieder, als sie zu ihm kamen. Der Mann war vollkommen geheilt und fing an jedem zu erzählen, dass Jesus ihn von den Toten auferweckt hatte! Als Folge davon nahmen er und seine ganze Familie Jesus als ihren Erretter an. Obwohl der Mann, für den das Pastorenehepaar gebetet hatte, nicht der war, den sie eigentlich hatten aufsuchen wollen, tat Gott aufgrund ihrer übernatürlichen Kühnheit ein Wunder. Sie hatten für seine Auferstehung gebetet und die Kraft Gottes weckte ihn zu neuem Leben auf!

Es gibt bestimmte wichtige Aspekte in Bezug auf die Totenauferstehung, die es zu verstehen gilt. Während eines einundzwanzigtägigen Fastens sagte Gott mir, dass das Auferwecken von den Toten in meinem Dienst und auch im Dienst der Menschen, die ich lehre und ausbilde, ein gängiges Ereignis werden würde. Dieses Wort hat sich bestätigt. Wenn jemand meine Bücher liest oder meine Botschaften hört, dann wird diese Person durch die Kraft Gottes aktiviert das zu tun, was ich lehre und beschreibe. Auf diese Weise haben sich die Totenauferweckungen vervielfacht. Im Lauf der Jahre hat Gott mich geschult und ausgerüstet, wie ich mich in Bezug auf dieses Mandat verhalte. Während wir weiter über die Prinzipien sprechen, wie man in der Auferstehungskraft lebt, werde ich dir einige wichtige Offenbarungen darüber mitteilen, was zu beachten ist, um Tote aufzuerwecken.

5. Erkenne und verstehe die Souveränität von Gott

Gott ist der Urheber und Vollender des Lebens, und wir müssen anerkennen, dass er auch im Zusammenhang mit der Manifestation des Übernatürlichen souverän ist. Die Souveränität Gottes bedeutet, dass er tut, was er will, wie er es will und wann er es will. Deshalb ist das Auferwecken eines Toten total von seinem Willen abhängig. Leben und Tod sind in seiner Hand, sie liegen außerhalb der Kontrolle des Menschen. Wir müssen beten, damit wir seinen Willen erkennen und Führung durch den Heiligen Geist erhalten.

Eines Tages bat mich eine Frau aus unserer Gemeinde, ihren neunzehnjährigen Sohn aus den Toten aufzuerwecken. Ich ging voller Glauben, dass Gott ihn auferwecken würde, zu dem Beerdigungsinstitut. Als ich ankam, lag dort der Körper des jungen Mannes in einem Sarg. Er war schon einen Tag lang tot. Ich wusste nicht, was ich tun sollte, denn bisher hatte ich in meinem Dienst noch keine Totenauferweckung erlebt. Ich nahm die eiskalte Hand des jungen Mannes und bedrohte den Geist des Todes, doch nichts geschah. Ich betete noch drei Mal, aber immer noch passierte nichts. Dann hörte ich Gott sagen: „Er ist bei mir." Das wollte ich nicht hören; ich wollte erleben, dass dieser junge Mensch von den Toten auferstand. Doch war ich Gott gehorsam und berichtete den Eltern, was ich von ihm vernommen hatte. Sie antworteten mir: „Bete nicht weiter, das genügt uns." Es war gar nicht der Wille Gottes, diesen jungen Mann von den Toten aufzuerwecken, und die Eltern wünschten sich die Bestätigung, dass ihr Sohn bei Christus war. Gott ist souverän.

6. Empfange vom Heiligen Geist ein Rhema oder offenbartes „Jetzt"-Wort

Um mit übernatürlicher Kraft im Bereich von Heilungen oder Wundern zu wirken, benötigen wir ein „Rhema" oder ein vom Heiligen Geist geoffenbartes Wort für den Augenblick. (*Rhema* ist eine griechische Bezeichnung für Wort). Wenn also der Zeitpunkt kommt, wo eine Person von den Toten auferweckt werden soll, müssen wir ein Rhema für die spezifischen Umstände in diesem bestimmten Moment haben. Wir können die Toten nicht durch ein allgemeines Bekenntnis von Verheißungen der Bibel zu neuem Leben auferwecken.

Jesus besiegte den Tod, er ist also ein besiegter Feind. Doch hat der Tod noch immer Autorität über jene, die im Ungehorsam leben. Aus diesem Grund habe ich auch betont, wie wichtig es ist, dem Selbst zu sterben und in Übereinstimmung mit dem

Glauben von Jesus zu leben. Gläubige Christen, die erfüllt sind mit der Auferstehungskraft von Jesus, herrschen über den Tod. Wenn wir also in Bezug auf die Auferweckung einer Person aus den Toten ein Rhema vom Heiligen Geist empfangen, können wir den Geist des Todes im Namen Jesu bedrohen und mit Autorität austreiben. Dann können wir der Person befehlen, zurück ins Leben zu kommen. Jesus sagte: *„Ich bin die Auferstehung und das Leben. Wer an mich glaubt, wird leben, auch wenn er gestorben ist“* (Johannes 11,25).

Nach jüdischer Überlieferung braucht die Seele drei Tage – ab dem Zeitpunkt des Todes – um sich aus der Nähe des Körpers zu entfernen[17]. Jesus hat vielleicht unter Anerkennung dieser Überlieferung bei der Auferweckung von Lazarus bis zum vierten Tag gewartet – bis die Ärzte und Priester Lazarus für tot erklärt hatten und der Leichnam begonnen hatte zu verwesen – um die Echtheit des Wunders der Auferweckung zu beweisen. Als Jesus die Anweisung gab, den Stein vom Grab wegzunehmen, sagte Martha: *„Herr, er riecht schon, denn er ist vier Tage hier“* (Johannes 11,39). Es stand außer Frage, dass Lazarus tot war. Jesus stand draußen vor dem Grab und rief laut: *„Lazarus, komm heraus“* (Vers 43). Und Lazarus kam heraus!

Letitia Palmer ist Jugendpastorin in einer Gemeinde in Mexiko, die sich unter unserer geistlichen Abdeckung befindet. Als sie und ihr Ehemann, Pastor Rodrigo, uns zum ersten Mal bei „King Jesus Ministry“ besuchten, dienten sie dreiundachtzig Jugendlichen. Seit dieser Zeit gab es eine „Jugend-Explosion“ in ihrer Gemeinde und jetzt sind mehr als viertausend junge Menschen dort. Die Palmers sind ein Vorbild an Hingabe und Gehorsam gegenüber Gott, was dazu führte, dass sie seine übernatürliche Kraft auf erstaunliche Weise erleben. Aufgrund der Impartation von Kraft durch unseren Dienst haben sie unzählige Heilungen und Wunder gesehen und erlebt.

Ein Wunder passierte, als Pastorin Letitia mit ihrer Familie im Kino war. Sie bekam einen Anruf von einer ihrer Schülerinnen, die ihr erzählte, dass die Mutter eines zwölfjährigen Jungen aus

---

[17] www.biblegateway.com/resources/commentaries/IVP-NT/John/Jesus-Raises-Lazarus

der Gemeinde schwer krank war; ihre Lebenszeichen wurden auf alarmierende Weise schwächer. Da die Familie des Jungen weit entfernt von der Stadt in einer ländlichen Gegend wohnte, dauerte es sehr lange, bis die Ambulanz ankam. Pastorin Letitia rief den Jungen an und hörte ihn weinend sagen, dass die Rettungssanitäter eingetroffen waren und den Tod seiner Mutter festgestellt hatten. Sofort erinnerte sie sich an zwei Dinge. Das erste war die Erinnerung an eine Frau, für die sie zwei Jahre zuvor gebetet hatte, die aber nicht von den Toten auferstanden war. Als Folge davon hatte Pastorin Letitia Angst davor bekommen, für Totenauferweckungen zu beten. Die zweite Erinnerung war, dass sie während einer Unterrichtseinheit der „Schule des übernatürlichen fünffältigen Dienstes", gesponsert von „King Jesus Ministry", von dieser Angst befreit worden war.

Sie machte einen kühnen Schritt im Glauben und bat den Jungen, das Telefon ganz nah an das Ohr seiner Mutter zu halten, damit sie für sie beten könnte. Er tat es und Letitia fing an, in neuer Autorität den Geist des Todes zu bedrohen. Innerhalb weniger Momente hörte sie, wie die Mutter des Jungen sich erbrach, und so betete sie weiter. Die Rettungssanitäter rasten mit der Frau ins Krankenhaus, damit sie dort stabilisiert werden konnte. Der Geist Gottes hatte sie von dem Geist des Todes befreit und zurück ins Leben gebracht! Und das war noch nicht alles. Dieses Zeugnis feuerte die Jugend der Gemeinde enorm an. Als einige der jungen Leute zum Krankenhaus fuhren, um den zwölfjährigen Jungen zu besuchen, verkündeten sie ihren Taxifahrern das Evangelium. Sie gaben auch den Familienangehörigen in der Klinik Zeugnis und fingen an, für Kranke zu beten. Die ganze Familie der Frau, die Zeugnis über ihren Tod und ihre Auferstehung ablegen konnte, übergab ihr Leben Jesus. An diesem Tag wurden viele Seelen errettet!

Einige Tage später predigte Pastor Rodrigo in der Gemeinde darüber, Glaubensschritte zu tun und für Heilung, Wunder und Totenauferweckung zu beten. Zwei junge Mädchen im Alter von vierzehn und fünfzehn Jahren ergriffen dieses Wort für sich. Nur eine Woche später erlitt ihre Großmutter einen schweren Herzanfall; sie blutete aus Nase und Ohren und starb. Die zwei Mädchen liefen zu ihr hin, erschreckt, aber voller Kühnheit im Heiligen Geist. Sich über die Umstände hinwegsetzend beteten sie, und bei der Großmutter kehrten die Lebenszeichen zurück! Man brachte sie ins Krankenhaus und die Ärzte dort konnten gar nicht verstehen, wie eine neunzig Jahre alte Frau eine so schwere Herzattacke hatte überleben können. Der Herr hatte sie durch seine Kraft von den Toten auferweckt! Diese Zeugnisse verändern das Leben von Menschen, und Pastor Rodrigo und seine Frau Letitia pflanzen den Samen des Übernatürlichen in die Jugend ihrer Gemeinde. Die Herrlichkeit Gottes bewegt sich in ihrer Stadt wie nie zuvor!

Tote aufzuerwecken ist ein erstaunliches Wunder. Jesus tat es, die Apostel taten es, ich habe es getan, andere haben es getan, die ich gelehrt und trainiert habe, und du kannst es auch tun! Setze die Kraft seiner Auferstehung jetzt, in diesem Augenblick, frei!

In den letzten Tagen wird die Auferstehung der Toten eine verbreitete Manifestation sein, weil gläubige Christen die Kraft der Auferstehung von Jesus verstehen werden.

Neben der Auferweckung vom physischen Tod erweckt uns Gott auch auf andere Weise. Er kann unsere Visionen, Träume, Dienste, Familien, Finanzen, Unternehmen und Geschäfte zu neuem Leben erwecken. Er kann unsere Gesundheit neu beleben, indem er kreative Wunder tut, wie zum Beispiel die Bildung neuer Organe. Empfange diese Offenbarung jetzt im Namen von Jesus! Er entfacht eine neue Generation von Gläubigen, die die Toten körperlich, geistlich, psychisch, emotional und finanziell auferwecken werden. Bist du ein Mitglied dieser neuen Generation? Stehst du Gott zur Verfügung? Glaubst du an die Kraft der Auferstehung? Wenn das der Fall ist, möchte ich dich in ein Gebet der Auslieferung und Hingabe an Gott leiten, so dass er sein Leben in dir leben und seine Kraft durch dich manifestieren kann. Bitte bete laut:

Herr Jesus, danke, dass du für mich gestorben bist, in die Hölle hinabgestiegen bist, und den Preis für meine Sünden bezahlt hast. Du hast an meiner Stelle den Zorn Gottes auf dich genom-

men. Ich gebe dir allen Ruhm und alle Ehre. Vergib mir, dass ich mein Leben zu meinen eigenen Bedingungen gelebt und dir nicht gestattet habe, über mich zu bestimmen und zu herrschen. Von diesem Tag an liefere ich mich dir aus und bitte dich, herrsche über mich und lebe dein Leben durch mich.

Erwecke du mein Leben, meine Vision, meine Träume, meine Gesundheit, mein Zuhause und meine Finanzen zu neuem Leben. Ich bin geheilt und frei. Ich empfange jetzt, in diesem Moment, ein kreatives Wunder! Jesus, ich bete dich an, weil durch deine Auferstehung das Unmögliche möglich wurde. Ich kann in dem Territorium, das du mir gegeben hast, über den Feind herrschen und regieren. Danke, dass du mich mit dir zum Miterben der Segnungen Gottes gemacht hast.

Ich bestätige, dass die Kraft der Auferstehung für mich verfügbar und aktiv ist, wo immer ich auch hingehe. Ich kann alles tun durch Christus, der mich stärkt! Mir ist nichts unmöglich, so wie für Gott nichts unmöglich ist. Ich bin eine Fortsetzung des auferstandenen Christus auf der Erde, um sein Reich auszubreiten. Er lebt, und ich lebe in Übereinstimmung mit seinem Leben und Glauben. Amen!

Kapitel 4

Der geistliche Kampf zwischen zwei Reichen

Wir leben in Zeiten großer Konflikte! Viele Menschen sind sich der Kriege und politischen Unruhen überall auf der Welt bewusst. Doch die meisten übersehen dabei den unsichtbaren geistlichen Kampf, der sich tagtäglich zwischen dem Reich des Lichts und dem Reich der Dunkelheit abspielt. Jede einzelne Person auf der Erde, ohne jede Ausnahme, ist entweder mit dem einen oder dem anderen Reich verbunden, ob sie sich dessen bewusst sind oder nicht. Es gibt keine Neutralität.

Peter, einer meiner geistlichen Söhne, ist voll engagiert in diesem Kampf. Hier sein Zeugnis.

„Als ich vierzehn Jahre alt war, starb mein Vater an AIDS und ich fing an, jeden Tag Drogen zu nehmen. Ich rauchte, trank Alkohol und flog schließlich von der Schule. Mit siebzehn stellte man bei mir eine schizoaffektive Störung[18] sowie eine Zwangsneurose fest. Die Ärzte sagten, es gäbe für mich keine Heilung, und ich müsse für den Rest meines Lebens Medikamente einnehmen. Ich war am Ende und wollte nur noch sterben. Gleichzeitig fühlte ich mich wie in einer Falle. Zu dieser Zeit glaubte ich an Gott, aber nicht an Jesus.

Ein Freund von mir hielt mir immer mal wieder eine Predigt und lud mich zur Gemeinde ein, und eines Tages nahm ich diese Einladung an. Das war das tollste Gemeindeumfeld, das ich je erlebt hatte. Ich wusste, dass etwas Besonderes passierte; ich hatte nur keinen Schimmer, was das war. Sie machten einen Aufruf, Jesus anzunehmen, und obwohl ich so meine Zweifel hatte, spürte ich, wie mich etwas nach vorne zum Altar zog. Ich übergab

---

[18] Seelische Erkrankung, bei der gleichzeitig oder abwechselnd Symptome einer Schizophrenie, einer Depression und/oder einer krankhaften Hochstimmung (Manie) auftreten.

Jesus mein Leben und wurde getauft. Ich fühlte mich neu und verwandelt. An diesem Abend spürte ich Elektrizität an meinem Körper rauf- und runterlaufen. Von diesem Moment an sprach Gott zu mir. Er zeigte mir, dass Jesus der einzige Weg ist. Er befreite mich von meiner psychischen Erkrankung und ich benötige keine Medikamente mehr. Mein Psychiater meinte, ohne Medikamente würde ich es zwischen 2 Wochen und 2 Jahren aushalten, aber auf keinen Fall länger. Doch ist das jetzt schon über neun Jahre her und ich bin immer noch frei.

Nachdem ich mich dem Herrn wirklich ganz hingegeben hatte, verbrachte ich Stunden damit, ihn zu loben und anzubeten und Leute zu evangelisieren. Im Jahr 2002 fing ich an, die Gemeinde „King Jesus Ministry" zu besuchen, die jetzt meine neue Heimatgemeinde ist. Ich schloss mich dem Dienst „Evangelism Explosion Ministry" an. Wir alle sind Feuer und Flamme und verrückt nach Seelen. Ich wurde ein Leiter für Evangelisation und durch uns geschehen Wundertaten, Zeichen und Wunder. Wir bringen die übernatürliche Kraft Gottes zu den Menschen auf der Straße, in Hochschulen und Universitäten, in die Einkaufszentren, Restaurants, Krankenhäuser und an viele andere Orte."

Peter, seine Leiter und ihre Schüler (Jünger) bieten den Mächten der Finsternis mit der übernatürlichen Kraft Gottes die Stirn, indem sie Heilungen, Zeichen und Wunder bewirken und die geistlichen Augen der Menschen öffnen, die in Satans Reich gefangen sind. Sie führen Krieg, und das Reich Gottes wird mittels geistlicher Macht und Kraft errichtet!

Um diesen Konflikt zwischen dem Reich Gottes und dem Reich von Satan wirklich zu begreifen, brauchen wir ein gründliches Verständnis darüber, wie völlig entgegengesetzt beide voneinander sind. In diesem Kapitel werden wir zuerst den Ursprung des geistlichen Konflikts untersuchen. Danach werden wir erfahren, wie die Natur des Reiches Gottes beschaffen ist und wie seine Herrschaft aussieht. Wir werden es mit dem Reich der Finsternis und dessen Funktionsweise vergleichen und eingehender untersuchen, warum sich diese zwei Reiche miteinander im Krieg befinden und wie Satan durch das Kreuz voll und ganz besiegt wurde. Zum Abschluss werden wir uns zwei ähnliche Kämpfe anschauen: den Kampf zwischen dem Fleisch und dem Geist und den großen Kampf der Endzeit.

Die Ursache des geistlichen Kampfes

Im Kapitel 2 haben wir gesehen, dass die Rebellion mit dem Verlangen von Satan begann, Gottes Platz einzunehmen. Er warb ein Drittel der Engel für seinen Putschversuch an, um mit ihnen gegen ihren Schöpfer Krieg zu führen. So kam es zum ersten Aufruhr im Reich Gottes. Irgendwann nach Satans Verstoß aus dem Himmel führte er Adam und Eva in Versuchung. Sie glaubten seiner Lüge und verleugneten Gottes Gebot, wodurch die sündige Natur in ihnen und allen ihren Nachkommen geboren wurde. Die sündige Natur - auch fleischliche Natur genannt - erzeugt pervertierte, rebellische, irreführende Wünsche, die dem Willen Gottes entgegenstehen. Man kann auch sagen, Lüge und Täuschung sind Kinder Satans. Wenn der Mensch der Sünde erlaubt, sich in ihm zu manifestieren, dann öffnet er damit auch dem geistlichen Tod die Tür.

Die Wurzel aller geistlichen Konflikte kann man in einem Wort zusammenfassen: Rebellion.

Aufgrund ihrer fleischlichen Natur rebellieren viele Menschen weiterhin gegen die gerechte Herrschaft Gottes. Sie agieren gemäß dem „System der Welt“; einer Denkweise mit den daraus resultierenden Verhaltensweisen und Handlungen, die Gott und seine Wege nicht anerkennt. Diese Denkweise ist bei manchen Nationen und Organisationen zur Norm geworden. Rebellion gegen Gott - ob sie als solche erkannt wird oder nicht - ist der Grund dafür, dass die meisten Menschen keinen Frieden haben. Wenn ich Menschen in meiner Gemeinde oder in anderen Nationen diene, stelle ich fest, dass ihre Probleme und Schwierigkeiten drei Bestandteile haben, vergleichbar einem Baum mit Wurzeln, Stamm und Zweigen. Die meisten Menschen setzen sich mit den Symptomen oder „Zweigen“ ihrer Situation auseinander, doch selbst wenn sie die Zweige abschneiden, bleibt ihre Situation unverändert oder ist nur auf unvollständige oder unbefriedigende Weise behoben. Sie müssen sich mit der Wurzel, bzw. dem Ursprung ihres Problems befassen.

Sucht beispielsweise ist ein Symptom oder „Zweig". Oft trinken die Leute Alkohol oder betäuben sich mit Drogen, um dadurch Linderung von Schmerz oder Scham zu finden. Ein zurückliegendes Ereignis hat in ihnen ein geringes Selbstwertgefühl, Nicht-Vergeben-Können, Wut oder anderes hervorgerufen. Das ist der „Stamm" ihres Problems. Wenn wir aber noch tiefer gehen, nämlich bis in die Wurzeln hinein, dann werden wir herausfinden, dass ihre Sünden (und/oder die Sünden ihrer Eltern oder Vorfahren, die zu einem Generationsfluch geführt haben können) ihre Beziehung mit Gott blockiert und sie somit zu einer Knechtschaft von Schuld und Schmerz verurteilt haben. Wird den Menschen in diesem Zustand in den Gemeinden mit Hilfe von Psychologie oder Psychiatrie gedient, dann behandelt man in Wirklichkeit nur die Zweige oder den Stamm ihrer Probleme statt der Wurzel, welche immer Sünde oder Rebellion gegen Gott ist.

Rebellion – gegen Gott, seine Gesetze und sein Reich der Gerechtigkeit – ist die Wurzel aller Sünde und all dessen, was beim Menschen falsch läuft.

Wir finden Rebellen nicht nur in der Welt, sondern auch in der Gemeinde; ich nenne sie „religiöse" Rebellen. Viele von ihnen ordnen sich nicht ihren Pastoren oder ihrer Leiterschaft unter, die doch von Gott als Autorität über sie eingesetzt worden sind. Manche dieser Rebellen verlassen ihre Gemeinden. Sie beginnen einen eigenen Dienst und nehmen andere Gemeindemitglieder mit sich. Später stellen sie fest, dass ihr Dienst nicht wächst. Er droht unterzugehen, weil Menschen weggehen, um eine andere Gemeinde zu finden oder eine eigene zu gründen. Rebellen erkennen nicht, dass sie Spaltung gesät haben, als sie ihren Dienst auf dem Samen von Rebellion gründeten. Ihr Lebensboden ist trocken und wird nie echte, wahre Frucht erleben. „... *aber die Widerspenstigen wohnen in dürrem Land*" (Psalm 68,7).

Viele der heutigen Gemeinden sind ein Resultat von Spaltungen, und deshalb fehlt dort die Kraft und Gegenwart Gottes. Sie agieren unter dem Geist von Satan bzw. der Rebellion. Nur wenn sie Buße tun und umkehren, werden sie in der Lage sein zu erleben, wie sich die Frucht Gottes manifestiert.

Das Reich der Finsternis ist dem Reich Gottes völlig entgegengesetzt und streitet bzw. kämpft um die Seelen von Männern und Frauen. Diese zwei Reiche werden immer miteinander kollidieren und kämpfen, und wir müssen uns entscheiden, welchem Reich wir uns anschließen.

Alex Pineda, einer der Leiter in unserem Gebetsteam, wurde mit genau dieser Entscheidung konfrontiert. Er berichtet darüber, wie er durch Gottes Offenbarung und Macht vom Reich der Finsternis befreit wurde.

„Früher nahm und verkaufte ich Drogen. Unter ihrem Einfluss konnte ich sieben Tage ohne Schlaf auskommen. Dazu verkaufte ich meinen Körper an Männer und Frauen und stand wegen Identitätsdiebstahl, Betrug des Sozialamtes und der Produktion von pornografischen Videos vor Gericht. Aufgrund meiner psychischen Unausgeglichenheit musste ich auch an Schulungseinheiten für seelische Gesundheit teilnehmen.

Als ich aufwuchs, hatte ich alles, was ich brauchte, einschließlich der beständigen Liebe meiner Mutter und meiner Familie. Mein Leben war gut, bis ich anfing, mich mit den falschen Leuten abzugeben und mich in üble Dinge zu verwickeln. Eine Sache führte zur anderen, bis ich völlig verdorben war und jegliches Zeitgefühl verlor.

Eines Tages, nachdem ich auf der Straße Zeit mit dem niedrigsten Gesindel verbracht hatte, fand ich mich zuhause in meinem Zimmer wieder, völlig verzweifelt und deprimiert. Ich versuchte irgendwie, eine Lösung für meine Einsamkeit zu finden. Und genau da kam auf einmal Jesus und rief meinen Namen: „Alex!" Ich verließ mein Zimmer und fragte meinen Vater, ob er mich gerufen habe, aber er verneinte es. Ich ging zurück in mein Zimmer. Da hörte ich die Stimme wieder: „Alex, ich habe dir schon viele Gelegenheiten gegeben, aber du hast dich immer von mir abgewandt. Dies ist deine letzte Chance, die richtige Wahl zu treffen. Wenn du dich richtig entscheidest, wirst du die Verheißung empfangen." Ich erwiderte: „Der einzige Weg, wie ich dir dienen kann, ist, dass du mir alles Verlangen nach den Dingen wegnimmst, die ich getan habe."

An diesem Abend setzte die Kraft Gottes mich frei; ich bin heute ein komplett anderer Mensch. Ich hatte tausende von illegal erhaltenen Dollar beiseitegeschafft, aber ich verbrannte das ganze Geld. Dazu besaß ich Drogen und kostspielige Kleidung, an die ich ebenfalls auf illegale Weise gelangt war – ich warf alles weg. Ich zerstörte alles, was für meine Vergangenheit stand. Jetzt diene ich Gott in meiner Gemeinde im Gebets- und Fürbitteteam und bete dafür, dass Menschen ihren sündigen Lebensstil aufgeben. Ich führe einen Kampf gegen den Feind unserer Seelen und vertreibe ihn aus dem Territorium, das Jesus gehört.

Mit einfachen Worten: Gehorsam gegenüber Gott und den von ihm beauftragten Autoritätspersonen bringt uns mit dem Reich Gottes in Einklang, während Ungehorsam ihm gegenüber uns in Übereinstimmung mit dem Reich der Finsternis bringt. Jetzt schauen wir uns einmal an, wie jedes dieser Reiche seine Herrschaft ausübt.

Wie das Reich Gottes regiert

Das Ziel von Gottes Reich ist es, ewiges Leben, Gerechtigkeit, Frieden und Freude zu geben. Es herrscht oder regiert auf folgende Weise:

1. Durch „Vaterschaft"

Das Reich Gottes besteht nicht nur aus einem System von Geboten und Satzungen, und es ist auch nicht bloß eine Verbindung wie zwischen einem Staatsoberhaupt und seinen Untertanen. Es ist die Beziehung zwischen einem guten Vater und seinen Kindern und umgekehrt. Gott regiert durch Vaterschaft. Er gibt seinen Kindern Identität. Er bestätigt, nährt, erzieht und offenbart jedem, aus welchem Grund er oder sie geschaffen wurde. Im Unterschied zu Satan hat der himmlische Vater kein Verlangen danach, Menschen zu überwältigen, zu foltern oder zu zerstören. Er liebt seine Kinder und möchte ihnen ewiges Leben geben, damit sie mit ihm zusammen leben und herrschen.

2. Durch Offenbarung oder geoffenbartes Wissen

Wenn in der Bibel „Licht" erwähnt wird, steht das oft für eine Offenbarung oder geoffenbartes Wissen von Gott (z. B. Johannes 1,4-5). Der Feind kann uns in keinem Bereich beherrschen, in dem wir sowohl das Wissen haben *und* es auch praktisch umsetzen, offensiv oder defensiv, um das Reich Gottes vorwärtszubringen. Satan greift uns in den Bereichen an, wo es uns an offenbarter Erkenntnis fehlt, denn dort sind wir verwundbar. Er versucht auch, unser bereits erworbenes Wissen zu untergraben, indem er Verwirrung und Konfusion stiftet. Das soll uns die Wahrheit dessen anzweifeln lassen, was Gott gesagt hat, so wie er es auch bei Adam und Eva getan hat.

Es ist nicht einfach nur „Wissen", sondern geoffenbarte Erkenntnis, durch die wir im Reich Gottes Herrschaft ausüben. Jemand kann in verschiedenen akademischen Bereichen ausgebildet sein, doch wenn diese Person Jesus nicht kennt und deshalb keinen Zugang zu Gottes Offenbarung und Weisheit hat, dann lebt sie immer noch in geistlicher Dunkelheit und der Feind kann ihr Leben kontrollieren. Angenommen ein Chirurg operiert einen Patienten mit Lungenkrebs, verursacht durch Rauchen. Nach der Operation verlässt der Arzt sofort den Operationssaal, um eine Zigarette zu rauchen, weil er nikotinsüchtig ist. Er ist sich der Gefahren des Rauchens für seine Gesundheit vollends bewusst, aber er braucht den Geist der Offenbarung, damit dieser ihm helfen kann, diese Abhängigkeit zu überwinden. Er muss erkennen, dass er einen geistlichen Feind hat, der ihn unbedingt zerstören will. Deshalb muss er die Auferstehungskraft durch Jesus empfangen, um von der Sucht frei zu werden.

Wir können über die Naturgesetze, die Logik und über alle Macht des Feindes herrschen, indem wir das Übernatürliche durch Offenbarung und die Kraft der Auferstehung manifestieren.

3. Durch freiwilligen Gehorsam und Unterordnung von Menschen

Nach der Befreiung aus dem Reich der Finsternis muss sich unsere Denkweise verändern. Durch ein erneuertes Denken lernen wir, in völligem Gehorsam gegenüber Gott und entsprechend der Gerechtigkeit, dem Frieden und der Freude des Reiches Gottes zu leben. Jesus ist das beste Vorbild dafür, wie man voll und ganz und ohne Vorbehalte als sein Kind im Gehorsam dem Vater gegenüber leben kann. Unterordnung und Gehorsam sind freiwillig. Wenn wir sie aber nicht praktizieren, leben wir entsprechend der Prinzipien, die im Gegensatz zum Reich Gottes stehen. Dann ist in unseren Herzen immer noch Rebellion am Werk. Eine Haltung der Unterordnung unter von Gott gegebene Autorität geht auf die Ordnungen des Reiches Gottes ein. Dadurch geschieht Einheit und die Absichten und Ziele Gottes werden erfüllt.

Unter Autorität sein ist der Schlüssel dafür, Autorität auszuüben.

Wie das Reich der Finsternis regiert

Jetzt werden wir beleuchten, wie die Struktur und die Herrschaft des Reiches der Finsternis aussieht.

> *Auch euch hat er auferweckt, die ihr tot wart in euren Vergehungen und Sünden, in denen ihr einst wandeltet gemäß dem Zeitlauf dieser Welt, gemäß dem* ***Fürsten der Macht der Luft****, des Geistes, der jetzt in den Söhnen des Ungehorsams wirkt (Epheser 2,1-2).*

Das mit „*Fürst*" übersetzte griechische Wort ist *ạrchōn*; es bedeutet: Jemand, der an erster Stelle steht oder an der Macht ist, Oberhaupt, Magistrat, Fürst oder Regent. Das mit „*Macht*" übersetzte Wort ist *exousịa*; es kann unter anderem bedeuten: Autorität, Rechtshoheit und Zuständigkeitsbereich. Aus diesen beiden griechischen Wörtern können wir schließen, dass Satan ein herrschender gefallener Engel ist; er ist das Oberhaupt oder zuständig für den Bereich der *„Luft"*.

Meiner Meinung nach bezieht sich das Wort *„Luft"* auf die Atmosphäre, die an die Erdoberfläche angrenzt. Als Satan von Jesus besiegt wurde, musste er seine Herrschaft auf der Erde aufgeben. Doch die Sündhaftigkeit der *„Söhne des Ungehorsams"* – Menschen, die immer noch getrennt sind von Gott und unter dem Einfluss von Satan bleiben – erlaubt es ihm, ein gewisses Maß an Herrschaft zu behalten. Das Reich von Satan hat durch ihre Sünden und ihre Rebellion Zugriff auf das Leben von Menschen. Es ist auch in der Lage, mittels der irdischen Atmosphäre Menschen zu manipulieren und zu verführen. Auch wenn die Atmosphäre kein greifbarer, fühlbarer Bereich ist, können wir dort den verunreinigenden Einfluss von Satans Herrschaft wahrnehmen. Dies geschieht durch die Übertragung und Verbreitung schädlicher Programme, Musik und Webinhalte mittels Fernsehen, Radio und Internet. Die „Luft" ist das Herrschaftsgebiet von Satan. Er benutzt sie, um das Zuhause der Menschen überall auf der Welt mit Pornografie, Perversion, antigöttlichen und antichristlichen Botschaften zu überschwemmen. Diese Ausstrahlungen erzeugen eine negative Atmosphäre und verseuchen die ganze Familie. Die Gemeinde sollte Stellung beziehen und über die „Luft" herrschen, indem sie Programme ausstrahlt, die Gottes Wort und seine Prinzipien verkünden, um die negative Atmosphäre zu vertreiben.

Das Reich der Finsternis ruft Chaos und Gewalt hervor; es hat nichts Gutes anzubieten und basiert, wie wir schon gesehen haben, auf Täuschung. Es herrscht auf folgende Weise:

1. Durch die geistliche Ignoranz der Menschen

Geistliche Ignoranz beruht auf dem Fehlen geistlicher Erkenntnis oder mangelnder Offenbarung von Gott und seinem Wort. Das Reich der Finsternis beherrscht seine Untertanen, indem es sie unwissend oder blind hält gegenüber ewigen Sachverhalten, wie zum Beispiel ihren wahren geistlichen Zustand, ihrer Bestimmung auf der Erde und die Macht von Jesus durch das Kreuz und die Auferstehung. Ein Mangel an Offenbarung macht den

Verstand der Menschen anfällig für dämonische Festungen. So gewinnt der Feind die Oberhand, um sie zu versklaven.

Ein Beispiel: Bei etlichen Menschen, die unter Depressionen leiden, wird die deprimierte Stimmung oftmals von einem bösen Geist hervorgerufen. Sie erkennen dies nicht und wissen auch nicht, wie sie davon befreit werden können. Menschen, die von Schmerzen geknechtet werden, ignorieren häufig das Werk von Jesus am Kreuz für ihre Heilung – *„durch seine Wunden sind wir geheilt worden"* (Jesaja 53,5; Schlachter 2000) – sowie die Kraft von Vergebung in Bezug auf Heilung (z. B. Jakobus 5,15-16). Menschen mit angeborenen Krankheiten sind sich oft nicht bewusst, dass es Generationsflüche gibt, die durch die Blutlinie weitergegeben werden können, oder sie wissen nicht, wie man diese brechen kann. Manche Generationsflüche können auch zu einer Familiengeschichte von Alkoholismus, Scheidung oder Missbrauch führen. In all diesen Fällen versklavt, unterwirft und beherrscht Satan die Menschen durch ihre Unwissenheit oder Ignoranz.

Das Reich der Finsternis und der „Religion" gedeiht auf unserer Neigung, ignorant zu bleiben.

2. Durch den Ungehorsam der Menschen

... dem Fürsten, der in der Luft herrscht, dem Geist, der jetzt in den Söhnen des Ungehorsams wirkt (Epheser 2,2; Schlachter 2000).

Wie wir bereits betrachtet haben, sind die Menschen, die in Rebellion und Ungehorsam gegenüber dem Reich Gottes leben, automatisch Teil des Reiches der Finsternis. Egal ob sie das realisieren oder nicht. Satan und sein Reich beherrschen jeden, der Gott ungehorsam ist, unabhängig von Rasse, Intellekt, sozialem Status oder Nationalität. Die Menschen sind entweder aus freien Stücken ungehorsam oder es ist das Resultat von Ignoranz, wie zuvor erläutert. Im Alltag übertreten die Menschen manchmal Gesetze aus Unwissenheit. Doch in vielen Fällen zieht das trotzdem Konsequenzen nach sich, auch wenn sie manchmal nur geringfügig sind. Und wenn einigen dieser Leute verziehen wird, dass sie das Gesetz gebrochen haben, dann geschieht das durch Gnade, denn sie sind immer noch eines Verstoßes schuldig.

Gott lässt zu, dass Satan über rebellische Menschen herrscht, die verblendet sind. Durch ihre sündhafte Natur oder ihre Ablehnung ihm gegenüber haben sie selber eine Tür geöffnet für die Einflüsse des Feindes. Doch Gott möchte, dass wir als seine Botschafter in dieser Welt für solche Menschen Fürbitte leisten und diese Knechtschaft Satans brechen. Dadurch setzen wir sie frei, unter die Autorität und die Freiheit des Reiches Gottes zu kommen. Solche Menschen wissen normalerweise nicht einmal, wer sie kontrolliert. Sie können das Licht des Evangeliums nicht erkennen. Wir müssen Gott bitten, die Augenbinde von ihren Augen zu entfernen. Dadurch können sie Buße tun und der Feind kann sie nicht mehr länger versklavt halten.

3. Durch Beherrschung und Kontrolle

„Zu beherrschen“ bedeutet, Menschen dazu zu bringen, das zu tun, was wir wollen. Dies geschieht mit Hilfe des Geistes der Zauberei oder einer dämonischen Macht, welche die Autorität Gottes und die Kraft des Heiligen Geistes ersetzt. Satan regiert sein Reich häufig durch rebellische Menschen, die andere durch Manipulation, Kontrolle und Einschüchterung unterdrücken; manchmal setzen sie Zauberei, Magie und andere okkulte Praktiken dafür ein. Selbst in der Gemeinde Jesu kann es satanische Beherrschung geben, nämlich wenn Menschen versuchen, ohne die Leitung des Heiligen Geistes über andere zu herrschen. Wenn Satan die Kontrolle hat, dann ist der Geist Gottes nicht anwesend.

Das Gesetz des Reiches der Finsternis besteht in Manipulation und Kontrolle über Menschen. Das Gesetz des Reiches Gottes basiert auf freiwillig angebotener Unterordnung unter ihn.

Unser Kampf richtet sich nicht gegen Menschen, sondern gegen böse geistliche Wesen, die keinen Körper haben.

> *Denn unser Kampf richtet sich nicht gegen irgendeinen körperlichen Feind (Epheser 6,12; J B Phillips New Testament).*

Als gläubige Christen sollten wir wissen, dass der Krieg, in den wir verwickelt sind, nicht gegen einen körperlichen Feind geführt wird. Er richtet sich nicht gegen Menschen, auch wenn der Feind Menschen benutzen kann, indem er sie durch dämonische Geister beeinflusst, die das legale Recht erhalten haben, in und durch sie zu wirken. Dieser Krieg wird auch nicht mit materiellen Waffen ausgefochten. Es ist ein geistlicher Kampf, der gegen böse geistliche Wesen geführt wird, die unsichtbar sind und keine körperliche Gestalt besitzen. Wenn wir eine Offenbarung über diese Wahrheit haben, dann ist der Kampf schon halb gewonnen. Satan verbreitet nämlich gerne die Lüge, dass er gar nicht existiert. Er will uns an der Erkenntnis hindern, dass es einen geistlichen Feind gibt. Wenn er es schafft, dass wir bei geistlichen Problemen oder Situationen die Schuld auf unsere Einbildung schieben oder sie seelisch begründen, dann hat er die Oberhand über uns gewonnen. Ebenso, wenn wir denken, es könnte das Verschulden einer anderen Person sein, z. B. eines Ehepartners, Familienangehörigen oder des Chefs. Es ist an der Zeit zu erkennen, dass hinter solchen Situationen böse Geister aus der Hölle stecken, die versuchen, uns zu zerstören.

Der Grund dafür, dass Psychologen und Psychiater häufig keine präzisen Diagnosen über die Beeinträchtigungen und Beschwerden ihrer Patienten stellen können, liegt in der Unkenntnis dieser Sachverhalte. Sie sind sich der Realität bestimmter Zusammenhänge nicht bewusst, weil sie sich nur vom Verstand her damit befassen und nicht mit dem Geist. Es fehlt ihnen die Offenbarung über die Wahrheit in Jesus Christus, welche Heilung mit sich bringt. Wenn Ärzte beispielsweise ein autistisches Kind behandeln, besteht ihre einzige Möglichkeit darin, Medikamente zu verschreiben, um das Verhalten des Kindes unter Kontrolle zu bringen. Sie fangen mit einer niedrigen Dosis an und erhöhen sie allmählich. Wenn das Kind dann erwachsen ist, kann es sein, dass es von den Medikamenten abhängig geworden ist. Autismus besteht ein Leben lang, es sei denn, es geschieht Heilung. Gott kann Gläubigen Einsicht und Offenbarung geben, die geistliche Wurzel verschiedener Krankheiten zu erkennen, so dass sie geheilt werden können.

Kämpfst du mit einer Sache, die du nicht identifizieren kannst? Vielleicht hast du es mit bösen Geisteswesen zu tun, die Krankheit, finanzielle Schwierigkeiten, Scheidung oder Familienstreitigkeiten verursachen. Womöglich kannst du den Hass von Dämonen auf dich und Gott spürbar wahrnehmen. Wenn das so ist, dann bitte Gott um Einsicht, wie du mit diesen dämonischen Mächten umgehen sollst und sie aus deinem Leben, deiner Ehe und deinem Zuhause vertreibst. Beobachte dann, wie sie beginnen zu verschwinden. Ich möchte klarstellen, dass es sich bei bösen Geistwesen nicht um Menschen handelt, die gestorben sind und dann zurückkommen, um Menschen zu quälen. Sie sind keine „Gespenster“, sondern dämonische Geister im Dienste von Satan. Sie sind nicht menschlich und waren es auch nie.

In Bezug auf Satans unsichtbares, böses Reich dürfen wir nicht ignorant bleiben. Es ist ein gut strukturiertes und ungeteiltes Reich, denn er hat von Gott gelernt, dass Macht aus koordinierter Kraft und Anstrengung kommt. Doch in seinem Reich werden die gemeinsamen Anstrengungen mittels Zwang und Unterwerfung durch seine Geister hervorgerufen, statt durch echte Harmonie. Dieser „Einheit“ fehlt es an Freundlichkeit und Eintracht; es ist eine Übereinkunft von Hass, Gewalt und Zerstörung.

Resultate aus dem Sieg Jesu am Kreuz über Satan

Die gute Nachricht vom Reich Gottes ist, dass Satan auf keine Weise die Vernichtung rückgängig machen oder annullieren kann, die er durch den Tod und die Auferstehung Jesu erlitten hat. Wir müssen in dieser Offenbarung vom Sieg Jesu Christi leben! Der Feind wurde auf viererlei Weise besiegt: er wurde 1. besiegt, 2. entthront, 3. entwaffnet und 4. vernichtet.

1. Satan wurde besiegt

> *[Gott] ... veranstaltete eine demonstrative Zurschaustellung [der Fürstentümer und Mächte], und statuierte ein öffentliches Exempel, indem er in ihm und in dem Kreuz über sie triumphierte (Kolosser 2,15; Amplified Bible).*

Die Metaphern *„demonstrative Zurschaustellung"*, *„öffentliches Exempel"* und *"triumphieren"* nehmen offensichtlich Bezug auf eine militärische Siegesparade der Römer. Als ich einmal Rom besuchte, erklärte unser Reiseführer, wie diese Begriffe in den Tagen des römischen Reiches benutzt wurden. Wenn ein römischer General eine feindliche Armee geschlagen hatte, wurde das als ein großer Sieg angesehen. Denn es bedeutete, dass eine weitere Stadt, eine Nation oder ein Gebiet dem Reich hinzugefügt wurde. Kehrte dieser siegreiche General zurück nach Rom, belohnte der Senat ihn mit einem „Triumph-Zug". Er wurde in einem Triumphwagen durch die Straßen von Rom gefahren. Jubelnde Menschen säumten die Straßen; sie applaudierten und feierten den Eroberer.

Um zu demonstrieren, wie groß der Sieg des Generals war, mussten alle Gefangenen, oftmals in Ketten, an der Menschenmenge vorbeimarschieren. Unter den Gefangenen gab es Generäle, Offiziere und Fußsoldaten. Unser Führer erzählte, dass General Titus seinen Sieg auf diese Weise gefeiert habe. Nachdem er im Jahre 70 nach Christus Jerusalem zerstört hatte, ließ alle er gefangen genommenen Juden an seinen Triumphwagen anketten.

Auch die Kriegsbeute wurde in dem Siegeszug zur Schau gestellt, wie beispielsweise Gold, Silber und Opfertiere. Wenn die Feier vorbei war, wurden die Gefangenen entweder hingerichtet oder als Sklaven verkauft. Es war eine öffentliche Zurschaustellung der Niederlage des Feindes und des eroberten Territoriums.

Durch seinen Tod am Kreuz und seine Auferstehung nahm Jesus Satan, seine Fürstentümer und seine Festungen gefangen und stellte sie öffentlich zur Schau. Satan war überzeugt, er hätte Jesus endlich getötet. Doch in Wirklichkeit lieferte Jesus sein eigenes Leben den Absichten Gottes aus. Satan war der Meinung, die Sünden der Menschheit würden Jesus für immer in der Hölle festhalten. Aber Jesus holte sich siegreich die Schlüssel von Tod und Hölle zurück und setzte damit die Autorität und Macht des Feindes außer Kraft. Und dann, als Satan dachte, dass ihm nichts noch Schlimmeres passieren könnte, erweckte der Vater Jesus von den Toten auf. Das Wiedererscheinen von Jesus unter den Lebenden - verherrlicht mit aller Autorität und Macht, triumphierend vor seiner Anhängerschaft - stellte die öffentliche Demütigung und Zurschaustellung von Satans Niederlage dar. Nach der Auferstehung von Jesus hatten die Jünger keine Angst mehr vor dem Feind. Sie folgten ihrem Meister weiter nach. Nachdem er ihnen den Heiligen Geist gesandt hatte, widmeten sie ihr ganzes Leben dem Ziel, Satans Niederlage zur Schau zu stellen. Sie brachten ihn dazu, sich Gott zu unterwerfen und vertrieben ihn aus den Bereichen und Gebieten, die er bei verschiedenen Menschen an unterschiedlichen Orten errungen hatte.

Durch das Kreuz fügte Jesus Satan eine totale, permanente, ewige und unwiderrufliche Niederlage zu.

Um diese Wahrheit etwas persönlicher anzuwenden, stell dir einmal vor, wie Jesus in einem Triumphwagen steht, der die Straßen entlang fährt. Alle von ihm besiegten Feinde sind hinter seinem Wagen aneinander gekettet und die Bürger des Reiches Gottes applaudieren von allen Seiten. Wo würdest du stehen? Wärst du unter denjenigen, die dem Sieger applaudieren und ihm zujubeln, oder befändest du dich unter denjenigen, die gefangen und hinter dem Siegeswagen aneinander gekettet sind?

Diejenigen, die Christus erlöst hat, sind mit ihm gesetzt an himmlische Orte (Epheser 2,6). Im Glauben befinden wir uns mit ihm in diesem Triumphwagen! Das ist unser Platz - der Platz der Sieger. Wenn wir die Regierungsposition einnehmen, die Gott uns in seinem Reich gegeben hat, werden wir seine Kraft und Autorität über dem Feind freisetzen. Ich glaube, dies ist eine der Assoziationen, die in dem Vers *„den Duft der Erkenntnis Christi an allen Orten verbreiten"* (2. Korinther 2,14; Einheitsübersetzung) mitschwingt.

Lebst du in dem Sieg, den Jesus für dich errungen hat? Wir müssen jedes Werk des Teufels zunichtemachen, wo auch immer wir es vorfinden. Die Autorität gehört uns! Denke daran, wir stehen mit Jesus auf dem Triumphwagen, und der Feind mitsamt seinen Dämonen wird in Ketten hinter uns gefangen gehalten. Erhebe deinen Kopf wie ein wahres Kind Gottes, denn Jesus hat den Feind überwältigt und setzt nun den Duft seines Sieges frei. Jetzt, da Jesus ihn besiegt hat, ist der einzige Platz für Satan der unter unseren Füßen (Römer 16,20).

2. Satan wurde entthront

> *Denn solange ein starker Mann bewaffnet seinen Palast bewacht, ist sein Besitz sicher – bis ein Stärkerer angreift und ihn besiegt. Und der Stärkere nimmt ihm seine Waffen, auf die er vertraute, und verteilt seinen Besitz (Lukas 11,21-22; Neues Leben.Die Bibel).*

Jesus erzählte das Gleichnis vom starken Mann, nachdem einige religiöse Führer ihn beschuldigt hatten, Dämonen durch die Macht „Beelzebuls", einem Begriff für Satan, auszutreiben (Lukas 11,15). In diesem Gleichnis werden zwei „Männer" erwähnt: Der *„starke Mann"*, der Satan repräsentiert, und der *„Stärkere"*, der für Jesus Christus steht. Satan war der Herrscher über das Reich der Erde, und er glaubte, in seinem *„Palast"* sicher zu sein. Dann besiegte Jesus ihn, enthob ihn seines Thrones und seiner Herrschaft und entzog ihm seine Autorität und Macht. Der „starke Mann" hatte auf seine Fähigkeit vertraut, Gott zu schlagen, indem er seinen Sohn besiegte. Aber er war durch den stärkeren Mann übertrumpft worden. Als Jesus über den Feind siegte, teilte er „die Beute" seines Triumphes mit der Menschheit und gab uns die Herrschaft über die Erde zurück.

3. Satan wurde entwaffnet

[Gott] entwaffnete die Fürstentümer und Mächte, die gegen uns aufgestellt waren … (Kolosser 2,15; Amplified Bible)

Jesus nagelte jede Waffe ans Kreuz, die der Teufel zum Quälen von Menschen benutzt. Der Feind wird beschrieben als *„der Verkläger der Brüder"* (Offenbarung 12,10). Eine seiner Strategien besteht darin, uns mit Pfeilen der Schuld in Form von Vorwürfen und Anschuldigungen zu beschießen. Überall auf der Welt leben Menschen mit Schuldgefühlen über Fehler der Vergangenheit. Selbst manche Christen empfinden immer noch Schuldgefühle, obwohl sie Buße getan haben und wissen, dass sie durch Jesu Blut gereinigt worden sind. Das ist eine Waffe, auf die Satan sich verlassen kann. Solange er es schafft, dass wir uns wegen irgendetwas schuldig fühlen, werden wir keine geschickten geistlichen Gegner werden, die imstande sind, ihm entgegenzutreten.

Halte dir täglich vor Augen, dass Jesus Satan am Kreuz besiegt hat und ihm alle Waffen abgenommen hat. Fühlst du dich schuldig, weil du etwas getan bzw. nicht getan hast? Dann empfange im Glauben den Sieg Jesu, den er für dich gewonnen hat. Um das zu tun, musst du die Verantwortung für deine Handlungen übernehmen, Buße tun und deine Sünde Gott bekennen. Das Blut Jesu hat die Macht, dich zu reinigen. Höre auf, ein Opfer von Schuld zu sein!

Wenn wir zu Gottes Reich gehören, besitzen wir geistliche Waffen, mit denen wir Satan durch die Macht Gottes entwaffnen können. Diese Waffen sind das Wort Gottes, übernatürliche Kraft, Gebet, Fasten, Lobpreis und Anbetung, unser Zeugnis, das Blut von Jesus und mehr, einschließlich aller Teile der geistlichen Waffenrüstung Gottes (Epheser 6,14-17). Jedes Mal wenn der Teufel kommt, um uns in Versuchung zu führen, anzuklagen oder zu verfolgen und zu schikanieren, lass uns die Waffen gebrauchen, die Gott uns gegeben hat. Damit verhindern wir, dass er in unser Leben eindringen kann. Dann werden wir *„mehr als Überwinder"* sein (Römer 8,37).

Der geistliche Sieg des Sohnes Gottes macht uns zu mehr als Überwindern.

4. Satan wurde vernichtet

> *... um durch seinen [Jesus] Tod den zu entmachten, der die Gewalt über den Tod hat, nämlich den Teufel (Hebräer 2,14; Einheitsübersetzung).*

Jesus kam auf die Erde, um alle Pläne und Werke des Teufels zu zerstören. Wie wir gesehen haben, hat Jesus durch seinen Tod und seine Auferstehung die Macht von Krankheit, Sünde, Dämonen, Armut und Tod gebrochen. Wir besitzen die Autorität, den Sieg Christi zu vollstrecken, indem wir damit fortfahren, den Teufel und seine Werke zu zerstören. Dies geschieht, wenn wir Menschen dienen und sie durch übernatürliche Offenbarung und Manifestationen befreien.

Das Zeugnis eines Teenagers unserer Gemeinde ist ein klares Beispiel dafür, wie durch die Auferstehungskraft Jesu Befreiung geschieht und wie jene, die dem Reich des Lichts dienen, das Reich der Finsternis überwältigen können. Hier ist ihre Geschichte:

Ich wurde in einer traditionell katholischen Familie geboren, die aber auch Zauberei praktizierte. Als ich sechs Jahre alt war, ließen sich meine Eltern scheiden. Mich schickte man zu meinem Urgroßvater, um bei ihm zu leben. Er misshandelte mich täglich. In unserer Familie gibt es eine Geschichte von Inzest; meine Mutter wurde von ihrem Onkel vergewaltigt und jede Frau unserer Familie wurde von einem Familienmitglied missbraucht. Doch niemand gab das jemals zu, damit der gute Name der Familie nicht besudelt wurde.

Die schmerzvollen Umstände bewirkten, dass ich in Ablehnung, Erniedrigung und Rebellion lebte. Mit fünfzehn verlor ich meine Jungfräulichkeit und wurde schwanger. Ich war noch so jung, fühlte mich völlig verloren und entschloss mich deshalb zu einer Abtreibung. Um meine deprimierte Stimmung zu unterdrücken, fing ich an auf Partys zu gehen. Ich hatte Sex, wechselte häufig den Partner und nahm harte Drogen – Pillen, Kokain, Ectasy, Angel Dust[19] und andere. Wenn ich nüchtern war, hasste ich das Leben. Mein Herz war verfinstert und ich nutzte jeden aus, der mir über den Weg lief. Ich beherrschte die Männer in meinem Leben und verletzte sie, bevor sie mich verletzen konnten.

Einige Zeit später wurde bei mir HPV (Humane Papillom Viren) festgestellt. Dabei handelt es sich um eine Infektion, die nicht therapiert werden kann. Sie greift die Zellen rund um den Gebärmutterhals an und kann zu Krebs führen. Diese Neuigkeit ließ mich noch tiefer in Drogen und Alkoholkonsum versinken in dem vergeblichen Bemühen, alle Gefühle und Emotionen zu verdrängen. Mir war jetzt alles egal!

Meine Mutter, meiner Aufsässigkeit überdrüssig, stellte mir eines Tages ein Ultimatum. Wir hatten einen ernsthaften Streit und ich verließ mein Zuhause. Nun lebte ich auf der Straße, bis ich nach Florida ging, um bei meinem Vater zu wohnen. Er war Christ geworden und hatte jahrelang für mich gebetet. Als ich bei ihm lebte traf ich den Entschluss, es einmal mit Gott zu versuchen. Ich übergab mein Herz an Jesus. Mir war klar, es musste jetzt sein oder nie, weil ich wusste, dass ich sonst sterben würde. Durch „King Jesus Ministry" wurde ich dazu angeleitet, meinem Urgroßvater zu vergeben. Ich erlebte Befreiung von Drogensucht und Alkoholismus, von sexueller Unreinheit, Unzucht, Selbstbefriedigung und Lust, von Selbstmitleid, Schuldgefühlen und Selbstmordneigung, von Stolz, Zauberei und dem Okkulten. Während mir gedient wurde spürte ich, wie meine Eierstöcke angeregt wurden und ihre Funktion wieder einsetzte. Solch ein Gefühl hatte ich nie zuvor erlebt! Ich wusste, ich war komplett frei und dass Gott mich geheilt hatte. Jede abgestorbene Zelle in mir wurde wiederhergestellt. Seit diesem Tag hat sich alles verändert. Ich fühle mich lebendig! Jesus hat mich befreit! Ich erlebe jeden Tag die Liebe des Vaters und ich möchte nicht, dass es jemals aufhört."

---

[19] Partydroge

Satan besitzt immer noch drei legale Rechtsansprüche

Das Kreuz und die Auferstehung bilden die Brücke, die uns aus dem Reich der Finsternis in das Reich des Lichts führt. Jetzt sitzen wir an himmlischen Orten im Reich Gottes. Er gibt uns das Recht, zusammen mit ihm zu herrschen.

> *Er [Gott der Vater] hat uns gerettet aus der Macht der Finsternis und versetzt in das Reich des Sohnes seiner Liebe (Kolosser 1,13).*

Da dies eine Tatsache ist fragen sich mache Leute, warum der Feind immer noch gläubige Christen angreift. Die Antwort ist, dass Gott Satan bis zur endgültigen Niederlage am Ende der Zeit das Recht zugestanden hat, uns mit Hilfe von drei Methoden zu bekämpfen: 1. Versuchung, 2. Verfolgung, 3. Anklage.

- **Versuchung:** Versuchung ist die erste Stufe des Angriffs. Alle Versuchungen basieren auf Täuschung oder einer Lüge. Der Stress, den die Versuchung in einer Person hervorruft, entspricht seinem Verlangen. Wenn du etwas Falsches begehrst, dann wird die Versuchung, entsprechend zu handeln, den Wunsch bestärken. Wenn du kein Verlangen nach etwas hast, dann hat auch die Versuchung keine Macht über dich. Allerdings kann wiederholte Versuchung unseren Wunsch nach etwas verstärken, und der Feind plant als Erstes, uns durch fortwährende Versuchung aufzureiben, so wie er es bei Adam und Eva bewerkstelligte.
- **Verfolgung:** Verfolgung ist die zweite Stufe des Angriffs (Johannes 15,18-21). Satan wird andere Menschen dazu anstiften Gläubige zu unterdrücken, um sie vom Predigen und der Demonstration des Reiches Gottes abzuhalten. Jesus erlebte Verfolgung durch viele der religiösen Leiter seiner Zeit. Ihr Hass und ihr Widerstand gegen ihn wuchsen auf solch ein Maß an, dass er schließlich verraten, gefangen genommen und getötet wurde. Was können wir von dem Widerstand

lernen, den Jesus erfuhr? Der Feind wird jeden angreifen, der es wagt, den Willen Gotts auszuführen. Er wird versuchen, jeden zu zerstören, der das Reich Gottes errichten will. Jeder christlichen Aktivität oder Bewegung, die zur Verherrlichung Gottes führt und Menschen aus dämonischen Bindungen befreit, wird er sich widersetzen. Er ist nicht bereit, die Bereiche, die er im Leben von Menschen errungen hat, kampflos auszuliefern. Sobald er sich bedroht fühlt, wird er mit aller verfügbarer Boshaftigkeit und Macht angreifen.

- **Anklage:** Die höchste Form des Angriffs ist Anklage (Offenbarung 12,19). Ich glaube, dass in der Endzeit die wichtigste Rolle des Teufels die des Verklägers sein wird. Wie schon zuvor gesagt, wird er Gläubigen immer etwas vorwerfen oder sie einer Sache bezichtigen, damit sie sich schuldig fühlen. Jedenfalls ist diese besondere Form der Anschuldigung ein letztes Mittel – eine dafür reservierte Waffe – des Feindes, um gegen die Glaubwürdigkeit von Christen vorzugehen, wenn sie für ihn und sein Reich zu einer Bedrohung werden. Jesus wurde von den religiösen Leitern zu Unrecht beschuldigt ein Gotteslästerer zu sein, die Macht des Teufels zu gebrauchen und die Menschen gegen die römische Obrigkeit aufzuhetzen. Die religiösen Leiter benutzten diese Anklagen, weil sie seinen Tod wollten. Für Satan gab es keine größere Bedrohung als Jesus Christus, und er gebrauchte rebellische Menschen dazu, Jesus Anschuldigungen entgegenzuschleudern, um ihn zu eliminieren.

Wir sind verwickelt in einen unsichtbaren Kampf mit dem Teufel. In dem Moment unserer Wiedergeburt wurden wir augenblicklich in das Reich des Lichts versetzt und traten sofort in den Krieg mit dem Reich der Finsternis ein. Wir können nicht mehr länger mit dem Reich der Finsternis in Frieden leben. Um das Beispiel der Staatsbürgerschaft einer Nation zu benutzen: Wenn Einwanderer zu Staatsbürgern von Amerika oder einem anderen Land werden, muss ihre Treue und Loyalität ihrem neuen Land gelten. In Kriegszeiten sind die Feinde ihres neuen Landes auch ihre Feinde. Das gleiche geschieht mit den Gläubigen im Augenblick ihrer Wiedergeburt. Sie werden zu vollwertigen Bürgern des Reiches Gottes und der Feind ist sich sofort ihrer neuen Staatsbürgerschaft bewusst. Wenn Menschen anfangs zu Christus kommen kann es sein, dass sie starken satanischen Widerstand erleben, der sich in ihren Familien, Freundschaften, Arbeitsplätzen, Finanzen oder ihrer Gesundheit zeigt.

Satan will die Autorität herausfordern, die wir Gläubigen in Christus erhalten haben. Deshalb müssen wir an dieser Autorität festhalten und ihm widerstehen. Wir sind aus der Festung Satans befreit und in das Reich des Lichts überführt worden, aber das endgültige Urteil über den Feind muss noch vollzogen werden. Auch wenn er keine Herrschaft mehr über uns hat, wird er weiter versuchen, uns entweder in sein Reich zurückzubringen oder unsere geistliche Effektivität zu untergraben. Aber wir haben die Kraft, ihn zu überwinden!

Damit du eine echte Gefahr für das Reich der Finsternis sein kannst, musst du bereit sein, den satanischen Angriffen zu widerstehen. Bei Gottes Reich geht es nicht um Theologie oder religiöse Lehrmeinungen, sondern um die Auferstehungskraft, die den Feind besiegen kann. Wenn die Kraft Gottes auf einem Mann oder einer Frau ruht, müssen die Dämonen fliehen. Wir haben die Kraft und Autorität, Befreiung zu bringen!

Ich möchte ein Wort der Warnung anbringen. Auch wenn Jesus uns von der Macht und Herrschaft der Finsternis befreit hat: Wenn wir fortfahren, Gott nicht zu gehorchen, oder wenn wir uns entschließen, ihm nicht zu folgen, stehen wir automatisch wieder unter der Autorität des Feindes. Vielleicht bemerken wir diese Tatsache nicht gleich, weil der Fürst der Dunkelheit uns mit Blindheit geschlagen hat, so dass wir Jesus oder die Wahrheit des Reiches Gottes nicht sehen oder erkennen. Wenn das der Fall ist, kann nur eine Offenbarung von Gott diese Blindheit wegnehmen. Erst dann können wir erkennen, was wirklich vor sich geht.

Richten wir das Reich Gottes auf, wird sich die Hölle gegen uns erheben. Wir müssen lernen, nicht nur uns selbst vor den Attacken Satans zu schützen, sondern auch all jene, die neu im Reich Gottes sind, weil ihr vorheriger Herr und Meister ihnen nachjagt. Wir sollten immer daran denken, dass Satan nur die Autorität über uns haben kann, die wir ihm durch unseren Ungehorsam einräumen (Epheser 4,27). Sind wir Gott gehorsam, kann der Feind uns nicht überwinden. Er mag noch Macht haben, aber Autorität besitzt er nicht mehr; dieses Recht steht ihm nicht mehr zu. Er kann diese Macht nicht gegen uns verwenden, um uns zu besiegen, es sei denn, wir erlauben es. Aufgrund dessen, was Jesus für uns getan hat, können wir Satan zur Unterwerfung zwingen; wir können alle seine Werke zerstören!

Wir wissen nun, dass der Feind durch den Sieg von Jesus am Kreuz vollständig besiegt, entthront, entwaffnet und vernichtet wurde. Deshalb wollen wir uns jetzt darauf konzentrieren, wie wir laut Jesus nachweisen können, dass sein Reich mitten unter uns gekommen ist.

Eine gehorsame Gemeinde wird den Feind entmachten, aber eine ungehorsame wird ihn ermächtigen.

Eindeutige Beweise für die Ankunft des Reiches Gottes

Wenn ich aber durch den Geist Gottes die Dämonen austreibe, so ist also das Reich Gottes zu euch gekommen (Matthäus 12,28).

Jesus verkündete, dass die Austreibung von Dämonen, die unter dem Befehl des Reichs der Finsternis stehen, ein klarer Beweis dafür ist, dass das Reich Gottes gekommen und wirksam ist!

Im Alten Testament finden wir niemanden, der aus Menschen Dämonen austreibt. Ich habe gelesen, dass in jener Zeit Menschen, die von dämonischen Geistern besessen waren, sich außerhalb der Stadt aufhalten mussten, getrennt vom Rest der Einwohner. Sie waren nicht mehr Bestandteil der Gesellschaft – ähnlich der Trennung und Isolation, die Patienten in unserer heutigen Zeit oft in den psychiatrischen Einrichtungen erleben. Offenbar war es das einzige, was sie damals mit einer dämonisch besessenen Person tun konnten.

Ich denke, dass zur Zeit des Alten Testaments keine Dämonen ausgetrieben werden konnten, weil Satan ja durch Adam das legale Recht besaß, über die Erde zu herrschen. Da jeder Mensch ein sündige Natur besaß – oder Satans Samen der Rebellion – hatten Dämonen das Recht in Menschen einzudringen, die sich für sie geöffnet hatten. Allein Satan hätte seine Autorität anwenden können, um einen Dämon aus jemandem zu vertreiben, aber das hätte er nie getan, um nicht seinen eigenen Absichten zu schaden (Matthäus 12,25-26).

Als jedoch Jesus als der Sohn Gottes auf die Erde kam, besaß er die Macht, Satan und seine Dämonen auszutreiben. In ihm war keine Sünde und er brachte das Reich des Lichts in die Welt. Die Dämonen waren sich seiner Identität und seines Auftrags bewusst. Aus diesem Grund riefen auch einige von ihnen Dinge wie: „Bist du hierhergekommen, uns vor der Zeit zu quälen?" (Matthäus 8,29), bevor sie auf sein Wort hin die Menschen verließen.

Jesus kam nicht als Sohn von Josef, seinem irdischen Adoptivvater, sondern mit der Natur seines himmlischen Vaters. Er war heilig und ohne jeden Makel. Wäre er mit der adamitischen Natur gekommen, hätte er die Menschheit nicht von Sünde und Tod erretten und auch keine Dämonen austreiben können, weil er dann wie jeder andere auch in Sünde geboren worden wäre. Doch Jesus war sündlos, und er kam mit der Autorität und dem Auftrag, über das Reich der Finsternis zu herrschen, was die Dämonen mit einschloss. Überall, wo er hinging, trieb er Dämonen aus – auf den Straßen, in den Häusern und sogar in den Synagogen, wie der folgende Abschnitt zeigt:

> *Aber Jesus befahl ihm und sprach: Verstumme und fahre aus von ihm! Da zerrte ihn der unreine Geist hin und her, schrie mit lauter Stimme und fuhr von ihm aus. Und sie erstaunten alle, so dass sie sich untereinander fragten und sprachen: Was ist das? Was für eine neue Lehre ist dies? Mit Vollmacht gebietet er auch den unreinen Geistern, und sie gehorchen ihm (Markus 1,25-27; Schlachter 2000).*

Die Synagoge war der Ort der Anbetung und der Gemeinschaft für die Juden im ersten Jahrhundert, ähnlich wie unsere Ortsgemeinden heute. Und in Markus 1 lesen wir, dass eine Synagoge einer der ersten Orte war, wo Jesus einen Dämon aus jemandem vertrieb. Während Jesus mit Vollmacht lehrte, manifestierte sich in einem der Versammelten ein Dämon (siehe Verse 21-24), und Jesus wies ihn in seine Schranken.

Die Reaktion der Anwesenden war dramatisch. Ich stelle mir vor, sie dachten bei sich: *„Sogar Mose konnte so etwas nicht"* – und Mose war von Gott als ihr Vorbild gesandt worden. Auch Elia, Samuel, David und Daniel hatten nichts dergleichen getan. Deshalb sahen sie das, was Jesus getan hatte, als eine neue Lehre an. Es war ein Zeichen dafür, dass das Reich Gottes aufgrund der Anwesenheit seines Königs gekommen war, und das Reich der Finsternis wurde aus diesem Territorium verdrängt.

In Vollmacht das Reich Gottes zu predigen, bringt die Austreibung von Dämonen mit sich.

> *[Jesus sprach] „Siehe, ich treibe Dämonen aus und vollbringe Heilungen heute und morgen, und am dritten Tag werde ich vollendet" (Lukas 13,32).*

Ich glaube Jesus sagt in diesem Vers, dass er Menschen heilen und befreien wird, bis er sein Werk auf der Erde zu Ende geführt hat. In dem Wissen, dass sein Werk auf vier Aktivitäten basierte – predigen, lehren, heilen und Dämonen austreiben – können wir annehmen, dass er ungefähr 50 Prozent seines Dienstes der Heilung von Kranken und der Austreibung von Dämonen gewidmet hat. Die Gemeinde von heute scheint damit zufrieden zu sein, zu lehren und zu predigen. Und wenn dann Gläubige Menschen heilen oder von Dämonen befreien, werden sie manchmal falscher Praktiken beschuldigt. Doch tun sie einfach die gleichen Dinge, die auch Jesus tat! Jesus bezeichnete Befreiung als das *„Brot der Kinder"* (z. B. Matthäus 15,21-28).

Jesus erklärt, dass die Austreibung von Dämonen ein klarer Beweis dafür ist, dass das Reich Gottes an einem Ort angekommen ist.

Wann immer Jesus Dämonen austreibt, weist das in Bezug auf das Reich Gottes auf vier wichtige Prinzipien hin:

- Das Reich Gottes wird an einem bestimmten Ort eintreffen, hier und heute.
- Das Reich Gottes wird in eine spezifische Situation hineinkommen.
- Das Reich Gottes ist weitaus mächtiger als das Reich der Finsternis.
- Satan ist vollständig besiegt

Als sich in der Synagoge ein Dämon zeitgleich mit der Lehre Jesu über das Reich Gottes manifestierte, wurde dadurch der Konflikt zwischen den beiden unsichtbaren geistlichen Bereichen aufgedeckt. Als das Licht ankam, wurde die Dunkelheit offenbar – und dann besiegt. Die Überlegenheit von Gottes Reich wurde durch die Unterwerfung der Dämonen unter die Autorität von Jesus bestätigt. Jesus möchte, dass wir die gleiche Autorität gebrauchen, um Menschen von dämonischer Besessenheit und Bedrückung zu befreien. Das zeigt auch das folgende Zeugnis.

Während einer meiner Dienstreisen traf ich Pastorin Ellie Davidian, eine vormals fromme schiitische Muslima aus dem Iran. Sie wurde auf wunderbare Weise durch einen Traum errettet, in dem Jesus sich ihr vorstellte. Sie und ihr Mann begannen einen geistlichen Dienst, denn in ihnen brannte das Verlangen, die muslimische Gemeinschaft zu erreichen. Ihre Gemeinde bestand aus muslimischen Einwanderern aus dem Iran, die errettet und befreit worden waren. Als sie anfingen mein Fernsehprogramm zu sehen, stimmten sie sofort mit meiner Lehre über Visionen und Offenbarungen überein, und die übernatürliche Kraft Gottes brachte ihren Dienst auf die nächste Ebene.

Einige Wochen nachdem Pastorin Ellie meine Lehren über übernatürliche Autorität und Vollmacht empfangen hatte, wurde eine Frau namens Suzanne radikal errettet. Dies geschah, als sie im Iran das Radioprogramm von Pastorin Ellie hörte. Mehrere Wochen später besuchte Suzanne ihre Tante, bei der auch eine von Suzannes Cousinen mit Namen Elisabeth wohnte. Diese war seit dreißig Jahren auf eine gewalttätige Art und Weise von Dämonen besessen. Im Alter von fünf Jahren hatte Elisabeth ihre Mutter durch Brustkrebs verloren und ihre beiden Schwestern waren ebenfalls an Brustkrebs gestorben. Aus diesem Grund wuchs sie bei ihrer Tante auf.

Andere Menschen konnten kaum in die Nähe von Elisabeth kommen, weil sie so aggressiv war. Wenn jemand ihr beispielsweise eine Orange geben wollte, riss sie diese der Person schreiend aus der Hand und biss sofort hinein, ohne vorher die Schale zu entfernen. Ihre Tante berichtete, dass Elisabeth ihre ganze Kleidung, ihr Bettzeug und die Kissen zerreißen würde. Sie konnte es nicht ertragen, auch nur ein einziges Kleidungsstück anzuziehen und bedeckte sich deshalb nur mit einer Decke. In den letzten fünfundzwanzig Jahren hatte sie auch ständig auf sich selbst uriniert und der Geruch war deutlich merkbar in die Wände gezogen. Als Suzanne ihre Tante besuchte, trug ihre Cousine eine Kette um den Bauch, die an einer Wand befestigt war. Das sollte sie daran hindern, andere zu verletzen. Die Atmosphäre war aufgeladen mit geistlicher Opposition.

Suzanne konnte über ihr Handy Pastorin Ellie erreichen, die dann telefonisch Elisabeth das Wort Gottes verkündigte. Elisabeth begann zu schreien und die Pastorin befahl den dämonischen Geistern der Furcht und des Selbstmords, sie im Namen Jesu zu verlassen. Unvermittelt hörte Elisabeth mit dem Schreien auf. Pastorin Ellie sagte dann zu Suzanne: „Du hast die Autorität, im Namen von Jesus weiterzubeten." Also fing diese an zu beten, zu singen und Gott zu loben und Elisabeth beruhigte sich immer mehr.

Danach entfernten sie zum ersten Mal seit dreißig Jahren die Ketten von Elisabeth, die sich jetzt völlig normal verhielt. An diesem Abend duschte sie sich nach zweieinhalb Jahrzehnten erstmals selbst. Sie nahm wie jeder andere in aller Ruhe ihr Abendessen zu sich und schlief, angezogen mit ihrem Nachtzeug, in ihrem Bett. Die Tante empfand solch eine Erleichterung und

Dankbarkeit gegenüber Jesus für die Befreiung ihrer Nichte; sie weinte und bekannte Jesus als ihren Erlöser! Pastorin Ellie hatte erkannt, dass sie im Namen von Jesus Dämonen aus besessenen Menschen austreiben konnte und fing an, die Macht von Jesus in ihrem Territorium sichtbar werden zu lassen!

Durch das Austreiben von Dämonen deckte Jesus auf, wie völlig gegensätzlich das Reich Gottes und das Reich Satans sind. Es gab Zusammenstöße und Konflikte, bis das stärkere Reich die Oberhand gewann. Mit unseren natürlichen Augen können wir zwar diese zwei Reiche nicht wahrnehmen, aber wir sehen die physischen Auswirkungen ihrer Existenz.

Wie viele der Gemeindeaktivitäten sind denn heute eine wirkliche Bedrohung für das Reich der Finsternis? Ich würde sagen, im Allgemeinen nur sehr wenige. Die Dienste, die eine Bedrohung für den Feind darstellen, stehen unter massiver Verfolgung. Sie sind sogar Beschuldigungen und Verurteilungen von Leuten aus den eigenen Reihen ausgesetzt. Wir müssen darauf achten, nicht zu Verbündeten des Feindes zu werden, indem wir unsere eigenen Brüder und Schwestern in Christus eines Fehlers oder Irrtums anklagen, wenn sie das Reich Gottes durch das Austreiben von Dämonen und anderen übernatürlichen Manifestationen unter Beweis stellen.

Das Austreiben von Dämonen ist eine Manifestation der Herrschaft und Macht des Reiches Gottes.

Befreiung von satanischer Unterdrückung empfangen und darin dienen

Wenn du Satan gestattet hast über dich zu herrschen, dann ist es an der Zeit, dich mit den Waffen der Befreiung auszurüsten, die Jesus bereitgestellt hat. Und wenn du jemanden kennst, der vom Teufel unterdrückt wird, dann musst du wissen, wie du durch das Reich des Lichts Befreiung bringen kannst. Auch wenn du ein Christ bist und nicht körperlich von Dämonen besessen sein kannst, so sei dir bewusst, dass sie dich immer noch beeinflussen können. Es kann Bereiche in deinem Leben geben, die aufgrund von Unvergebenheit oder Generationsflüchen noch von Satan gefangen gehalten werden. Man sollte Befreiung regelmäßig praktizieren.

Ich stehe schon mehr als zwanzig Jahre im Dienst und habe gelernt, Menschen zuerst einmal dazu anzuleiten, bestimmte Voraussetzungen für ihre Befreiung zu schaffen. Ich glaube, Vergebung hat dabei einen Anteil von 95% und die restlichen 5% bestehen darin, die Dämonen auszutreiben. Werden diese Voraussetzungen nicht beachtet, verschwinden die Dämonen normalerweise nicht oder wenn sie gehen, dann werden sie wieder zurückkommen und die Befreiung geht verloren. Ich möchte nicht, dass dir dies passiert, sondern dass du frei bist und deine Befreiung auch behältst.

Die folgende Liste von Voraussetzungen oder Bedingungen wird dir helfen, frei von allen dämonischen Einflüssen zu werden, die in deinem Verstand, deinem Willen oder deinen Gefühlen wirken. Um Befreiung zu erhalten – und frei zu bleiben – musst du:

- Eine persönliche Offenbarung von Jesus als Herrn und Erlöser haben.
- Dich vor Gott demütigen (lehnt jemand ab, sich vor Gott zu demütigen, sollte der Seelsorger nicht mit der Befreiung fortfahren).
- Alle Handlungs- und Unterlassungssünden bekennen.
- Von ganzem Herzen Buße tun.
- Dich entscheiden allen zu vergeben, die dich verletzt, gekränkt oder verärgert haben.
- Dir zutiefst wünschen, von der Bedrückung und Beeinflussung durch den Feind befreit zu werden.
- Jeden Pakt bzw. jede Übereinkunft auflösen, die du mit dem Okkulten durch Zauberei, irgendwelche Kulte, falsche Religionen oder Sekten eingegangen bist.
- Glauben, es bekennen und den göttlichen Austausch empfangen, der am Kreuz durch Jesus Christus stattfand.

- Ausatmen, damit jeder böse Geist deinen Körper verlassen kann.

Wenn du passiv bist, nichts unternimmst oder einfach nur die Bibel zitierst, wird keine Befreiung geschehen. Sie erfolgt dann, wenn du handelst und die Dämonen zurechtweist.

Du kannst das folgende Gebet als Anleitung nehmen. Es wird dir helfen, keinen wichtigen Aspekt bei der Befreiung zu vergessen. Wenn du dieses Gebet sprichst, dann denke daran, als einen Akt des Glaubens anschließend auszuatmen, damit jeder böse Geist dich verlässt.

Ich glaube, lieber Herr, dass du der Sohn Gottes bist. Du bist für meine Sünden am Kreuz gestorben und von den Toten auferstanden, so dass mir vergeben wurde und ich ewiges Leben empfangen konnte. Ich ergreife dein Werk und sage mich los von jeder religiösen Selbstgerechtigkeit und jeder Regung von Stolz, die nicht von dir stammt. Ich bitte um deine Barmherzigkeit und Gnade in dem Bewusstsein, dass ich nichts habe, dessen ich mich rühmen kann. Von ganzem Herzen bekenne ich meine Sünden und tue Buße über alle Sünden, die ich begangen habe, wie auch alles, das ich hätte tun sollen, aber nicht getan habe. Ich entscheide mich, meinen sündhaften Lebensstil zu beenden, damit ich neues Leben in dir haben kann. Aus freiem Willen entscheide ich mich, dir nachzufolgen. Ich vergebe jeder Person, die mich verletzt hat und mir Schaden wünschte. Ich sage mich los von aller Unvergebenheit, Bitterkeit, allem Hass und allem Ärger und lasse das alles gehen. Im Besonderen vergebe ich … (nenne die Namen der Personen, die dich verletzt haben) und bitte dich um deine übernatürliche Gnade, ihnen zu vergeben.

Ich sage mich los von jedem Pakt und jeder Übereinkunft, die ich mit dem Okkulten geschlossen habe, einschließlich Zauberei, Wahrsagerei und falschen Glaubenslehren oder Religionen. Ich verpflichte mich, jedes Objekt in meinem Heim oder an meinem Arbeitsplatz zu zerstören, das im Zusammenhang mit dem Okkulten oder Götzendienst steht.

Herr Jesus, ich danke dir, dass du meinen Fluch mit ans Kreuz genommen hast, sodass ich deinen Segen empfangen kann. In deinem Namen bin ich erlöst und frei. Zusammen mit dir stehe ich gegen Satan und seine Dämonen. Ich sage mich los von den Flüchen, die ich in meinem Leben am Werk gesehen habe (nenne alle Generationsflüche, die du identifizieren konntest: Krankheit, Depression, Alkoholismus, Ehebruch, Selbstmord, vorzeitiger Tod und anderes). Ich empfange jetzt deine Segnungen. Ich widerstehe dem Teufel und ordne mich dir unter. Ich befehle jedem Dämonen, der mein Leben, meine Gesundheit, meine Finanzen und meine Familie kontrolliert, jetzt zu gehen! Im Namen von Jesus treibe ich sie jetzt aus. Ich bin frei!

Der Kampf zwischen Fleisch und Geist

Satan und seine Dämonen sind nicht die einzigen Feinde, mit denen wir fertig werden müssen. Wir haben einen weiteren „Feind", der gegen uns kämpft: das „Fleisch" bzw. die fleischliche Natur. Im vorausgegangen Kapitel sprachen wir darüber, der fleischlichen Natur zu sterben, um das Auferstehungsleben Jesu zu manifestieren. Bei Satans Versuchen uns zu besiegen wird er das Fleisch benutzen, denn die fleischliche Natur ist der Bereich, in dem die Versuchungen stattfinden. Das Fleisch ist aber nicht gleichzusetzen mit dem Teufel, und deshalb müssen wir damit anders umgehen als mit ihm. Zu lernen das Fleisch zu überwinden ist ein entscheidender Bestandteil unserer geistlichen Verteidigung. Ich kenne eine ganze Anzahl von Fällen, in denen Menschen, die von der Knechtschaft Satans befreit wurden oder Heilung empfingen, einen Rückfall erlitten. Sie erlebten erneut Unfreiheit oder bekamen körperliche Symptome, weil sie ihrem Fleisch nachgaben und damit dem Feind Raum gewährten.

Im Neuen Testament lehrt uns das Wort Gottes, dass es zwischen dem Fleisch und dem Geist einen Kampf gibt. Das ist in der Tat oft der erste Kampf, in den wir nach unserer Wiedergeburt und dem Eintritt ins Reich Gottes geraten. Und wir müssen lernen, in diesem Kampf effektiv zu handeln. Während wir in dieser Welt leben, müssen wir unser Fleisch kreuzigen und gemäß dem Geist leben. Viele Gläubige sündigten, weil sie durch ihr Leben im Fleisch Satan eine Tür öffneten. Das führte dazu, dass sie Opfer weiterer Verlockungen und geistlicher Verwundbarkeit wurden, und letztendlich zu ihrem Verderben.

Als ich einmal in der übernatürlichen Kraft Gottes in Chile diente, traf ich einen jungen Mann namens Marcelo, der erheblich mit der fleischlichen Natur zu kämpfen gehabt hatte. Er war homosexuell gewesen und hatte zehn Jahre lang alle möglichen Arten der Perversion praktiziert. Er war als der „Nachbarschafts-Schwule" bekannt gewesen und Opfer von Spott und Hohn, Ablehnung und Diskriminierung. Trotz aller Versuche war er doch nicht in der Lage, diesen Lebensstil loszulassen. Sein Alltag war eine einzige Qual.

Eines Tages stieß Marcelo beim Fernsehen auf mein Programm *„Zeit für Veränderung"*. Die Botschaft, die er dort hörte, berührte zutiefst sein Herz. Sie führte ihn sofort in die Buße und gab ihm den Glauben, dass Veränderung möglich sei. Er spürte, wie echte Liebe und wahrer Frieden sein ganzes Sein erfüllte. So etwas hatte er nie zuvor erlebt. Als ich die Fernsehzuschauer bat, gemeinsam mit mir zu beten, fiel er auf seine Knie, legte seine Hände auf das Fernsehgerät und flehte Gott an, ihn zu befreien. Während der Heilige Geist ihm diente, kamen ihm Bilder seiner sündigen Vergangenheit in den Sinn, und als die Kraft Gottes ihn befreite, wurde er mit heiliger Ehrfurcht erfüllt. Weinend sprach er mir das Gebet der Errettung nach und nahm Jesus als seinen Herrn und Erlöser an. Er spürte, wie eine Art feuriger Strom in ihm brannte.

Marcelo berichtete: „Monate später hatten sich viele Dinge verändert. Ich schloss mit Gott einen Bund, ihm durch die Verkündigung der Wahrheit seines Reiches zu dienen. Meine Sünden waren vergeben, Scham und Schande hatten mich verlassen. Es war schwer, aber heute bin ich bereit zu erzählen, was Gott an und in mir getan hat." Seine Mutter bestätigte: „Marcelo ist jetzt in einer gesunden Beziehung mit einer liebenswerten jungen Frau; er ist das völlige Gegenteil von dem, was er ursprünglich war." Sünde hatte Marcelo beherrscht, aber Gottes Kraft setzte ihn frei, als er sich aus freiem Willen ganz an Gott übergab.

Die fleischliche Natur verstehen

> *Die aber Christus angehören, die haben das Fleisch gekreuzigt samt den Leidenschaften und Lüsten (Galater 5,24; Schlachter 2000).*

Wie bereits erwähnt sind wir Menschen dreiteilige Wesen: wir sind Geist, wir besitzen eine Seele und wir bewohnen einen physischen oder materiellen Körper (1. Thessalonicher 5,23). Wenn wir Jesus annehmen wird unser Geist wiedergeboren, aber unsere Seele ist nur „gerettet“ – sie ist nun imstande erneuert zu werden, aber sie ist noch nicht vollständig transformiert. Vom Zeitpunkt unserer Errettung an müssen wir kontinuierlich an der Umgestaltung unserer Seele arbeiten.

Die fleischliche Natur ist eine Kombination aus unseren ungöttlichen Leidenschaften, verdrehten Gefühlen, schlechten Gedanken, unserem Starrsinn und üblen Begierden. Paulus schreibt, dass die Werke des Fleisches *„Unzucht, Unreinheit, Ausschweifung, Götzendienst, Zauberei, Feindschaften, Streit, Eifersucht, Zornausbrüche, Selbstsüchteleien, Zwistigkeiten, Parteiungen, Neidereien, Trinkgelage, Völlereien und dergleichen“* sind (Galater 5,19-21). Das Fleisch zeigt sich oft dann, wenn die Seele und der Körper unabhängig vom Heiligen Geist handeln. Wenn wir wirklich zu Jesus gehören erwartet Gott, dass wir mit Hilfe der Kraft, die er uns durch seinen Geist gegeben hat, unser Fleisch kreuzigen.

Fleisch ist alles, was nicht unter der Herrschaft und dem Einfluss des Heiligen Geistes steht.

Heutzutage scheinen viele Gläubige zu versuchen, das Fleisch „auszutreiben“ und den Teufel „zu kreuzigen“. Sie machen es genau falsch herum. Jesus besiegte den Teufel und die Sünde am Kreuz, aber es ist unsere Verantwortung, unser Fleisch zu kreuzigen; niemand anderer kann das für uns tun. Es ist wichtig, Ausgewogenheit dabei zu bewahren, denn es gibt viele Menschen, die dem Teufel für alles die Schuld geben, was ihnen an Schlechtem zustößt. Manche Leute sehen hinter jedem Baum Dämonen, wenn sie in Wirklichkeit Satan durch ihre fleischliche Natur Raum in ihrem Leben gegeben haben. Es gibt aber andererseits auch Menschen, die nicht an einen geistlichen Kampf glauben. Deshalb geben sie dem Fleisch für alles die Schuld, was geschieht. Sie erkennen nicht, dass Satan als der wahre Schuldige hinter einigen ihrer Probleme steckt. Wir müssen den Unterschied zwischen dem Fleisch und dem Teufel verstehen.

Wenn wir unser Fleisch kreuzigen, unterwerfen wir uns der Herrschaft von Jesus Christus und führen nicht mehr länger einen sündigen Lebensstil. Wir leben durch den Glauben des Sohnes Gottes. Haben wir gelernt auf diese Weise zu leben, und erleben dann immer noch keinen geistlichen Sieg, dürfen wir davon ausgehen, dass Satan und seine Dämonen die Ursache unseres Problems sind und können sie vertreiben. Wenn wir den Dämonen befehlen zu gehen, werden sie uns solange nicht gehorchen, bis wir zuerst unser Fleisch in genau dem Bereich gekreuzigt haben, in dem wir sie austreiben wollen - unabhängig davon, ob es uns selbst oder eine andere Person betrifft. Geben wir den Wünschen unseres Fleisches nach, setzt das unsere geistliche Autorität außer Kraft und wir werden anfällig für Satans Versuchungen.

Das Fleisch kreuzigen wir, aber die Dämonen treiben wir aus.

Wie man das Fleisch kreuzigt

Wenn jemand mir nachkommen will, verleugne er sich selbst und nehme sein Kreuz auf und folge mir nach (Matthäus 16,24).

Wir wollen uns den Prozess, wie man sein Fleisch kreuzigt, einmal näher anschauen. Wir kreuzigen dann unser Fleisch, wenn wir uns entscheiden, unsere gottlosen Wünsche und Leidenschaften nicht zu befriedigen. Dieser Entschluss muss freiwillig von uns kommen. Wenn Jesus seinem Fleisch nach gehandelt hätte, wäre er nie ans Kreuz gegangen oder hätte seine Heiligkeit nicht bewahrt. Jesus erlebte Erschöpfung, Schmerzen, Traurigkeit, Hunger und alles andere, was du und ich auch erleben. Doch obwohl er versucht wurde, sündigte er nie (Hebräer 4,15). Das Fleisch wird besiegt wenn wir beschließen, das Kreuz von Jesus auf unsere Seele anzuwenden und uns dem fleischlichen Ich verweigern.

> *Denn wer sein Leben retten will, wird es verlieren; wer aber sein Leben verliert um meinetwillen, wird es finden (Matthäus 16,25).*

Die Seele besteht aus dem Verstand, dem Willen und den Emotionen. Leben wir für die Seele, dann werden wir von ihr statt vom Geist geleitet. Der Wille sagt: „Ich will." Die Emotionen sagen: „Ich fühle." Und der Verstand sagt: „Ich denke." Wenn wir unserer Seele erlauben uns zu beherrschen, dann leben wir nach dem Fleisch, dessen Motivation die Befriedigung des Egos ist. Der Apostel Paulus fordert uns auf: *„Wandelt im Geist, und ihr werdet die Begierde des Fleisches nicht erfüllen. Denn das Fleisch begehrt gegen den Geist auf, der Geist aber gegen das Fleisch; denn diese sind einander entgegengesetzt, damit ihr nicht das tut, was ihr wollt" (Galater 5,16-17).* Zu leben, um das „Fleisch" oder „Selbst" zu befriedigen, ist Ungehorsam und lockt die Dämonen an, uns anzugreifen. Das Kreuz ist für uns der einzig sichere Aufenthaltsort! Jeder Einzelne ist selbst dafür verantwortlich, seine Gesinnung, Motive, Wünsche und seinen Lebensstil, die aus dem Ich hervorgehen, zu kreuzigen.

Ein Ehepaar, Joel und Cheryl, musste die Entscheidung treffen, sich Gott unterzuordnen, da ihre Ehe sonst am Ende gewesen wäre. „Wir hassten einander", berichtete Cheryl. Nach nur neun Monaten Ehe wurde Joel rückfällig in Bezug auf seine Drogensucht, von der Cheryl nichts gewusst hatte. Er entstammte einer ganzen Linie von Abhängigen und hatte schon im frühen Alter angefangen zu trinken und Marihuana zu rauchen. „Für mich war es ganz normal meine Onkel betrunken zu sehen und zu erleben, dass sie nicht einmal ein Fußballspiel mit mir zu Ende ansehen konnten, weil sie irgendwann bewusstlos wurden", teilte Joel mit. Seine Tante war im Alter von sechsundsiebzig Jahren gestorben, nachdem sie aufgrund von Alkoholmissbrauch das Bewusstsein verloren hatte.

Zusätzlich war Joels Leben durch einen Geist der Ablehnung geschädigt. Sein Vater hatte einen Groll auf ihn. Der Mann, bei dem er nach Liebe und Anerkennung suchte, war ihm gegenüber distanziert, erfüllt von gegensätzlichen Gefühlen und auch gewalttätig. Um den Schmerz zu verdecken, den er in seinem Innersten fühlte, tauchte Joel noch tiefer in seine Süchte ein. Nachdem er und Cheryl geheiratet hatten, war er manchmal tagelang nicht zuhause. Das verwirrte Cheryl und machte sie unglücklich und wütend. Sie vermutete, dass Alkohol und Drogen die Ursache für seine Abwesenheit waren. Als sie schwanger wurde, war ihr Ehemann immer noch nicht in der Lage, seiner Familie die emotionale oder finanzielle Unterstützung zu geben, die sie verdienten.

Schließlich erkannte Joel, dass seine Frau das Beste war, was ihm je passiert war. Er wollte sie nicht verlieren und versuchte deshalb, sich zu ändern. Seine Wiederherstellung dauerte lange und war nicht einfach. Es gab dabei auch einige gescheiterte Rehabilitationsversuche. Selbst nach drei Monaten in einer Reha-Einrichtung verfiel er wieder dem Drogenkonsum. In dieser Phase ihres Lebens verschwendete er fast 100 000 Dollar, während seiner Frau nur wenig übrigblieb, um die Rechnungen zu bezahlen. Sie waren in jeglicher Hinsicht bankrott.

Das Leben wurde für Joel und Cheryl unerträglich. Sie beschlossen deshalb, Gott zu suchen, und fingen an, „King Jesus Ministry" zu besuchen. Sie wollten ihr Leben völlig verändern und den Wahnsinn und ständigen Schmerz in ihren Herzen beenden. Eines Tages lehrte ich über Gottes Plan für Familien. Cheryl erinnert sich: „Die Lehre des Apostels war so kraftvoll und vermittelte mir, Joel auf Gottes Weise zu lieben." Sie erkannten, dass sie innere Heilung brauchten, und entschieden sich, an einem Befreiungs-Kurs teilzunehmen. „Dort veränderte sich unser Leben und unsere Ehe", sagte Joel ganz begeistert. Für Cheryl kam der Durchbruch, als sie sich entschloss, alle Bitterkeit aufzugeben. „Wenn ich die Segnungen empfangen wollte, dann hatte ich keine andere Wahl, als den Hass und die Verbitterung loszulassen, die ich schon so lange Jahre mit mir herumtrug.“ Gott kam in ihre Situation hinein und heilte ihr zerbrochenes Herz. In der Zwischenzeit wurde Joel von seinen Süchten befreit. Er entschied sich, sein altes Leben aufzugeben, sich Gott unterzuordnen und das zu tun, was seine Aufgabe als Ehemann und Vater war. In einer besonderen Zeremonie für verheiratete Paare erneuerten Joel und Cheryl ihr Ehegelübde in unserer Gemeinde. Weil sie sich entschieden hatten ihr Fleisch zu kreuzigen, führen Joel und Cheryl jetzt dank der Auferstehungskraft von Jesus ein Leben in Freiheit und Liebe.

Der Konflikt der Endzeit: Ein Kampf der Mächte

Ich muss kurz noch einen anderen wichtigen Aspekt in dieser Auseinandersetzung zwischen dem Reich Gottes und dem Reich des Satans erwähnen. In der Endzeit werden wir erleben, wie dieser Kampf exponentiell zunehmen wird.

> *Und weil die Gesetzlosigkeit [„Ungerechtigkeit“, Luther 1984] überhandnimmt, wird die Liebe der meisten erkalten (Matthäus 24,12).*

Jesus warnte uns davor, dass die Ungerechtigkeit oder Gesetzlosigkeit (Missachtung von Gottes Gesetz) sich in der Endzeit vervielfachen wird. Meiner Ansicht nach wird die letzte Zeit vor der Wiederkunft Christi eher vom Widerstand gegenüber der übernatürlichen Kraft geprägt sein, als von einem Zusammenprall von Theorien, Philosophien oder Lehrmeinungen. Die Christen müssen zeigen, dass das Reich Gottes bedeutender und stärker ist als die Macht von Hexen, Zauberern, Satanisten und allen anderen Mächten des Feindes. Denn was wir haben, besteht nicht nur aus Theologie, Lehrmeinungen, Grundsätzen, Konzepten, Riten und Zeremonien usw. Was wir haben ist ein glorreiches Königreich!

Ein verpflichtendes Gebet

Wir wollen dieses Kapitel mit einem Gebet beenden und Gott gegenüber eine Verpflichtung eingehen. Wir müssen bereit sein, effektiv in Bezug auf die angesprochenen Konflikte zu handeln. Sie finden bereits statt und werden mit dem Herannahen des Endes weiter zunehmen. Der Kampf zwischen dem Reich des Lichts und dem Reich der Finsternis macht es erforderlich, dass alle Christen im Gehorsam gegenüber Gott und in der Fülle seiner Offenbarungen leben. Der Konflikt zwischen dem Fleisch und dem Geist gebietet, dass wir das fleischliche Ego mit seinen unkontrollierbaren Leidenschaften und Wünschen kreuzigen und durch Gnade im Geist leben, damit Satan unser Leben nicht infiltrieren kann. Als Letztes erfordert der Kampf der Endzeit – der ein für alle Mal die Überlegenheit des Reiches Gottes über das Reich Satans beweisen wird – dass Christen die übernatürliche, schöpferische Kraft Gottes manifestieren, indem sie predigen, lehren, Kranke heilen, Dämonen austreiben und Tote auferwecken, wie es auch Jesus, der Sohn Gottes, vor uns getan hat. Wir sollen die Menschen zur Buße rufen und die Ankunft des Reiches Gottes verkünden, damit Zeichen und Wunder geschehen, um unsere Botschaft zu bekräftigen. Bist du bereit zu gehen und die Kraft Gottes zu demonstrieren? Verpflichte dich dem Herrn, indem du das folgende Gebet laut sprichst:

> *Jesus Christus, du bist Herr. Du bist der Sohn Gottes und der einzige Weg zum Vater. Du bist für meine Sünden gestorben und am dritten Tag von den Toten auferstanden. Du hast mich mit deinem Blut erkauft und vom Reich der Finsternis in dein herrliches Reich des Lichts versetzt. Du hast mich aus der Sklaverei Satans befreit und mir ermöglicht, als Kind Gottes wiedergeboren zu werden. Jetzt verpflichte ich mich dir wieder. Ich bin bereit mein Fleisch zu kreuzigen und in der Autorität zu stehen, die du mir gegeben hast. Ich stelle mich dir zur Verfügung. Mach mit mir, was du willst. Sende mich dorthin, wo auch immer du mich haben möchtest. Von heute an bist du mein Herr und ich unterwerfe mich freiwillig deinem Reich. All mein Han-*

deln wird im Gehorsam gegenüber deinem Wort und deinem Reich erfolgen. Ich werde nicht mehr länger über mich selbst bestimmen. Danke, dass du diesen Bund der Selbstverpflichtung annimmst. Ich bin mir bewusst, dass ich nicht würdig bin, doch dein Blut macht mich würdig. Ich bin angenommen. Ich bin dein Kind! Salbe mich mit Kraft, damit ich gehen, dein Reich ausbreiten, gegen das Reich der Finsternis kämpfen und die Werke des Teufels zerstören kann. Wo immer ich hinkomme, werde ich denjenigen das Evangelium deines Königreiches verkünden und demonstrieren, die es noch hören und sehen müssen. Hier bin ich, Herr – sende mich!

Kapitel 5

Das Evangelium vom Reich Gottes heute verkündigen

Welche Botschaft predigte Jesus in seinem Dienst auf der Erde? Er verkündete „das Evangelium vom Reich Gottes" und entsprechend heilte er *„alle Krankheiten und alle Gebrechen im Volk"* (Matthäus 4,23).

Das mit „Evangelium" übersetzte Wort ist das griechische Wort *euangẹlion* und es bedeutet: eine gute Botschaft oder gute Nachricht. Es ist die gute Nachricht! Jesus brachte die gute Nachricht, aber es war eine spezifische Nachricht. Es war die gute Nachricht vom Königreich Gottes. Lassen wir das Reich Gottes weg, verkünden wir nicht das gleiche Evangelium wie Jesus. Diese Botschaft beinhaltet auch die Nachricht von seiner Auferstehung - nicht nur, dass er vor 2000 Jahren auferstand, sondern dass die Kraft seiner Auferstehung auch heute immer noch aktiv ist.

Das Evangelium vom Reich Gottes ist das, was Jesus heute durch einzelne Gläubige, durch Gemeinden und durch Dienste tut. Die meisten Menschen haben gehört, was Religion sagt, aber sie haben nicht gehört, was das Evangelium vom Reich Gottes sagt. Wie Paulus schrieb, ist dieses Evangelium die Kraft Gottes zur Errettung - mit den Manifestationen der Erlösung, Heilung und Befreiung.

> *Denn ich schäme mich des Evangeliums von Christus nicht; denn es ist Gottes Kraft zur Errettung für jeden, der glaubt (Römer 1,16).*

Die Evangelien berichten von dem Leben Jesu in seiner natürlichen Gestalt, und die Apostelbriefe zeigen das Leben von Jesus, das durch den Geist demonstriert wird.

Das wahre Evangelium vom Königreich Gottes verändert das Leben von Menschen in jedem Gesellschaftsbereich, weil es ein lebendiges und schöpferisches Evangelium ist. Denise Scanziani ist eine junge Anwältin. Sie „hatte alles" und konnte trotzdem die Leere, die sie in ihrem Innersten spürte, nicht füllen, bis sie in dem lebendigen Christus dem Reich Gottes begegnete. Hier ihr Zeugnis:

„Nach dem Maßstab der Welt hatte ich es geschafft und alle meine Ziele erreicht. Ich war eine erfolgreiche Anwältin mit einer eigenen Praxis, hatte genug Geld und eine perfekte Familie, aber irgendetwas fehlte mir. Dieses eigenartige Gefühl von Leere, der ich nicht entrinnen konnte, hatte ich nicht mit eingeplant. Ich fühlte mich orientierungslos und konnte nicht verstehen, warum ich häufig traurig, deprimiert und ängstlich war. Es gab da ein Bedürfnis in mir nach mehr. Ich wusste aber nicht, was das sein könnte. Während ich nach Antworten ausschaute entschloss ich mich, für das Amt als Richterin zu kandidieren. Zum Teil war es eine Suche nach diesem schwer definierbaren Gefühl von Erfüllung und zum anderen wollte ich damit der ständigen Frage in meinem Kopf entfliehen: *„Ist das alles, was es im Leben gibt?"*

Als Teil meines Wahlkampfes für das Richteramt besuchte ich „King Jesus Ministry". Dort begegnete ich der fundamentalen Wahrheit – Jesus Christus. Er war die Antwort, die für immer mein Leben veränderte! Er sprach durch die Botschaft zu mir und ich spürte etwas, das als Kitzeln in meinem Bauch begann, dann mein Herz durchbohrte und schließlich in Form von Tränen aus meinen Augen hervorströmte! Als ich an diesem Tag Jesus mein Herz übergab, brachte er es zum Schmelzen. Mir wurde bewusst, dass ich für einen besonderen Zweck geschaffen worden war, der weder Traurigkeit noch Angst oder Leere beinhaltete. Jesus Christus erfüllte die Leere in meinem Innersten! Er gab mir Bestimmung und Erfüllung, ein reich erfülltes Leben.

Am Ende verlor ich die Wahl, und doch gehörte der Sieg mir! Wo einstmals Traurigkeit, Sorgen und Ängste gewesen waren, herrscht jetzt Freude und Frieden. Wo Mangel und Leere gewesen waren, gibt es jetzt Fülle, Vertrauen und das Wissen um meine Identität als Tochter von Gott. Ich weiß nun, dass er die Kontrolle und Herrschaft hat!"

In einem Augenblick veränderte das Evangelium vom Reich Gottes das Leben von Denise, indem es ihr eine echte Erfahrung mit dem auferstanden Christus schenkte.

Die Kraft Gottes ruht nicht in einer Persönlichkeit, sondern in der Wahrheit, welche das Wort Gottes ist.

Das Evangelium vom Königreich im Gegensatz zu anderen Evangelien

Viele Religionen haben ihre eigenen „Evangelien", die gute Dinge verkündigen. Doch fehlt es ihnen an übernatürlicher Kraft, um mit der Sünde und Rebellion der Menschen fertigzuwerden und ihr Leben zu verändern. Sie haben nicht die Kraft, Krankheiten zu heilen oder jemanden von mentaler oder emotionaler Unterdrückung zu befreien. Sie sind ein Ersatz für das echte Evangelium.

Sogar in einem großen Teil der Gemeinden hat man Komponenten der Botschaft des Evangeliums verwässert oder gekürzt. So entstanden daraus menschliche Varianten, denen es an Kraft mangelt. In einigen Fällen sind diese menschlichen Versionen sogar „Gegen-Kraft". Die Botschaft des Evangeliums vom Reich Gottes wird nicht so präsentiert, wie es bei Jesus und der frühen Gemeinde der Fall war. Diese elementaren Bestandteile werden weggelassen: der Ruf zu einer rückhaltlosen Buße sowie die Manifestation von Gottes Gegenwart durch Heilungen, Zeichen und Wunder, der Austreibung von Dämonen und der Auferweckung von den Toten.

Als Folge davon hat sich die Gemeinde daran gewöhnt, ein unvollständiges Evangelium zu hören. Der Apostel Paulus warnte die Gläubigen vor der Gefahr, ein anderes Evangelium zu predigen oder zu befolgen als das Evangelium vom Reich Gottes:

Wenn jemand euch etwas als Evangelium verkündigt entgegen dem, was ihr empfangen habt: Er sei verflucht (Galater 1,9).

Die Gefahr, ein falsches oder unvollständiges Evangelium zu verkündigen oder zu befolgen, besteht nach wie vor. Gott möchte in der Gemeinde das echte Evangelium wiederherstellen, damit der Welt die gute Nachricht so verkündet werden kann, wie es eigentlich sein sollte. Betrachten wir einmal unterschiedliche Arten von „Evangelien" etwas genauer, die jenes vom Reich Gottes in der Gemeinde ersetzt haben, damit wir wieder zum echten Evangelium zurückkehren können.

1. Das historische Evangelium

Viele Christen in den unterschiedlichen Denominationen sind auf ein historisches, traditionelles Evangelium fixiert, dem es an der Gegenwart und Kraft Gottes mangelt. Sie glauben an einen Gott der Geschichte, aber nicht an einen Gott, der auch heute mit uns ist – einen Gott, dessen Name in der Gegenwartsform steht: *„Ich bin, der ich bin"* (2. Mose 3,14). Sie glauben beispielsweise an den Gott, der das Rote Meer teilte und sein Volk aus der Knechtschaft Ägyptens befreite. Sie glauben an einen Gott, der auf Josua hörte und den Lauf der Sonne anhielt, der seinen Namen bestätigte, indem er Feuer vom Himmel fallen ließ, welches das Opfer von Elia verzehrte und der viele andere Wunder tat, die in der Bibel verzeichnet sind. Aber sie glauben nicht, dass Gott auch heute noch handelt. Sie glauben, dass Jesus vor über 2000 Jahren auf der Erde lebte, alle Arten von Krankheiten heilte, Menschen aus dämonischen Gebundenheiten befreite, Sünden vergab, Tote auferweckte und vieles mehr. Doch glauben sie nicht, dass er das Gleiche auch heute tun will.

Es gibt auch solche, die glauben, dass Gott diese Dinge heute noch tut. Aber sie haben keine Vorstellung davon, wie man die Auferstehungskraft von Jesus im Hier und Jetzt freisetzt, um sein Werk nachzuvollziehen. Es fehlt ihnen die Offenbarung darüber. Wenn wir Jesus nicht in die Gegenwart bringen können, dann hat sein Tod, seine Auferstehung und seine Himmelfahrt zum Thron zur Rechten des Vaters keine Bedeutung für unsere gegenwärtigen Umstände.

2. Das Evangelium der „Zukunft“

In einem Großteil der modernen Gemeinde wird ein Evangelium präsentiert, das ganz simpel die Vergebung der Sünde verkündet, so dass die Person in den Himmel kommt, wenn sie stirbt. Obwohl das in der Tat Teil der guten Nachricht ist, ist es nicht das ganze Evangelium des Reiches Gottes. Es sagt nichts darüber aus, jetzt mit Christus auf der Erde in Herrschaftsautorität und Macht zu regieren.

Andere Gläubige spiegeln einen anderen Aspekt des zukünftigen Evangeliums wieder. Sie glauben, dass Gott den Menschen auf der Erde Heilung und Befreiung bringen kann. Da ihre Denkweise jedoch ist, dass Gott diese Dinge tun „wird“, empfangen sie diese nicht oder dienen anderen nicht darin. Sie sagen zum Beispiel: „Ich glaube, dass Gott irgendwann heilen, befreien, Erfolg schenken oder Erweckung bringen wird.“ Mit anderen Worten, es wird später geschehen, zu einem unbestimmten Zeitpunkt in der Zukunft. Aber Gott ist der Gott des Jetzt. Es stimmt, dass er seiner Souveränität entsprechend handelt. Doch diese Gläubigen warten noch auf etwas, das Gott bereits versprochen und Jesus durch seinen Tod und seine Auferstehung schon bereitgestellt hat.

3. Das soziale Evangelium

Während sich das „zukünftige“ Evangelium auf den Himmel fokussiert, konzentriert sich das soziale Evangelium ausschließlich auf die Erde. Ihre Vertreter versuchen, soziale Probleme wie Hunger, Armut und Ungerechtigkeit zu erleichtern und abzubauen. Die physischen Nöte und Anliegen der Menschen spielen eine wichtige Rolle im Reich Gottes, denn Gott möchte, dass wir andere so lieben, wie er uns liebt (z. B. Micha 6,8; Matthäus 25,31-46). Ich glaube an diese Dinge und praktiziere sie. Unser Dienst ist beispielsweise darin involviert, Waisen zu helfen und die Armen zu speisen. Aber die Verfechter des sozialen Evangeliums verharmlosen oder ignorieren häufig das geistliche Element einer Beziehung mit Gott, dem Vater, durch Jesus Christus, den Sohn. Sie trachten nicht nach der übernatürlichen Kraft Gottes, durch die Menschen körperlich, emotional oder mental geheilt werden können. Oder sie vertrauen nicht darauf, durch sie

Zugang zu Gottes Versorgung, Kraft und Stärke in Fülle zu haben. Deshalb machen sie nicht das komplette Evangelium bekannt.

4. Das Evangelium der Konformität

Dieses menschliche „Evangelium“ lässt die Leute in einem Zustand geistlichen Stillstands verharren. Sie sind unfähig voranzukommen, verharren in ihren Sünden und gewinnen ihre Herrschaft nicht zurück. Es setzt sich weder mit der Wurzel der Rebellion auseinander, noch fordert es die Menschen zur Veränderung auf. So lässt man sie in ihren Krankheiten, ihrem Mangel und ihrer Unterdrückung bleiben. Ein Evangelium, das keine Veränderung hervorruft, steht im Gegensatz zu der Botschaft vom Reich Gottes, die Jesus verkündete. Es schafft es nicht, die Transformation zu bewirken, zu der Paulus jeden Gläubigen aufruft, sich aktiv darum zu bemühen (Römer 12,2). Wird das echte Evangelium vom Reich Gottes verkündigt, dann bewirkt es Buße, und Menschen werden durch die Kraft des Heiligen Geistes umgestaltet.

5. Das motivierende Evangelium

Hier handelt es sich um ein „Selbsthilfe-Evangelium“. Gottes Wort wird ohne Kraft gesprochen, das Kreuz und die Auferstehung von Jesus sind nicht Teil der Verkündigung und das Übernatürliche fehlt. Es ist ein Evangelium, das angepasst ist an das, was die Menschen hören wollen. In dem Bemühen jede Form von Kränkung zu vermeiden, konfrontiert dieses Evangelium sie nicht mit der Zerstörungskraft ihrer Sünde. Sein Hauptzweck ist, die Menschen mit einem Gefühl der Selbstzufriedenheit nach Hause zu schicken und sie zu ermutigen, ihre persönlichen Ziele zu erreichen. Während es gut ist, Ziele zu haben und sie auch zu erreichen, so verkündigte Jesus doch viel mehr als das (Matthäus 6,33)! Das Evangelium vom Reich Gottes konfrontiert uns liebevoll aber bestimmt mit unseren Sünden und Ungerechtigkeiten und fordert uns heraus, durch das Auferstehungsleben von Jesus und die Kraft des Heiligen Geistes ein Leben in Heiligkeit zu führen. Es ist keine egozentrische Botschaft, die uns behaglich in unserer sündigen Natur bleiben lässt.

Eine Unterkategorie des motivierenden Evangeliums ist das „Wohlstands-Evangelium". Verstehe es bitte richtig, Gott hat Wohlstand und Überfluss versprochen (z.B. Philipper 4,19). Manche Christen sind darin allerdings extrem und denken nur noch an Geld und materielle Dinge. Alles dreht sich nur noch um Wohlstand, während andere notwendige Dinge in ihrer Beziehung zu Gott vernachlässigt werden, wie z.B. Heiligkeit, Gebet und anderen dienen. Auf der anderen Seite kritisieren manche Christen jede Lehre zum Thema Wohlstand. Viele von ihnen kämpfen oft mit finanziellen Problemen und lehnen genau die Versorgung ab, die Gott ihnen geben möchte. Wir müssen eine Balance bewahren, indem wir unseren Fokus auf das Reich Gottes mit all seinen Facetten gerichtet halten.

Das Hauptmerkmal, das das Evangelium vom Reich Gottes von allen anderen „Evangelien" unterscheidet, ist der übernatürliche Nachweis von Gottes Gegenwart und Kraft.

Zusammenfassend: Gemeinden und Dienste, die nicht das Evangelium vom Königreich Gottes verkündigen, erzeugen ein selbstgefälliges Christentum. Viele von ihnen präsentieren ein „freundliches" Evangelium, das darauf ausgerichtet ist, das Gewissen zu beschwichtigen. Sie lassen dem Übernatürlichen keinen Raum und glauben nicht daran, dass mit Gott alle Dinge möglich sind. Genau aus diesem Grund sehen wir oft keine Manifestationen der Kraft Gottes in der Gemeinde.

Pastor Nicky van Westhuizen, Sohn eines großen südafrikanischen Evangelisten, lebte gemäß einem begrenzten Evangelium. Der Dienst, in dem er ausgebildet worden war, bediente sich nur weniger Elemente des Übernatürlichen. Dazu kam, dass nach dem Tod seines Vaters ein religiöser Geist die Geschichte seiner Gemeinde bestimmte. „Wir verloren die Kraft kreativer Wunder", berichtete er.

Dann sah er eines meiner Fernsehprogramme, in dem ich einmal auf die Kamera zeigte und erklärte: „Gerade jetzt schaut ein Pastor zu. Du hast schon im Übernatürlichen gewirkt, aber die Kraft dazu verloren. Gott stellt sie genau jetzt wieder her! Dein

Name ist Pastor Nicky." Diese Aussage erschütterte ihn zutiefst. Er erinnert sich, wie er schluchzend von seinem Stuhl auf den Boden fiel und ohne jeden Zweifel wusste, dass Gott zu ihm sprach.

Pastor Nicky nahm danach an einem Treffen teil, wo ich ihm diente und er unter der Schwere des Heiligen Geistes zu Boden fiel. „ Ich spürte die Kraft Gottes in einem außergewöhnlichem Maß und nahm wahr, wie Jesus neues Öl auf mich ausgoss", erzählte er. Als er mir beim Abendessen sein Erlebnis mitteilte, prophezeite ich über ihm: „Du hast in deiner Gemeinde den Heiligen Geist gedämpft, indem du ein Zeitlimit und ein Programm vorgegeben hast. Tue Buße, und die Kraft Gottes wird zurückkehren."

Er tat Buße und in seiner Gemeinde veränderte sich alles. Die Menschen dort bewegen sich jetzt in der übernatürlichen Kraft Gottes! Im Handumdrehen verdoppelte sich die Teilnehmerzahl, weil sie das Evangelium des Reiches Gottes im Jetzt predigen, und das mit sichtbaren Beweisen. Pastor Nicky erklärt: „Wir fingen an, kreative Wunder zu sehen und zu dokumentieren: Krebs wurde geheilt, taube Ohren und blinde Augen geöffnet, Menschen wurden innerhalb von vierundzwanzig Stunden schuldenfrei und Geschäftsleute wurden erfolgreich."

Es gab auch einen sehr persönlichen Fall mit seinem Sohn. „Der linke Fuß meines jüngsten Sohns fing an, sehr schwach zu werden und verursachte viele Schmerzen. Das lag an einer Erkrankung des Nervensystems (neurogener Klumpfuß, Anm. d. Übers.). Die Ärzte sagten, sie könnten nichts tun außer ihm eine Schiene anzupassen, die sein Bein gerade ziehen würde. Ich war durcheinander und weinte viel vor dem Herrn, denn ich betete für die Kranken und sah viele kreative Wunder, konnte aber meinem eigenen Sohn nicht helfen. Nachdem ich an einem Gottesdienst in Südafrika teilnahm, in dem Apostel Maldonado diente, konnte ich mit diesem darüber sprechen. Er sagte zu mir: ‚Der Herr hat mir gesagt, er würde heute einen zwölfjährigen Jungen von einem Klumpfuß heilen.' Apostel Maldonado salbte ein Tuch mit Öl und sagte, mein Sohn solle es drei Tage lang tragen. Wir taten das voller Glauben an Gott. Am zweiten Tag war der Schmerz bereits komplett verschwunden und am dritten Tag war der Fuß vollständig begradigt! Jetzt dient uns die Schiene als Zeugnis, denn Gott heilte meinen Sohn, als die Schiene noch angefertigt wurde. Gott gebührt alle Ehre!"

Pastor Nick musste einen schwierigen Wandel vollziehen, aber jetzt predigt und manifestiert er das wahre Evangelium mit unwiderlegbaren Beweisen, dass Jesus Christus lebt und seine Kraft so real ist wie immer.

Das Evangelium ist die übernatürliche Invasion des Reiches Gottes! Es ist die gute Nachricht, dass Gott jeder Person die Herrschaft seines Reiches bringen möchte. Diejenigen, die Buße tun und sich seiner Herrschaft unterstellen, finden Rettung, Gerechtigkeit, Freude, Gesundheit, ewiges Leben und was sie sonst noch brauchen. Sie erhalten die ursprüngliche Herrschaft zurück, die Adam gegeben worden war, und empfangen die übernatürliche Kraft Gottes. Andere Evangelien verkündigen oder bieten diese Dinge nicht an!

Lebst du im vollen Evangelium des Hier und Heute, oder folgst du nur dem historischen, dem zukünftigen, dem sozialen, dem konformen oder dem motivierenden Evangelium nach? Du musst dich entscheiden. Entweder wirst du in einer theologischen Ersatz-Verkündigung zurückgelassen oder du nimmst die Herausforderung des vollen Evangeliums vom Reich Gottes an.

Wenn du bisher gemäß einem Ersatz-Evangelium lebst, wie kannst du den Wechsel in das wahre Evangelium schaffen? Gottes Wort fordert uns auf, uns *„in der vorhandenen Wahrheit"* fest zu gründen (2. Petrus 1,12). In dem Evangelium der Gegenwart zu leben bedeutet, Offenbarung für heute zu empfangen.

Wie das Reich Gottes durch Offenbarung im Jetzt manifestiert wird

Das Wort für *„Offenbarung"* im Neuen Testament ist das griechische Wort *apokạlypsis.* Es bedeutet „Enthüllung" und hat Nebenbedeutungen wie „erscheinen, kommend, erhellen, Manifestation, offenbar werden, Offenbarung, Aufdeckung". Die Verbform *apokaly̧ptō* bedeutet „aufdecken, offenbaren, enthüllen".

Ein wichtiges Element göttlicher Offenbarung definiere ich als „ein Bruchstück von Gottes Wissen, das gemäß Gottes Willen und Zeitpunkt in einem Nu in unseren Geist kommt, ohne dass man vorher recherchieren oder etwas untersuchen muss". Wenn wir eine Offenbarung oder ein Bruchstück von Gottes Wissen erhalten, ist das etwas, was wir vorher nicht wussten. Es bringt immer neue Erkenntnisse oder neue Einsichten ans Licht oder offenbart etwas Frisches. Wenn es für uns nicht neu oder frisch ist, dann ist es keine Offenbarung. Alles, was offenbart wird, kann als neu angesehen werden, selbst wenn es bereits eingetreten ist. Wenn etwas für dich nicht neu ist, kann es für mich dennoch neu sein oder umgekehrt. Offenbarung erhebt, stimuliert, aktiviert und beschleunigt unseren Geist: Es ist eine treibende Kraft, die uns vorwärts bringt. Sie löst eine geistliche Bewegung aus, die uns veranlasst, die Wahrheit zu ergreifen und sie auf unser Leben oder das Leben anderer anzuwenden.

Eine Lehrmeinung bewegt unseren Geist nicht – eine Offenbarung schon.

Ohne aktuelle Offenbarung können wir das Evangelium vom Hier und Jetzt nicht predigen. Das Evangelium vom Reich Gottes, das wir bekannt machen, muss sich mit dem decken, was Gott heute offenbart, und nicht nur mit dem, was er in der Vergangenheit offenbart hat. Die meisten Erweckungen und Bewegungen Gottes endeten, weil frische, neue Offenbarungen aufhörten. Wir haben einen Feind, der alles daran setzt, uns zu bestehlen und zu zerstören (Johannes 10,10). Wir können ihn weder mit einem historischen, noch mit irgendeinem anderen Ersatz-Evangelium besiegen. Keines von beiden bietet Offenbarungen für heute. Ohne eine „Jetzt"- Offenbarung gibt es keinen wahren Wohnort Gottes unter seinem Volk. Da gibt es nur einen Ort für seinen „Besuch" – eine souveräne und spontane Bewegung. Sie ist nicht mit einem Rhema verbunden, einem offenbarten Wort vom Heiligen Geist für das Hier und Heute, um seine Gegenwart in unserer Mitte herbeizuführen.

Es liegt im Wesen des Neuen, dass es offenbart werden muss.

Hört eine Erweckung auf, dann agieren die Menschen häufig weiter in der anfänglichen Offenbarung. Das führt dazu, dass ihr „Evangelium" zu einer menschlichen Version wird und bloß noch Religion ist. Es wird trocken und mechanisch, ihm fehlt die Bewegung des Heiligen Geistes – es wird im Grunde genommen zu einem historischen Evangelium. Wenn in einer Gemeinde die Offenbarung aufhört zu fließen, dann gibt es nichts Neues oder Frisches zu empfangen und es gibt keine Führung oder Vision mehr (z. B. 1. Samuel 3,1). Viele Pastoren praktizieren ihren Glauben heute gemäß einer geistlicher Erkenntnis und Weisheit, die andere vor Jahren erhalten haben. Und dann wundern sie sich noch, warum es heute nicht mehr so funktioniert wie damals. Die Menschen haben ein Verlangen nach Gottes heutiger Offenbarung. Darum hat der Herr apostolische und prophetische Dienste aufgerichtet, damit sie frische Offenbarungen seines Wortes für die Gegenwart bringen (Epheser 4,11).

Jede Bewegung Gottes begann mit einer göttlichen Offenbarung.

Auf eine Offenbarung muss reagiert werden

Eine Person muss nicht „super geistlich" sein, um eine Offenbarung zu empfangen, die man auch „offenbartes Wissen" nennen kann. Zu Beginn der Menschheitsgeschichte war in Adam offenbartes Wissen aktiv. Es befähigte ihn, über Eden und alle geschaffenen Dinge zu herrschen. Gleichermaßen sollten wir nach jeder Offenbarung, die wir bekommen, entsprechend unserer Berufung und Salbung auch danach handeln.

Einige Offenbarungen werden z. B. zur Manifestation von Heilungen oder Befreiungen gegeben; andere versetzen uns in die Lage, eine tiefere Begegnung mit Gott zu haben. Wir müssen erkennen, dass eine geistliche Offenbarung von Gott sich in der sichtbaren Welt nicht ohne die Mitwirkung eines menschlichen Wesens manifestieren kann. Gott hat es so vorgesehen. Er wird von einer geistlichen „Bewegung" oder einem geistlichen Verlangen in einer Person angezogen und reagiert nicht auf jene, die geistlich stagnieren oder selbstzufrieden sind. Gott möchte uns seine „Sprache" sprechen hören. Seine Sprache ist Offenbarung und Glaube. Nehmen wir beispielsweise die Frau im Neuen Testament, die an einem ständigen Blutfluss litt. Sie drängte sich im Glauben an Jesus und Heilung durch die Menge, die ihn umgab, obwohl sie dadurch eine öffentliche Zurechtweisung riskierte. Und Jesus machte sie gesund (Markus 5,25-34). Auch der Hauptmann, dessen Knecht gelähmt war, hatte eine Offenbarung über die Autorität und Macht von Jesus. Er reagierte darauf voller Glauben (Matthäus 8,5-13).

Was noch nicht offenbart ist, bleibt im Bereich des Unmöglichen. Offenbarung beseitigt das Unmögliche.

Wenn es in deinem Leben etwas „Unmögliches" gibt, wie z. B. bei der Frau mit dem Blutfluss oder dem Hauptmann mit dem gelähmten Knecht, dann denke daran: Eine Offenbarung von Gott reicht aus, um dein Problem, deine Krise oder deinen Umstand zu bewältigen. Ein Rhema von Gott kann deine Unmöglichkeit in eine Möglichkeit verwandeln.

Unser persönliches Evangelium

Dem aber, der euch zu festigen vermag laut meinem Evangelium und der Verkündigung von Jesus Christus, gemäß der Offenbarung des Geheimnisses, das von ewigen Zeiten her verschwiegen war, das jetzt aber offenbar gemacht worden ist … (Römer 16,25; Schlachter 2000).

Der Begriff „Geheimnis" ruft oft die Assoziation von etwas Mystischem oder Abergläubischem hervor. Gottes Geheimnisse sind etwas ganz anderes. Sie sind im Wesentlichen ein Bestandteil seiner Kenntnisse oder Absichten, die bisher der Menschheit noch nicht durch Offenbarung bekannt gemacht wurden. Gottes Geheimnisse werden denen offengelegt, die nach ihm hungern und gottesfürchtig sind (z. B. Psalm 25,14). Wenn Gott ein Geheimnis offenbart, dann zeigt er damit seinen Willen und seine Absicht für das Hier und Jetzt. Er ermöglicht uns, dieses Geheimnis zu verstehen und im Natürlichen anzuwenden. Außerdem könnte Gott sich auch entscheiden, nicht nur Geheimnisse bezüglich geistlicher, sondern auch natürlicher Erkenntnisse zu offenbaren. Auf dem Gebiet von Wissenschaft, Technik, Kunst oder anderen Lebensbereichen kann er in seiner Souveränität neue und frische Offenbarung schenken.

Alles, wovon du eine geistliche Offenbarung hast, macht dich zu einem Anteilseigner oder Aktionär der himmlischen „Börse". Anders ausgedrückt, du wirst der „Eigentümer" eines Teils von Gottes Wissen. Gott offenbarte Paulus das Geheimnis des Evangeliums (Galater 1,11-12), das *„seit ewigen Zeiten verborgen war"* (Römer 16,25, Hoffnung für alle), *„seit ewigen Zeiten und Generationen"* (Kolosser 1,26; Einheitsübersetzung).

Mir ist wichtig klarzustellen, dass der Apostel Paulus sich mit der Aussage *„mein Evangelium"* nicht auf ein anderes als das echte Evangelium des Reiches Gottes bezog, wie es in der Schrift zu finden ist. Ich denke, er nannte es „sein" Evangelium, weil er an der Wahrheit festhielt, die ihm offenbart worden war. Prediger müssen die Menschen dahin führen, die Wahrheit zu ergreifen, darin zu leben und sie zu praktizieren. Es war insofern das Evangelium von Paulus, weil es seine Erlebnisse mit Jesus und dem Wort Gottes dank der Offenbarung des Evangeliums des Reiches Gottes bezeugte.

Alles, wovon du eine geistliche Offenbarung hast, macht dich zu einem Anteilseigner oder Aktionär der himmlischen „Börse".

Wenn wir Jesus in unser Herz aufnehmen und er anfängt uns zu heilen, unseren Sinn zu verändern, unsere Familien wiederherzustellen und uns Frieden, Freude und Gerechtigkeit bringt, dann hat er sich uns wirklich offenbart. „Unser" Evangelium des Reiches Gottes ist unsere persönliche Erfahrung von dem, was Gott in unserem Leben getan hat und noch tut. Niemand kann „unser" Evangelium so mitteilen wie wir; niemand außer uns kann auf die uns eigene Weise sagen, was Gott tagtäglich in uns tut. Es ist unsere Erfahrung aus erster Hand. In diesem Sinne schreibt jeder Christ sein eigenes Evangelium. Jeder hat etwas mitzuteilen, was Gott in seinem Leben tut! Wenn wir aufhören, unsere persönlichen Erlebnisse und Erfahrungen weiterzugeben, dann teilen wir zwangsläufig das Evangelium von jemand anderem mit, und die Leute erkennen den Unterschied. Bezeugen wir, was Gott heute tut, dann leben wir in dem Evangelium der Gegenwart und nicht nur in einem historischen.

Ein persönliches Evangelium ist auch der Ausdruck eines „Generations-Evangeliums". So, wie jeder Gläubige eine persönliche Offenbarung über die Wahrheit des Evangeliums vom Reich Gottes braucht, muss auch jede nachwachsende Generation das Evangelium selbst erleben. Wir müssen allerdings erkennen, dass wir einen Preis zu zahlen haben, wenn wir die Wahrheit des Evangeliums vom Reich Gottes besitzen. Es bedeutet Opfer zu bringen, Zeit zu investieren und dem Ich zu sterben und kann auch zu Ablehnung, Verfolgung, Verleumdung und anderem mehr führen.

Jedes Mal, wenn Gott eine Wahrheit offenbart, werden wir dazu angeregt, sie zu befolgen und in Besitz zu nehmen.

Wir erleben in unserem Dienst eine Art evangelistische Explosion durch unsere jungen Leute, die Offenbarung empfangen haben und das „Jetzt"-Evangelium mit unbestreitbar übernatürlichen Zeichen bezeugen. Vor ungefähr einem Jahr entschloss sich ein Gemeindeleiter und Mentor namens Orlando nach dem Lesen meines Buches *„Übernatürlich in der Kraft Gottes leben"*[20], die nächste Stufe des Glaubens zu erreichen. Er wurde geführt,

[20] ©2012 Verlag Gottfried Bernard, Solingen, www.gbernard.de

einen Krankenhausdienst mit einer Gruppe von Jüngern zu leiten, um Patienten zu besuchen, für Kranke zu beten und den Verlorenen Rettung zu bringen. Sie begannen Heilungen, Wunder und Errettungen zu erleben.

Steven Clark und sein Freund zum Beispiel waren unschuldig Betroffene bei einer Schießerei im Vorbeifahren an einer Tankstelle. Als die Sanitäter ankamen, befanden sich die beiden jungen Männer in einem so kritischen Zustand, dass man annahm, sie würden die Fahrt zum Krankenhaus nicht überleben. Leider starb Stevens Freund auch, aber Steven überlebte, obwohl sein Körper mehr Kugeln abbekommen hatte als sein Freund.

Orlando und einer seiner Jünger mit Namen Adam begegneten Steve auf der Intensivstation, als er noch unfähig war zu sprechen oder sich zu bewegen. Sie beteten für ihn und seine Familie, die alle Jesus als ihren Erlöser annahmen. Eine Woche später sagten die Ärzte, Steve müsse aufgrund von Flüssigkeitsansammlungen in der Lunge operiert werden, da er sonst sterben könnte. Der junge Evangelist nahm ein gesalbtes Tuch, über das ich gebetet hatte, und legte es Steve auf die Brust. Zwei Tage danach rief Steves Mutter Orlando an. Sie berichtete, dass die Ärzte Steve aus der Intensivstation entließen. Sie waren verblüfft und völlig überrascht, dass er keine Operation mehr benötigte und sich außer Gefahr befand! Steve ist heute völlig geheilt. Er beteiligt sich an Krankenhaus-Einsätzen und er bezeugt, dass die Heilungskraft Gottes real ist.

Ein anderes Beispiel handelt von einem Teenager namens Joseph. Er wurde in einen schweren Unfall verwickelt, bei dem er aus einem Auto herausgeschleudert wurde. Joseph erlitt mehrere Knochenbrüche, Schwellungen und Gehirnblutungen und fiel schließlich ins Koma. Die Ärzte sagten, seine Überlebenschancen wären sehr gering. Wenn er überleben würde, dann wäre er nur noch „Gemüse". Als Joseph leblos auf seinem Bett lag, betete ein Mitglied von Orlandos Team, Juan, für ihn, indem er die übernatürliche Kraft Gottes proklamierte. Eine Woche später war Joseph wieder bei Bewusstsein und konnte sprechen! Er nahm auch Christus als seinen persönlichen Retter an!

Aber die Siege des Teams kamen nicht, ohne dass sich ihnen Hindernisse in den Weg stellten. Sie mussten den Widerstand von Schwestern und Sicherheitsbeamten überwinden. Doch nach einer Weile gab Gott ihnen Gunst und Gnade bei dem Krankenhauspersonal. Das Team wuchs um ein vielfaches und erlebte, wie in einer Nacht über vierzig Menschen für den Herrn gewonnen werden konnten.

Zu predigen bedeutet, die Wahrheit von Gottes Wort zu verkünden. Bezeugen bedeutet, persönliches Wissen mitzuteilen als Ergebnis davon, dass man Gottes Wort und Kraft selber erfahren hat.

Verwalter der Offenbarungen von Gott

Ich werde dir die Schlüssel des Reiches der Himmel geben; und was immer du auf der Erde binden wirst, wird in den Himmeln gebunden sein, und was immer du auf der Erde lösen wirst, wird in den Himmeln gelöst sein (Matthäus 16,19).

Das Wort „*Schlüssel*" steht sowohl für Autorität wie auch für Offenbarung. Im Natürlichen ist ein Verwalter jemand, der die Aufsicht über die Schlüssel des Hauses hat und weiß, welcher Schlüssel welche Tür öffnet. Wenn wir in einem Bereich eine Offenbarung empfangen, haben wir den Schlüssel, um auf der Erde zu schließen oder zu öffnen, zu binden oder zu lösen, was im Himmel bereits geschlossen oder geöffnet wurde. Entsprechend bekommen wir das Wissen, „wie" wir die geoffenbarte Lösung für eine Situation anwenden oder manifestieren können. Wir können nicht irgendetwas binden oder lösen, worüber uns die Offenbarung fehlt.

Wann immer wir eine Offenbarung oder Manifestation der Kraft Gottes erhalten, werden wir dessen Hüter oder Verwalter. Je größer die Offenbarung ist, desto größer ist auch unsere Verantwortung, sie zu schützen.

Und ihr werdet die Wahrheit erkennen, und die Wahrheit wird euch frei machen (Johannes 8,32).

Offenbartes Wissen führt uns dazu, Wahrheit zu „besitzen“ oder zu eigen zu machen. Wenn wir die Wahrheit des Evangeliums besitzen, befreit sie uns. Wir reden hier nicht über irgendeine Wahrheit, sondern *die* Wahrheit, Jesus Christus (Johannes 14,6), die Wahrheit, die uns freisetzt (Johannes 8,31-32). Die Wahrheit in Jesus Christus ist die höchste Ebene der Realität. Sie operiert jenseits menschlicher Vernunft und der Verstand kann sie nur durch Offenbarung erkennen.

Der Grad an Offenbarung, den ein „Verwalter“ der Geheimnisse Gottes erlangt hat, wird daran gemessen, wie der Verwalter die geistliche Atmosphäre um sich herum verändert und beeinflusst.

Das Evangelium des Reiches Gottes mit übernatürlichen Beweisen verkünden

> *Als er [Jesus] aber auf dem Ölberg saß, traten die Jünger allein zu ihm und sprachen: „Sage uns, wann wird dies geschehen, und was wird das Zeichen deiner Wiederkunft und des Endes der Weltzeit sein“ (Matthäus 24,3)?*

In diesem Vers stellen die Jünger Jesus drei Fragen, die er sehr spezifisch beantwortet. Unter anderem erklärt er, dass das Zeichen seiner Wiederkunft und des Endes der Welt die Verkündigung des Evangeliums des Reiches Gottes in allen Nationen sein wird:

> *Die Botschaft vom Reich Gottes wird auf der ganzen Welt gepredigt werden, damit alle Völker sie hören, und dann erst wird das Ende kommen (Matthäus 24,14, Neues Leben.Die Bibel).*

Es ist die Verantwortung der Gemeinde, auf der ganzen Welt das Evangelium zu predigen, wodurch das Ende der Zeit und die Wiederkunft Christi herbeigeführt werden. Die Initiative liegt nicht bei den Politikern, dem Militär oder führenden Wissenschaftlern. Doch in den zweitausend Jahren, seit Jesus auf der Erde lebte, sind viele Gläubige in den Gemeinden dieser Verantwortung nicht nachgekommen. Ich glaube, Gott erhebt heute eine neue Generation von Menschen, die erfüllt sind mit Leidenschaft für ihn und sein Evangelium. Er hat sie in eine Bewegung der Herrlichkeit hineingestellt, die sie vorantreibt, eine so große Anzahl von Menschen für die Errettung zu gewinnen, wie es nie zuvor in der Geschichte vorgekommen ist. Diese Generation verkündet das Evangelium vom Reich Gottes mit Zeichen und Wundern, Dämonenaustreibungen und Totenauferweckungen.

Das Evangelium muss gepredigt, bekannt gemacht oder proklamiert werden und das bedeutet, es muss öffentlich und wirksam sein. Außerdem soll es nicht einfach nur gelehrt werden. Zu lehren bedeutet, eine Thematik zu erklären oder näher darauf einzugehen. Doch die Menschen sollen nicht nur etwas über das Evangelium des Reiches Gottes lernen, sie müssen es auch erleben. Allein der Heilige Geist kann ihnen das Evangelium offenbaren oder bekannt machen.

Wo es keinen übernatürlichen Nachweis oder Beleg gibt, da ist auch das Reich Gottes nicht, sondern nur abstrakte Theologie.

Beachte, Jesus sagte, dass das Evangelium auch künftig *„als Zeuge"* verkündet werden wird. Mit anderen Worten, es ist ein Beweis. Es liefert übernatürliche Bestätigung, was zu wirklicher Umgestaltung im Leben von Menschen führt. Jesus heilte jede Art von Krankheiten und Gebrechen – mental, emotional, geistlich und körperlich. Er heilte jeden, der zwecks Heilung zu ihm kam, und er trieb Dämonen aus jenen aus, die besessen waren. Das war der Beweis dafür, dass das Reich Gottes gekommen war; eine Tatsache, die Jesus auch Johannes dem Täufer bestätigte. Als Johannes im Gefängnis war, schickte er zwei seiner Jünger zu Jesus mit der Frage, ob er wirklich der Messias sei (Matthäus 11,2-3). Mit dieser Antwort sandte Jesus sie zurück:

Geht hin und verkündet Johannes, was ihr hört und seht: Blinde werden sehend, und Lahme gehen, Aussätzige werden gereinigt, und Taube hören, und Tote werden auferweckt, und Armen wird gute Botschaft verkündigt (Matthäus 11,4-5).

Um den Beweis zu erbringen, dass er wirklich der Messias war, sprach Jesus nicht über die Prophetien des Alten Testaments, die sein Kommen voraussagten. Er listete auch nicht seine Ahnenreihe auf, um zu zeigen, dass er menschlich von König David abstammte. Jesus versuchte auch nicht, Johannes von seiner göttlichen Natur zu überzeugen. Er verwies ganz einfach auf die übernatürliche Frucht, die das Reich Gottes hervorgebracht hatte. Wäre Jesus ein falscher Messias gewesen, wäre diese Kombination an übernatürlichen Zeichen in seinem Dienst nicht geschehen. Denn in der Schrift stand geschrieben, dass diese Zeichen den Messias begleiten würden, den Sohn Gottes, der geschickt wurde, um die Menschheit zu erlösen (z. B. Jesaja 29,18; 35,4-6; 61,1-2).

Gott ermächtigte die Gemeinde nicht, ein Evangelium bloßer Worte zu predigen. Er bevollmächtigte sie, ein Evangelium mit übernatürlichen Beweisen zu verkündigen.

In der Gemeinde von heute geben wir uns oftmals mit verstandesmäßigem Wissen über Gott zufrieden. Wir erleben die Demonstration seiner Macht nicht mehr auf regelmäßiger Basis. Die Gemeinde bringt nicht das hervor, was sie predigt. Sie demonstriert nicht, was sie lehrt. Es fehlt ihr an Offenbarung, weil sie das Reich Gottes nicht mit der Leidenschaft sucht, es auch im Sichtbaren zu erleben.

Machst du das Reich Gottes bekannt? Betrachtest du übernatürliche Manifestationen als vereinzelte Ereignisse oder als einen Lebensstil? Kannst du bezeugen, was Gott gegenwärtig tut? Bringt dein Dienst übernatürliche Beweise hervor, die bestätigen, dass Jesus heute lebt? Werden in deiner Gemeinde die Kranken geheilt? Werden Seelen gerettet? Werden Menschen von mentalen oder emotionalen Leiden oder Unterdrückungen befreit? Wenn du nicht erlebst, dass die Kraft Gottes durch dich das Gleiche bewirkt wie bei Jesus, dann verkündest du ein unvollständiges oder ein Ersatz-Evangelium.

Unser Glaube darf sich nicht auf menschliche Weisheit und Erkenntnis gründen, sondern auf die Kraft Gottes (1. Korinther 2,4). Überall auf der Welt bewirkt Gott Zeichen und Wunder als Beweis dafür, dass Jesus lebt und das Evangelium vom Reich Gottes eingetroffen ist. Manche der Zeichen sind schwer zu verstehen oder zu erklären. Aber das sollte uns nicht beunruhigen, wenn wir wissen, wie wir das Echte vom Falschen unterscheiden können. Echte Zeichen von Gott sind kein Selbstzweck, sie deuten immer auf eine höhere Wahrheit hin – Jesus Christus und die Kraft seiner Auferstehung (1. Johannes 4,1-3).

Zeichen anzubeten ist töricht, aber es ist noch törichter, sie zu ignorieren.

Suchen wir Gott, dann muss das in dem Bewusstsein geschehen, dass er übernatürlich ist. Wenn wir denken, dass wir alles verstehen und erklären können, was Gott in und durch uns tut, dann ist er wahrscheinlich nicht mehr daran beteiligt. Unser Verstand begreift ja sogar im natürlichen Bereich nur einen geringen Teil über unsere Welt und wie sie funktioniert. Wieviel mehr ist das der Fall, wenn es sich um den übernatürlichen Bereich handelt! Es wird immer Elemente des Unbekannten geben, die unsere Vernunft herausfordern, und genau deswegen hat Gott jedem von uns ein Maß des Glaubens gegeben (Römer 12,3). Jeden Tag müssen wir für Unmögliches glauben. Und wenn wir sehen, wie sich Unmöglichkeiten vor Gott beugen und zu Möglichkeiten in unserer physikalischen Welt werden, erfüllt uns tiefe Freude.

Alles, was wir bisher in diesem Kapitel besprochen haben, diente der Betonung, dass sich das Reich Gottes in konkreten Beweisen und Demonstrationen von Wundern, Heilungen, Umgestaltungen von Herzen und dergleichen manifestieren sollte. Empfängt eine Person die Offenbarung vom Evangelium des Reiches Gottes, wird das auch einen Nachweis zur Folge haben. Blinde werden sehen, Taube werden hören, Depressive werden sich freuen, Unterdrückte erleben Frieden und Gequälte werden befreit.

In unserem Dienst haben wir überall auf der Welt schon unzählige Male Manifestationen des Evangeliums des Reiches Gottes erlebt. Hunderttausende von Zeugnissen über die übernatürliche Kraft Gottes bestätigen unseren Dienst, weil wir das vollständige Evangelium verkündigen. Zum Beispiel führten wir eine Veranstaltung in Argentinien durch, bei der tausende von Menschen errettet wurden. Ich betete dort für bestimmte Krankheiten, die der Herr mir im Gebet gezeigt hatte, einschließlich Erkrankungen des Geistes. Unter den Teilnehmern waren auch ein Junge namens Samuel Soto und seine Eltern. Samuel wurde mit Refluxösophagitis[21] geboren, was auch eine Seite seiner Lunge in Mitleidenschaft zog. Dazu litt er an einer Lungenerkrankung sowie Fieber und Krämpfen, was zu schweren neurologischen Problemen führte. Als er heranwuchs stellten seine Eltern fest, dass er nicht auf Reize reagierte. Auch das Sprechen fiel ihm schwer und in der Schule hatte er Probleme mit dem Lernen. Der Neurologe stellte bei Samuel eine Entwicklungsverzögerung fest; er forcierte die Ausstellung eines Behindertenausweises und fing an, ihn mit Medikamenten zu behandeln.

Als ich während der Veranstaltung in Argentinien Heilung für Erkrankungen des Geistes aussprach, nahmen Samuels Eltern dieses Wort für sich in Anspruch. In diesem Moment spürte Samuel die Kraft Gottes und sagte: „Es brennt! Mami, hier brennt es!“ Dabei berührte er dic linke Seite seiner Stirn. Seine Mutter schob sein Haar zur Seite und sah eine Narbe, die anscheinend zwei Stiche aufwies. Das erstaunliche daran war, dass er nie eine Operation hatte! Samuels Mutter begann dann, seine Intelligenz zu testen, und zu ihrer Überraschung konnte er alle Fragen ohne Schwierigkeiten richtig beantworten. Als später sein Kinderarzt die Narbe sah, sagte er: „Genau hier, wo man die Stiche sieht, ist die Stelle im Gehirn, wo die Entwicklung der Intelligenz statt-

---

[21] gastroösophageale Refluxkrankheit, eine Unterform der gastroösophageale Refluxkrankheit (im Volksmund Sodbrennen)

findet.“ Die Eltern suchten den Neurologen auf, der Samuel für geheilt erklärte und aus der Behandlung entließ. Gott hatte ihn geheilt!

Samuels Eltern besitzen sowohl die medizinischen Aufzeichnungen, wie auch die früheren Schultests und Hausaufgaben. Diese Unterlagen belegen seine frühere Entwicklungsverzögerung und Unfähigkeiten. Jetzt besucht er die Schule wie jedes andere Kind mit normaler Intelligenz. Während er vorher normalerweise nur schlechte oder gar keine Noten bekommen hatte, erhält er jetzt gute Noten. Seine Handschrift ist lesbar, er kann nun zeichnen und auch alles andere tun, was von einem Kind seines Alters erwartet wird. Als seine Mutter ihr Zeugnis mitteilte, konnte man an den Gefühlen, die sie dabei zeigte, erkennen, wie schwer die Situation für die Familie gewesen war. Aber es zeigte auch die Größe und Bedeutung dieses Wunders. Die medizinische Wissenschaft war nicht in der Lage, diesen unmöglichen Zustand zu heilen, aber der Heilige Geist „operierte“ Samuel und stellte seine Gesundheit wieder völlig her!

Das Evangelium vom Reich Gottes verändert Leben und erschüttert die Welt

Das Evangelium vom Reich Gottes besitzt große Kraft. Unsere Botschaft ist einfach: Da gibt es einen König, der alle Autorität und Macht besitzt. Er sitzt im Himmel auf seinem Thron, und sein Reich ist dabei, auf die Erde zu kommen. Sein Name ist Jesus. Er ist gekommen, um uns von unseren Sünden zu erlösen, die Kranken zu heilen, die Gefangenen zu befreien, zu heilen, die zerbrochenen Herzens sind und den Armen Wohlstand zu bringen. Wir müssen jeden wissen lassen, dass das Reich Gottes jetzt und hier unter uns ist!

Das Evangelium vom Reich Gottes ist einfach, praktisch und kraftvoll.

Menschen, die fest in der Welt und ihrer Denkweise verwurzelt sind, haben keine Angst vor Religion. Doch die übernatürliche Kraft Gottes, die ihre Rebellion und Sünde entlarvt, schüchtert sie ein. Genau wie im Neuen Testament: Wenn die Gemeinde wirklich anfängt das Evangelium vom Reich Gottes zu verkünden, wird es sofort – hervorgerufen durch das Reich der Finsternis – Widerstand geben. Sowohl staatliche wie auch religiöse Autoritäten werden sich gegen uns stellen. Wenn wir nicht irgendeine Art von Unterdrückung erleiden, haben wir dem Teufel wahrscheinlich nicht genug Schaden zugefügt. Religiöse Führer des ersten Jahrhunderts sagen über Petrus und Johannes: *„Diese Leute, die die ganze Welt in Aufruhr gebracht haben, sind jetzt auch hier ... Sie alle verstoßen gegen die Gesetze des Kaisers; denn sie behaupten, ein anderer sei König, nämlich Jesus"* (Apostelgeschichte 17,6-7).

Die ersten Christen hatten immer Schwierigkeiten mit der Obrigkeit, weil sie Jesus verkündeten und taten, was er getan hat. Die Verkündigung des Evangeliums des Reiches Gottes wird Leben verändern und die Welt beunruhigen und erschüttern! Das Evangelium wird denen, die glauben, Freiheit und Freude bringen. Aber diejenigen, die es ablehnen zu glauben, versetzt es in Bestürzung und Schrecken. Als Jesus geboren wurde und die weisen Männer kamen, um ihn anzubeten, fühlte sich König Herodes von Judäa bedroht, weil er dachte, er würde sein Reich und seine Autorität verlieren. Deshalb befahl er, in der ganzen Region jeden Jungen im Alter bis zu zwei Jahren zu töten, aber Gott bewahrte seinen Sohn vor dem Zorn des Herodes (Matthäus 2,1-3; 13-16). Wie schon vorher erwähnt, erlebte auch Jesus in seinem Dienst Verfolgung durch hartherzige und starrsinnige religiöse Leiter. Schließlich übergaben sie ihn der römischen Obrigkeit, um ihn zu töten (Matthäus 26,3-4), obwohl Gott sich das alles für seinen Plan der Erlösung zunutze machte.

Die Kraft des Reiches Gottes geht aus dem Wort des Königs hervor

Im Neuen Testament finden wir viele Beispiele von Männern Gottes, die das Evangelium des Königreiches verkündigten, angefangen mit Jesus. Jedes der vier Evangelien betont einen anderen Aspekt von Jesus. Das Matthäusevangelium offenbart Jesus als den König, der die messianischen Prophetien des Alten Testaments erfüllt. Entsprechend finden wir dort die erste neutestamentliche Bezugnahme auf Jesus, wie er das Evangelium vom Reich Gottes verkündet (Matthäus 4,23).

Im Buch Prediger lesen wir:

> *Denn des Königs Wort ist mächtig, und wer will zu ihm sagen: „Was tust du da" (Prediger 8,4).*

König Jesus schuldet niemandem eine Antwort; seine übernatürliche Gegenwart und Manifestationen sprechen für sich selbst. Das Evangelium vom Reich Gottes hat Kraft, weil seine Botschaft vom König selbst stammt. Er gibt keine leeren Worte von sich, wie es die Menschen zu tun pflegen; seine Worte sind erfüllt mit Autorität und Kraft. Verkünden wir seine Worte, bestätigt er sie mit übernatürlichen Beweisen durch den Heiligen Geist - dem gleichen Geist, der während seines Dienstes auf der Erde mit ihm zusammenarbeitete. Die Worte des Reiches Gottes kommen von einem König, der sich ausgeliefert hat, um die Menschheit zu erretten - der starb, am dritten Tag auferweckt wurde, die Sünde, den Tod, die Hölle und den Teufel besiegte - und der jetzt im Himmel von seinem Thron aus in Herrlichkeit und Macht regiert.

Ohne ein „Jetzt"-Wort vom König wird es keine Kraft geben, selbst wenn die Worte, die wir sprechen, biblisch sind.

Als Jesus noch auf der Erde war, sandte er seine zwölf Apostel aus, um unter seiner Salbung das Evangelium vom Reich Gottes zu verkünden (Matthäus 10,5-8). Später sandte er siebzig Jünger zu verschiedenen Orten, um die Menschen dort auf seinen bevorstehenden Besuch vorzubereiten, bei dem er das Reich Gottes proklamierte (Lukas 10,1). Nach der Auferstehung und Himmelfahrt Jesu verkündigten Petrus, Philippus und die restlichen Apostel die gute Nachricht (z. B. Apostelgeschichte 2,14-41; 8,4-12). Dann hatte Saulus, der zukünftige Apostel Paulus, eine Begegnung mit dem auferstandenen Jesus; er bekehrte sich und bekam das Evangelium durch Offenbarung von Gott gelehrt. Obwohl Paulus eifrig darum bemüht war, den Armen zu helfen, sagte er nicht: „Ich speiste die Armen und die Witwen, ich kleidete die Waisen, und auf diese Weise verkündete ich vollständig das Evangelium." Er sagte vielmehr, dass Christus durch ihn wirkte *„in Wort und Werk … in der Kraft von Zeichen und Wundern, in der Kraft des Geistes Gottes"*, und dass er so *„das Evangelium des Christus völlig verkündigt"* hat (Römer 15,18-19). Jeder Apostel, dem Jesus das Evangelium anvertraute, als er in den Himmel auffuhr, verkündete die Botschaft vom Reich Gottes in Wort und Tat (Hebräer 2,3-4).

Die Gemeinde sollte gemäß dem Muster fortfahren, das die Männer und Frauen aufstellten, die zuerst das Evangelium vom Reich Gottes kundtaten (Markus 16,15-18). Wenn du nicht mit deinem Nachbarn über Jesus redest, gibt es auch keinen Bedarf für die Manifestation von übernatürlichen Zeichen. Wenn du nur in die Gemeinde gehst um Lieder zu singen, dann werden dir keine Zeichen folgen.

Das Evangelium vom Reich Gottes kann nicht getrennt werden von Erlösung, Heilung und dem Austreiben von Dämonen.

Prinzipien unseres Reich Gottes Auftrags

Geht nun hin und macht alle Nationen zu Jüngern, und tauft sie auf den Namen des Vaters und des Sohnes und des Heiligen Geistes (Matthäus 28,19).

Die Botschaft des Evangeliums hat sich nicht geändert; sie ist immer noch die Gleiche und wird es auch weiterhin sein, bis Jesus wiederkehrt. Manche Leute mögen sagen, dass der Auftrag in dem oben genannten Vers nur für diejenigen gedacht war, die zur Zeit von Jesus lebten. Doch die nächste Aussage von Jesus beweist, dass die Botschaft des Evangeliums gültig ist von Generation zu Generation: „*Und siehe, ich bin bei euch alle Tage bis an das Ende der Weltzeit.*" (Matthäus 28,20). Jesus war sich bewusst, dass keiner der Apostel oder Gläubigen der Urgemeinde lang genug leben würde, um das Ende der Weltzeit zu erleben. Er wusste, dass du und ich und eine Vielzahl anderer Menschen in diese Welt hineingeboren und für den gleichen Auftrag bevollmächtigt werden würden wie sie.

Das Ende der Welt kann nicht kommen, bevor nicht jeder Mensch auf der Erde das Evangelium vom Reich Gottes gehört hat.

Wir wissen nicht, wann Jesus wiederkommen wird; es kann in fünf, zehn, fünfzig oder hundert Jahren sein. Nur der Vater weiß es (Matthäus 24,36). Wir wissen aber, dass unser Auftrag darin besteht, die Ernte an Seelen einzusammeln, indem wir jeder Person in jedem Stamm, jeder Rasse und jeder Kultur auf jedem Kontinent das Evangelium verkünden. Wir sollen in jeder Nation Menschen zu Jüngern machen, bis er wiederkehrt - jede andere Zielsetzung ist zweitrangig. Dieses Konzept ist einfach zu verstehen. Das Problem, das die Gemeinde hat, liegt an der Widerspenstigkeit, diesen Auftrag auszuführen. Es war immer das Herz des Herrn, jeden Menschen bis an die Enden der Erde zu erreichen. Das ist seine Last. Vor diesem Hintergrund wollen wir drei wesentliche Prinzipien unseres Auftrags für das Reich Gottes untersuchen.

1. Wir sind bevollmächtigt zu gehen und jetzt das Evangelium vom Reich Gottes zu verkünden.

Als die Apostel begannen zu predigen, bestätigte der Herr sein Wort durch übernatürliche Zeichen (Markus 16,20). Wenn wir nicht hinausgehen und Gottes Wort verkünden, wird er nichts haben, was er bestätigen kann. Wir müssen unsere Verantwortung als Gemeinde wahrnehmen!

> *Geht aber hin, verkündigt und sprecht: Das Reich der Himmel ist nahe herbeigekommen (Matthäus 10,7; Schlachter 2000).*

Die Sünde nimmt auf der Welt zu, weil die Gläubigen keine Ahnung davon haben, was ihre wahre Berufung von Gott ist. Sie beteiligen sich daran, gute Werke zu tun und genießen die Gemeinschaft untereinander. Aber das ist nicht der primäre Auftrag der Gemeinde. Solange wir nicht imstande sind zu verstehen wer wir sind und was unsere Verantwortung ist, werden wir unseren Auftrag nicht ausführen können. Die Gemeinde ist kein sozialer Verein oder ein Bestattungsunternehmen; sie ist kein Wohltätigkeitsverein, keine politische Gruppierung oder Stiftung für soziale Leistungen und kein verlängerter Arm einer Regierung oder eines Unternehmens. Die Gemeinde wurde ins Leben gerufen, damit sie Herrschaft ausübt und das Reich Gottes auf die Erde bringt. Gott liebt die Welt - dich und mich und jeden anderen auf der Erde, angefangen bei unseren Nachbarn bis hin zu den Menschen, die in den anderen Ländern leben - einfach jeden (Johannes 3,16)! Die Gemeinde soll die Welt nicht nur bewohnen, sie soll sie gewinnen. Wir sollen lieben, was Gott liebt - Menschen, und wir sollen hassen, was er hasst - Sünde. Uns wurde Kraft und Autorität gegeben zu bewirken, dass Satan dem sich ständig ausbreitenden Reich Gottes in dieser Welt Platz macht.

Übernatürliche Zeichen und Beweise sind jenen garantiert, die „gehen".

Viele Christen sagen: „Hüte dich vor den Menschen der Welt, habe keinen Umgang mit ihnen." Mit dieser Einstellung müssten wir uns von allen jenen absondern, die wir doch berufen sind ins Reich Gottes zu bringen (1. Korinther 5,9-10). Wir können unseren Auftrag unmöglich erfüllen, wenn wir nicht dahin gehen, wo die Menschen sind. Wir sollen dabei natürlich weder Freundschaft schließen mit dem System dieser Welt (Jakobus 4,4) noch die Denkweise und Wege der Welt annehmen, sondern wir sollen das Licht sein, das Menschen zu Jesus führt.

Wir sind nicht berufen, zu werden wie die Menschen der Welt, sondern sie zu Jesus zu führen, damit sie werden können wie er.

2. Die Ernte ist jetzt reif

Hebt eure Augen auf und schaut die Felder an! Denn sie sind schon weiß zur Ernte (Johannes 4,35).

Die Ernte ist reif, seit Jesus seinen Dienst auf der Erde begann. Im obigen Vers sagte er im Grunde genommen: „Hört auf zu sagen, die Ernte sei noch nicht reif und die Menschen wären noch nicht bereit, gerettet zu werden!" Dein Ehepartner, dein Kind und deine Familienmitglieder sind bereit. Jesus machte diese Aussage über die Ernte vor mehr als zweitausend Jahren, aber die Gemeinde muss es noch glauben! Unsere Ernte ist bereit und reif, doch muss sie noch eingesammelt werden. Wenn Frucht überreif wird, beginnt sie sich zu zersetzen und riecht schlecht. Die Gefängnisse sind voll mit Mördern und Dieben, weil die Gemeinde sie nicht rechtzeitig eingesammelt hat. Sie sind überreif und riechen jetzt „schlecht". Das besagt nicht, dass sie nicht noch gerettet werden können, aber wir sollten nicht darauf warten, dass

Satan Menschen vernichtet, bevor wir daran denken, mit dem Evangelium vom Reich Gottes zu ihnen zu gehen.

Die Ernte zwar ist groß, die Arbeiter aber sind wenige. Bittet nun den Herrn der Ernte, dass er Arbeiter aussende in seine Ernte (Matthäus 9,37-38).

Jesus hatte ein Problem mit den Arbeitern und nicht mit der Ernte. Die Ernte ist reif, aber es werden noch mehr Menschen benötigt, die auf den Feldern arbeiten. Dazu kommt, dass zwar die Ernte reif ist, aber die Arbeiter immer noch grün und unreif sind und nicht viel darüber wissen, wie man die Feldfrüchte einsammelt. Die Antwort ist nicht, mehr dafür zu beten, dass Seelen in die Gemeinde kommen, sondern dafür zu beten, dass Gott mehr Arbeiter in die Felder zu den Menschen sendet, und zwar solche, die in seiner Autorität und Kraft gegründet sind.

Gott ist der Herr der Ernte. Er hat die Saat gesät und gegossen und die Früchte reifen lassen. Unsere einzige Arbeit besteht darin, die Ernte einzusammeln. Gott möchte nicht, dass irgendjemand verloren geht, sondern dass alle Buße tun und gerettet werden (2. Petrus 3,9). Menschen aus allen Bevölkerungsschichten überall auf der Welt rufen: „Wir brauchen Gottes Hilfe!" Es sind Präsidenten, Premierminister, Senatoren, Geschäftsleute, Schauspieler, Lehrer, Polizisten, Ärzte, Wissenschaftler, religiöse Führer, Junge, Alte, Reiche und Arme. Doch die meisten Gläubigen unternehmen nichts dagegen. Überall in den Vereinigten Staaten und in vielen anderen Ländern gibt es Gemeinden, aber die Mehrzahl von ihnen sind nicht das Licht dieser Welt und das Salz der Erde (Matthäus 5,13-14).

Gottes größte Leidenschaft ist, zu sehen, dass jeder Mensch auf dieser Welt – heute sind es mehr als rund sieben Milliarden – gerettet und mit dem Heiligen Geist erfüllt wird und ein heiliges Leben führt.

3. Wir sollen hingehen und unsere eigene ethnische Volksgruppe evangelisieren

Gott denkt global. Das Wort „*Nationen*" in Matthäus 28,19 ist im Griechischen das Wort *ẹthnos,* von dem das deutsche Wort ethnisch abgeleitet ist. *Ẹthnos* bedeutet „eine Rasse (mit den gleichen Gepflogenheiten) oder ein Völkerstamm", worin auch die Begriffe „Nation" oder „Volk" mit einbezogen sind.

Menschen, die zu einer bestimmten ethnischen Gruppe gehören, sprechen im Allgemeinen die gleiche Sprache. Sie haben neben anderen gemeinsamen Merkmalen in der Regel den selben Glauben, die gleichen Denkweisen, Werte und Traditionen. Ein Schlüssel bei der Entstehung einer Nation ist die Kultur – es kommen Menschen zusammen mit gemeinsamen Standards, Gebräuchen und Praktiken. Innerhalb einer Nation gibt es auch Bevölkerungsgruppen, die auf gemeinsamen Interessen, Bedürfnissen und/oder Begabungen beruhen. Jede dieser Untergruppen kann ebenfalls als Ethnos angesehen werden.

Sehen wir uns einmal zwölf ethnische Untergruppen an, die in vielen Nationen und Kulturen vorkommen. Dabei ist zu berücksichtigen, dass die Liste nicht allumfassend ist und manche Bereiche sich überschneiden. Jeder Ethnos hat seine eigene Denkweise bzw. Mentalität und „Sprache". Wir müssen erkennen, an welcher Gruppe wir beteiligt sind, damit wir gemeinschaftlich als Gemeinde das Evangelium zu allen Ethnoses der Erde bringen. Wir brechen dort auf, wo wir sind, in unserem „Jerusalem und Judäa", und breiten es von dort weiter aus (Apostelgeschichte 1,8).

- **Politik und Regierungen:** Im Mittelpunkt dieses Ethnos steht die Entwicklung und Verwaltung eines Landes mit seinen Gesetzen und seiner Politik. Darüber hinaus haben viele Regierungen Ministerien, welche die unterschiedlichen Ethnoses im Land vertreten und verwalten. Es gibt zum Beispiel Ministerien für Bildung, Verteidigung, Gesundheit, Sozialfürsorge, Handel, Arbeit und Finanzen. Menschen mit dieser Mentalität sind ausgerichtet auf die Regierung, die Verwaltung, politische Kampagnen, die Wähler, die Wirtschaft, auf lokale, nationale und globale Veranstaltungen und Ereignisse und so weiter. Die „Sprache“ ihres Ethnos – worüber sie sprechen und welche Worte sie benutzen – spiegelt diese Bereiche wieder. Die Menschen aus dem Ethnos Politik und Regierung gehören je nach ihrer Philosophie und Neigung wiederum weiteren Unterkategorien an. In den Vereinigten Staaten kann man diese Untergruppierungen anhand der politischen Parteien identifizieren – wie Demokraten, Republikaner oder Liberale – oder anhand der politischen Überzeugung – liberal, konservativ, gemäßigt, sowie links- oder rechtsorientierte Varianten. Die Menschen aus diesem Ethnos sind Präsidenten, Premierminister, Ministerpräsidenten, Senatoren, Bürgermeister, Ratsherren, Mitarbeiter der Gesetzgebung, politische Berater und „Politiksüchtige“, um einige zu nennen.

- **Religion:** Religion kann generell definiert werden als Glaubenssystem einer Nation in Bezug auf die ultimative Wirklichkeit und den Sinn des Lebens. In einigen Ländern werden mehrere Religionen praktiziert; jede von ihnen hat spezielle Überzeugungen, Verhaltensmuster, Aktivitäten, Liturgien und so weiter. Die „Sprache“ von Religion beinhaltet die Vorstellungen, die man von Gott (oder den Göttern), vom Leben, von Sünde, Tod, Leben nach dem Tod, heiligen Schriften, Theologie usw. hat. Jeder Ethnos der Religion besteht aus religiösen Leitern und ihren Nachfolgern, Anhängern oder Gläubigen. Wir sollten uns klarmachen, dass eine individuelle Herangehensweise nötig ist, wenn wir das Evangelium vom Reich Gottes Menschen aus unterschiedlichen religiösen Ethnoses verkünden, wie z. B. Römisch-Katholisch, Zeugen Jehovas, Buddhisten und Moslems.
- **Medien:** Der Medien-Ethnos setzt sich aus all jenen zusammen, deren Arbeit zu tun hat mit Rundfunk, Fernsehen, Internet (webbasierte Programme), anderen elektronischen Bereichen der Kommunikation und mit den Print-Medien – wie Bücher, Zeitungen und Magazine. Sie sind Journalisten, Öffentlichkeitssprecher, Schauspieler, Produzenten, Kameraleute, Lichttechniker, Verleger, Redakteure, Schriftsteller und viele andere mehr. Der Medien-Ethnos (wie auch alle anderen Ethnoses) ist fast eine Welt für sich. Es gibt eigene Kon-

zepte, Aktivitäten und „Dialekte", in denen Begriffe wie Kinematographie (Filmkunst), grafische Gestaltung, Computeranimation, Produktion, HDTV, Streaming und viele mehr enthalten sind.

- **Geschäftswelt:** Der Ethnos der Geschäftswelt besteht aus Männern und Frauen, die sich dem Kauf und Verkauf materieller und immaterieller Güter und Produkte widmen oder Dienstleistungen erbringen. Sie sind bei kleinen, mittleren oder großen Unternehmen tätig; diese können sich beispielsweise in Privatbesitz befinden oder Unternehmen sein, deren Aktien an der Börse gehandelt werden. Es handelt sich um Geschäftsleute, Verkäufer, Zollagenten, Importeure und Exporteure, um nur einige zu nennen. Bei vielen von ihnen kreisen die Gedanken ständig darum, wie sie ein Geschäft eröffnen oder aufbauen können, wie sie an sichere Kredite für ein neues Unternehmen kommen können oder wie sie Geschäfte abschließen können. Die Sprache, die sie sprechen, ist angefüllt mit Begriffen wie Geschäfts-oder Unternehmensplan, Statistik, Marktstrategie, Produkt, Dienstleistung, Quote, Angebot und Nachfrage und Geschäftsbericht.
- **Bildung:** Der Bildungs-Ethnos setzt sich zusammen aus Menschen, die Ideen und Informationen vermitteln, Entdeckungen machen, forschen und recherchieren, das Streben nach Wissen fördern oder Ideen und Informationen studieren und ihre eigenen Untersuchungen und Analysen durchführen, oft mit dem Ziel, sich für einen Beruf oder eine Arbeitsstelle vorzubereiten. Sie sind Lehrer, Professoren, Forscher, Philosophen und Studenten. Ihre Sprache ist angefüllt mit Wissen, Lerntheorien, Schulungsmethoden, pädagogischer Psychologie, Ergebnissen, Lehrbüchern und Prüfungen. Dazu kommen noch „Dialekte", die sich nach dem Fachgebiet richten, wie zum Beispiel Literatur, Technik oder Sozialarbeit. Einige der Dialekte decken sich teilweise mit ihren Entsprechungen in der Außenwelt.
- **Wissenschaft:** Wissenschaft umfasst das Studium und die Nutzung der physikalischen Welt. Dazu gehören u. a. die Bereiche Biologie, Chemie, Physik, Astronomie, Paläontologie, Geologie und Ökologie. Menschen, die zum Ethnos der Wis-

senschaft gehören, sind z. B. Wissenschaftler, Forscher, Labortechniker, Lehrer, Umweltschützer und Produktentwickler. Im Allgemeinen teilen sie eine gemeinsame Sprache, eine gemeinsame Denkweise und ein gemeinsames Glaubenssystem. Sie verwenden Begriffe wie Experiment, Test, Analyse, Theorie, Erforschung und viele weitere. Viele Wissenschaftler glauben nur das, was sie im Labor oder durch Logik und die physischen Sinne beweisen können.

- **Technologie:** Dieser Ethnos wird von Menschen bevölkert, die neue Möglichkeiten erforschen, Produkte benutzerfreundlicher machen und die Lebensweise der Menschen verändern. Es umfasst Ingenieure, Computerwissenschaftler, Techniker, Leiter für Forschung und Entwicklung und Hersteller, um nur einige zu nennen. Je nach Fachbereich findet man in ihrer Sprache Worte wie Erfindungen, Elektronik, Robotertechnik, Ventile, Geräte, Lebensmittelverarbeitung, Daten, Stoffe, Kunststoff, Farbe und eine Menge mehr.
- **Medizin:** Im Ethnos Medizin findet man medizinisches Personal verschiedener Fachrichtungen, wie z. B. Kardiologie, Physiologie, Dermatologie, Fußorthopädie, Notfallmedizin und viele weitere. Diese Menschen kommen Berufen nach wie Arzt, Krankenschwester, Techniker, Therapeut, Ernährungsberater und Forscher. Sie haben ebenfalls ihre eigene Denkweise und ihren Wortschatz, in dessen Mittelpunkt Patienten, Verfahren und Methoden, Krankheiten, Verletzungen, Diagnosen, Medikamente, Operationen, Behandlungen und Heilverfahren stehen.
- **Wirtschaft:** Zu diesem Ethnos gehören all jene, die folgendes studieren und/ oder daran beteiligt sind: nationale oder globale Finanzstrukturen, Finanztrends und Finanzpolitik, das Bankwesen, die Börse, Wirtschaftsentwicklung und viele andere Bereiche. Sie arbeiten als Ökonomen, Professoren, Marktanalytiker, Unternehmer, Geschäftsführer, Börsenmakler und Finanzplaner. Ihre Denkweise und Sprache enthält Begriffe wie Statistik, Vermögen, Eigenkapital, Produktivität, Fusionen, Aktien und Obligationen, Erträge, Darlehen, Schulden, Lebensstandard und Wachstum.

- **Sport:** Im Ethnos Sport sind sowohl Menschen aus dem Amateur- wie aus dem Profibereich, die sich sportlich betätigen und/oder sich mit ihren körperlichen Fähigkeiten bei verschiedenen sportlichen Wettkämpfen oder im Mannschaftssport auszeichnen, wie z. B. Fußball, Basketball, Baseball, Softball, Tennis, Schwimmen und Leichtathletik. Sie können Spieler, Trainer, Eigentümer, Manager, Übungsleiter, Schiedsrichter, Sportreporter, Sporttherapeuten oder Zuschauer sein. Jeder Sport hat eigene Ziele und Regelwerke, die im Mittelpunkt ihres Sprachgebrauchs stehen. Doch fast alle Sportarten erfordern körperliche Disziplin und Fokussierung, und diese Elemente vereinen die Mitglieder in diesem Ethnos.
- **Unterhaltung und Kunst:** Dieser Ethnos setzt sich zusammen aus Menschen, die involviert sind in Theater, Film, Fernsehen, Radio, Internet, Musik, Verlagswesen, Kunst und vielen anderen Bestrebungen, die mit Kreativität und Kommunikation zu tun haben. Sie sind Schauspieler, Regisseure, Musiker, Schriftsteller, Maler, Bildhauer, Grafiker, Trickfilmzeichner oder Computeranimator, Spezialeffekte-Techniker, Fotografen, Tänzer und so fort. In ihrer Sprache findet man Begriffe wie Publikum, Einschaltquoten, Aufführungen, 3-D Technologie, Bestseller, Webinhalte, Design, Drehbücher, Partituren, Farbenlehre und vieles mehr. Menschen im Bereich der Künste scheinen ein besonderes Einfühlungsvermögen zu besitzen. Im Großen und Ganzen lebt ein Künstler in seiner eigenen Welt; er sucht den Freiraum, um etwas schaffen oder gestalten zu können und lehnt alles ab, was ihn limitiert oder bindet.
- **Recht und Gesetz:** Der Ethnos Recht und Gesetz hat zu tun mit Verfassungen, Gesetzen, Rechten, Haftungen, Verträgen und der Durchsetzung von Gesetzen. Im Allgemeinen besteht dieser Ethnos aus einer vereinten Gemeinschaft von Rechtsanwälten, Staatsanwälten, Richtern, Geschworenen, Polizeibeamten, Sozialarbeitern, Gefängnisdirektoren und so weiter. Die Menschen, die Teil dieses Ethnos sind, haben eine Denkweise und eine Sprache mit dem Fokus auf Rechtsauslegungen, Bestimmungen, Richtlinien, Klägern, Beklagte,

Rechtsstreit, Verbrechen, Verhaftungen, Urteile, Rehabilitation und mehr. Im Idealfall strebt dieser Ethnos danach, durch die Eliminierung von Fehlverhalten und die Förderung von Gerechtigkeit eine stabile Gesellschaft aufrechtzuerhalten.

Die effektivste Weise, die Welt für Christus zu gewinnen, besteht darin, zuerst innerhalb deines „ethnos" Zeugnis von ihm abzulegen und dabei die übernatürliche Kraft Gottes zu manifestieren.

Da jeder Ethnos und Unter-Ethnos seine eigene Denkweise und Sprache bzw. Dialekt besitzt, wird ein Gläubiger aus einem bestimmten Ethnos meist bessere Möglichkeiten haben, Menschen aus seinem Ethnos das Reich Gottes zu vermitteln, als Menschen aus einem anderen Ethnos. Ein Wissenschaftler zum Beispiel wird am wirkungsvollsten zu anderen Wissenschaftlern über das Reich Gottes sprechen. Er geht nicht umher und sagt: „Preis den Herrn". Und die meisten Ärzte betreten ihr Behandlungszimmer nicht mit den Worten: „Sie müssen errettet werden, Halleluja!" Würde ein Christ auf solche Weise mit ihnen sprechen, würde er vermutlich einfach aufgrund seines Sprachgebrauchs abgelehnt. Doch ein Wissenschaftler oder Arzt, der errettet und mit dem Heiligen Geist erfüllt ist, und der auch die Sprache der wissenschaftlichen oder medizinischen Gemeinschaft kennt, kann dem entsprechenden Ethnos das Evangelium vom Reich Gottes bringen.

Ein weiteres Beispiel: Ich habe junge Leute erlebt, die Rap Musik benutzen, um Seelen zu gewinnen. Manche Christen verstehen oder schätzen Rap Musik vielleicht nicht, aber diejenigen, die die Sprache der Rap Musik sprechen, verstehen es. Diese jungen Künstler vermitteln das Reich Gottes an Menschen aus ihrem Ethnos. Oder ein Mitglied einer Gang wird durch die Kraft Jesu errettet und sein Leben verändert sich radikal. Wenn er dann zu seinem vorherigen Etnos zurückkehrt, um anderen Gangmitgliedern Zeugnis zu geben, werden diese ihm wahrscheinlich zuhören, weil er ihre Denkweise, Sprache, Codes, Abmachungen und dergleichen kennt. Noch einmal, so fangen wir an, das Reich Gottes auszubreiten – jede Person geht zu ihrem eigenen Ethnos. Der Arzt evangelisiert seinen Kollegen, der Naturwissenschaftler den Labortechniker, der Lehrer den Studenten und so weiter. Der folgende Bericht ist ein Beispiel aus dem Sport-Ethnos, in dem ein Baseballspieler durch das Zeugnis eines Mitspielers zum Herrn gebracht wurde.

Octavio Fernandez wurde in der Dominikanischen Republik geboren und war achtzehn Jahre lang Baseballspieler in der Major League. Er sagt: „Zu meinen Erfolgen zählen: viermal Gewinner des Gold Glove Award der American League, eine World Series Championship und fünfmal wurde ich zum All Star gewählt. Ich wurde von gottesfürchtigen Eltern erzogen, die aber auch sehr religiös waren. Meine Brüder und ich durften uns nicht an Aktivitäten wie Sport beteiligen oder ins Kino gehen, weil alles „sündhaft" war. Ich wollte Christus dienen, aber ich wollte auch meine Jahre als Teenager genießen, insbesondere beim Sport. Deshalb betete ich, dass Gott mich mit einer Baseballkarriere segnen würde und versprach ihm, im Gegenzug ein Segen für sein Volk und meine Eltern zu sein. Schon in jungen Jahren wurde ich ein Star und wollte das Leben genießen. Währenddessen beteten meine Eltern beständig für mich. Zu meiner Überraschung war mein Herz trotz all des Erfolges leer. Dann verletzte ich mich schwer an der Hand und musste mit dem Baseballspielen aufhören. Das war schrecklich für mich! Der Herr bewegte einen meiner Teamkameraden, zu mir zu predigen. Aber meine Hand heilte, ich kehrte zum Spiel zurück, machte meine Sache sehr gut und setzte Gott auf Wartestellung. Alle waren erstaunt, wie gut ich spielte, nur mein Manager nicht. Das verletzte meine Gefühle, denn ich wünschte mir auch seine Anerkennung. In meinem Herzen war immer noch dieses Gefühl der Leere, und Baseball war einfach nicht mehr länger meine Leidenschaft. Ich brauchte etwas Reales, etwas Besseres.

Dann nahm mich mein Freund mit in die Baseball-Kapelle, und dort gab ich Jesus mein Herz. Ich weiß nicht, wie ich es erklären soll, aber ich spürte, wie eine schwere Bürde von meiner

Seele weggenommen wurde. Am liebsten hätte ich gleich mit anderen die Freude geteilt, die jetzt mein Innerstes erfüllte. Der Hass, die Bitterkeit, Ressentiments und harten Gefühle usw. fingen an zu verschwinden. Ich bin so dankbar für meinen Teamkameraden. Gott gebrauchte ihn, um zu mir durchzudringen. Vorher wollte ich in jedem Spiel einfach nur perfekt sein; wenn ich das nicht schaffte, wurde ich auf mich sauer und die Menschen verstanden mich nicht richtig. Danach wurde ich mir selbst gegenüber toleranter. Die größte Veränderung geschah, nachdem ich der Gemeinde „King Jesus Ministries" beitrat. Meine Ehe und familiären Beziehungen „lagen auf der Intensivstation", und der Feind stand kurz davor, uns zu vernichten. Deshalb schrie ich frühmorgens im Gebet zu Gott um Hilfe, so wie die geistlichen Väter es lehren. Ich kann mit Bestimmtheit sagen, dass innere Heilung geschah und in jedem Lebensbereich eine Wiederherstellung begann. Familie, Dienst und Freundschaften ... alles wurde erneuert! Heute machen mir banale Dinge nicht mehr zu schaffen. Mein Selbstvertrauen, gegründet in meiner neuen Identität, ist heute viel höher als vorher. Jetzt kann ich sagen, dass ich eine neue Schöpfung in Jesus Christus bin!"

Dies ist ein wunderbares Beispiel dafür, wie ein Gläubiger jemanden aus seinem eigenen Umfeld mit dem Evangelium des Reiches Gottes erreichen kann. Doch ist das nicht alles, wozu die Gemeinde berufen ist. Ich glaube, dass in den letzten Tagen Evangelisation durch die übernatürliche Kraft Gottes beschleunigt und zunehmen wird. Dadurch werden Gläubige in der Lage sein, von einem Ethnos zum einem anderen überzuwechseln, und so noch mehr Menschen für Christus erreichen. Wenn ich zum Beispiel einem Studenten in einer lockeren Umgebung Zeugnis gebe, dann evangelisiere ich nicht auf die gleiche Weise, wie ich es während eines Gottesdienstes in meiner Gemeinde tun würde. Wir müssen unsere Vorgehensweise verändern, wenn wir jemanden erreichen möchten, der in einem anderen Ethnos lebt als wir. Jesus ist unser bestes Vorbild, wie wir dies erreichen. Er ging mit Menschen um, die aus den unterschiedlichsten Schichten und Hintergründen kamen, wie z. B. religiöse Leiter, Zolleinnehmer,

Prostituierte, Ärzte, Geschäftsleute und römische Hauptmänner. Er brachte die sichtbaren und spürbaren Demonstrationen des Reiches Gottes zu den Armen und den Reichen, zu Juden und Heiden, zu Männern, Frauen, Jugendlichen und Kindern.

Die Gläubigen des einundzwanzigsten Jahrhunderts müssen darin trainiert werden, in jeden Ethnos überwechseln zu können - vom Sport zu den Medien, von der Wissenschaft in die Geschäftswelt und so fort. Sie brauchen auch die Fähigkeit, zu Menschen verschiedener Rassen und Nationalitäten zu sprechen. Die Leiter von heute müssen die Gemeinde darin schulen, vielseitig zu sein, ihre Begrenzungen loszulassen und sich im Geist auszubreiten (Jesaja 54,2-3). Ich denke, die Gemeinde muss vielrassig und multikulturell werden, indem sie die unterschiedlichen Ethnoses zusammenbringt. Im Reich Gottes geht es nicht um eine bestimmte Rasse, Nationalität oder Kultur. Es schließt alle Rassen, Stämme, Nationen und ethnischen Gruppen ein.

Vor einigen Jahren führte mich der Herr, mit King Jesus Ministry von einer hispanischen Gemeinde - die wir über zehn Jahre gewesen waren - überzugehen in eine multikulturelle Gemeinde. Am Anfang gab es von einigen spanischen Familien Widerstand dagegen, weil sie sich mit der Veränderung nicht wohl fühlten und anscheinend meinten, das Reich Gottes sei nur für Hispanoamerikaner da. Aber wir hörten auf Gott, eröffneten einen englischsprachigen Gottesdienst und führten die anderen Gottesdienste zweisprachig durch. Innerhalb kürzester Zeit besuchten tausende von Menschen den englischsprachigen Gottesdienst. Diese Veränderung öffnete für uns auch Türen in englischsprachige Länder auf der ganzen Welt. Wir fingen an, unsere Gottesdienste überall in den Vereinigten Staaten per Fernsehen zu übertragen sowie durch verschiedene Fernseh- und Radiostationen quer über den Globus auszustrahlen. Jetzt erreichen wir dank Gottes Initiative sogar Afrika, Russland und Europa. Meine Denkweise musste sich von einer Lokalmentalität zu einer Reich Gottes Ausbreitungsmentalität verändern, damit ich von einem Ethnos zu einem anderen überwechseln kann - von Hispanisch zu Multikulturell. Heute sind in unserer Gemeinde mehr als sechzig Nationen vertreten.

Evangelisation im einundzwanzigsten Jahrhundert erfordert, dass Christen fähig sind, durch das Übernatürliche von einem Ethnos zu einem anderen überzuwechseln.

Bist du bereit dich zur Verfügung zu stellen, um das Evangelium vom Reich Gottes überall mit hinzunehmen, wo du hingehst? Wir müssen die Welt mit der guten Nachricht und mit Gottes übernatürlichen Manifestationen durchdringen, quer durch die verschiedenen Ethnoses. Jeder Nation muss das Evangelium mit Zeichen und Wundern verkündet werden, denn nur übernatürliche Kraft kann die ganze Welt erreichen. Gott sucht und ruft leidenschaftliche und hingegebene Arbeiter, die die Botschaft vom Reich Gottes in ihren eigenen Ethnos hineinbringen – und darüber hinaus. Er bringt eine neue Generation hervor, die erfüllt ist mit der Kraft des Heiligen Geistes und das Feuer und die Leidenschaft besitzt, Seelen zu erreichen. Willst du im Namen Gottes hingehen? Willst du jetzt sofort damit beginnen, das Evangelium zu verkünden und bezeugen, was er für dich getan hat?

Gott ruft dich, jetzt eine Entscheidung zu treffen! Du musst nicht darauf warten, dass dir dein Pastor die Hände auflegt, dich salbt und als Missionar aussendet, bevor du von Jesus Zeugnis ablegen kannst. Du kannst noch heute damit anfangen. In deinem Alltagsleben kannst du ein Zeuge für Jesus sein – bei deiner Arbeit im Büro, beim Essen in einem Restaurant, während du an einer Sportveranstaltung teilnimmst, beim Einkaufen, während du im Theater sitzt, im Urlaub – überall, wo du gerade bist. Und ich proklamiere, dass die Kraft Gottes jetzt auf dich kommt, um dich zu aktivieren und dir Leidenschaft für Menschenseelen zu geben, sodass du sie zur Errettung und Befreiung führen kannst.

Gott hat dich beauftragt, Licht und Salz für die Menschen in deinem und in anderen Ethnoses zu sein. Die Herausforderung liegt direkt vor uns – hier und heute. Die Ernte ist bereit, aber es gibt nur wenige Arbeiter. Entschließe dich, in der übernatürlichen Kraft Gottes hinauszugehen! Der Herr wird sein Evangelium mit Zeichen und Wundern bestätigen. Amen!

Kapitel 6

Die Wiederherstellung des Übernatürlichen in der Gemeinde

Die Gemeinde wurde durch die Auferstehung von Jesus und die Kraft des Heiligen Geistes im Übernatürlichen geboren. Zeichen, Wunder und Wundertaten bestätigten und etablierten die Lehre der Gemeinde. Die Christen des Neuen Testaments hatten einen übernatürlichen Lebensstil und die Kraft des Reiches Gottes führte dazu, dass sich die Urgemeinde vermehrte. Die Gemeinde von heute hat anscheinend ihr Leben und ihre Kraft verloren. Aber Gott hat angefangen, das Übernatürliche für einzelne Gläubige, Gemeinden und Dienste wiederherzustellen, die ihr Herz dafür geöffnet haben. Es ist Gottes Wunsch, seine ganze Gemeinde mit seiner Gegenwart und Kraft zu erfüllen.

In meinem Buch „*Erlebe die Fülle der Herrlichkeit Gottes*"[22] berichte ich von einem erstaunlichen kreativen Wunder, das menschlicher Logik nach unmöglich ist. Ich möchte hiermit berichten, dass sich das Wunder auch weiterhin manifestiert. Matias Rodriguez aus Argentinien litt an Achondroplasie, einer genetischen Erkrankung, die das Wachstum hemmt. Eins von fünfundzwanzigtausend Kindern ist von dieser Art Zwergenwuchs betroffen. Die Wirbelsäule hat eine normale Länge, doch Arme und Beine sind kurz und es liegen noch andere Unregelmäßigkeiten vor.

Als ich Matias das erste Mal bei einem Heilungsgottesdienst in Argentinien begegnete, war er einundzwanzig Jahre alt. Doch seine Körpergröße entsprach der eines zehnjährigen Jungen. Er war bei verschiedenen Ärzten gewesen, aber alle waren zu dem Ergebnis gekommen, dass es für ihn kein Heilmittel gab. Aufgrund seines Zustands besaß er nur ein geringes Selbstwertgefühl; er empfand sich als Last für seine Eltern und Schuldgefühle hatten

[22] © 2014 Verlag Gottfried Bernard, Solingen, www.gbernard.de

zu Verbitterung geführt. Matias suchte Erleichterung in Alkohol und Drogen, wurde zum Glück aber nicht süchtig. Er verließ auch frühzeitig die Schule, um der Ablehnung und dem Spott seiner Schulkameraden zu entkommen. Dann unterzog er sich einer Operation zur Korrektur der Beinkrümmungen, wobei die Gefahr bestand, dass er zum Invaliden würde. Die Ergebnisse der OP waren nicht gut. Auch die Unterarme von Matias waren nur eingeschränkt beweglich und verursachten viele Schmerzen.

Als ich in dem Heilungsgottesdienst diente, den Matias besuchte, sprach ich aus, dass jetzt kreative Wunder geschehen sollten. Dann rief ich Menschen auf, ihr Zeugnis mitzuteilen, und Matias kam nach vorne. Er berichtete, Gottes Feuer hätte ihn berührt und er könne nun seine Arme bewegen. Der junge Mann konnte nicht aufhören zu weinen. Ich wollte von ihm wissen, an welcher Krankheit er litt. Als er es mir sagte, wurde mein Herz erfüllt von Mitgefühl. Geleitet durch den Heiligen Geist proklamierte ich, dass sein Körper innerhalb von vierundzwanzig Stunden so viel wachsen würde, dass seine Kleidung nicht mehr passen würde. Matias fiel unter der Kraft Gottes zu Boden und der Heilige Geist diente ihm.

Nachdem ich wieder zu Hause war, berichtete mir der Pastor von Matias – er ist auch Arzt – dass dieser dabei war zu wachsen! In den ersten vierundzwanzig Stunden war er etwas mehr als zwei Zentimeter gewachsen. Nach achtundvierzig Stunden waren drei Zentimeter dazugekommen und nach zweiundsiebzig Stunden noch einmal drei Zentimeter. Er wuchs so lange weiter, bis ihm seine Kleidung nicht mehr richtig passte. Innerhalb von drei Tagen wuchs er insgesamt um acht Zentimeter!

Als er durch das zunehmende Wachstum in seinen Knochen, Sehnen und Muskeln größer wurde, erlebte er starke „Wachstumsschmerzen“ . Nach einem Jahr sah ich ihn wieder, und er wuchs immer noch! Jetzt ist er fünfzehn Zentimeter größer als zu der Zeit, wo ich für ihn gebetet hatte. Das ist ein kreatives Wunder, das für jeden außer Gott unmöglich ist.

Das Übernatürliche verstehen

Das Evangelium vom Reich Gottes ist übernatürlich, weil es den Himmel auf die Erde bringt, so wie es auch bei Matias geschah. Wenn wir das Evangelium in seiner Fülle verkündigen wollen, wie im vorigen Kapitel besprochen, müssen wir ein besseres Verständnis für das Übernatürliche bekommen, damit wir es erkennen und uns darin bewegen.

1. Das Übernatürliche ist Gottes Natur

Gott ist ein übernatürlicher Gott und kann nicht außerhalb dieses Kontexts beschrieben werden. Wir wollen uns einige seiner Eigenschaften noch einmal vergegenwärtigen.

- ***Gott ist Geist.*** Wie wir in Kapitel 2 gesehen haben, ist Gott ein unsichtbares, ewiges Wesen mit übernatürlichen Fähigkeiten und Eigenschaften, die der natürlichen Welt unendlich überlegen sind.

  > *Gott ist Geist, und die ihn anbeten, müssen in Geist und Wahrheit anbeten (Johannes 4,24).*

  Gott ist kein materielles Wesen; er besitzt keinen greifbaren Körper oder hat körperliche Bedürfnisse. Er ist Geist und existiert und bewegt sich im geistlichen Bereich. Deshalb muss unsere Anbetung im Geist und in der Wahrheit erfolgen – übernatürlich und aufrichtig. Sie muss aus dem Herzen kommen. Gott sollte als ein übernatürlicher Gott gesucht und angebetet werden. Nähern wir uns ihm auf eine andere Art und Weise, werden wir nicht viel von ihm empfangen.

Das Übernatürliche oder Geistige ist die Form, in der Gott existiert.

- ***Gott hat das Leben in sich selbst.*** Er ist nicht abhängig von dem natürlichen Bereich von Zeit, Raum und Materie, um zu leben, noch braucht er irgendetwas oder irgendjemanden, um ihn zu erhalten. Er ist aus sich selbst heraus existierend, was bedeutet, dass er in und aus sich heraus Leben hat, und er ist der Schöpfer aller Dinge. Wie wir schon festgestellt haben offenbarte sich Gott gegenüber Mose als der *„Ich bin, der ich bin"* (2. Mose 3,14). Er lebt in dem ewigen „Jetzt".

Auch wenn wir als Ebenbild Gottes geschaffen wurden, sind wir nicht das Gleiche wie Gott; unser Leben und unsere Existenz sind von ihm abhängig.

- ***Gott ist allmächtig.*** *„Heilig, heilig, heilig, Herr, Gott, Allmächtiger, der war und der ist und der kommt"* (Offenbarung 4,8)! Das griechische Wort für *„Allmächtiger"*, ist das Wort *pantokrạtōr*. Es bedeutet „der Allesbeherrscher", d. h. Gott ist der absolute und universale Herrscher, oder „der Allmächtige", oder „der Herrscher über alle". Gottes Macht und Kraft ist einzigartig.
- ***Gott ist kein Mensch.*** Manche Gläubige behandeln Gott den Vater so, als ob er die gleiche Denkweise und begrenzten Möglichkeiten hätte wie die gefallene Menschheit. Infolgedessen versuchen sie, seine Aufmerksamkeit auf natürliche Weise zu erhalten. Wir können uns Gott aber nicht auf eine Weise nähern, die unserer Vorgehensweise im natürlichen Bereich entspricht. Wenn wir das tun, setzen wir unserem Denken darüber, wie Gott ist und wozu er fähig ist, Grenzen. *„Gott ist nicht ein Mensch"* (4. Mose 23,19; Schlachter 2000). Gott vom Übernatürlichen zu trennen ist der Versuch, ihn „einzubürgern", doch das ist unmöglich. Angesichts seiner übernatürlichen Natur ist solch eine Herangehensweise unangemessen; sie erkennt sein Wesen und seinen Willen nicht an und entehrt ihn. Gott denkt und handelt nicht wie Menschen mit ihren Begrenzungen und Schwächen! Gott kann zum Beispiel ewige Zusagen machen, weil er sie immer einhalten wird. Dagegen mangelt es den Menschen an der Fähigkeit, in Bezug auf ihre Versprechungen treu zu sein, trotz bester Absichten.

2. Das Übernatürliche ist die Natur des Reiches Gottes

Genauso, wie man Gott nicht außerhalb vom Kontext des Übernatürlichen beschreiben kann, gilt das Gleiche für sein Reich. *Übernatürlich* ist abgeleitet von der Vorsilbe *über-*, was bedeutet „über" oder „darüber", und dem Verb *Natur*. Folglich bedeutet im Übernatürlichen zu leben, dass man oberhalb, jenseits oder außerhalb des natürlichen Bereichs lebt. Auch wenn das Wort *übernatürlich* nicht in der Bibel vorkommt, so zeigt sich dieser Begriff doch überall in der Bibel durch die Machttaten und Zeichen und Wunder, die Gott getan hat. Sie spiegeln wieder, wer er ist und wozu er fähig ist. Biblische Begriffe und Formulierungen wie „geistig oder geistlich", „Reich des Himmels", „Reich Gottes", „nicht von dieser Welt", „allgegenwärtig" und „allmächtig" weisen auf unseren übernatürlichen Gott und sein übernatürliches Reich hin.

3. Das Übernatürliche ist für Gott normal

Aus Gottes Perspektive ist das Übernatürliche das normale Leben. Von 1. Mose bis zur Offenbarung zeigt die von Gott inspirierte Schrift Gott durchweg als übernatürlich – er erschafft Materie aus dem Nichts und hebt die natürlichen Gesetze der Erde auf. Gott möchte, dass das Natürliche elementar für uns ist, aber auch das Übernatürliche soll für uns zur Norm werden, wenn wir zu mündigen Bürgern seines Reiches werden.

Das Übernatürliche ist der Einfluss und die Auswirkung der übernatürlichen Welt auf die materielle Schöpfung.

4. Das Übernatürliche herrscht über das Natürliche

Das Übernatürliche befindet sich nicht nur oberhalb oder jenseits der natürlichen Welt, sondern es herrscht aktiv über diese. Gott ist der Herr sowohl von der geistlichen wie auch der physikalischen Dimension. Er schuf die sichtbare Welt, damit sie von dem unsichtbaren Reich regiert wird. Wir sollten deshalb nicht erstaunt sein, wenn Gott heute etwas Übernatürliches auf der Erde tut, wie z. B. Heilungen, Wundertaten, Zeichen und Wunder, Dämonenaustreibungen und Totenauferweckungen. Alle diese Demonstrationen seiner Gegenwart und Kraft spiegeln seine Herrschaft in unserer natürlichen Welt wieder.

5. Das Übernatürliche ist Wirklichkeit, keine Magie oder Aberglaube

Manche Menschen denken, die übernatürliche Kraft Gottes sei ein Ausdruck der Mystik oder des Aberglaubens, ein magischer Trick, eine optische oder andere Form der Täuschung oder etwas anderes Falsches oder Unreales. Aber bei dem göttlichen Übernatürlichen handelt es sich weder um Magie, noch um irgendwelche Tricks. Es ist die tiefste Wirklichkeit, die wir kennen können, und es ist ein Königreich mit Bedingungen und feststehenden Gesetzen, die beachtet werden müssen. Das Übernatürliche wird in unserem Leben z. B. nicht wirksam, wenn wir Heilung suchen, aber gleichzeitig Unvergebenheit beherbergen (z. B. Matthäus 6,14-15).

Das Übernatürliche ist Wahrheit, die in der physikalischen Dimension offenbart wird. Wird die Wahrheit beseitigt, wird Gott im Wesentlichen ebenfalls eliminiert und es bleibt nur eine Illusion übrig.

---

6. Das Übernatürliche hat keine Begrenzungen

Im natürlichen Bereich erkennen und schaffen wir Begrenzungen und Einschränkungen, aber im übernatürlichen Bereich können wir das nicht, weil Ewigkeit unendlich ist. Deshalb müssen wir jede Begrenzung oder Einschränkung beseitigen, die wir versucht haben Gott aufzuerlegen. Ein Wunder ist ein übernatürliches Eingreifen Gottes, das im natürlichen Bereich stattfindet und sich über die Naturgesetze hinwegsetzt, intellektuelle Paradigmen zerstört und die Herrschaft der menschlichen Vernunft verdrängt.

Eine Frau aus unserer Gemeinde, Ivis Vilato, entdeckte die unbegrenzte Natur der übernatürlichen Kraft Gottes, als sie mit Zwillingen schwanger war. Im sechsten Monat der Schwangerschaft stellte der Arzt fest, dass der weibliche Zwilling eine abweichende Chromosomenzahl hatte. Er diagnostizierte das Turner

Syndrom[23], eine genetische Erkrankung, die bei einer von zweitausend Geburten auftreten kann. Die normale Chromosomenzahl eines Menschen ist achtundvierzig, wovon zwei das Geschlecht bestimmen. Frauen haben normalerweise zwei X-Chromosomen, aber im Falle dieses weiblichen Zwillings fehlte einer dieser Chromosomen und es lagen noch weitere Anomalien vor. Das Turner Syndrom verursacht körperliche Missbildungen und andere Problematiken.

Der Arzt riet Ivis zu einer Abtreibung des Babys. Diese Nachricht erschütterte die werdende Mutter und sie begann zu weinen. Sie entschied sich aber gegen eine Abtreibung. Sie wollte das Baby behalten und proklamierte, dass ihre Zwillinge gesund zur Welt kommen würden. Traurig und weinend ging sie zu einem Gottesdienst, in dem der Jugendpastor für sie betete und Heilung über dem Baby aussprach. Sofort spürte Ivis, wie Traurigkeit und Besorgnis sie verließen. Im Glauben ging sie zurück zu ihrem Arzt und teilte ihm mit, dass ihr Baby gesund und wohlauf sei. Er war sehr skeptisch. Als die Zwillinge geboren wurden, ließ er das Mädchen auf das Turner Syndrom testen. Zu seiner Überraschung war die Anzahl der Chromosomen normal! Das Baby war übernatürlich von dieser Störung geheilt worden und zur Ehre Gottes völlig gesund. Die Ärzte konnten nicht fassen, dass solch ein gewaltiges Wunder geschehen war. Ivis ist dem Herrn so dankbar und freut sich unablässig an der Gesundheit ihres Kindes. Es war nicht zu erwarten oder logisch, dass ihre Tochter gesund zur Welt kam, aber die übernatürliche Macht Gottes durchbrach die natürliche Welt und erschuf das fehlende Chromosom.

Jedes einzelne Wunder Gottes steht im Widerspruch zu den natürlichen Fakten, dem Verstand, der Logik und der Zeit.

[23] *Ullrich-Turner-Syndrom* (*UTS*) oder *Monosomie X*

7. Das Übernatürliche wird sich zunehmend auf der Erde manifestieren

Das Reich Satans überzieht auch heute die Erde mit dichter Finsternis. Es übt solch einen Druck auf die Gläubigen aus, dass als Antwort auf diesen Angriff das Reich Gottes immer häufiger sichtbar werden wird. Wir werden Engel, Visionen, Blut, Feuer und Rauch sehen (siehe z. B. Apostelgeschichte 2,19-20). Übernatürliche Manifestationen von Zeichen und Wundern werden alltäglich werden. Wir dürfen uns nicht vor diesen Demonstrationen der Macht Gottes fürchten! Jedes Mal, wenn Gott sich in der Bibel einem seiner Diener auf übernatürliche Weise offenbarte, waren seine ersten Worte: „Fürchte dich nicht" (z. B. Lukas 1,29-30). Wenn unser Verstand nämlich mit etwas konfrontiert wird, das er nicht erklären kann, werden wir furchtsam. Gott fordert uns auf, keine Angst zu haben. Er schenkt uns seinen Frieden, sodass wir wissen werden, er ist es, der sich manifestiert. Uns wird nichts Schlimmes geschehen. Gott möchte seine Gegenwart und Kraft in deinem Leben auf sichtbare Weise zeigen, so wie er es verheißen hat.

> *Wer meine Gebote hat und sie hält, der ist es, der mich liebt; wer aber mich liebt, wird von meinem Vater geliebt werden; und ich werde ihn lieben und mich selbst ihm offenbaren (Johannes 14,21).*

Widerstand gegen das Übernatürliche

„*Widersacher*" ist einer der vielen Namen, unter denen der Teufel bekannt ist (1. Petrus 5,8). Er widersetzt sich Gott und seinen Absichten sowohl auf direkte, wie auch auf raffinierte Art und Weise. In den vergangenen zweitausend Jahren bestand eine seiner Taktiken darin, die Gemeinde anzugreifen und zu verführen, so dass sie das Übernatürliche ausklammert und sich selbst auf eine natürliche Institution reduziert. Wir wollen uns zwei Kräfte anschauen, durch die Satan versucht, seine Absichten zu verwirklichen: den Geist des Antichristen und eine Gesinnung menschlicher Vernunft und Logik.

1. Der Geist des Antichristen

Und wie ihr gehört habt, dass der Antichrist kommt, so sind jetzt viele Antichristen aufgetreten; daran erkennen wir, dass es die letzte Stunde ist (1. Johannes 2,18).

Dieser Vers spricht davon, dass in der Endzeit der Antichrist kommen wird. Der Antichrist ist eine Gestalt, die sich dem wahren Gott widersetzen und den Menschen gegenüber als derjenige ausgeben wird, an den sie glauben und den sie anbeten sollen. Aber der Vers sagt auch, dass *„viele Antichristen"* auftreten. Dabei handelt es sich um den *„Geist des Antichristen"* (1. Johannes 4,3), der durch Menschen wirkt. In 1. Johannes 2,20 wird der Geist des Antichristen der Salbung von Gott gegenübergestellt: *„Und ihr habt die Salbung von dem Heiligen und wisst alles."*

Es war immer schon der Plan des Teufels, die Gemeinde auf das Natürliche zu reduzieren.

Das griechische Wort für „Christus" ist *Christọs*, was bedeutet „gesalbt"; es kennzeichnet den Messias. Die Vorsilbe *Anti-* in Antichrist bedeutet „gegen". Das ultimative Ziel des Feindes besteht darin, im Leben der Menschen den echten Christus durch einen falschen zu ersetzen. Wenn er nicht durch die Vordertür in die Gemeinde hineinkommen kann, wird er Menschen mit einem antichristlichen Geist oder einen „Ersatz-Christus" durch die Hintertür hineinbringen. Der echte Christus ist der Gesalbte. Er besitzt die übernatürliche Kraft des Heiligen Geistes (Lukas 4,18-19). Den Begriff „Salbung" gebrauchen wir auch, wenn wir uns auf die Kraft beziehen, die ein Gläubiger von Gott empfängt. Wir können Christus nicht von der Salbung oder Kraft trennen, die er von Gott erhalten hat. Hätte er diese Salbung nicht gehabt, wäre er ein falscher Messias gewesen.

Von dem Zeitpunkt an, als zu Pfingsten der Heilige Geist auf die Nachfolger von Jesus fiel, erkannten die ersten Gläubigen das Übernatürliche und ließen es in der Gemeinde sichtbar werden. Das war für sie normal. Wie sieht das heute bei uns aus? In einigen christlichen Kreisen, Denominationen und Diensten kann jeder offen über Religion, Philosophie, Psychologie, Psychiatrie und sogar über Politik reden. Doch wenn jemand über Christus spricht - den Gesalbten mit der übernatürlichen Kraft, die Kranken zu heilen, mit dem Heiligen Geist zu taufen und Dämonen auszutreiben - regen sich die anderen in diesen Kreisen, Denominationen und Werken auf und machen sich Sorgen! Sie wollen glauben, dass diejenigen, die das Übernatürliche praktizieren, eine Art Kult oder Sekte sind. Warum? Manchmal ist es einfach der Versuch, ihren eigenen Mangel an Kraft zu rechtfertigen. Oder sie fürchten sich davor. Oftmals liegt es jedoch daran, dass ihr Verstand geschult wurde, nur in natürlichen Zusammenhängen zu denken, worauf ich gleich noch näher eingehen werde. Leider stehen sie unter dem Einfluss des antichristlichen Geistes, der gegen die Salbung und die Kraft ist.

Fehlt das Übernatürliche, dann ist es durch eine Manifestation des antichristlichen Geistes ersetzt worden.

Verdrängen wir Christus, den Gesalbten, bleibt nur noch ein System von Prinzipien, moralischen Gesetzen, Meinungen und Traditionen übrig. Das führt zu einer kraftlosen und toten Religion.

> *... die eine Form der Gottseligkeit haben, deren Kraft aber verleugnen. Und von diesen wende dich weg (2. Timotheus 3,5).*

Das griechische Wort für *„Form"* ist *mọrphōsis*; es bedeutet „Formung" oder auch „Erscheinung". Es ist hergeleitet von dem Verb *morphọō* mit der Bedeutung „formen, gestalten". Deshalb bedeutet *„eine Form der Gottseligkeit haben"*, dass man das Erscheinungsbild annimmt, gläubig zu sein. Diese Beschreibung trifft heute auf eine große Anzahl von Gläubigen in der Gemeinde zu. Viele von ihnen sind wie Nachbildungen oder Kopien des Echten, denn ihnen fehlt die Kraft. Wir müssen den Geist des Antichristen ausfindig machen und aus unserem Leben und

Dienst eliminieren, damit wir so leben und dienen können wie Jesus.

Religion ist eine Form oder das Erscheinungsbild von Frömmigkeit ohne Kraft.

2. Die griechische Denkweise

Die historische Entwicklung, wie die griechische Denkweise – und ihre Ableger – den Glauben an sich sowie den Glauben an das Übernatürliche untergraben haben, ist ein umfangreiches Thema. Deshalb gebe ich hier nur einen allgemeinen Überblick und beleuchte ein paar der wichtigsten Folgen. Mit der griechischen Denkweise meine ich ganz allgemein jemanden, der sich auf den menschlichen Verstand und die Logik stützt und den Glauben und alles Übernatürliche ausschließt. Wir haben gesehen, dass Wundertaten, Zeichen und Wunder seit ihrer Gründung zur Gemeinde dazugehören. Der Geist des Antichristen hat zwar immer schon versucht, Menschen vom Übernatürlichen wegzubringen. Aber in der Gemeinde geschah ein Wechsel, als der Glaube der Menschen an Gott und das Übernatürliche durch den kulturellen Einfluss der griechischen Mentalität ausgehöhlt und die Gemeinde immer mehr institutionalisiert wurde.

Im Laufe der Jahrhunderte gewann die Trennung zwischen Glaube und Vernunft immer mehr an Bedeutung. Der Aufstieg des säkularen Humanismus führte dazu, dass die Menschen den Mittelpunkt ihrer Welt von Gott zum Humanismus verlagerten. Der weltliche Humanismus besteht aus einer Sammlung philosophischer Ideen und Vorstellungen, die den Menschen und den menschlichen Verstand auf die höchste Ebene der Bedeutsamkeit erhoben haben. Langsam überholte die Vernunft den Glauben, dem nur noch der zweite Platz eingeräumt wurde, oder er wurde einfach komplett ignoriert. Im Zeitalter der Moderne wurde die Überzeugung propagiert, dass jede Form von religiösem Engagement ein Hindernis für Sachlichkeit und Objektivität sei. Diese Gedanken setzten sich besonders in den Universitäten fest; man empfahl oder förderte religiöse Neutralität. Eine bedeutende Entwicklung fand an der Universität von Berlin statt, als die Theologie zu einem separaten Gebiet innerhalb der historischen und soziologischen Fachbereiche wurde. So verwandelte sich die Theologie in eine akademische Disziplin mit eigenen Regeln und Bestimmungen für die Forschung. Diese waren „gefangen“ in dem griechischen Vorbild, die Welt mittels Daten, Logik und Theorie zu interpretieren sowie durch rein wissenschaftliche Methoden. Darin waren weder praktische Glaubenserfahrungen, noch übernatürliche Beweise oder Offenbarungen von Gott mit einbezogen, noch ermutigte es zu einer persönlichen Beziehung mit ihm.

Im neunzehnten Jahrhundert versuchten liberale Christen, alles aus der Bibel zu streichen, was mit dem Übernatürlichen oder mit Wundern zu tun hatte, wie z. B. die Jungfrauengeburt von Jesus, die Auferstehung, die Austreibung von Dämonen, Engel, Wundertaten, Zeichen und Wunder. Sie argumentierten, dass der Glaube an das Übernatürliche eine veraltete Vorstellung sei; ein altertümlicher Mythos, der nicht von einer modernen, gebildeten Gesellschaft akzeptiert werden könne. Sehr viele Menschen begannen zu denken, dass der Glaube an die Bibel und das Übernatürliche intelligenzfeindlich und naiv ist.

Die Wiederherstellung des Übernatürlichen erweist sich in der modernen Gemeinde von heute als schwierig, weil Intellektualismus und Vernunft bei vielen Menschen einen hohen Stellenwert besitzen. Das Bildungssystem der westlichen Welt ist von der griechischen Denkweise durchsetzt. Sie bildet die Grundlage für das Lernen in den meisten öffentlichen und privaten Schulen, säkularen und christlichen Universitäten sowie Bibelschulen und Gemeinden.

Damit will ich die Wichtigkeit verstandesmäßiger Bildung nicht schmälern; sie ist in der natürlichen Welt von Bedeutung. Ich bin für den Verstand. Ich glaube, wenn wir unseren Verstand, unsere Vernunft und Logik dem Heiligen Geist unterwerfen, kann Gott daraus etwas Kreatives und Kraftvolles machen. Ich bin ein lernbegieriger Mensch und habe sowohl den Magister wie auch den Doktortitel in Theologie. Ich bin für Bildung und ermutige junge Menschen zur höheren Schulbildung und zum Besuch von Fachschulen. Einige Studenten werden sogar von mir finanziell unterstützt, damit sie graduieren können. Was ich aber sagen will ist, dass wir aufgrund unserer Bildungsweise geneigt sind zu denken, Wunder können gar nicht geschehen, weil sie uns „unlogisch" oder „unvernünftig" vorkommen.

Die griechische Mentalität bringt die Menschen eben nur bis an diesen Punkt und kann deshalb irreführend sein. Viele Ärzte werden beispielsweise gemäß dem Stand der medizinischen Wissenschaft, die auf Beweismitteln basiert, ausgebildet und geschult. Deshalb glauben sie nur an das, was auch wissenschaftlich bewiesen werden kann. Stell dir einmal vor, man könnte die Möglichkeit eines Wunders im Labor beweisen! Ein anderes Beispiel: Anwälte, die in der sokratischen Methode ausgebildet wurden, analysieren alles anhand der Logik. Wenn sich etwas nicht mit einem Beweis deckt, wird es als unzulässig betrachtet und abgelehnt. Sie lernen alles anzuzweifeln, was nicht durch logische Analyse bewiesen oder erklärt werden kann. Stell dir den Versuch vor, einem Anwalt die Vergebung von Sünde zu erklären! Menschen mit dieser Art von Ausbildung fällt es sehr schwer, an das Übernatürliche zu glauben.

Die griechische Denkweise ist auch der Grund dafür, dass sich so viele Menschen in den Gemeinden mit bloßer Redegewandtheit zufrieden geben. Sie haben an einen Gottesdienst gar nicht die Erwartung, dort etwas Übernatürliches zu erleben. Etliche sehen auch keine Notwendigkeit, das umzusetzen, worüber gepredigt wurde. Ihr Sinn ist auf reine Theorie ausgerichtet oder sie sind so engstirnig, dass sie nur glauben, was von einem natürlichen Standpunkt her logisch erscheint. Doch Theologie ohne eine persönliche Erfahrung oder göttliche Begegnung ist wertlos – es ist bloß Religion. Es handelt sich dabei nicht um das Evangelium vom Reich Gottes, das mit übernatürlicher Kraft einhergeht. Wir können die Theologie der Erlösung kennen und dennoch für ewig verloren gehen, weil Erlösung durch eine persönliche Begegnung mit Jesus Christus geschieht. Wenn Humanismus und Verstand den Sinn der Menschen übernehmen, lehnen sie das Übernatürliche ab und verlassen Gott.

In den westlichen Ländern bringt uns das Bildungssystem bei, was und was nicht möglich ist, was wir denken sollen und welche Schlüsse wir in verschiedenen Situationen ziehen sollen. Bildung erklärt, basierend auf wissenschaftlicher Forschung oder philosophischen Gedanken, warum bestimmte Dinge und Konzepte real sind und Gültigkeit besitzen. Vernunft hat bestimmte Parameter, über die hinaus alles andere als „unmöglich" bezeichnet wird. Doch die Manifestation des Übernatürlichen kann diese Gesinnung durchbrechen! Ein Wunder dringt in die Herrschaft menschlicher Vernunft ein. Die Tatsache, dass der übernatürliche Bereich den Verstand übersteigt, ist kein Grund dafür, ihn abzulehnen. Werden Menschen Zeuge einer übernatürlichen Manifestation, reagieren sie auf zweierlei Weise: Entweder weisen sie das alles zurück oder aber sie gestehen ein, dass es im Leben mehr gibt als nur das, was wir mit unseren natürlichen Sinnen wahrnehmen können.

Bildung lehrt unseren Verstand, was möglich und was unmöglich ist.

Ersatz oder Auswechslung des Übernatürlichen

Verschiedene Ausprägungen des antichristlichen Geistes haben quer durch die Jahrhunderte hindurch das Übernatürliche attackiert. In dem Bestreben, Gottes Gegenwart und Kraft in unserem Leben, unseren Familien, Schulen, Gemeinden, Städten und Nationen zu ersetzen, wurde das Übernatürliche von Ersatzmitteln für die geistliche Realität abgelöst; es fand also ein Austausch statt.

In meinem Buch *Übernatürlich in Gottes Kraft leben*[24] habe ich dieses Thema ausführlich behandelt. Deshalb erläutere ich jetzt nur einige wichtige Beispiele, wie das Übernatürliche verdrängt wurde, und füge ein paar neue Offenbarungen hinzu. Wir müssen erkennen was als Ersatz dient, wollen wir die Gemeinde wieder in das Übernatürliche zurückführen und dazu befähigen, ihrem Reich Gottes Auftrag nachzukommen.

---

[24] © 2012 Verlag Gottfried Bernard, Solingen, www.gbernard.de

Die Gemeinde heute hat nicht das Problem, dass Menschen fehlen, die eine persönliche Erfahrung mit Gott haben. Es besteht in der praktizierten Abwesenheit seiner Gegenwart.

1. Vernunft hat den Glauben verdrängt

Wie bereits erwähnt, brachte die griechische Denkweise die Menschen dazu, den Glauben durch Vernunft und Logik zu ersetzen. Ich glaube, der Ausdruck *„durch Glauben verstehen wir"* in Hebräer 11,3 deutet darauf hin, dass wir zuerst glauben müssen, damit wir die Absichten und Wege Gottes verstehen können. Gott hat uns berufen zu tun, was nach logischem Verständnis und mit unseren eigenen Fähigkeiten unmöglich ist, weil es nur durch seine übernatürliche Kraft bewerkstelligt werden kann. Wenn der Einfluss deiner Bildung stärker ist als deine Offenbarung, wird es dir sehr schwer fallen, im Glauben zu leben.

Noch einmal: Ich bin nicht gegen das Lernen. Ich unterstütze Menschen, die studieren möchten oder sich auf einen Beruf oder eine Karriere vorbereiten. Aber ich verstehe auch, dass die *„Gesinnung des Fleisches Feindschaft gegen Gott ist"* (Römer 8,7). Sie leugnet alles, was sie nicht verstehen oder erklären kann oder nicht erlebt hat. Andererseits kann der erneuerte Sinn eine mächtige Waffe werden. Er ist imstande sich im Übernatürlichen zu bewegen, weil er aus der Perspektive Gottes heraus handelt. Wenn du in einer schwierigen Situation noch keinen Durchbruch erlebst, liegt es vielleicht daran, dass du versuchst, mit deinem Verstand nachzuvollziehen, was Gott dir in Bezug auf seine Verheißungen gesagt hat. Das ist kein Glaube. Deshalb ist der Durchbruch nicht zustande gekommen. Gott befähigt deinen Glauben dazu, jeden Grund für Unglauben aus dem Weg zu räumen. Wenn du immer noch versuchst, Dinge ganz und gar verstehen zu wollen, wirst du wahrscheinlich Fakten und logische Schlussfolgerungen anbringen, warum du keine übernatürliche Antwort von Gott bekommen kannst.

Wenn du denkst, Gott hat dich berufen etwas zu tun, was für deinen Verstand Sinn macht, dann ist es vielleicht nicht das, was Gott von dir möchte. Du bräuchtest ihn dann nämlich nicht, um es zu erreichen.

Wie erklären wir denn anders als mit der übernatürlichen Kraft Gottes die Sache mit Daniel, als er in die Grube voller hungriger Löwen geworfen wurde, jedoch ohne einen Kratzer dort wieder herauskam (Daniel 6,16-23)? Wie erklären wir, dass drei junge Männer in einen feurigen Ofen geworfen wurden und nicht verbrannten (Daniel 3,15-27)? Wenn du versuchst zu tun, was Gott dir gesagt hat, während du gleichzeitig bestrebt bist, es zu verstehen, blockierst du damit Gottes Absichten. Denn er handelt durch deinen Glauben und nicht durch deinen Verstand.

Das Mögliche beruht auf Vernunft und Logik.

2. Seelsorge hat den Befreiungsdienst ersetzt

In der Apostelgeschichte wird nur sehr wenig über Seelsorge gesagt, aber viel über das Austreiben von Dämonen (z. B. Apostelgeschichte 16,16-18). Seelsorge kann Menschen dabei helfen, sich in ihrem Leben in die richtige Richtung zu bewegen und sie in die Lage versetzen, über Situationen und Probleme zu sprechen und Dinge ins rechte Licht zu rücken. Sie hilft dabei, schädliche Verhaltensweisen zu korrigieren sowie Weisheit und Erkenntnis für bestimmte Umstände zu vermitteln. Seelsorge ist nützlich – ich praktiziere sie ebenfalls. Wenn aber jemand von einem dämonischen Geist geknechtet oder beherrscht wird, benötigt diese Person keine Seelsorge, sondern Befreiung. Der Dämon muss zuerst ausgetrieben werden, bevor die Person die seelsorgerlichen Ratschläge befolgen kann.

Ich bin der Überzeugung, dass viele christliche Leiter Menschen mit Seelsorge dienen, die eigentlich Befreiung brauchen. Der Feind will Unterdrückung oder Besessenheit nicht nur zum Quälen von Menschen benutzen. Er will auch die Seelsorger geistlich aufreiben, indem sie Stunden um Stunden damit verbringen, mit einer dämonisch belasteten Person zu arbeiten. Weil der Seelsorger die Handlungsweise eines dämonischen Geistes nicht erkennen kann, „beseelsorgt" er letzten Endes einen Dämon und vergeudet damit sowohl seine wie auch die Zeit der Person, der er versucht zu helfen.

3. Ausstrahlung hat die Salbung ersetzt

Oftmals werden Menschen von der persönlichen Ausstrahlung eines Pastors, Evangelisten oder anderen geistlichen Leiters angezogen. Sie verwechseln dabei die Ausstrahlung mit der Salbung Gottes. Wie können wir den Unterschied zwischen rein persönlicher Anziehungskraft und Salbung erkennen? Durch die Frucht, die entsteht. Wenn keine Errettungen, Heilungen oder Befreiungen geschehen und die Herzen der Menschen nicht verändert und näher zu Gott gezogen werden, dann hat der Pastor oder Leiter nicht mehr erreicht, als ein emotionales Hochgefühl zu bewirken. Ein emotionales Hoch nützt aber nichts, denn es bringt keine echte Veränderung und Umgestaltung hervor. Doch sogar wenn Wunder geschehen kann es manchmal vorkommen, dass ein Leiter sich zu sehr auf seine eigene Ausstrahlung verlässt oder versucht ist, die Anerkennung für sich selbst zu beanspruchen. Deshalb muss auch die Frucht in seinem Leben im Laufe der Zeit beurteilt werden. Was nicht vom Geist ist, das ist vom Fleisch (z. B. Johannes 3,6).

4. Unterhaltung hat Lobpreis und Anbetung ersetzt

Viele Menschen besuchen christliche Konzerte und Gottesdienste nur zu Unterhaltungszwecken. In solchen Fällen werden vielleicht ihr Fleisch oder ihre Gefühle stimuliert, aber sie beten Gott nie im Geist und in der Wahrheit an. Ich denke Konzerte sind großartig, vorausgesetzt ihre Absicht ist es, Gott zu erheben und seine Gegenwart herbeizubringen, um Menschen zu heilen, zu befreien und zu erretten. Leider dienen viele Lobpreis- und Anbetungsleiter nur mit ihrem Talent und nicht mit der Salbung. Ich glaube, wenn sie das tun, ähnelt es dem, was die Bibel *„fremdes Feuer vor dem Herrn"* (3. Mose 10,1) nennt.

5. Eine extreme Botschaft von Gnade hat die Furcht des Herrn ersetzt

Aber durch Gottes Gnade bin ich, was ich bin; und seine Gnade mir gegenüber ist nicht vergeblich gewesen, sondern ich habe viel mehr gearbeitet als sie alle; nicht aber ich, sondern die Gnade Gottes, die mit mir ist (1. Korinther 15,10).

Wir sind durch die Gnade Gottes errettet. Alles, was wir sind, haben und erleben, geschieht durch seine Gnade. Aber einige Leute haben eine extreme Sicht über die Botschaft der Gnade entwickelt. Sie lehren, weil Jesus sein Werk vollendet hat, gibt es für uns nichts mehr zu tun; wir können uns verhalten wie immer wir wollen, denn es spielt keine Rolle mehr. Manche behaupten sogar, dass Gebet nicht mehr nötig ist und man auch nicht mehr fasten muss, um Gott zu suchen. Obwohl es wahr ist, dass Jesus am Kreuz ein vollständiges Werk vollbracht hat, müssen wir aber doch im Glauben davon Besitz ergreifen. Und *„Glaube ohne Werke ist tot"* (Jakobus 2,20).

Obwohl Jesus der Sohn Gottes war, betete und fastete er, um auf dem neuesten Stand dessen zu sein, was der Vater gerade sagte und tat. Wenn er es nötig hatte zu beten und zu fasten, wieso glauben wir dann, wir bräuchten es nicht? Durch Gebet und Fasten können wir uns nicht Gottes Gunst erkaufen, aber sie spielen eine entscheidende Rolle in unserer Vorbereitung, diese zu empfangen. Die Furcht oder Ehrfurcht vor dem Herrn, die wir durch Gnade erlangen, macht uns sensibel für seine Gegenwart, hungrig nach mehr von seiner Kraft und führt uns dazu, ihn in noch stärkerem Maße zu suchen. Wenn wir den Herrn wirklich verehren, werden wir uns nicht mit vereinzelten Erlebnissen seiner Gegenwart und Kraft zufrieden geben; wir werden immer mehr wollen.

6. Führungskräfte und Administratoren haben die Apostel und Propheten ersetzt

Und Gott hat in der Gemeinde etliche eingesetzt, erstens als Apostel, zweitens als Propheten, drittens als Lehrer; sodann

Wunderkräfte, dann Gnadengaben der Heilungen, der Hilfeleistung, der Leitung, verschiedene Sprachen (1. Korinther 12,28; Schlachter 2000).

Jesus legte in Bezug auf die Leitung der Gemeinde eine Struktur oder Ordnung fest, die zu befolgen ist. Als erstes setzt er Apostel ein, als zweites Propheten und drittens Lehrer. Nach diesen drei Ämtern folgen diejenigen, die Wunder wirken. Doch die Gemeinde hat diese festgesetzte Ordnung generell verändert. Schließen wir irgendeines der ersten drei aus, wird *„sodann Wunderkräfte"* wahrscheinlich nicht stattfinden. Das erklärt auch das Fehlen von Wundern in der Gemeinde. In vielen Fällen wurden die Dienste, die den Weg für das Übernatürliche vorbereiten oder ebnen, durch Führungskräfte und Verwalter ersetzt, denen es an geistlichem Unterscheidungsvermögen und einer Reich Gottes Mentalität fehlt. Die Dienste der Apostel und Propheten bringen das Übernatürliche hervor. Das schließt mit ein: Salbung für Durchbrüche, geistliche Vision und eine Impartation der Erkenntnis von Gottes Vaterschaft, die den Menschen einen Sinn für persönliche Identität gibt. Diese Dienste bewirken Ordnung, verursachen Veränderung und Transformation und setzen Kraft für den Leib Christi frei.

Die Stimmen, die man im christlichen Fernsehen am meisten hört, sind die von Pastoren, Lehrern und Evangelisten. Das ist zwar durchaus positiv, aber selten, wenn überhaupt, hört man die Stimmen der Apostel und Propheten. Ein geistliches Amt ist nicht besser als das andere, aber wenn die Gemeinde so funktionieren soll, wie Gott es beabsichtigt, müssen wir die von ihm eingeführte Ordnung beachten.

7. Die Gemeinde hat Israel ersetzt

Etliche Christen sind der Meinung, da die Gemeinde das neue, geistliche Israel ist, spiele die reale Nation Israel in den Absichten Gottes keine wesentliche Rolle mehr. Diese Überzeugung begründen sie mit Passagen wie beispielsweise Epheser 2,14-16, wo Paulus zur Sprache bringt, dass sowohl Gläubige jüdischer wie nichtjüdischer Abstammung zu *„einem neuen Menschen aus den bei-*

den“ (Vers 15) in Christus geschaffen wurden. Ich glaube, diese Sichtweise brachte viele Menschen in den Gemeinden dazu, die fortwährende Bedeutung der Nation Israel in den Plänen Gottes für die Welt außer Acht zu lassen. Auf dem Berg der Verklärung war das Erscheinen von Mose und Elia bei Jesus (z. B. Matthäus 17,1-5) eine Kundgebung, in der Mose die erste Herrlichkeit, nämlich Israel, repräsentiert, und Elia die letzte Herrlichkeit, die Gemeinde, repräsentiert. Deshalb ist es ein großer Fehler zu sagen, dass die Gemeinde die Nation Israel komplett ersetzt hat. Wenn wir die Tatsache ignorieren oder ablehnen, dass der Segen Gottes auch weiterhin auf Israel liegt, werden wir am Ende ohne die übernatürliche Kraft Gottes und mit toten oder sterbenden Gemeinden dastehen, denn Gott sagte zu Abraham: *„Ich will segnen, die dich segnen, und verfluchen, die dich verfluchen; und in dir sollen gesegnet werden alle Geschlechter auf der Erde*“ (1. Mose 12,3; Schlachter 2000).

Die heutige Gemeinde gibt sich mit allem möglichen Ersatz zufrieden, anstatt nach echter übernatürlicher Kraft zu streben.

Die ersten Gläubigen blieben im Gebet auf ihren Knien, bis sie einen geistlichen Durchbruch erhielten (z. B. Apostelgeschichte 4,23-31). Wir müssen uns diese Vorgehensweise neu aneignen und Gott auf die gleiche Weise suchen wie sie. Bevorzugst du das Künstliche – etwas, das wie Gott klingt und ihm ähnelt – oder das Übernatürliche – den wahren und lebendigen Gott selbst? Bist du mit dem zufrieden, was dir der antichristliche Geist anbietet, oder willst du echte Kraft? Die Verfolgung der Urgemeinde zwang die Gläubigen, Gott und seine übernatürliche Macht zu suchen. Weil sie ihn unaufhörlich suchten, traten auch fortwährend Zeichen und Wunder auf (z. B. Apostelgeschichte 5,17-19; 8,36-40; 12,6-11). Wenn du dich bereits im Übernatürlichen bewegst wird Gott manchmal zulassen, dass Verfolgung in dein Leben kommt, damit du auf den Knien bleibst und weiter im Übernatürlichen lebst.

Die Wiederherstellung des Übernatürlichen

In Vorbereitung auf die Wiederkunft Jesu stellt Gott *„alle Dinge"* in der Gemeinde wieder her, das Übernatürliche eingeschlossen.

> *So tut nun Buße und bekehrt euch, dass eure Sünden ausgetilgt werden, damit Zeiten der Erquickung kommen vom Angesicht des Herrn und er den euch vorausbestimmten Jesus Christus sende! Den muss freilich der Himmel aufnehmen bis zu den Zeiten der Wiederherstellung aller Dinge, von denen Gott durch den Mund seiner heiligen Propheten von jeher geredet hat (Apostelgeschichte 3,19-21).*

Die Wiederherstellung aller Dinge wurde von den Propheten verkündet; es bezieht sich auf den Höhepunkt der Endzeit und den Zweck unserer Erlösung. Wir fangen an mit unseren eigenen Augen zu sehen, wie diese Wiederherstellung sich heutzutage manifestiert. Nun beleuchten wir einige Schlüsselworte aus dem zitierten Abschnitt näher, die uns dabei helfen, in Gottes Pläne der Wiederherstellung hineinzukommen.

1. „Tut Buße"

In Kapitel 1 ging es auch um die Notwendigkeit der Buße, um in das Reich Gottes zu gelangen. Dabei stellten wir fest, dass wir immer wieder Buße tun, während unser Herz und Sinn in Übereinstimmung mit dem Wort Gottes erneuert wird. Buße tun bedeutet aufzuhören, rebellisch zu sein und die Denkweise und Lebensausrichtung zu verändern. Jedes Mal, wenn wir von Gottes Weg abkommen, ist Buße die wesentliche, unumgängliche Voraussetzung für die Rückkehr zu ihm.

Zeiten der Erfrischung stellen sich nicht ohne echte Buße ein.

---

2. „Erfrischung"

Geistliche Erfrischung erfolgt durch den Heiligen Geist und tritt auf in Form von Erweckungen, einer Ausgießung des Geistes, dem übernatürlichen Feuer Gottes, der *Shekinah* (die sichtbare Manifestation der Herrlichkeit Gottes), Freude, Lachen und anderen übernatürlichen Phänomenen. Wenn Gläubige eine Erfrischung empfangen, betrachten viele dies als Selbstzweck; sie genießen es, teilen aber die Kraft und Gegenwart Gottes nicht, die sie erfahren haben. Sie dienen anderen Menschen nicht mit dem, was sie selbst von der Salbung und Herrlichkeit Gottes empfangen haben. Doch ist eine geistliche Erquickung ein Schritt in Richtung auf das letztendliche Ziel – das Reich Gottes in der Welt auszuweiten und jeder Person auf der Erde die Botschaft der Erlösung zu bringen.

3. „Wiederherstellung"

Die Vorsilbe *wieder* in Wiederherstellung bedeutet „zurück" oder „erneut". Etwas wiederherzustellen hat demnach die Bedeutung, etwas in seinen ursprünglichen Zweck oder Zustand zurückzubringen – es wieder so zu machen, wie es am Anfang war. Jeder Zyklus muss vollendet werden, bevor ein neuer beginnen kann, sodass der neue bestimmt wird durch das, was bereits erreicht worden ist. Wenn alle Absichten Gottes für die Erlösung der Welt abgeschlossen sind, wird Christus den Himmel verlassen und körperlich als König auf die Erde zurückkehren. Zu diesem Zeitpunkt wird der irdische Zyklus, in dem wir gegenwärtig leben, zu einem Ende kommen, und der neue Himmel und die neue Erde werden entstehen.

Gott handelt in Zyklen, Zeiten und Zeitabschnitten. Die Wiederherstellung aller Dinge wird den irdischen Zyklus beenden.

Die Gemeinde Jesu muss ebenfalls durch Wiederherstellung zu dem ursprünglichen Plan Gottes zurückkehren, denn wir sind in vielerlei Hinsicht „unecht" geworden und von seinen Absichten abgewichen. Ich habe die Wiederherstellung einiger geistlicher

Wahrheiten in der Gemeinde miterlebt, wie z. B. die Dienstgaben, die Gegenwart und Kraft des Heiligen Geistes, die Vaterschaft Gottes, die Wiedereinsetzung der Frau im familiären, beruflichen und gemeindedienstlichen Bereich, Lobpreis und Anbetung, das Reich Gottes, Glaube, Wohlstand, Gnade und das Übernatürliche.

Jesaja prophezeite: *„Siehe, ich wirke Neues“* (Jesaja 43,19). Gott tut zwar nichts Neues in Bezug auf den Erlösungsplan, da dieser bereits durch Christus vollendet ist, doch arbeitet er daran, alles in seiner ursprünglichen Form wiederherzustellen. Aber es gibt andere Bereiche, in denen er neue Dinge tut. Beispielsweise offenbart er seinem Volk immer wieder etwas Neues über sich selbst. Niemand kann ihn vollständig kennen. Es gibt viele Aspekte von Gott, die bisher noch keine Generation gesehen hat. Lass uns die neue Offenbarung empfangen, die er für uns hat, während wir mit ihm in der Wiederherstellung aller Dinge zusammenarbeiten.

Es fällt oft schwer zu akzeptieren, dass es etwas gibt, das jenseits unserer Erfahrungen liegt.

Warum wir das Übernatürliche brauchen

Die meisten Menschen – einschließlich vieler Christen – wollen unabhängig von Gottes Gegenwart und übernatürlicher Kraft leben. Das ist keine neue Entwicklung. Seit mehr als zweitausend Jahren ist die Gemeinde im Wesentlichen auf der Suche nach Methoden, Prinzipien und Formeln, durch die sie die Abhängigkeit vom Heiligen Geist umgehen kann. Sie glaubt, Gottes Kraft nicht wirklich nötig zu haben. Die Menschen denken, sie können aus eigener Kraft wirken – das war Adams ursprüngliche Sünde – selbst wenn sie das Werk Gottes tun. Wie wir schon festgestellt haben: Fehlt das Übernatürliche in der Gemeinde, dann bleibt nur noch eine Institution, eine Form oder der Anschein von Gottesfurcht übrig, doch Kraft gibt es nicht. Unzählige Menschen verlassen sich auf einen Ersatz für Gott, wie etwa Reichtum, Medizin, Versicherungen und Selbsthilfegruppen. Sie glauben deshalb nicht mehr daran, die übernatürliche Kraft von Gott zu benötigen, noch trachten sie danach. Wenn Menschen das Übernatürliche suchen, geschieht das meist erst dann, wenn sie alle anderen Möglichkeiten ausgeschöpft haben. Manche müssen erst buchstäblich am Boden liegen; es muss ihnen richtig dreckig gehen, bevor sie zu Gott umkehren. Ich erlebe, dass die Menschen in Afrika und Südamerika viel schneller Wunder erleben als Menschen in den USA oder anderen Industrieländern, weil Gott ihre einzige Alternative ist.

Menschen werden nicht nach der Kraft Gottes suchen, solange sie noch andere Möglichkeiten ausprobieren können.

Dies war auch der Fall bei einem Kind, das in einem Armenviertel von Argentinien lebt. Unser Dienst hielt dort eine Konferenz ab. Auf die Notlage des Jungen konnte nur Gott antworten. Als ich während der Abschlussveranstaltung diente, kam die Mutter mit ihrem Sohn nach vorne, um Zeugnis zu geben. Er war mit ungewöhnlich großen Ohren zur Welt gekommen und litt schwer unter den spöttischen Bemerkungen seiner Schulkameraden, die ihn „Riesenohr“ nannten. Seine Mutter berichtete, sie habe ihre Hände auf seine Ohren gelegt und gebetet, während ich Heilung proklamierte. Als sie danach seine Ohren anschaute, sah sie, dass diese kleiner geworden waren – alle Ehre sei Gott! Als ich das Kind fragte, was es denn gespürt habe, antwortete es: „Wärme.“ Der Junge war überwältigt von dem Wunder, das Gott für ihn getan hatte. Er war so glücklich, denn jetzt würde niemand in der Schule mehr über seine Ohren spotten und sich darüber lustig machen. Hätte dieses Kind in den Vereinigten Staaten gelebt, dann wäre es vielleicht möglich gewesen, mittels plastischer Chirurgie diese körperliche Anomalie zu korrigieren. Doch aufgrund der geographischen Lage und der finanziellen Situation der Familie gab es für sie nur eine Option – sie war auf ein Wunder von Gott angewiesen.

Menschen, für die das Evangelium lediglich eine Religion ist, sehen in ihrem Alltag überhaupt keinen Bedarf für das Übernatürliche. Deshalb schauen wir uns jetzt einmal verschiedene Punkte an, warum wir mit der übernatürlichen Kraft Gottes ausgestattet sein müssen, abgesehen von der Tatsache, dass ohne sie die Gemeinde nicht die Gemeinde Jesu Christi ist!

1. Das Übernatürliche beweist die Existenz Gottes mit sichtbaren Manifestationen

Die Existenz Gottes gehört nicht zum Bereich der Vernunft, sondern zum Bereich des Geistes. Doch wenn sich das Übernatürliche auf der Erde manifestiert, wirkt sich das auch auf die natürlichen Sinne der Menschen aus. Dadurch bezeugt oder bestätigt das Übernatürliche, dass Gott real ist. Für die meisten Menschen ist nur das Natürliche real, alles andere sehen sie als Fantasie oder Science Fiction an. Aber der Bereich des Geistes ist die wahre Realität, und mit Gott ist alles möglich. Er erweckt eine Generation, welche die natürliche Ordnung der Dinge herausfordern wird. Das wird kein Aufstand oder eine Revolte gegen die zivile Obrigkeit sein, sondern ein Aufstand gegen die Hochburgen Satans, dem *„Fürsten der Macht der Luft“* (Epheser 2,2). Gott und sein Reich werden sich manifestieren wie nie zuvor.

Alles, was ewig und wahr ist, findet man im geistlichen Bereich.

2. Das Übernatürlich offenbart Gott im Heute

Religion in all ihren Formen kann Gott nicht in das Jetzt hineinbringen, noch kann sie Menschen in ihrem täglichen Leben näher zu Gott ziehen. Es fehlt ihr an praktischen Lösungen für die Leiden der Menschen. Aber wenn sich das Übernatürliche manifestiert, erleben die Menschen eine Kraft, die verkündet, dass Gott hier und jetzt lebt (Hebräer 13,8). Er kann ihr Bedürfnis nach Heilung, Befreiung, Wundern, einem prophetischen Wort und anderem mehr sofort erfüllen. Das Übernatürliche bestätigt, dass

Gott nahe ist – nicht weit weg – und dass er jede Situation versteht und eine Lösung dafür hat.

3. Das Übernatürliche schafft eine geistliche Ordnung in uns und lässt Gottes Leben in uns fließen

Als die Sünde in den Menschen eindrang, wurde dadurch der ständige Fluss des Lebens Gottes in uns zerstört und zog dadurch unseren Geist, unsere Seele und unseren Körper in Mitleidenschaft. Zum Beispiel unterbricht Krankheit den Kreislauf und den Zustand von Gesundheit in unserem Körper. Und obwohl wir durch Adam den geistlichen und physischen Tod geerbt haben, wurde uns in Christus Auferstehungsleben geschenkt. Das bedeutet, wenn wir in fortwährender Gemeinschaft mit ihm sind, fließt sein Leben in uns und das Übernatürliche wird wieder zu unserer Norm.

Zuhause bete ich nahezu jeden Tag eine bestimmte Zeit lang. Bin ich aber unterwegs oder muss einmal meinen Zeitplan ändern, habe ich manchmal an einem bestimmten Tag keine ausgiebige Zeit des Gebets. Wenn das geschieht, fällt es mir am nächsten Tag schwer, wieder mit Gott in Verbindung zu treten. Der Feind wird immer versuchen, in jedem Lebensbereich unseren Rhythmus der Gemeinschaft und unsere Beziehung mit Gott zu unterbrechen. Doch wenn wir eifrig Gott suchen und uns wieder im Übernatürlichen bewegen, erneuert dies die göttliche Ordnung in uns und sein Leben beginnt neu in uns zu fließen. Finden Zweifel oder Ängste Raum in unserem Herzen und stören unser Leben im Glauben, werden wir keine Wunder erleben. Doch stellt sich die übernatürliche Kraft von Gott durch eine Offenbarung ein, wird unser Glaube erneuert, um uns den Sieg zu geben.

Aus dem Herzen kann nicht gleichzeitig Glauben und Furcht hervorkommen, denn Furcht blockiert den Glauben, während Glaube Furcht vertreibt.

4. Das Übernatürliche bringt Beschleunigung

Siehe, es kommen Tage, spricht der Herr, da der Pflüger den Schnitter und der Traubenkelterer den Sämann ablösen wird (Amos 9,13; Schlachter 2000).

Das Übernatürliche beschleunigt das Natürliche, während das Natürliche oft eine Deklaration des Übernatürlichen ist. Jedes Mal, wenn das Übernatürlich in unserem Leben nicht mehr wirksam ist, verlieren wir unser geistliches Momentum und kommen nicht mehr weiter. Mit anderen Worten, wir richten uns nach der natürlichen Dimension oder geben uns einfach mit ihr zufrieden. Als Ergebnis davon kontrollieren nicht wir unsere Umstände, sondern die Umstände kontrollieren uns. Doch wenn die Kraft Gottes in uns und durch uns fließt, nehmen in jedem Bereich Segen und Versorgung zu. Die Entwicklung in unserem persönlichen Leben, unseren Familien, unserem Dienst, unserer Arbeit oder unseren Geschäften wird nicht mehr länger durch die Naturgesetze oder die Begrenzungen durch die Zeit eingeschränkt. Handeln wir in Übereinstimmung mit dem Übernatürlichen und tritt die geistliche Beschleunigung ein, dann wird die „Saat" in dem Moment wachsen, wo wir sie pflanzen, und eine Saison in unserem Leben wird die andere einholen.

Die Urgemeinde wuchs innerhalb kürzester Zeit von 120 auf tausende von Gläubigen an (Apostelgeschichte 4,4; 5,14), weil die Apostel in der übernatürlichen Kraft des Heiligen Geistes handelten. Das habe ich ebenfalls in unserer Gemeinde, in Tochtergemeinden und anderen Gemeinden überall auf der Welt erlebt, die exponentiell wuchsen, wenn sie der Vorgabe Gottes folgten. Diese Vorgabe besteht darin, sein offenbartes Wort und seine übernatürliche Kraft zu empfangen. Gott ist dabei, Beschleunigung und Wachstum zu bringen, sodass Dinge, die normalerweise Jahre brauchen würden, in wenigen Monaten oder noch kürzerer Zeit geschehen.

Wenn ein Gläubiger geistlich stagniert liegt das daran, dass das Übernatürliche nicht mehr durch ihn fließt.

5. Das Übernatürliche überwindet das Unmögliche

Bei Menschen ist es unmöglich, aber nicht bei Gott; denn bei Gott sind alle Dinge möglich (Markus 10,27).

Viele der Gemeindeprojekte oder Programme lassen keinen Raum für das Übernatürliche. Um aber die Vision Gottes auszuführen ist es unabdingbar, dass seine Gegenwart und Kraft da hineinkommen. Ohne dies kann das Unmögliche nicht ausgeführt werden. Gott hat uns seine Kraft gegeben, um das Unmögliche zu überwinden und zu unterwerfen!

Vor kurzem erlebte einer der Ärzte in unserer Gemeinde, Dr. Gamal, eine schwierige finanzielle Situation. Sie hatten kürzlich ein Baby bekommen und seine Frau hatte ihren Job verloren. Trotz ihrer finanziellen Krise machte Dr. Gamal einen Glaubensschritt und entschied sich, mich auf einer Missionsreise nach Südamerika zu begleiten, wo wir eine Konferenz in Bezug auf das Übernatürliche durchführten. Mit viel Mühe zahlte er alle Kosten, doch vertraute er auf die Versorgung durch Gott. Während unserer Reise wurden wir Zeugen von erstaunlichen Wundern, aber am meisten beeindruckte Dr. Gamal, als er sah, wie in den Portemonnaies und Brieftaschen von Leuten Geld auftauchte. Das war die Manifestation der Ausgießung des Heiligen Geistes für übernatürliche Versorgung.

Seine Frau verfolgte die Konferenz in Miami via Internet. Sie machte sich mit ihrem Mann eins und sie begannen zu proklamieren, dass, wenn diese Art von Wunder dort geschah, es auch bei ihnen erfolgen kann. Als Dr. Gamal nach Miami zurückkehrte bat er seine Frau, ihm alle Ersparnisse zu bringen, da sie Rechnungen bezahlen mussten. Als sie ging, um die Dose mit dem Geld zu holen, betete er im Wohnzimmer: „Herr, du hast verheißen, dass ich in Fülle leben werde!" Als seine Frau die Dose mit ihren Ersparnissen öffnete, war sie überrascht über den Betrag an Bargeld, der darin enthalten war. Sie nahm die Rechnungen und begann zu zählen. Während sie so weiterzählte, stieß sie einen Schrei aus, der im ganzen Haus zu hören war. Als sie mit der Dose voll Geld in der Hand in das Wohnzimmer zurückkam, fragte sie ihren Mann, wieviel Geld übrig geblieben war, nachdem er den Betrag für seine Reise herausgenommen hatte. Als er geantwortet hatte, es seien 1 200 $ übrig geblieben, sagte sie: „Da sind noch 11 200 $ drin!" Das machte eine Differenz von 10 000 $, mit der Gott sie übernatürlich versorgt hatte. Dr. Gamal erinnert sich: „Vor Freude sprangen wir beide durchs Zimmer und lobten Gott für dieses spektakuläre Wunder." Für ihn und seine Familie hatte es sich gelohnt, dass sie völlig auf Gott vertraut hatten, als sie alles für die Missionsreise opferten, was sie hatten. Die manifeste Gegenwart Gottes brachte ein Wunder in ihren Finanzen hervor!

Was sind deine Unmöglichkeiten? Sind es die Finanzen, deine Gesundheit oder eine familiäre Beziehung? Glaube, dass das Übernatürliche gerade jetzt in deine Situation hineinkommt! Dein Leben mag unfruchtbar sein, aber sobald das Übernatürliche wiederhergestellt ist, wirst du anfangen Frucht zu bringen. Ich spreche Beschleunigung aus über dein Leben, dein Heim, deinen Dienst und deine Arbeit. Wenn du entsprechend den menschlichen Möglichkeiten denkst, wirst du nie über das Natürliche hinausgehen. Du bleibst in deinem Wohlfühlbereich, wo sich nichts zum Besseren verändert. Ich fordere dich heraus, glaube genau jetzt das Unmögliche!

Ist das Übernatürliche gegenwärtig, dann ist geistliche Frucht nicht nur möglich, sondern unausweichlich.

6. Das Übernatürliche befähigt uns, in Zeiten wie diesen siegreich zu leben

Wir leben in einer beängstigenden Zeit – wie sie vielleicht nie dagewesen ist – und es wird schwierig für uns sein, sie ohne das Übernatürliche zu überstehen und siegreich zu leben. Wir müssen uns entscheiden, ob wir uns gemäß der Weise der Welt verhalten oder auf Gottes Weise. Die Welt verlässt sich auf eigene Anstrengungen, menschliche Philosophien, die Wünsche des Fleisches, das Okkulte und andere Dinge, die als Ersatz für das Übernatürliche dienen. Gottes Weise besteht darin, dass wir unserem Selbst sterben und zulassen, dass die Auferstehungskraft von Jesus durch uns fließt.

In Bezug auf unsere Gesundheit wird die Zeit kommen, wo wir medizinischen Unmöglichkeiten gegenüberstehen und unsere einzige Option übernatürliche Heilung ist. Unsere Sicherheit betreffend werden so viele Verbrechen, Diebstähle und Morde begangen werden, dass uns nur der Schutz des Allmächtigen bewahren kann. Und was die Wirtschaft anbelangt steht das Weltensystem vor einem Kollaps; niemand fühlt sich mehr sicher. Heute haben wir vielleicht eine Arbeit, aber morgen können wir arbeitslos sein. Heute mag unser Geschäft blühen, doch morgen können wir bankrott sein. Nur die übernatürliche Versorgung Gottes kann ein stabiles Einkommen und Wohlstand bereitstellen.

Wie man im Übernatürlichen fließt

Die Kirche ist so weit von dem Modell abgewichen, das Christus der Urgemeinde gab, dass viele Gläubige nicht mehr wissen wo sie anfangen sollen, um die übernatürliche Kraft Gottes in ihrem Leben, ihrem Dienst und in ihrer Nation wiederzuerlangen. Es gibt ein paar wesentliche Anforderungen, um in der Kraft des Reiches Gottes zu fließen.

1. Erlebe einen Durchbruch im natürlichen Bereich

Ohne einen Durchbruch im Natürlichen werden wir uns nie im Übernatürlichen bewegen. Ein Durchbruch geschieht dann, wenn wir eine Offenbarung von Gott bekommen oder wenn wir Zeuge sind oder selbst eine sichtbare Demonstration seines Reiches und seiner Kraft erleben. *„Denn wir wandeln durch Glauben, nicht durch Schauen“* (2. Korinther 6 5,7). Leben wir weiter entsprechend der menschlichen Vernunft, werden wir solche Manifestationen in unserem Leben nicht erfahren. Wir haben schon früher untersucht, wie wir in die Pläne Gottes für Erneuerung hineinkommen, und diesen drei Schlüsseln müssen wir auch hier folgen: Buße, Erfrischung und Wiederherstellung. Dann können wir Gott darum bitten, seinen Geist in unser Leben auszugießen und uns Durchbrüche zu schenken.

2. Erwarte das Übernatürliche

> *Er aber gab Acht auf sie, in der Erwartung, etwas von ihnen zu empfangen (Apostelgeschichte 3,5).*

Wir haben schon festgestellt, dass die meisten Christen heutzutage den Gottesdienst besuchen, ohne etwas Übernatürliches zu erwarten. Wenn es dann geschieht, sehen sie es meist als außergewöhnliches Ereignis an, das sich nicht wiederholen wird. Besuchen wir den Gottesdienst nur, um eine Botschaft zu hören, oder können wir erwarten, dass die Kraft Gottes Seelen errettet, Kranke heilt und Geknechtete befreit? Die meisten Leute würden nicht jeden Tag zur Arbeit gehen, wenn sie nicht erwarten würden, dafür bezahlt zu werden. Sie würden kein Restaurant aufsuchen, wenn sie nicht erwarten würden, dass ihnen dort Essen und Trinken serviert wird. Warum gehen wir dann in einen Gottesdienst ohne die gespannte Erwartung, dass Gott seine Gegenwart und Kraft manifestieren wird? Wenn sich das Übernatürliche in einer Gemeinde nicht manifestiert, dann gibt es ein Problem in dieser Gemeinde!

3. Reagiere auf das Übernatürliche

Gott erscheint nicht dort, wo er nur toleriert wird, sondern wo er gefeiert wird. Viele Menschen in der Gemeinde reagieren nicht auf das Wort Gottes oder auf seine Gegenwart, weil sie den Gottesdienst nur mit einer Zuschauermentalität besuchen in der Hoffnung, unterhalten zu werden. Doch jedes Mal, wenn Gott etwas von seinem Wissen oder seiner Weisheit manifestiert oder offenbart, ist es unsere Verantwortung, auf ihn zu reagieren. Ansonsten wird der Segen, den er schenken möchte, wieder in den Himmel zurückkehren. Ich war in Versammlungen, in denen Gott mir einen bestimmten körperlichen Gesundheitszustand offenbarte, den er heilen wollte. In solchen Fällen kommt es manchmal vor, dass, wenn ich Menschen nach vorne rufe, um Heilung zu empfangen, zwar viele kommen, aber nur eine Person ein Wunder empfängt. Es kann sein, dass die anderen nicht mit Glauben reagieren und sich aneignen, was Gott offenbart hat. In seiner Gegenwart müssen wir unseren Glauben freisetzen, um uns das Übernatürliche zu ergreifen.

4. Suche Gott beständig mit Gebet und Fasten

Eine große Zahl von Gläubigen strebt nicht mehr aktiv nach Gemeinschaft mit Gott. Ihre Gebete sind monoton, leblos und uneffektiv geworden, weil es ihnen an Offenbarung und Kraft fehlt. Diese stellen sich ein, wenn man Gott sucht und im Geist eins mit ihm wird. Ich diene im Übernatürlichen mit Heilung und Befreiung als Folge von Gebet, Fasten und geistlicher Einheit mit Gott. Wie Jesus seinen Jüngern sagte, nachdem er einen Jungen von dämonischer Besessenheit befreit hatte: *„Aber diese Art fährt nicht aus außer durch Gebet und Fasten"* (Matthäus 17, 21; Schlachter 2000). Nur regelmäßige Gemeinschaft mit Gott kann handfeste Beweise seiner Kraft hervorbringen. Wir initiieren die Manifestation des Übernatürlichen, indem wir uns durch Fasten demütigen und eine echte Vertrautheit mit unserem himmlischen Vater entwickeln. So lebte und diente Jesus (z. B. Matthäus 14,23).

5. Empfange fortschreitende Offenbarung

Durch Vernunft oder Logik werden wir nicht in die Lage versetzt, uns im Übernatürlichen zu bewegen, denn nur durch Offenbarung wird man *„in der [bei euch] vorhandenen Wahrheit fest gegründet"* (2. Petrus 1,12; Schlachter 2000). Ohne ständige, fortschreitende Offenbarung von Gott sind wir im geistlichen Bereich nicht funktionsfähig und können sein Reich auf der Erde nicht sichtbar werden lassen. Sein Reich ist nämlich in jeder Beziehung übernatürlich – es ist ein übernatürliches Reich, das von einem übernatürlichen König regiert wird. Fortschreitende Offenbarung bringt uns *„von Herrlichkeit zu Herrlichkeit"*: *„Wir alle aber, indem wir mit unverhülltem Angesicht die Herrlichkeit des Herrn anschauen wie in einem Spiegel,* ***werden verwandelt*** *in dasselbe Bild* ***von Herrlichkeit zu Herrlichkeit****, nämlich vom Geist des Herrn"* (2. Korinther 3,18).

Das Übernatürliche verärgert religiöse Menschen, weil seine Handlungsweise über den menschlichen Verstand hinausgeht.

Einen übernatürlichen Lebensstil führen

Jesus bahnte der Wiederherstellung des Übernatürlichen auf der Erde den Weg. Er manifestierte Gottes ewige Macht, als er die Herrschaft über die Natur, die Sünde und den Tod übernahm. Er ging auf dem Wasser, wies den Sturm zurecht, verwandelte Wasser in Wein, heilte die Kranken, weckte Tote auf und tat noch andere Zeichen und Wunder. Jetzt sind wir als Glieder seines Leibes die Wegbereiter, die seinen übernatürlichen Dienst auf der Erde fortführen müssen.

Wahrlich, wahrlich, ich sage euch: Wer an mich glaubt, der wird auch die Werke tun, die ich tue, und wird größere als diese tun, weil ich zum Vater gehe (Johannes 14,12).

Dort, wo Jesu Dienst auf der Erde endete, begannen das Leben und der Dienst der Gemeinde.

In jedem Kapitel der Apostelgeschichte wird von Wundern berichtet; in den neutestamentlichen Zeiten waren Wunder einfach die Norm! Wie schon gesagt zog sich die Gemeinde allmählich von einem übernatürlichen Lebensstil zurück, obwohl es immer wieder einmal kurze Perioden gab, wo dieser wieder aufflammte. Eine große Zahl von Gemeinden behaupten, das Übernatürliche sei nicht für die heutige Zeit. Sie glauben zwar, dass Gott in der Vergangenheit Wunder gewirkt hat, aber nicht, dass er dies auch heute noch tut. Deshalb hat sich ihr Glaube in Religion verwandelt. Intellektualismus und Humanismus haben die Menschen dazu gebracht, das Übernatürliche durch naturalistische Theologien zu ersetzen. Heutzutage bewegt sich nur eine relativ kleine Zahl von Gläubigen in übernatürlicher Kraft. Werden Menschen Zeugen einer Demonstration des Übernatürlichen, wird es von vielen kritisiert, beurteilt und abgelehnt.

Menschen kritisieren oft genau das, was sie selbst nicht zuwege bringen.

Kehrt die Gemeinde nicht zu den Ursprüngen zurück, wird das Übernatürliche zusammen mit seinem Wesen und Sinn verloren gehen. Die Menschen werden Jesus nur als bloße Legende oder einen Mythos betrachten. Doch Gott erweckt Männer und Frauen mit der Fähigkeit, sein übernatürliches Reich im Hier und Heute zu demonstrieren. Dies tut er besonders unter jenen, die glauben, dass Wunder auch für heute sind und den Glauben haben, diese in Empfang zu nehmen. Möchtest du zu ihnen zählen? Es ist für uns natürlich, Verlangen nach dem Übernatürlichen zu haben, weil die Menschheit dazu geschaffen wurde, ein Leben in der Kraft Gottes zu führen. Wir müssen unserem christlichen Leben eine neue Richtung geben und das Übernatürliche in Besitz nehmen, indem wir die Realität des Reiches Gottes in unsere Welt hineinbringen.

Das geschah bei Maria Teresa, einer Gynäkologin aus Kuba. Sie hatte einen katholischen Hintergrund, besuchte die Kirche, sang im Chor, war in anderen Aktivitäten der Kirche involviert und ihren Überzeugungen hingegeben. In jungen Jahren ging sie nach Spanien, um dort zu studieren. Sie empfand die Katholische Kirche dort noch religiöser als zuhause in Kuba. Sie war es leid, dass sich in ihrem Leben nichts änderte und begann, intensiv nach echter Kraft zu suchen. Hier ihr Bericht, was dann folgte:

„Ich fing an, diverse Philosophien zu praktizieren, beispielsweise esoterische und hermeneutische Philosophien, sowie andere Religionen zu suchen, sogar ägyptische Götter. Ich las so viel wie möglich zu diesen Themen. In Spanien graduierte ich dann zur Ärztin und zog von dort nach Miami. Dort beschäftigte ich mich dann fünfzehn Jahre lang mit Spiritismus, Santeria[25] und

[25] Eine Religion in Kuba

New Age. Obwohl ich mit Christen befreundet war, sprachen diese nie mit mir über Jesus. Ich dachte, abgesehen von der Tatsache, dass Priester nicht heiraten durften, sei ihre Religion die gleiche wie in der Katholischen Kirche.

Mit der Zeit überkam mich immer mehr ein Empfinden von Leere, Frustration und Enttäuschung; ich fühlte mich betrogen und verspottet und hatte keine Hoffnung mehr, Gott jemals zu finden. Ich erforschte jeden Gesichtspunkt sehr gründlich, denn ich wollte die Wahrheit entdecken, doch ich fand sie nicht. Ich entdeckte lediglich schlechte Karikaturen der immer gleichen Sache, sowie viele Lügen, die als Wahrheit ausgegeben wurden. Ich war verzweifelt und wusste nicht mehr, wo ich noch suchen sollte. So schloss ich mich eines Tages in mein Zimmer ein, ging weinend darin hin und her und schrie: „Herr Jesus, zeige mir die Wahrheit, denn ich weiß nicht, wo ich noch danach suchen soll!" Augenblicklich spürte ich einen tiefen Frieden und es schien, als wenn sich in mir ein Schleier zu lüften begann. Nach diesem Erlebnis leitete ein Freund mich an, Jesus als meinen Herrn und Erlöser anzunehmen. Von diesem Zeitpunkt an erhielt ich Offenbarungen vom Herrn und nach und nach veränderte sich mein Leben. Mein Zeugnis und die Veränderungen, die ich erfuhr, trugen dazu bei, dass auch mein Ehemann Jesus annahm. Heute bin ich frei von aller Knechtschaft; ich bin glücklich, voller Leben und genieße Frieden im Überfluss."

Erst als Maria den einen wahren Gott anrief, bekam sie die Antwort, die sie gesucht hatte. Nichts anderes, was sie versucht hatte, konnte die Leere im Herzen ausfüllen oder ihr einen Sinn für ihr Leben geben.

Gott zieht Menschen weg von Aberglauben und Mystizismus und macht sie mit seiner übernatürlichen Kraft bekannt. Er nimmt sie heraus aus Traditionen, Religion, alten Verhaltensmustern, starren Strukturen und vielen anderen Dingen, die seine wahre Gegenwart und Kraft ersetzt haben. Bist du diese Ersatzdinge leid? Wünschst du dir etwas Frisches und Neues von Gott?

Die Gemeinde Jesu Christi ist die einzige rechtmäßige Instanz, die auf der Erde in der übernatürlichen Kraft Gottes handeln kann.

Jeder von uns muss für sich die Entscheidung treffen, gemäß dem übernatürlichen Reich Gottes zu leben. Zusammenfassend müssen wir folgende Schritte gehen:

1. Den allmächtigen Gott als ein übernatürliches Wesen anerkennen, das den Verstand und die natürliche Welt übersteigt.
2. Uns dem Einfluss verweigern, den der Geist des Antichristen ausübt, sowie der kulturellen Überbetonung der griechischen Denkweise.
3. Buße darüber tun, dass wir zugelassen haben, dass Ersatzdinge für das Übernatürliche in unserem Leben, unseren Familien und unserem Dienst die Macht innehatten.
4. Unser Bedürfnis für das Übernatürlich anerkennen und Gott bitten, uns mit seiner Gegenwart und Kraft zu erfüllen.
5. Uns verpflichten, uns im Übernatürlichen zu bewegen - nicht als vereinzeltes Ereignis, sondern als Lebensstil.

Gehen Gläubige diese Schritte, dann können wir gemeinsam als Gemeinde das Evangelium vom Reich Gottes verkünden, die Kranken heilen, die Gefangenen befreien, die Toten auferwecken und die verschiedenen Gaben des Heiligen Geistes sichtbar werden lassen. Dadurch zeigen wir der Welt den wahren und lebendigen Christus.

Nimm dir Zeit, um Gott und die Offenbarung seines Heiligen Geistes zu suchen, damit du demonstrieren kannst, dass Jesus Christus heute lebt. Geh hin und rette Seelen! Heile die Kranken! Treibe Dämonen aus! Erwecke Tote auf! Bringe überall das Reich Gottes hin!

Kapitel 7

Eine Herrschaft von Königen und Priestern

Als Bürger des Reiches Gottes sind wir nicht nur Einwohner in seinem Reich – wir sind Könige und Priester unter der Herrschaft von Christus, unserem König und Hohepriester (Offenbarung 1,5-6; 5,9-10). Unsere zweifache Funktion beschreibt unsere gottgegebene Herrschaft auf der Erde.

Es war schon immer Gottes Absicht sein Volk zu befähigen, eine enge und intime Beziehung mit ihm zu entwickeln, während sie gleichzeitig ihre Bestimmung als seine auserwählten Werkzeuge ausführen, nämlich sein Reich auf der Erde auszubreiten. Wir wollen jetzt herausfinden, wie Gott möchte, dass wir diese zwei Dienste als König und Priester heutzutage erfüllen. Wir beginnen, indem wir den Zusammenhang zwischen Bund und Königreich erforschen – zwischen unserer Beziehung mit Gott und unserer Manifestation seiner Gegenwart und Kraft auf der Erde.

Der Zusammenhang von Bündnis und Reich Gottes

Der Bezug zwischen Gottes Bündnissen mit seinem Volk und ihrer Rolle in seinem Reich zieht sich wie ein roter Faden sowohl durch das Alte wie auch das Neue Testament. Gott sagte den Israeliten:

> *Wenn ihr nun wirklich meiner Stimme Gehör schenken und gehorchen werdet und meinen Bund bewahrt, so sollt ihr vor allen Völkern mein besonderes Eigentum sein; denn die ganze Erde gehört mir, ihr aber sollt mir ein Königreich von Priestern und ein heiliges Volk sein (2. Mose 19,5-6).*

Die israelische Nation war unter Mose ein Vorläufer für die Gemeinde in ihrer Rolle als Könige und Priester. Gott sagte den Israeliten, sie sollten *„ein Königreich von Priestern“* sein, während sie die Welt segneten. Als er sie aus der Sklaverei von Ägypten erlöste und zum Berg Sinai brachte, bestand sein Hauptanliegen darin, mit ihnen einen Bund zu schließen, sie zu sich zu bringen und eine ewig andauernde Beziehung mit ihnen herzustellen. Um Gottes Absichten erfüllen zu können, mussten sie zwei Bedingungen nachkommen: Seinem Wort gehorchen und seinen Bund halten.

Diese Voraussetzungen sind auch heute noch das Kennzeichen für ein echtes Kind Gottes. Während die Israeliten nie in der Lage waren, ihren Teil das Bundes einzuhalten, ist für uns entscheidend, dass Christus uns befähigt hat, den neuen Bund mit Gott zu erfüllen (Hebräer 9,13-15). Durch sein Kreuzesopfer und seine Auferstehung empfangen wir den Heiligen Geist, um in uns zu leben, so dass wir Gott lieben, ihm gehorchen und ihm dienen können. Der Bund mit unserem himmlischen Vater, den Jesus uns zur Verfügung gestellt hat, ähnelt dem früheren Opferbund, den Gott mit Abraham machte. Denn dieser Bund wurde auch nur einseitig von Gott erfüllt, obwohl der Glaube von Abraham dazu erforderlich war (1. Mose 15). Menschliche Wesen sind nie in der Lage, aus eigener Kraft und Anstrengung ihren Teil eines Bundes mit Gott aufrechtzuerhalten.

Die wichtigste Voraussetzung in einem Bund ist die Verpflichtung zur Opferbereitschaft.

Im Neuen Testament lesen wir:

Ihm [Jesus Christus], der uns geliebt hat und uns von unseren Sünden gewaschen hat durch sein Blut, und ***uns zu Königen und Priestern gemacht hat*** *für seinen Gott und Vater … (Offenbarung 1,5-6; Schlachter 2000).*

Gott entwickelt nie eine permanente, persönliche Beziehung mit jemandem, es sei denn durch ein verpflichtendes Bündnis. *„Ver-*

sammelt mir meine Frommen, die meinen Bund geschlossen haben beim Opfer" (Psalm 50,5). Alle am Bund beteiligten Parteien müssen die Bedingungen für das Versprechen einhalten und diesem gegenüber sowie zueinander loyal sein. Das Gleiche gilt für alle Lebensbereiche. Wir können ohne eine Verpflichtung oder Verbindlichkeit zwischen den Beteiligten keine gesunden Familien oder gute Beziehungen im Dienst entwickeln. Deshalb verlangt Gott auch Gehorsam gegenüber dem Bündnis. Das kann in einem Wort zusammengefasst werden: *Loyalität*. Wir dürfen nicht vergessen, dass wir nur durch das Sühneopfer Jesu und durch Gnade fähig sind, im richtigen Stand mit Gott zu bleiben (z. B. 1. Thessalonicher 5,23-24).

Ohne ein verpflichtendes Bündnis kann man keine permanente, biblische Beziehung mit Gott haben.

Stelle dir den Bund mit Gott wie ein Kreuz vor: Der senkrechte Pfosten zeigt unsere Beziehung mit ihm an, und der waagerechte unsere Beziehung mit unseren Glaubensgeschwistern und anderen Menschen. Ist die vertikale Beziehung zerstört, beeinflusst das die horizontale Beziehung und umgekehrt. Wenn also unsere Beziehung zu unserem Nachbarn geschädigt ist, erleidet auch unsere Beziehung zu Gott Schaden (Matthäus 5,22-24).

Als Gott die Israeliten aus der Sklaverei befreite, machte er ihnen ein ganz besonderes dreifaches Angebot, um sie zu einem Schatz, einem Königtum von Priestern und einer heiligen Nation zu machen. Die drei Teile dieses Angebots sind untrennbar – das eine kann nicht ohne die anderen bestehen. Doch mit den Jahren interessierte Israel der Bund mehr in Bezug auf das verheißene Land und den versprochenen Segen als in Bezug auf Gott selbst. Leider trifft das Gleiche auch für einen Großteil der heutigen Gemeinde zu. Außerdem finden wir es schwer, uns von der „Sklavenmentalität" zu lösen, genau wie es bei den Israeliten der Fall war. Es ist unsere Bestimmung, als Könige und Priester zu leben. Stattdessen leben viele Gläubige wie Sklaven von Krankheit, Depression, Furcht, Ablehnung, Sünde, Alkohol, Drogen, unrechtmäßigem Sex, Pornographie, Essen und vielem mehr. In der

Theorie sind sie Könige, doch in der Praxis Sklaven. Wir müssen unseren Sinn erneuern, damit wir unsere Königsherrschaft und unser Priestertum verstehen und uns Gott durch einen verpflichtenden Bund hingeben, damit wir unser volles Erbe in ihm empfangen und sein Reich Gottes Leben erfahren können. Möchtest du als König und Priester unter Christus leben, oder willst du als Sklave unter der Verdammnis und den Anschuldigungen des Feindes leben?

Gläubige haben nur zwei Optionen: als Sklaven zu leben oder als Könige und Priester.

Jesus Christus hat uns erlöst, um uns zu einem Reich von Königen und Priestern zu machen.

> *Und der Herr wird dich zum Haupt setzen und nicht zum Schwanz; und es wird mit dir immer nur aufwärtsgehen und nicht abwärts, wenn du den Geboten des Herrn, deines Gottes, gehorchst (5. Mose 28,13; Schlachter 2000).*

Der Unterschied zwischen Kopf oder Schwanz sein liegt darin, dass der Kopf Entscheidungen trifft, Dinge initiiert und die Richtung vorgibt, während der Schwanz einfach nur folgt oder mitgeschleppt wird. Wo befindest du dich jetzt – gehst du deinen Umständen voraus oder befindest du dich hinter ihnen? Triffst du unter der Führung Gottes deine eigenen Entscheidungen oder folgst du einfach nur der Willenskraft anderer Menschen oder wirst davon mitgeschleppt? Es gibt nichts dazwischen!

Sind wir Könige und Priester – der Kopf und nicht der Schwanz – besteht das Resultat darin, dass wir Menschen für Gott „sammeln". „*Wer nicht mit mir sammelt, zerstreut*" (Matthäus 12,20). Eine ganze Welt wartet darauf, dass wir uns aufmachen und zeigen, dass unser oberster König und Hohepriester Jesus Christus auch heute lebt und wir Könige und Priester im Reich Gottes sind. Vielen Menschen ist bewusst geworden, dass ihr materieller Besitz letzten Endes nicht zufrieden stellt und ihr Leben nicht wirklich „funktioniert". Sie warten auf uns, damit wir ihnen praktische Lösungen aufzeigen und die Kraft und Autorität beweisen, die wir in Christus haben, um über die Werke des Feindes zu herrschen. Sie wollen erleben, dass das Evangelium vom Reich Gottes nicht nur aus Theologie, Theorie oder bloßen Worten besteht, sondern dass die Kraft Gottes Menschen retten, ihre Leiden heilen und sie aus ihren Gebundenheiten befreien kann.

Wir sind Gottes Repräsentanten und dazu berufen, den Himmel auf die Erde zu bringen, wo auch immer wir hingehen, egal, in welcher Situation wir gerade stecken. Ich habe einen geistlichen Sohn, der jetzt in Frankreich lebt. Er musste mit seiner Familie eine Situation durchstehen, die sie sehr schmerzte. Doch hielt ihn das nicht davon ab, die Kraft Gottes offenbar zu machen. Seine Reaktion auf seine Umstände machte deutlich, dass die Bekenntnisse seines Glaubens nicht nur Worte waren. Vor fünf Jahren waren er und seine Frau Mentoren in unserer Gemeinde in Miami. Eines Tages wurde ihnen von den U. S. Citizenship and Immigration Services (Staatsbürgerschafts- und Einwanderungsbehörde der USA) mitgeteilt, sie müssten entweder das Land freiwillig verlassen oder sie würden deportiert werden. Sie hatten sich hier ein Leben aufgebaut, mussten aber gehen, weil sie keine Staatsbürger der Vereinigten Staaten waren. Mit kummervollen Herzen zogen sie um nach Frankreich. Dort bauten sie ganz neu einen Dienst auf, denn ihr Glaube und ihr geistliches Training waren voll funktionsfähig. Sie gründeten ein „Haus des Friedens" und fingen an, in ihrer neuen Heimat die Kraft Gottes zu manifestieren. Heute sind José Murillo und seine Frau Rosa Maria Pastoren einer wachsenden Gemeinde in Toulouse.

„Wir gingen nach Frankreich und begannen das zu tun, was du tust" berichtete Pastor José mir. Rosa Maria war Mitglied in unserem Chor gewesen. Jetzt schult sie das Lobpreis- und Anbetungsteam in ihrer Gemeinde und öffnet um 5 Uhr morgens das Gemeindegebäude für das Frühgebet. Pastor José bezeugt: „Die Kranken werden geheilt und auf wundersame Weise taucht Geld auf Bankkonten auf. Ein junger Mann hatte geplant, sich am Abend vor Weihnachten vor einen Zug zu werfen, um seinem Leben ein Ende zu setzen. Doch traf er auf Jugendliche der Gemeinde, die einen evangelistischen Ausflug machten, und erlebte dadurch eine Begegnung mit dem übernatürlichen Gott. Sie gaben ihm Worte der Erkenntnis weiter, er spürte die übernatürliche Kraft Gottes und übergab sein Leben an Jesus. Am nächsten Tag war er in der Gemeinde und gab sein Zeugnis."

Der Leiter des evangelistischen Teams ist ein asiatischer Franzose. Er wuchs im Buddhismus auf und lebte nach dieser Religion, bis er eines Tages zu einem Gottesdienst eingeladen wurde. Der Heilige Geist berührte und verwandelte ihn. Jetzt geht er jeden Samstag mit den Jugendlichen in die Einkaufszentren, Bars und sogar in katholische Kirchen, damit die Liebe Jesu sich auf die französische Bevölkerung auswirkt.

Ein anderes Mitglied ihrer Gemeinde berichtete, dass sie in einen der Gottesdienste kam, als sie schwanger und sehr deprimiert war. Der Vater ihres Babys hatte sie verlassen und zu allem Übel hatte man ihr gesagt, ihr Baby würde nicht überleben, weil es ein Problem mit der Nabelschnur gab und das Ungeborene keine Nahrung bekam. Sie nahm Jesus an und begann in Fürbitte zu gehen, zu evangelisieren und zu beten. Bei ihrer nächsten Untersuchung zeigten die Tests ein Wachstum des Babys und einige Monate später kam das Kind gesund zur Welt!

Die Murillo-Familie setzte das Training, das sie bei uns bekommen hatte, zusammen mit ihrer Leidenschaft für Gott ein und gab ihm damit die Möglichkeit, aus ihrer Situation etwas Gutes zu bewirken (Römer 8,28). Aufgrund der Treue der Familie, ungeachtet ihrer Situation, wurden hunderte von Menschen in Frankreich für das Reich Gottes erreicht! Sie erhoben sich über ihre Umstände und verherrlichten den Herrn durch seine übernatürliche Kraft in ihrem Leben.

Betrachten wir nun unsere zwei Hauptfunktionen im Reich Gottes etwas genauer. Wir beginnen mit dem Amt des Priesters, denn wir können erst Könige sein, wenn wir unsere priesterliche Berufung verstanden haben und anfangen sie auszuüben. Beide Rollen sind immer miteinander verbunden.

Wenn du deine Verantwortung als Priester nicht erfüllst, wirst du nicht imstande sein, deine Aufgabe als König zu erfüllen.

Wer ist ein Priester?

> *So lasst auch ihr euch nun ... aufbauen ... als ein heiliges Priestertum, um geistliche Opfer darzubringen, die Gott wohlgefällig sind durch Jesus Christus (1. Petrus 2,5; Schlachter 2000).*

Unsere kulturelle Vorstellung von Priestertum ist, dass es eine besondere Berufung für wenige Auserwählte ist. Die meisten von uns denken bei einem Priester an einen Mann in einer schwarze Robe mit weißem Kragen, der sich außerhalb des gemeinen Volkes bewegt. Er darf nicht heiraten und muss sein Leben ganz dem Dienst für Gott weihen. Dieser Lebensstil sondert ihn vom Rest der Menschen ab.

Da durch die Tradition dieses Bild von einem Priester so tief in uns verwurzelt ist, fällt es vielen Gläubigen schwer, sich selbst als Priester zu sehen. Deshalb müssen wir die traditionellen Vorstellungen über Priester ablegen und zu dem zurückkehren, was die Bibel sagt. Um Priester zu sein benötigen wir weder eine Ordination noch spezielle Kleidung; wir müssen keine Einsiedler werden und allen Kontakt mit der säkularen Welt vermeiden. Das neutestamentliche Konzept eines Priesters ist jemand, der Gott geistliche Opfer darbringt. Das Werk Christi gilt jedem, der an ihn glaubt und ihn als Herrn und Erlöser seines Lebens anerkennt. Das schließt auch das Priestertum aller Gläubigen mit ein. Wir sind Priester des allmächtigen Gottes und können ihm aufgrund dessen, was Jesus vollbracht hat, geistliche Opfer bringen.

Es ist wichtig zu erkennen, dass es im Reich der Finsternis ebenfalls Priester gibt – Hexen, Zauberer, Magier usw. – die Tiere (und manchmal Menschen) opfern, um Kraft von Satan zu erhalten, damit sie Menschen und Umstände beherrschen und kontrollieren können. Es gibt Menschen in Machtpositionen über andere Menschen, die solche „Priester" aufsuchen, um noch mehr Macht zu erlangen. Sie lassen sich auf Praktiken ein, die für Gott eine Beleidigung sind. Als Priester und Könige im Reich Gottes befinden wir uns in einem Krieg gegen die bösen geistlichen Wesen, die hinter diesen satanischen Priestern stehen und danach trachten, die Herrschaft über alle irdischen Territorien zu gewinnen.

Der priesterliche Dienst von Jesus Christus

Du bist Priester in Ewigkeit nach der Ordnung Melchisedeks (Hebräer 5,6).

Melchisedek rührt von dem hebräischen Namen *malki-tsedeq* her und bedeutet „der rechte König“ oder König der „Rechtbeschaffenheit“ oder „Gerechtigkeit“. Im Alten Testament war Melchisedek der *„König von Salem“* und *„Priester Gottes, des Allerhöchsten“*, dem Abraham den zehnten Teil von allem gab, was er hatte (1. Mose 14,18-19; Schlachter 2000).

Melchisedek war ein Typus oder eine Art Vorschattung von Jesus Christus, dem gerechten König, der auch unser Hohepriester ist. Die zwei Ämter, die Melchisedek zusammen ausübte, wurden in Israel unter dem Gesetz von Mose getrennt: Das Königtum wurde dem Stamm von Juda übergeben und das Priestertum dem Stamm von Levi verliehen. In jenen Tagen durfte der König von Israel weder Opfer darbringen noch Räucherwerk auf dem Altar des Tempels verbrennen; diese Arbeit durften ausschließlich die dazu bestimmten Priester verrichten, wenngleich andere geistliche Leiter wie beispielsweise Samuel manchmal auch opferten. Wer diese Vorschriften nicht befolgte, wurde bestraft. Aus diesem Grund verlor zum Beispiel Saul sein Königtum (1. Samuel 13, 7-14) und Usija bekam Aussatz (2. Chronik 26,16-21).

In Jesus Christus wurden das Königtum und die Priesterschaft wieder vereinigt. Jesus diente auf der Erde als König und Priester und wurde nach seiner Auferstehung und Himmelfahrt durch Gott den Vater hoch erhöht als König der Könige und Herr der Herren. Aufgrund seiner Priesterschaft brachte Jesus seinen Jüngern beim letzten Abendmahl Brot und Wein dar als Symbol für seinen Leib, der Gott als ein lebendiges Opfer übergeben werden sollte (z. B. Matthäus 26,26-29). Er brachte mit Hilfe des Heiligen

Geistes seinem Vater Gebet, Fürbitte und sich selbst dar (Hebräer 5,7; 9,14). Er setzte sich selbst sowohl als Priester ein, der das Opfer brachte, wie auch als Opfer. Nachdem er für uns gesühnt hatte, ging er für uns als unser Vorläufer in das Allerheiligste im Himmel (Hebräer 6,19-20), sodass wir nun ebenfalls in die Gegenwart Gottes eintreten können. Da wir berufen sind, ihm auf dieser Welt gleich zu sein, sind wir Priester und Könige, die sein Reich auf der Erde ausbreiten.

„Betrachtet den Apostel und Hohenpriester unseres Bekenntnisses, Jesus“ (Hebräer 3,1). In diesem Vers finden wir zwei Titel des Herrn: Apostel – jemand, der von Gott gesandt wurde, um einen speziellen Auftrag auszuführen, und Hohepriester – jemand, der Vermittler ist zwischen Gott und Mensch. Jesus ist seit mehr als zweitausend Jahren unser Hohepriester und ist auch weiterhin unser Hohepriester, denn er ist Priester *„in Ewigkeit“* (Hebräer 5,6). Sein Werk ist fortwährend gültig, denn niemand kann sich ohne die Vermittlung eines Hohepriesters Gott nahen, mit ihm kommunizieren oder ihm Opfer bringen. Deshalb sind wir völlig abhängig von Christus (Hebräer 7,24-25; 8,6).

Die heutige Aufgabe eines Priesters im Reich Gottes

> *Denn jeder aus Menschen genommene Hohepriester wird für Menschen eingesetzt im Blick auf das Verhältnis zu Gott, damit er sowohl Gaben als auch Schlachtopfer für Sünden darbringe (Hebräer 5,1).*

Sowohl das Alte wie auch das Neue Testament beschreiben einen Hohepriester als jemanden, der Opfer darbringt. Gläubige, die auf der Erde ihre Herrschaft ausüben, haben gelernt, als Hohepriester des allmächtigen Gottes zu dienen. Dieser heilige Dienst geschieht in der Gegenwart Gottes – dem himmlischen Allerheiligsten, wo sein Thron steht.

Es folgen ein paar besondere Pflichten, zu denen wir als Priester im Reich Gottes aufgerufen sind:

1. Gott unsere Körper als lebendige Opfer darbringen

Ich ermahne euch nun, Brüder, durch die Erbarmungen Gottes, eure Leiber darzustellen als ein lebendiges, heiliges, Gott wohlgefälliges Opfer, was euer vernünftiger Gottesdienst ist (Römer 12,1).

Ein lebendiges Opfer unterscheidet sich von den toten Tieropfern, die auf dem Altar der Stiftshütte oder des Tempels im Alten Testament dargebracht wurden. Zudem ist dieses Opfer unser *„vernünftiger Gottesdienst"*; wir bringen es freiwillig, weil Gott uns dies ermöglicht hat. Es ist etwas, dass wir selbst zu geben imstande sind.

Da das Opfer von Jesus vollendet war, als er seinen Körper am Kreuz darbrachte, und da er das Werk der Erlösung, Versöhnung und Wiederherstellung schon vollbracht hat, bleibt für uns nur noch übrig, unsere Körper als lebendiges Opfer Gott darzubieten. Unser Opferaltar ist kein Objekt, sondern es ist unser Herz – und das Opfer sind wir selbst.

Unsere Körper Gott darbringen ist eine einfache und praktikable Handlung, da gibt es nichts Mystisches dran. Es bedeutet, dass wir von heute an nicht mehr das beachten, was unsere alte Natur oder unser „Ich" will, fühlt oder denkt. Vielmehr überlassen wir unseren Körper dem Dienst für Gott. Wir bieten unsere Körper nicht mehr Drogen, unerlaubtem Sex oder selbstsüchtigen fleischlichen Vergnügungen dar. Stattdessen werden wir für ewige Absichten und Ziele leben, indem wir den guten und vollkommenen Willen Gottes ausführen. Dieses Opfer ist niemals vergeblich! Indem wir uns ihm anbieten und wir verändert werden durch die Erneuerung unseres Sinnes, werden wir *„prüfen können, was der gute und wohlgefällige und vollkommene Wille Gottes ist"* (Römer 12,2). Wenn wir unseren Körper Gott darbringen und wir unseren Sinn erneuert haben, liegt einer der Vorteile darin, dass Gott seinen Willen in unserem Leben ausführen wird.

Wenn wir uns Gott als ein lebendiges Opfer darbringen, heilig und ihm annehmbar, folgen wir dem Vorbild Jesu, unserem Vorläufer. Eines Tages, ich war gerade von einer Reise nach Zentralamerika heimgekehrt, war ich echt erschöpft. Da ich aber das Prinzip der Opferung verstand, entschied ich mich, Gott meinen Körper als lebendiges Opfer darzubringen. Ich begab mich also direkt in die Gemeinde, um dort im Gottesdienst zu dienen. Plötzlich hörte ich Gottes Stimme sagen: „4. Mose 23,19." Ich ergriff das Mikrofon und predigte kurz über dieses Wort: „Weil Gott nicht ein Mensch ist ..." Dieser Satz reichte aus, um die beeindruckendsten Wunder freizusetzen. Der Heilige Geist gab mir die Namen von mir unbekannten Menschen zusammen mit einer Offenbarung über ihren Gesundheitszustand. Ich rief sie nach vorne und sie wurden sofort geheilt. Gottes Gegenwart war anhaltend und intensiv; sie löste eine Welle von Heilung aus.

Unter den geheilten Personen ist mir besonders Gloria Sánchez in Erinnerung geblieben. Sie kam aus Kolumbien und war eine Meisterin in der Leichtathletik auf dem Gebiet des Hoch- und Weitsprungs gewesen. Doch die jahrelangen körperlichen Anstrengungen forderten ihren Tribut und zerstörten die Menisken in ihren Knien, die daraufhin entfernt worden waren. Das hatte zu Schädigungen der Kniescheiben und anderer Knochen in ihren Knien geführt, wodurch sie sich einer weiteren Operation unterziehen musste. Später sagte man ihr, dass ihre einzige Alternative Knieimplantate aus Titan wären, doch lehnte sie diese ab. Sie musste sich aus der Leichtathletik zurückziehen, was in ihr ein Gefühl extremer Frustration auslöste. Sie konnte ihre Knie kaum beugen oder sich hinknien, aber das Schlimmste waren die permanenten Schmerzen.

Als Gloria in diesem Gottesdienst nach vorne kam, fiel das Feuer Gottes und bedeckte ihren Körper. Unversehens fing sie an zu laufen, zu springen und sie beugte ihre Knie, ohne dabei Schmerzen oder eine Beeinträchtigung wahrzunehmen. Die Kraft Gottes hatte neue Menisken geschaffen und die anderen Bänder, Kniescheiben und Knochen wiederhergestellt! Eine ärztliche Untersuchung bestätigte die Wiederherstellung ihrer Knie. Das war ein sichtbares und greifbares Wunder! Die Gemeinde explodierte förmlich vor Freude über Gott.

Hier ein paar weitere Zeugnisse aus diesem Gottesdienst. Ein dreiundzwanzigjähriger junger Mann namens Juan López war operiert worden, weil sein Meniskus gerissen und die Bänder beschädigt waren. Er konnte nicht laufen, sogar das Gehen fiel ihm oft schwer und sein Gesundheitszustand hatte zu Depressionen geführt. Doch das Feuer Gottes kam auf ihn herab und schuf einen neuen Meniskus und neue Bänder. Er rannte um den Altar herum und jubelte über seine Heilung. Abdel Metellus, ein Basketballspieler, empfing ebenfalls durch die Kraft Gottes Heilung für das gleiche Problem.

Später manifestierte eine weitere Welle der Heilung Wunder bei denen, die taub waren. Ich machte den Aufruf und mehrere Personen kamen zum Altar gelaufen. Marializ Sosa konnte seit ihrer Kindheit aufgrund einer schweren Infektion nicht hören. Die Dosis Antibiotika, die sie von den Ärzten bekommen hatte, war so stark gewesen, dass sie Zerstörungen in beiden Ohren verursacht hatte. Während ich diente spürte sie, wie Feuer sie erfasste und Hitze ihre Ohren erfüllte. Sie konnte augenblicklich hören. Dieses Wunder hatte eine große Wirkung! Mit ihrer Heilung empfingen auch andere Menschen mit dem gleichen Problem ihre Heilung. Die neunundzwanzigjährige Carolina González hatte als Kind das Gehör auf dem linken Ohr durch medizinische Fahrlässigkeit eingebüßt. Mit sieben Jahren wurde sie operiert, aber ihr Gehör wurde nicht besser. Während der Zeit des Dienens fühlte sie Feuer und spürte, wie eine elektrische Ladung durch ihre Hände und Arme fuhr und in ihr linkes Ohr eindrang. Sofort begann sie zu hören! Was die Wissenschaft in vielen Jahren nicht fertiggebracht hatte, machte die Kraft Gottes in einem Augenblick möglich.

Eine weitere Manifestation von Heilung erlebte eine achtundzwanzig Jahre alte Frau namens Nayda Mercado, die an Gebärmutterkrebs litt. Man hatte sie alle drei Monate untersucht, und jedes Mal war das Ergebnis positiv. Die Behandlung sprach nicht an und deshalb hatte sie beschlossen, alles dem Herrn auszuliefern. Bei meinem Aufruf kam sie nach vorne zum Altar und empfing eine Impartation. Sie spürte, wie Feuer durch sie hindurchfuhr. Tage danach suchte sie ihren Arzt für eine weitere Untersuchung auf, und dieses Mal waren die Ergebnisse negativ. Alle Krebszellen waren verschwunden und Nayda war frei von dieser Krankheit!

Hätte ich meinen Körper an diesem Tag Gott nicht als lebendiges Opfer dargebracht, wären diese Wunder nicht geschehen. Jedes Mal, wenn wir unsere Körper als lebendige Opfer ausliefern, wird Gott durch uns verherrlicht.

Das Feuer Gottes fällt immer dort, wo es ein Opfer gibt.

2. Bringe Lobpreisopfer

Durch ihn nun lasst uns Gott stets ein Opfer des Lobes darbringen! Das ist: Frucht der Lippen, die seinen Namen bekennen (Hebräer 13,15).

Eines der wichtigsten Opfer, die ein Gläubiger bringen kann, ist, Gott zu allen Zeiten und an jedem Ort zu loben und zu preisen, und zwar unabhängig davon, wie die Umstände sind oder wie man sich fühlt. Das hält den Teufel von uns fern und durch unser Opfer bestätigen wir Gott und seine Werke. Warum sollen wir ihn allezeit loben und seinen Namen und alles, wofür er steht, bekennen? Weil er absolut würdig ist, alle Ehre und alles Lob zu empfangen. Opfern wir ihm kein Lob, vernachlässigen wir die Rolle, die wir als treue Priester in seinem Reich ausüben sollen.

Loben wir Gott nur nach Gefühl, haben wir noch nicht gelernt, ihn zu preisen.

3. Tu Gutes und teile mit anderen

Vergesst nicht, Gutes zu tun und mit anderen zu teilen; denn an solchen Opfern hat Gott Gefallen (Hebräer 13,16; Einheitsübersetzung).

Es ist für uns oft ein Opfer, mit andern das zu teilen, was wir haben. Aber anschließend können wir bestätigen, dass es großen Segen in unser Leben bringt. Wenn die Unterstützung anderer Menschen kostspielig oder beschwerlich wird oder uns aus unserer Bequemlichkeit herausholt, ist das ein Zeichen dafür, dass wir unsere Körper als lebendige Opfer Gott darbieten.

Ich habe erkannt, dass opfern eines der Charakteristiken des apostolischen Dienstes ist. Die Menschen, die uns nahestehen, kennen die Opfer, die meine Familie und ich gebracht haben. Sie wissen, wieviel Blut, Schweiß und Tränen vergossen wurden. Diese Opfer wurden in Form von Gebet, Geld, Zeit und körperlichen Anstrengungen gebracht. Viele wünschen sich die apostolische Krone der Herrlichkeit, aber nicht die Opfer, denn diese Krone kostet etwas. Wenn ich in Zeiten von körperlicher Erschöpfung predige, führt das oft zu großen Wundern, Errettungen und Befreiungen. Doch statt den Preis zu zahlen oder alles zu opfern, sucht die heutige Generation leider normalerweise nach unverzüglicher Erfüllung und Macht. Doch Gott ehrt unser Opfer!

Die Salbung und Kraft, in der ich diene, wird in den Bereichen freigesetzt, die ich Gott und seinem Willen ausgeliefert habe – wo ich dem Ich gestorben bin und mein Fleisch gekreuzigt habe. Sind wir bereit auf Essen zu verzichten, damit andere essen können? Auf Schlaf zu verzichten, damit andere schlafen können? Unseren Komfort und die Annehmlichkeiten zu opfern, damit andere gerettet, freigesetzt und geheilt werden können? Anderen zu dienen und mit ihnen zu teilen, was man hat, sind wesentliche Bestandteile eines Reich Gottes Priesters.

Gott wird uns in den Bereichen bevollmächtigen, in denen wir uns ihm ausliefern.

4. Bringe Gott materielle Gaben und Opfer

Unter dem Gesetz des Mose brachte der Hohepriester im Namen der Menschen Gott sowohl Gaben wie Opfer dar (Hebräer 5,1).

Von den Menschen selbst – jenen, die berufen waren, ein Königreich von Priestern zu sein – wurde gefordert, dass sie diese Gaben und Opfer aus ihrem eigenen Besitz bereitstellten. In gleicher Weise empfängt Jesus als unser Hohepriester unseren Zehnten und unsere Opfer und bringt sie Gott dar (Hebräer 7,8). Ich kenne eine Menge christlicher Leiter, die keinen Zehnten oder Opfer von ihrem Einkommen und Besitz geben. Sie sind ihren priesterlichen Pflichten nicht nachgekommen und als Folge davon funktioniert ihr Dienst als Priester nicht. Wie kann Gott eine Gemeinde segnen, wenn der Hauptpriester ein Dieb ist (Maleachi 3,8)? Das gleiche Prinzip kann man auch auf den Bereich der Familie, der Arbeit und der Geschäftswelt anwenden.

Jeder Priester ist von Gott dazu berufen, Gaben und Opfer zu bringen.

Finanzielle Opfer, die von Gläubigen dargebracht werden, sind Lobpreisopfer für Gott. Deshalb sollte das Einsammeln des Zehnten und der Opfer in der Gemeinde nicht zu leicht genommen oder einfach als eine weitere Ansage behandelt werden. Es muss in Ehrerbietung geschehen. Ich glaube, Gott erhebt eine neue Generation von Priestern, die ihn mit ihren Opfern preisen und anbeten werden. Ich nehme nie an einem Gottesdienst teil, ohne ein Opfer zu bringen, denn ich verstehe die Kraft dieses Prinzips. Deshalb hat Gott mich, meine Familie, meine geistlichen Söhne und Töchter und meinen Dienst gedeihen lassen.

Wo Gott nicht mit dem Zehnten und mit Opfern geehrt wird, wird es immer Mangel geben.

5. Bringe Gebet und Fürbitte dar

Daher kann er [Jesus]auch diejenigen vollkommen erretten, die durch ihn zu Gott kommen, weil er für immer lebt, um für sie einzutreten (Hebräer 7,25; Schlachter 2000).

Der gegenwärtige Dienst Jesu im Himmel besteht darin, unseretwegen Fürbitte zu tun. Auf der Erde brachte er Gebet, Fürbitte und sich selbst dar, und jetzt lebt er, um für uns zu vermitteln. Da wir die Verlängerung seines Dienstes auf der Erde sind, sollten wir ebenfalls dem Gebet und der Fürbitte für andere Menschen Priorität einräumen. Es gibt unzählige Pläne und Ziele von Gott, die nicht ausgeführt werden können, bis wir sie durch Gebet zur Geburt gebracht haben. Deshalb müssen wir unsere Gebete mit den Gebeten Christi in Übereinstimmung bringen. Für was tut Jesus vor dem Vater gerade Fürbitte? Was sind seine Prioritäten im Gebet? Ich glaube, es geht dabei unter anderem um die Ausbreitung seines Reiches auf der Erde, die Errettung von Menschenseelen und der Manifestation der Kinder Gottes. Was für eine Ehre und Privileg, Teil seines Dienstes zu sein!

Als Jesus auf dieser Welt war, bestand sein irdisches Opfer in der Fürbitte und jetzt ist das sein himmlisches Opfer.

Rosario, eine Frau aus unserer Gemeinde, war im siebten Monat schwanger, als sie zu einer Routineuntersuchung ging. Man teilte ihr mit, es sei zu wenig Fruchtwasser vorhanden, um ihr Baby am Leben zu erhalten, und dass schon Zeichen von Anomalien bei dem Kind vorlägen. Die Ärzte waren besorgt. Sie sagten, sie könne entweder nach Hause gehen mit dem Risiko, dass sie und ihr Bay sterben könnten, oder sie könnten sie für eine vorzeitige Geburt im Krankenhaus aufnehmen. Nach weiteren Untersuchungen wurde für den nächsten Tag ein Kaiserschnitt festgesetzt.

Als das Baby geboren wurde, war es sehr klein und von zerbrechlicher Gesundheit. Das Schlimmste war, dass sich seine Gedärme außerhalb des Körpers befanden und die Ärzte eine Notoperation vornehmen mussten. Rosaria rief sofort Rosa López an, eine Frau aus unserer Gemeinde, von der sie wusste, dass sie sich in der Kraft Gottes für Wunder bewegte. Weinend bat sie um Gebet für ihren neugeborenen Sohn. Ohne zu zögern begann Rosa mit der Fürbitte für das Baby und proklamierte Leben statt

Tod über dem Kind. Während die Frauen zusammen beteten, wurden die Ärzte mit einer kritischen Situation konfrontiert – das Baby starb während der Operation. Alle Lebenszeichen setzten aus. Sie taten alles in ihrer Macht stehende, um das Baby zu retten, aber schließlich konnten sie nichts weiter tun. Doch plötzlich, ohne einen ersichtlichen Grund, zeigten sich vor den Augen der überraschten Ärzte wieder Lebenszeichen des Babys auf dem Monitor und es bewegte sich. Das Fürbittgebet hatte die Auferstehungskraft aktiviert und brachte den Sohn von Rosaria zurück ins Leben! Die Ärzte legten ihn in einen Inkubator und meinten, es würde sechs bis acht Monate dauern, bis er sich erholt hätte. Doch zwanzig Tage später lag er völlig gesund in den Armen seiner Mutter! Rosaria bezeugt das Wunder an ihrem Sohn, das aufgrund des vertrauensvollen Gebets einer Fürbitterin geschehen konnte. Jedes Mal, wenn sie sich daran erinnert, dass ihr Sohn hätte tot oder behindert sein können, kann sie ihre Tränen einfach nicht zurückhalten. Aber dank der Kraft Gottes ist er völlig gesund.

Fürbitter herrschen auf der Erde aus dem geistlichen Bereich heraus.

Ich bitte den Heiligen Geist, die Augen deines Herzens zu erleuchten und dir Erkenntnis zu geben, damit du deinen Dienst als Priester verstehst. Du kannst dich jetzt dazu verpflichten, deinen Körper als lebendiges Opfer darzubringen, indem du Gott lobst und preist, ihm den Zehnten und Opfer bringst und du anderen dienst und für andere Fürbitte tust. Ich bitte ihn, dir die Gnade zu schenken, deinen Verpflichtungen in deinem Priestertum für Gott annehmbar nachzukommen.

Jetzt wenden wir uns unserer Aufgabe als Könige zu. Ich bin überzeugt, die einzigen Menschen mit der Qualifikation, Könige im Reich Gottes zu sein, sind jene, die auch Priester sind. Wir können nicht Könige sein, bevor wir nicht unsere Verpflichtungen als Priester erfüllen. Tun wir das nicht, wird das ein großes Hindernis sein in unserem Versuch zu herrschen.

Wer ist ein König?

Auch hier müssen wir unsere historischen und kulturellen Vorstellungen eines Königs ablegen, um die Art von König zu entdecken, der wir in Gottes Reich sein sollen. Ein traditionelles Bild von einem König zeigt jemanden, der in einem großen Palast auf einem Hügel hoch über einer Stadt oder Ortschaft thront. Das andere Bild zeigt eine gebildete, stolze und unnahbare Person. Sie trägt eine Krone auf dem Kopf, hält ein Zepter in der Hand und ist umgeben von vielen Dienstboten.

An Hand dieser Merkmale würden viele Leute zu dem Schluss kommen, dass sie nicht für die Position eines Königs in Frage kommen. Sie würden auf ihre Arbeit im Kaufhaus, auf dem Feld, im Büro usw. schauen und sofort zu dem Ergebnis kommen, dass sie dafür untauglich sind. Selbst die meisten Menschen, die sich als Intellektuelle bezeichnen würden oder die Reichtum angesammelt haben. können sich nicht vorstellen, ein König zu sein. Solch ein Gedanke käme ihnen wahrscheinlich nicht einmal in den Sinn. Wir müssen uns aber bewusst sein, dass die obigen Beschreibungen eines Königs menschliche Konzepte sind. Das Reich Gottes durchbricht diese gedanklichen Paradigmen. Es bringt uns zurück zu dem ursprünglichen Plan, in dem jeder in Gottes Volk ein König und Priester ist, dazu geschaffen, über das ihm zugewiesene Gebiet mit der ihm von Gott verliehenen Autorität und Kraft zu herrschen, um Gottes Reich auf der Erde auszubreiten.

Das Gebiet des uns zugewiesenen „Königtums" oder Einflussbereichs kann unsere Familie, unser Geschäft oder unser Dienst sein. In Kapitel 10 werden wir uns ausführlicher damit auseinandersetzen, wie wir unsere Aufgabe in unseren speziellen Territorien ausüben. Und unabhängig von der Größe unseres Gebiets, wir sind König darüber und müssen „unseren Stab ausstrecken" und anfangen zu regieren.

Ein König regiert und übt seine Herrschaft mit Kraft und Autorität über ein bestimmtes Gebiet aus.

Die Rolle eines Königs im Reich Gottes in der heutigen Zeit

„Autorität“ ist das legale Recht, Macht auszuüben, und „Macht“ ist die Befähigung, etwas zu tun. In Bezug auf unsere Rolle als Könige im Reich Gottes haben wir die rechtliche Autorität, auf der Erde so zu handeln, wie Gott es im Himmel tut, und seinen Willen durch die Kraft des Heiligen Geistes auszuführen. Untersuchen wir nun die Bedeutung und Kriterien unserer königlichen Rolle.

1. Herrsche mit dem Stab der Autorität

> *Der Herr sprach zu meinem Herrn: Setze dich zu meiner Rechten, bis ich deine Feinde hinlege als Schemel für deine Füße (Psalm 110,1; Schlachter 2000).*

In Kapitel 3 lernten wir den Unterschied zwischen dem Priestertum von Christus und dem Priestertum der Leviten unter Mose kennen. Christus setzte sich zur Rechten des Vaters, weil sein Werk vollendet war. Es reichte aus, um die ganze Menschheit zu erlösen – in Vergangenheit, Gegenwart und Zukunft – von aller Sünde. Sein Opfer war ein ewiges Opfer und der von ihm errungene Sieg war ein unwiderruflicher, endgültiger Sieg. Im Gegensatz dazu konnten sich die levitischen Priester nie „hinsetzen“, weil ihre Aufgabe niemals abgeschlossen war. Tag für Tag und Jahr für Jahr mussten sie für die Menschen Opfer darbringen. Ein Opfer war nie genug für die andauernden Sünden der Menschen.

> *Den Stab deiner Macht wird der HERR aus Zion ausstrecken. Herrsche inmitten deiner Feinde! Dein Volk ist voller Willigkeit am Tage deiner Macht (Psalm 110,2-3).*

Zu biblischen Zeiten war ein Stab ein Zeichen der Autorität, also ein Zepter[26]. Der Stab repräsentiert die Autorität eines Königs – im oben genannten Vers die Autorität von König Jesus. Nach seiner Auferstehung, seiner Himmelfahrt und dem Niederlassen auf seinen Thron gab er uns die Autorität, seinen „Stab“ über die Nationen zu gebrauchen und sein Reich auszubreiten, um die Absichten und Pläne des Vaters auszuführen (z. B. Matthäus 28,18-20).

Der Stab ist das Hoheitszeichen für die Autorität eines Königs.

Im Alten Testament untermauerte Gott die Autorität durch Aarons Stab. Aaron war der erste Hohepriester und ich glaube, sein Stab stand symbolhaft für die Herrschaft Jesu Christi. Das israelische Lager befand sich in Rebellion gegen die Leiterschaft von Mose und Aaron, und eine der Weisen, wie Gott mit diesem Problem umging, waren übernatürliche Zeichen. Er ließ jeden Führer eines der Stämme Israels seinen Namen auf einen Stab schreiben. Unter allen zwölf Stämmen war der Stab von Aaron der einzige, der durch die übernatürliche Kraft Gottes Knospen trieb, blühte und reife Mandeln hervorbrachte (4. Mose 17,16-25). Dadurch wurde Aaron als Hoherpriester und Träger der göttlichen Autorität bestätigt. Ich denke, die Blüte und die Frucht sind ein Symbol für die Auferstehung von Jesus. Wir herrschen gemäß dem Namen Jesu bzw. gemäß seinem Stab der Autorität.

Die Autorität liegt in dem Namen, der auf dem Stab steht, aber es hat keinen Nutzen, bis davon Gebrauch gemacht wird.

Jesus sitzt auf seinem Thron und regiert mit Autorität durch die Gemeinde mit Hilfe des Heiligen Geistes. Wir sind zu Mitregenten und Mitleitern mit Christus berufen, da wir mit ihm in

[26] *The Zondervan Pictorial Bible Dictionary,* Merill C. Tenney, gen. ed. (Grand Rapids, MI: Zondervan Publishing House, 1967), “Rod” 726.

der Himmelswelt wohnen (z. B. Epheser 2,6). Es liegt in der Verantwortung der Gemeinde, über Satan zu herrschen und sein Reich den Absichten Gottes zu unterwerfen, damit sein Wille auf der Erde geschieht wie im Himmel. Indem wir die Absichten Gottes und die Gesetze seines Reiches auf der Erde durchsetzen, gleicht unsere Aufgabe der eines Polizisten, der dem Gesetz im Auftrag einer Regierung Geltung verschafft. Wir nehmen die Gewalten oder Kräfte „gefangen", die sich gegen die Gerechtigkeit und den Frieden des Reiches Gottes erheben. Wenn wir z. B. für eine kranke Person beten und diese geheilt wird, setzen wir den Willen Gottes durch und herrschen in Bezug auf Heilung.

Ich fordere dich heraus, als einer der Herrscher im Reich Gottes den Stab der Autorität zu benutzen, der dir von Gott gegeben ist. Wenn wir vom Heiligen Geist die Offenbarung bekommen, dass unser Stab den Namen Jesus trägt, können wir damit beginnen, unsere Autorität über die Nationen auszuüben. Als Repräsentanten Gottes auf der Erde können wir seine Autorität mit Zeichen und Wundern und durch das Austreiben von Dämonen demonstrieren – allerdings erst dann, wenn wir zuerst unsere priesterlichen Pflichten erfüllen.

Wende deinen Stab der Autorität in deinem Umfeld an. Ergreife die Autorität über Krankheit in deinem Körper, über Mangel in deinen Finanzen, über Depression in deiner Seele und über jede Attacke Satans. Denke daran, dass du gesalbt bist und Gott dir die Autorität über diese Dinge gegeben hat. Benutze deinen Stab jetzt! Darin liegt die Macht, dich, deinen Ehepartner, deine natürlichen und geistlichen Kinder und deinen Dienst freizusetzen.

Jesus besitzt alle Macht und Autorität, aber sie sichtbar werden zu lassen ist unsere Aufgabe.

2. Herrsche durch Gebet

Wenn wir unsere Herrschaft mittels Gebet ausüben, überlagern sich die Rollen von König und Priester. Im Endeffekt wird diese Welt nicht von Präsidenten, Premierministern, Diktatoren, Senatoren, Abgeordneten, Bürgermeistern usw. regiert. Diese Führer regieren im Natürlichen, aber die wahre Macht des geistlichen Reiches wird durch jene aktiviert, die wissen wie man betet, um das Reich Gottes zu errichten und zu bewirken, dass sein Wille in ihren Nationen geschieht. Wir werden erst durch Gebet herrschen können, wenn wir folgende Bedingungen verstehen und befolgen:

- **Unsere Gebete müssen sich auf der Schrift gründen**
  Gottes Wille steht in seinem Wort geschrieben. Wenn wir nach seinem Wort beten, hört er uns (1. Johannes 5,14).
- **Unsere Gebete müssen sich mit dem Rhema Gottes, also mit dem von ihm offenbarten Wort im Hier und Jetzt decken.**
  Das griechische Wort *logos* wird oft in Bezug auf das geschriebene Wort Gottes gebraucht, welches die „Verfassung" seines Königreiches ist. Das griechische Wort *rhema* hingegen wird oft für ein Wort von Gott verwendet, das heute offenbart wird. Wie schon besprochen wird ein Rhema vom Heiligen Geist für einen besonderen Zeitpunkt und eine spezielle Situation gegeben. Es kann oder auch nicht wortwörtlich aus der Bibel sein, aber es wird nie im Gegensatz zu dem geschriebenen Wort Gottes stehen. Die Bibel wird es vielmehr bestätigen und übernatürliche Manifestationen werden dies unter Beweis stellen.
- **Unsere Gebete müssen durch den Heiligen Geist bevollmächtigt werden**
  Die Gemeinde hat im Laufe der Jahrhunderte die große Sünde begangen, den Heiligen Geist zu ignorieren. Wie bereits angesprochen, haben wir ihn entehrt und missachtet, indem wir versucht haben, ihn durch andere Methoden zu ersetzen, um unsere Ziele zu erreichen. Die Gemeinde hat nach „sicheren" menschlichen Methoden gesucht, um nicht vom Heiligen Geist abhängig zu sein, doch das ist unmöglich! Wir brauchen seine Führung, Richtungsweisung und Kraft (z. B. Römer 8,26). Außerdem arbeiten das Wort Gottes und der Heilige Geist immer zusammen. Der Heilige Geist wird unsere Gebete nur dann bevollmächtigen, wenn sie in

Übereinstimmung zum Wort stehen. Deshalb ist es so wichtig für uns zu wissen, was die Bibel sagt.

Wenden wir uns zwei Beispielen aus der Schrift zu, die zeigen, wie Menschen Gottes durch Gebet geherrscht haben. Im Alten Testament lesen wir, wie der Prophet Elia vor Ahab trat, den König Israels, um Gottes Gericht wegen des Götzendienstes und anderer Frevel des Volkes anzukündigen (1. Könige 17,1). Das Neue Testament bezieht sich in Jakobus 5,17-18 auf diese Situation und versichert, dass Elia ein Mensch von gleicher Art wie wir war. Er betete, dass dreieinhalb Jahre in Israel kein Regen fallen sollte, und sein Gebet wurde erhört. Der Regen hörte auf und eine Dürre trat ein.

Die Herrschaft dieses Mannes über die Natur war beeindruckend. Regen liegt außerhalb der Kontrolle von Menschen; er hängt von den Wetterbedingungen und letztendlich von Gottes Souveränität ab. Was war das Geheimnis von Elia, das dafür sorgte, dass diese Anweisung auch befolgt wurde? Er wusste, wie er die Wahrheit der Schrift anwenden und die Stimme Gottes hören konnte. Die Verkündigung der Dürre einschließlich ihrer Dauer war nicht die Idee von Elia. Gott hatte es ihm durch ein Rhema für diese spezielle Situation offenbart. Ich glaube auch, dass Elia die Warnung von Gott aus 5. Mose 11,16-17 kannte. Bevor die Israeliten in das verheißene Land hineinkamen hatte Mose ihnen aufgetragen, keinen falschen Göttern nachzulaufen. Sollten sie es aber tun, würde Gott den Himmel verschließen, den Regen stoppen und eine Dürre verursachen.

Elia empfing ein göttliches Rhema. Es offenbarte, dass Israel Gottes Geduld auf die Probe gestellt hatte und dass sein Gericht zu einem bestimmten Zeitpunkt erfüllt werden würde. Der Prophet gründete sein Gebet auf das Wort Gottes und auf das Rhema, das er von Gott vernommen hatte. Dreieinhalb Jahre später hörte Elia erneut Gottes Stimme und wusste, dass er zu König Ahab zurückkehren musste, um das Ende der Dürre zu verkünden. Vor seinem Gebet und bevor es anfing zu regnen sagte der Prophet dem König, dass es bald regnen würde. Die Offenbarung des Wortes und die Kraft des Heiligen Geistes waren zur gleichen Zeit im Leben von Elia tätig(1. Könige 18,1, 15-46).

Durch des HERRN Wort ist der Himmel gemacht und all sein Heer durch den Hauch seines Mundes (Psalm 33,6).

Das gesamte Universum entstand durch das gemeinsame Vorgehen zweier Wesenheiten: dem Wort und dem Geist. Gott setzte durch Elia die gleiche schöpferische Kraft frei, die die Welt erschuf! Auf dieser Grundlage stellt sich die Frage, wer denn wirklich in Israel herrschte: Ahab oder Elia? Die Lösung zur Beendigung der Dürre war die Buße der Menschen und das Gebet von Elia, bevor der Regen zurückkehren würde. König Ahab war zu machtlos, um Gottes Souveränität in Frage stellen zu können. Elia hatte durch seine Gebete eindeutig das Sagen. Wer beherrscht dein Leben: Du oder deine Umstände?

Im Neuen Testament können wir lesen, wie die Gebete von Gläubigen über eine Situation der Verfolgung herrschten. König Herodes hatte Petrus ins Gefängnis werfen lassen. Kurz zuvor hatte er Jakobus, den Bruder von Johannes, umbringen lassen, und das Leben von Petrus war in Gefahr.

Petrus nun wurde im Gefängnis verwahrt; aber von der Gemeinde geschah ein anhaltendes Gebet für ihn zu Gott (Apostelgeschichte 12,5).

Während Petrus im Gefängnis saß, weil er den auferstandenen Christus verkündet hatte, betete die Gemeinde in Jerusalem einmütig. Ihre Gebete bereiteten den Weg für Gott, einen Engel zu schicken, um Petrus auf übernatürliche Weise aus dem Gefängnis zu befreien (Apostelgeschichte 12,1-17). Manchmal reicht das Gebet eines Einzelnen nicht aus, und der Heilige Geist wird eine Gruppe von Menschen dahin bringen, so lange in Einheit zu beten, bis ein geistlicher Durchbruch erfolgt.

Nicht lange nach der Befreiung des Petrus aus dem Gefängnis starb Herodes durch das Gericht Gottes.

Aber an einem bestimmten Tag zog Herodes ein königliches Gewand an und setzte sich auf den Richterstuhl und hielt eine Rede an sie. Die Volksmenge aber rief ihm zu: Das ist die Stimme eines Gottes und nicht eines Menschen! Sogleich aber schlug ihn ein Engel des Herrn, weil er Gott nicht die Ehre gab; und er verschied, von Würmern zerfressen (Apostelgeschichte 12,21-23).

Wer hatte das Kommando: Herodes oder die Gemeinde? Herodes widersetzte sich den Absichten Gottes und beanspruchte für sich die Ehre, die nur Gott zustand. Ein Engel schlug ihn und er erlitt einen schrecklichen Tod. An dem einen Tag saß Herodes noch auf seinem Thron, am nächsten lag er im Grab. Die Herrschaft der Gemeinde war durch Gebet überlegen; die Fürbitte im Geist führte die Freilassung von Petrus aus dem Gefängnis herbei und es könnte auch sein, dass dadurch ihr Verfolger entmachtet wurde. Wer herrscht in deinem Leben: Du oder beherrschen dich deine Umstände? Wer regiert in deinen Gedanken: Du oder der Feind? Wer beherrscht deinen Körper: Du oder die Krankheit?

In Venezuela wurde bei der Ärztin Betty Martinez ein zweieinhalb Zentimeter großer Krebstumor an der Schilddrüse festgestellt. Bei der ersten Operation zeigte sich, dass sich in den Lymphknoten des Nackens schon Metastasen gebildet hatten. So wurde eine zweite Operation nötig. Sie sollte eigentlich nur eineinhalb Stunden dauern. Aber infolge von Komplikationen nahm sie acht Stunden in Anspruch. Die Operationen brachten nicht den gewünschten Erfolg. Am Schlimmsten war, dass bestimmte Nerven im Rückenmark in Mitleidenschaft gezogen wurden. Infolgedessen konnte Dr. Betty ihren linken Arm nicht heben und verlor auch rasch jedes Gefühl in der linken Gesichtshälfte. Sie verbrachte qualvolle Behandlungs-Sitzungen, nach denen sie sich schrecklich fühlte, und sie brauchte lange Zeit, um sich davon zu erholen. Zu allem Übel traten drei weitere Tumore auf. Sie benötigte noch mehr Operationen und Chemotherapie!

Dr. Betty sagte: „Mein Gott, das werde ich nicht durchstehen!“ Ihr Herz versagte und sie erlitt einen Herzanfall. Nachdem sie sich davon wieder erholt hatte und sie sich auf eine weitere Operation vorbereitete, lud man sie zu einem „Haus des Friedens“ ein, das an unsere Gemeinde angeschlossen war. Man hatte ihr gesagt, dass man ihr dort mit Heilung dienen würde. Dazu äußerte sie: „Ich muss es sehen, um es zu glauben.“ Aber weil sie es satt hatte, krank zu sein und keine medizinische Lösung für ihr Problem zu finden, nahm sie die Einladung an.

Die gesamte Gruppe in dem „Haus des Friedens“ machte sich eins im Gebet für sie und sie wurde komplett in die Kraft Gottes eingehüllt. Sie fühlte, wie die drei neuen Tumore augenblicklich verschwanden! Ihre Freude war überfließend! Ihr Leben wurde radikal verwandelt und jetzt kann sie ihren Patienten in ihrem Behandlungszimmer Zeugnis geben und für sie beten. Durch ihr persönliches Zeugnis predigt sie auch zu ihren Kollegen, und viele Ärzte kommen dadurch zum Herrn und impartieren das, was sie empfangen haben, ihren Patienten. Es geschehen spektakuläre Wunder, zum Beispiel werden Krebspatienten und Menschen, die intensivmedizinisch behandelt werden, durch die Kraft Gottes geheilt.

Können wir auch heute über unsere Umstände herrschen? Natürlich! Wir sind Könige mit der Autorität und Kraft Gottes, um die Herrschaft zu ergreifen. Empfange dieses Wort im Glauben! Wir müssen lernen, durch Gebet über Krankheit und alles Böse zu herrschen.

Reagiere auf den Ruf, ein König und Priester zu sein

> *Ihr aber seid ein auserwähltes Geschlecht, ein* ***königliches Priestertum****, eine heilige Nation, ein Volk zum Besitztum, damit ihr die Tugenden dessen verkündigt, der euch aus der Finsternis zu seinem wunderbaren Licht berufen hat (1. Petrus 2,9).*

In diesem Vers bestätigt Petrus Gottes Intention für die Gemeinde Jesu Christi. Jeder – ohne Ausnahme – der von ganzem Herzen Buße getan hat und in das Reich Gottes eingetreten ist, ist berufen, ein König und Priester zu sein. Gott hat uns gemäß seinem Vorsatz und seiner Gnade erwählt (2. Timotheus 1,9), nicht ein Mensch. Und die Zeit kommt, wo wir auf seinen Ruf antworten müssen. Wären wir nicht berufen worden, müssten wir keine Antwort geben. Doch genau zu diesem Zweck starb Jesus. Er reinigte, rechtfertigte und erlöste uns durch sein Blut, um uns zu

Königen und Priestern zu machen mit der Kraft, seinen Dienst auf der Erde fortzuführen. Wir sind sein Erbteil (z. B. 5. Mose 32,9), und sind alle auserwählt, ein *„königliches Priestertum"* zu sein. Wir müssen diesen Ruf beantworten! Aus unseren Herzen muss Gerechtigkeit, Frieden und Freude zu der Welt um uns herum fließen.

In einem Königreich von Königen und Priestern wird nur Königen und Priestern Zutritt gewährt.

Uns muss bewusst sein, das Satan die geistliche Priesterschaft der Gemeinde angreift. Wenn die Priesterschaft fällt, dann gibt es niemanden mehr, der Gott Opfer bringen kann. Es werden keine Könige da sein, die Herrschaft ausüben und Gottes Reich auf der Erde ausbreiten, indem sie seine Gegenwart manifestieren. Lieber Freund, liebe Freundin, ich fordere dich auf, nimm deinen Platz im Reich Gottes und in dieser Welt ein als Priester des allmächtigen Gottes und als König über das Gebiet, das er dir zugeteilt hat.

Während du Opfer des Lobpreises und der Anbetung, materieller Gaben, des Dienstes und der Fürbitte darbringst, wird das Feuer Gottes auf den Altar deines Lebens herabkommen und dich transformieren, derweil du mit seiner Herrlichkeit und Kraft erfüllt wirst.

Sobald du dein Priestertum etabliert hast, beginne damit, als König über das Gebiet zu herrschen, das dir zugewiesen wurde. Tue es aus deiner Stellung in Christus, mitsitzend mit ihm an himmlischen Orten. Herrsche in deinem Heim, deinem Geschäft, deinem Dienst, deiner Gemeinde, deiner Nachbarschaft, deiner Stadt und deiner Nation. Du hast ein Territorium und einen Einflussbereich, in dem du aus dem geistlichen Bereich heraus mit dem Stab deiner Autorität, der den Namen von Jesus trägt, herrschen kannst. Aus dieser Position heraus kannst du das Reich Gottes auf die Erde bringen, indem du Zeichen und Wunder wirkst, um die Werke des Teufels zu zerstören und das Reich der Finsternis zu vertreiben. Du kannst durch Gebet herrschen, indem du dein Territorium für heilig erklärst – frei von Sünde, Krankheit, Flüchen, Ungerechtigkeit und Tod.

Mit diesem Wissen können wir davon träumen, in einer Stadt ohne Kriminalität, Blutvergießen, Zauberei und Tod zu leben, und zwar aufgrund der Fürbitte-Gebete von Königen und Priestern, die ihre Stellung im Reich Gottes eingenommen haben und ihre Macht ausüben. Wenn du diese herausfordernde Aufgabe annimmst, lade ich dich ein, das folgende Gebet der Verpflichtung zu sprechen, um deine Entscheidung zu besiegeln. Sage es laut, aus ganzem Herzen und voller Glauben.

Jesus Christus, du bist der Herr, der Sohn Gottes und der einzige Weg zum Himmel. Du bist für meine Sünden am Kreuz gestorben und wurdest am dritten Tag von den Toten auferweckt. Du hast den Lohn für meine Sünden bezahlt und mich mit deinem kostbaren Blut erlöst. Ich liefere mich dir erneut aus und biete Gott meinen Leib als lebendiges Opfer dar. Ich stelle mich zu deiner Verfügung. Tu mit mir, was du willst. Von heute an gehöre ich dir. Danke, dass du mich annimmst. Salbe mich mit Autorität und Kraft, damit ich meine Berufung erfüllen kann als einer deiner Könige und Priester, der herrscht, um dein Reich in der heutigen Zeit auf der Erde auszubreiten! Ich ergreife meinen Stab der Autorität und fange jetzt an, ihn zu gebrauchen. Amen!

Kapitel 8

Glaube: Die Währung im Reich Gottes

Im Reich Gottes ist Glaube das, was eine Währung für eine Nation ist. In der Gesellschaft unserer Zeit verlieren die härtesten Währungen der Welt ihre Stärke. Die Kaufkraft der Bevölkerung ist nicht stabil und die meisten Menschen fühlen sich finanziell verunsichert. Nur das Reich Gottes ist unerschütterlich. Seine Währung ist immer stark und ermöglicht uns, alles zu bekommen, was wir aus dem geistlichen Bereich benötigen. Doch wenn wir das empfangen wollen, was in der Ewigkeit ist, müssen wir verstehen was Glaube ist, wie er funktioniert und wie man damit umgeht.

Glaube ist die Währung des Übernatürlichen im Jetzt.

Wo der Glaube seinen Ursprung hat

Ohne Glauben ist es unmöglich, Gott zu gefallen (Hebräer 11,6), und wenn wir ihm nicht gefallen, können wir nichts von seinem Reich empfangen. Natürlich ist der Glaube nicht die einzige Sache, die Gott gefällt – Gehorsam, Heiligkeit, Ehrerbietung, Anbetung, Fasten und Gebet gefallen ihm ebenfalls. Doch sind all diese Dinge wertlos, wenn sie nicht im Glauben ausgeübt werden.

Viele Menschen denken, der Glaube entstehe bei ihnen. Wenn sie dann spüren, dass sie nicht genug Glauben haben, werden sie mutlos, weil sie nicht mehr davon erzeugen können, um dadurch etwas von Gott zu bekommen. Ich möchte dir eine wichtige geistliche Wahrheit mitteilen: *Wahrer Glaube kommt vom Himmel* und ist von dort aus tätig. Um Glauben zu haben, müssen wir deshalb aus dem Geist geboren sein, der uns Zugang zum himmlischen Bereich gibt (Johannes 3,1-8).

Es ist unmöglich, wiedergeboren zu sein, ohne im Übernatürlichen aktiviert worden zu sein.

Wenn wir anfangs zum Herrn kommen, haben die meisten von uns einfach nur Glauben für die Erlösung. Nachdem wir das Evangelium gehört haben, entscheiden wir uns für Christus, bekennen ihn als unseren Herrn und glauben, dass Gott ihn von den Toten auferweckt hat (Römer 10,9-10). In diesem Moment wechseln wir vom Reich der Finsternis über in das Reich des Lichts. Dazu erhalten wir von Gott auch ein Maß des Glaubens (Römer 12,3).

Um es auf den Punkt zu bringen: Der Glaube, von dem uns ein Maß gegeben wurde, ist eine Portion von Gottes eigenem Glauben, der übernatürlich ist. In Markus 11,22 sagt Jesus seinen Jüngern: *„Habt Glauben an Gott.“* Eine wortgetreuere Übersetzung dieser Aussage ist: „Habt den Glauben Gottes.“ Jesus sagte uns damit, dass Gott uns einen Anteil von dem Glauben gibt, der ihm gehört. Wir alle beginnen folglich unser christliches Leben mit einem Maß an wirksamen Glauben, der uns schon gegeben wurde. Da Glaube aber keine greifbare Währung wie Geld ist, fragst du dich vielleicht: „Wie „geben wir es aus“, um das zu bekommen, was wir brauchen?“

Glaube stammt aus dem Himmel; er operiert über die natürliche Welt hinaus.

Wie Glaube „ausgegeben“ wird

Glaube wird durch unsere Worte „ausgegeben“ oder „in Umlauf gebracht“. Die Bibel sagt, dass Leben und Tod in der Gewalt der Zunge steht (Sprüche 18,21). Jedes Mal, wenn wir sprechen, aktivieren wir einen geistlichen Tausch. Sprechen wir nicht Gottes Worte des Lebens, besteht die Gefahr, dass unsere Worte etwas Schädliches hervorrufen können.

Die Worte „Ich kann nicht" beispielsweise lösen Unmöglichkeit aus. Wenn wir solche Aussagen machen, passen sich unser Verstand, Körper und Geist dieser Erklärung an. Das ist aber nicht Ausdruck von Gottes Glauben, sondern eine Aussage, die auf Furcht basiert. Sie entspringt einer Denkweise, die aus der natürlichen Welt und von unserem fleischlichen Denken herrührt. Wenn wir sagen: „Es ist nicht zu schaffen", dann essen wir letztlich vom Baum der Erkenntnis von Gut und Böse, denn das Unmögliche entstand erst als Folge des Sündenfalls.

Sagen wir aber andererseits etwas, das dem Wort Gottes entspricht, wie z. B.: *„Ich vermag alles durch den, der mich stark macht, Christus"* (Philipper 4,13; Schlachter 2000), dann setzen wir Leben und Möglichkeiten frei (Matthäus 19,26). In Christus sind alle Dinge möglich, wenn wir glauben (Markus 9,23; Lukas 1,37). Wenn unser Verstand im Glauben erneuert ist, beseitigen wir die Begrenzungen, die wir Gott auferlegt haben, und es wird leichter, so zu denken wie er. Erzeugen deine Worte Leben oder Tod?

Die wahre Atmosphäre von Glauben ist der Himmel. Glaube ist im unsichtbaren Bereich verankert, der allem Sichtbaren überlegen ist.

Sprich aus deiner Stellung im Himmel her im Glauben

Der Glaube Gottes ist im Jetzt, weil auch die Auferstehungskraft im Jetzt ist. Wir dienen nicht einem toten, sondern einem lebendigen Christus. Wir sind mit ihm gesetzt an himmlische Orte! Auf der Basis des uns innewohnenden Glaubens Gottes können wir aus einer Position absoluter Sicherheit heraus sprechen, verkünden, anordnen und beten. Das, worauf wir unseren Glauben anwenden, wurde schon durch das Werk von Jesus bereitgestellt. Deshalb ist es nicht nur reifen Christen möglich, Wunder zu tun, sondern auch Neubekehrten. Viele neue gläubige Christen sind in der Lage, gemäß dem übernatürlichen Reich Gottes zu leben, weil sie keinen Grund dafür kennen, warum etwas nicht möglich sein sollte. Sie sind nicht durch Religion oder Formalitäten blockiert, weil das Werk von Jesus am Kreuz und seine Auferstehung ganz frisch ist in ihren Herzen. Sie besitzen noch die Leidenschaft ihrer ersten Liebe. Sie glauben das, was Gott gesagt hat und sind bereit, den empfangen Glauben auch anzuwenden. „Erfahrene“ Christen können sicher sein, dass das, was sie glauben, wirklich in der Ewigkeit existiert, aber viele von ihnen glauben nicht, dass es auf der Erde sichtbar gemacht werden kann. Sie haben sich der Religion angepasst oder sind apathisch oder skeptisch geworden.

Wenn wir Gottes Wort in Übereinstimmung mit dem „Jetzt-Glauben“ aussprechen, haben unsere Worte geistliches „Gewicht“ oder „Substanz“. Gelegentlich ist dabei Ausdauer erforderlich. Doch in Gottes Gegenwart reicht ein Wort aus, um das in Existenz zu bringen, was er in der Ewigkeit ausgesprochen und vollendet hat.

Gott gab uns Glauben, weil dieser der legale Zugang zum Übernatürlichen ist. Glaube „denkt“, „hört“ und „sieht“, was im Himmel ist.

Wir müssen aussprechen, was Gott verheißen hat, damit es entstehen kann. Als die Familie Calderon aus unserer Gemeinde in finanzielle Schwierigkeiten geriet, setzte sie ihren Glauben an das Wort Gottes ein. Der Ehemann arbeitete im Baugewerbe. Aber da man seine Arbeitsstunden verringert hatte, war es der Familie nicht mehr möglich, die Hypotheken zu zahlen. Die Bank traf Vorbereitungen für die Zwangsräumung und Versteigerung des Hauses. „Wir waren sehr traurig, denn es war ja unser Heim. Aber wir fingen an, ein Wunder von Gott zu proklamieren“ berichtete die Familie. Sie hatten von verschiedenen Leuten in der Gemeinde Zeugnisse über finanzielle Wunder gehört und waren entschlossen, ihr eigenes Wunder zu erhalten. In einem Gottesdienst der „Erstlingsfrüchte“, in welchem die Gemeinde Gott Opfer darbringt, gaben sie Gott den Vertrag für ihr Haus in der Überzeugung, dass er sie versorgen würde. Nicht lange danach betete ein Freund der Familie für sie und hörte Gott sagen: „Sie werden nicht obdachlos sein, weil du ihnen helfen wirst.“ Er rief die Familie an und erzählte ihnen, was Gott gesagt hatte. Er gab ihnen 95 000 Dollar für den Kauf ihres Hauses mit der einzigen Bedingung, dass sie das Haus schuldenfrei kaufen sollten. Heute ist die Familie Calderon total glücklich, denn sie erlebten Gottes Handeln als wunderbarer Versorger, der treu zu seinem Bund steht, am eigenen Leib. Die Deklaration ihres finanziellen Wunders hatte großes geistliches Gewicht, weil sie voller „Jetzt-Glauben" waren.

Von der Ewigkeit her etwas im Glauben aussprechen bringt es in Existenz.

Gottes Wort ernährt unseren Geist und schafft um uns herum eine Atmosphäre des Glaubens. *Es steht geschrieben: „Nicht von Brot allein soll der Mensch leben, sondern von jedem Wort, das durch den Mund Gottes ausgeht"* (Matthäus 4,4). Wir machen mit der geistlichen Währung von Gottes Reich Geschäfte, indem wir sein Wort im Glauben aussprechen.

Doch Vorsicht: Verwechsle Glauben nicht mit dem Akt des Bekennens von Gottes Verheißungen. In der heutigen Gemeinde ist der Glaube oft zu einer Art Formel degradiert worden. Deswegen sind etliche Christen geneigt zu glauben, sie finden eine Lösung für alle ihre Probleme, indem sie ganz einfach Bibelverse wiederholen. Doch statt Glauben als etwas zu sehen, das durch das *„lebendige und kraftvolle"* Wort Gottes (Hebräer 4,12) aktiviert wird, wurde er dadurch auf ein „positives Bekenntnis" reduziert. Wenn wir bekennen was Gott gesagt hat, nährt das unseren Glauben, aber es ist nicht der Glaube selbst.

Lass uns nun weiter die Bedeutung von Glauben erforschen und wie er funktioniert.

Was ist Glaube?

Nun ist aber der Glaube die Substanz der Dinge, auf die man hofft, ein überzeugt sein von Dingen, die man nicht sieht (Hebräer 11,1; wörtl. übersetzt, King James Version).

Das Wort „*Glaube*" in diesem Vers ist das griechische Wort *pịstis*, das unter anderem bedeutet: Glaubwürdig, moralische Überzeugung (von einer religiösen Wahrheit oder der Wahrhaftigkeit von Gott oder einem religiösen Lehrer), besonderes Vertrauen auf Christus für Erlösung, Sicherheit, Glauben, Vertrauen, Überzeugung, Treue. *Pistos* stammt ab von dem Wort *pẹịtō*, das bedeutet: überzeugen, jemandem Vertrauen schenken. Bewegen wir uns im geistlichen Bereich, gibt es keine natürlichen, greifbaren Anhaltspunkte; wir handeln nicht aufgrund von physikalischen Beweisen oder intellektuellem Verständnis, sondern aufgrund einer inneren geistlichen Wahrnehmung.

Gott steht mit seinem guten Ruf und seiner Integrität hinter jedem Wort, das er gesprochen hat. Wenn wir unseren Glauben auf etwas setzen, das er gesagt hat, dann liegt die Verantwortung, es auszuführen, bei ihm und nicht bei uns. Wir können an Gott herantreten und einfach sagen: „Herr, du hast es gesagt und ich glaube es!" Gott wird uns antworten: „Es soll geschehen, Amen!"

Gott schenkte uns den Glauben als Weg von der unsichtbaren Welt in die sichtbare Welt.

Menschen definieren Ewigkeit oft als einen sehr langen Zeitraum, doch ist Ewigkeit im Wesentlichen ein Zustand. Deshalb können wir im Ewigen in Christus existieren und auf seine Schätze zugreifen.

Alles hat er [Gott] schön gemacht zu seiner Zeit, auch hat er die Ewigkeit in ihr Herz gelegt (Prediger 3,11).

Während in der Ewigkeit alles bereits fertig und in einem ausgereiften Zustand ist, muss auf der Erde alles kundgetan werden, bevor es in Existenz kommt. Während wir uns dem Ende der Zeiten nähern, spielt sich eine Beschleunigung dieses Prozesses ab. Wir können etwas im Glauben kundtun und es sofort empfangen. Je mehr wir kundtun, was wir brauchen, desto kürzer wird unsere Wartezeit, um es von Gott zu empfangen. Auf diese Weise wird die Zukunft zum Jetzt. Wenn wir daher mit unserer traditionellen Art weitermachen, wie wir das Wort Gottes hören, es verarbeiten, es analysieren und unsere Schlüsse daraus ziehen, bis wir es schließlich glauben können und eventuell danach handeln, dann könnte es zu spät sein. Reagiere und empfange dein Wunder jetzt!

Die Sphäre des Glaubens existierte vor Erschaffung der Zeit – es ist Ewigkeit im Jetzt.

Nach meinem ausführlichen Studium von Hebräer 11,1 entwickelte ich folgende Zusammenfassung, die meiner Meinung nach den wesentlichen Kerngehalt ausdrückt:

„Jetzt, Glaube ist; und er ist die Realität der Hauptgrundlage, auf der die Hoffnung beruht, die Überzeugung von allem, was wahrhaftig ist und der Aufseher der Dinge, die wir nicht sehen."

Ich möchte dieses Statement mit seinen verschiedenen Teilen erläutern, während wir fortfahren, die Frage weiter zu untersuchen: „Was ist Glaube?"

1. „Jetzt …"

Der Mensch hat in die Zukunft verlagert, was Gott in die Gegenwart gelegt hat. In Gottes Bereich und in seinen Gedanken existieren Gegenwart und Zukunft gemeinsam, und der Glaube ist die Währung, mit der wir die Zukunft *jetzt* bekommen können. Ich glaube nicht, dass Gott jemals wollte, dass es eine Verzögerung zwischen dem Willen des Himmels und der Manifestation dieses Willens auf der Erde geben sollte – *„Dein Reich komme. Dein Wille geschehe, wie im Himmel, so auch auf Erden"* (Matthäus 6,10). Gott „versuchte" nicht Licht auf der Erde zu schaffen, indem er hundertmal sagte: *„Es werde Licht …"* (1. Mose 1,3). Er sagte es einmal, und es ward Licht.

Durch Glauben betreten wir die „Zeitzone" des Reiches Gottes im „Jetzt" Gottes.

Als Jesus das Übernatürliche manifestierte, wirkte sein Glaube gemäß der Leitung des Heiligen Geistes und dem Rhema von Gott für diesen Zeitpunkt (Matthäus 4,4). Er sprach:

> *Da antwortete Jesus und sprach zu ihnen: Wahrlich, wahrlich, ich sage euch: Der Sohn kann nichts von sich selbst aus tun, sondern nur, was er den Vater tun sieht; denn was dieser tut, das tut gleicherweise auch der Sohn (Johannes 5,19; Schlachter 2000).*

Ebenso müssen auch wir uns täglich darauf verlassen, dass Gott uns zeigt, was er im Himmel tut, damit wir es auf der Erde tun können (Römer 8,14). Auf diese Weise erhalten wir sofortige Manifestationen aus dem Reich der Ewigkeit und vermeiden Schwierigkeiten, weil wir nicht versuchen, etwas Eigenes auszusprechen. Beachte bitte, dass es bei Jesus zwischen dem von ihm ausgesprochenen Wort und dessen Manifestation keine Zeitverzögerung gab. Beispiele für diese Wahrheit sehen wir bei der Befreiung der Tochter der Syro-Phönizierin (Markus 7,26-30), der Befreiung des von Dämonen besessenen Kindes (Markus 9,25-27), der Stillung des Sturms (Markus 4,38-39) und der Auferstehung von Lazarus (Johannes 11,43-44).

Christus operierte in dem offenbarten Glauben des Hier und Jetzt. Er tat jedes seiner Wunder im Jetzt.

Jesus bekannte nicht hundertmal: „Lazarus, komm heraus!" Er rief Lazarus ein einziges Mal, und ein Mann, der vier Tage lang tot gewesen war, kam lebendig aus seinem Grab heraus. Jesus hatte vom Heiligen Geist ein Rhema für diese Situation und für den Zeitpunkt von Lazarus Auferstehung erhalten. Beachte auch, dass Jesus nie für die Kranken oder Besessenen gebetet hat, wenn er sie heilte. In der Bibel steht nirgendwo, dass er für sie betete. Er sagte auch nicht zu irgendjemandem: „Du wirst irgendwann in der nahen Zukunft geheilt sein." Vielmehr erklärte er die Kranken für geheilt, und sie waren geheilt! Er machte einfach Aussagen wie: *„Sei geheilt von deinem Leiden"* (Markus 5,34; Einheitsübersetzung), *„Steh auf, nimm dein Bett auf und geh umher“* (Johannes 5,8) und *„Dein Glaube hat dich geheilt“* (z. B. Lukas 18,42). In gleicher Weise trieb er die Dämonen aus und sie ergriffen sofort die Flucht!

Jesus sprach gegründet auf der Wahrheit und nicht entsprechend der Fakten, wie sie in der natürlichen Welt auftraten. Jedes seiner Wunder kam zustande, weil er als Folge eines in der Gegenwart geoffenbarten Wortes mit einem Glauben aus dem Bereich der Ewigkeit sprach. Wenn Jesus dies tat, können wir es auch tun (Johannes 14,12). Lies dir die Apostelgeschichte durch und du wirst erkennen, dass zwischen der Deklaration der Apostel und der sichtbaren Manifestation der Kraft Gottes keine Zeitspanne lag. In meinem eigenen Dienst erlebte ich die kraftvollsten Wunder in dem Moment, als das Wort meinen Mund verließ. Wenn wir die Offenbarung empfangen und praktizieren, dass Glaube jetzt ist, werden wir die außergewöhnlichsten Wunder aller Zeiten miterleben. Ist unsere alte Denkweise erneuert, wird alles, was wir sagen, anordnen, verkünden und beten nicht mehr länger für die Zukunft sein, sondern im Jetzt.

In Christus sind alle Dinge im Jetzt. Außerhalb von ihm unterliegen alle Dinge der Zeit.

Melina Garcia aus Kolumbien litt seit ihrem zwölften Lebensjahr unter Alopezia Areata (kreisrunder Haarausfall). Die Ärzte konnten weder die Ursache noch eine Heilmethode finden. Sie dachten, ihr Zustand könne durch Stress oder ein Vitamindefizit ausgelöst worden sein, aber keine dementsprechende Behandlung zeigte Erfolg. Bei jedem Kämmen verlor sie eine erhebliche Menge an Haar. Sie wurde von Menschen angestarrt und fühlte sich dabei unbehaglich. Deshalb versuchte sie ihr Haar so zu arrangieren, dass es die kahlen Stellen verdeckte. Ihr Selbstwertgefühl war durch ihren Zustand in den Keller gesunken.

Dann nahm Melina an einer CAP Konferenz (Apostolische und Prophetische Konferenz) teil, die von „King Jesus Ministry“ gesponsert wurde, und sie betete für ein Wunder. Während einer der Veranstaltungen verkündete ich Heilung für bestimmte

Krankheiten. Der Heilige Geist leitete mich auszusprechen, dass bei Menschen, die kahlköpfig waren, Haare wachsen sollten. Sofort spürte Melina, wie eine übernatürliche Schwere auf sie kam, und sie fiel zu Boden. Als sie wieder aufstand, tastete sie ihren Kopf ab und fühlte neues Haar! Jede Stelle, die vorher kahl war, wurde jetzt von Haar bedeckt! Sie ging zu ihren Ärzten, die keine Erklärung für das Geschehene hatten. Ihr Wunder lag nicht in der Zukunft, sondern befand sich im Jetzt.

Zukunft ist die aufgeschobene ewige Gegenwart.

Ich berichte überall, wo ich hinkomme, von Wundern wie dem von Melina: Und die ganze Gemeinde Jesu Christi kann eine große Anzahl ähnlicher Wunder bezeugen, während wir alle zusammen dabei sind, das Reich Gottes auf der Erde auszubreiten. Die einzige Voraussetzung dafür ist, dass wir das Maß unseres Glaubens anwenden, das Gott uns gegeben hat. Wenn wir das tun, wird unser Glaube exponentiell zunehmen, denn je mehr wir unseren Glauben benutzen, umso mehr Glauben wird uns gegeben werden.

Es gibt keinen sonst, keinen Gott gleich mir, der ich von Anfang an den Ausgang verkünde … (Jesaja 46,9-10).

Viele von uns sind gelehrt worden zu beten und dann einen unbestimmten Zeitraum abzuwarten, bis etwas geschieht. Doch Gott ist der Gott des Hier und Jetzt. Er verkündet *„von Anfang an den Ausgang“*. Verkünden wir also, dass etwas in einer Woche, einem Monat oder einem Jahr stattfinden wird, verzögern wir dessen Manifestation oder Materialisation in der Gegenwart. Wenn wir glauben, dass Wunder geschehen „werden“, „irgendwann“, gleichen sie einem Flugzeug, das über einem Flughafen kreist und nicht landen kann. Leben wir aber im Jetzt, können wir alle Verzögerungen beseitigen, so dass das Flugzeug „landen“ kann und wir die Wunder in Empfang nehmen können.

Die meisten Menschen glauben lieber an Heilung als an Wunder, weil Heilung normalerweise ein fortschreitender Prozess ist

(z. B. Markus 16,18). Es verlangt von unserem Glauben ein geringeres Risiko. Im Gegensatz dazu findet ein Wunder augenblicklich statt und deshalb ist von denen, die es empfangen, eine sofortige Reaktion erforderlich. Wenn das nicht passiert, kann es sein, dass es verloren geht. Einige Segnungen für unser Leben werden aufgehalten, weil wir für ihr Eintreffen ein Datum in der Zukunft festgesetzt haben. Verbinden wir aber ein Rhema mit Glauben für „Jetzt", können wir sie heute in Empfang nehmen.

Glaube nimmt etwas aus der ewigen „Zukunft" und lässt es in der Gegenwart zustande kommen.

2. „Glaube ist …"

Bevor wir auf der Erde geboren wurden, existierten wir in der Ewigkeit. In Gott „sind" wir zuerst in der geistlichen Welt, und dann werden wir in der natürlichen Welt sichtbar. Das liegt daran, weil Gott den Zweck für etwas festlegt, bevor er es erschafft, und er beendet alles, bevor er es beginnt. Unsere Aufgabe besteht darin herauszufinden, was in Gottes ewigem Reich „ist", damit wir es durch Glauben in unsere physische Welt hineinbringen können.

In der westlichen Kultur kehren die meisten Menschen diesen Prozess um. Anstatt von dem auszugehen, wer sie „sind", „tun" sie Dinge in dem Versuch, von anderen akzeptiert zu werden, damit sie jemand „sein" können. Aus diesem Grund werden Menschen zu Sklaven der öffentlichen Meinung und wissen nie wirklich, als welche Person sie eigentlich geschaffen wurden.

Die Bibel sagt:

Wie ein Mann in seinem Herzen denkt, so ist er (Sprüche 23,7; wörtl. übersetzt, King James Version).

Um im Reich Gottes tätig zu sein, beginnen wir mit dem, der wir in Ewigkeit „sind". Wenn wir wissen, dass wir Gottes geliebte Kinder sind, auserwählt vor Grundlegung der Welt (Epheser 1,4), und entdecken wir, wer wir als seine Schöpfung sind, dann werden wir aus dieser Sichtweise heraus denken und handeln. Alles Weitere wird sich aus unserer Identität und unserem Sein in ihm entwickeln. Unser „sein“ wird zu unserem „tun“ führen und nicht umgekehrt. Wir werden nicht danach streben, jemand zu „werden“, weil wir bereits „sind“!

Du bist ein Kind Gottes mit einer einzigartigen Bestimmung; und weil du in Christus bist, empfängst du alle geistliche Segnungen in ihm (Epheser 1,3). Gott sah für dich vor, gerettet, gerecht, heilig, im Frieden, froh, gesegnet, gesund, frei, wohlhabend usw. zu sein, weil du diese Dinge „bist“ ! Empfange sie jetzt!

Glaube befähigt uns, in unserer Jetztzeit im Zustand des übernatürlichen „Seins“ zu bleiben.

3. „die Realität der Hauptgrundlage, auf der die Hoffnung beruht …“

Dieser Satzteil spiegelt folgenden Teil von Hebräer 11,1 wieder: „die Substanz der Dinge, auf die man hofft …“ Das griechische Wort, das mit Substanz übersetzt wurde, ist das Wort *hypóstasis,* was bedeutet „darunter stehen (Unterstützung)“. Im übertragenen Sinn bedeutet es „das Wesentliche“ oder „Gewissheit“. Des Weiteren wird das Wort u. a. auch gebraucht für „Vertrauen“ und „Substanz“.

Den Glauben ausüben bedeutet im Grunde genommen, auf dem Wort, das Gott uns gegeben hat, „zu sitzen“, darauf zu ruhen oder sich ihm zu unterwerfen in dem Wissen, dass er es halten wird. Wenn wir ruhen, sind wir im Glauben. Wenn wir uns Sorgen machen, sind wir nicht im Glauben, und als Folge hat unsere Hoffnung – im Sinne einer zuversichtlichen Erwartung – keine Substanz. Glaube ist die Gewissheit, dass das, was wir glauben, real ist und rechtmäßig uns gehört. Niemand kann eine rechtmäßige Urkunde von einem nichtexistierenden Eigentum haben. Glaube ist der authentische oder zuverlässige Nachweis, der die Existenz dessen garantiert, was wir glauben. Auch wenn wir es erst noch mit unseren natürlichen Augen sehen müssen ist es eine Realität, weil Gott es verheißen hat.

Glaube „ist", und wir hoffen nicht auf etwas, das ist, sondern auf etwas, das sein wird (Römer 8,24-25). Hoffnung gehört zum Bereich der Zeit, aber Glaube ist für jetzt. Wenn Errettung, Heilung und Befreiung jetzt vorhanden sind, warum warten wir dann immer noch darauf? Warten heißt auf Dinge zu hoffen, wo Glaube tätig sein sollte. Hoffnung befähigt uns zum Beispiel, auf die Wiederkunft Christi in seiner Herrlichkeit zu warten. Aber Glaube befähigt uns, Heilung, Errettung, Wohlstand und Wunder im Hier und Jetzt zu erwarten und zu empfangen.

Glaube handelt und steht auf dem, was Gott bereits vorgegeben hat. Das führt zu einer Erwartungshaltung.

Gott ist dabei, in Gläubigen eine übernatürliche Erwartung freizusetzen. Während einer Konferenz für Leiter in Argentinien begegnete ich dem siebenjährigen Oliver Inchausti. Von Geburt an war er auf dem rechten Ohr taub, da sich das Ohr nicht richtig entwickelt hatte. Es war deformiert und besaß keine Öffnung nach außen. Olivers Taubheit beeinträchtigte sowohl seinen Umgang mit seiner Umgebung, wie auch die Entwicklung seiner Sprachkenntnisse. Seine Mutter hatte etliche Ärzte aufgesucht, die ihr viele verschiedene Ratschläge gaben. Manche waren sich nicht sicher, ob das Ohr ein Trommelfell besaß, da es sehr klein war. Ein Spezialist schlug vor, Oliver für eine Operation nach Kuba zu bringen. Brasilianische Ärzte meinten, sie könnten eine Operation vornehmen, die Oliver in die Lage versetzen würde, durch seinen Knochen zu hören. Andere plastische Chirurgen sagten, sie könnten erst etwas tun, wenn er erwachsen wäre.

Oliver und seine Mutter nahmen an der Konferenz für Leiter teil. Als ich einen Aufruf für Menschen mit Taubheit machte, nach vorne zu kommen und ihren Glauben für das Jetzt zu bekunden, kamen sie zum Altar. Dieser Junge sehnte sich seit Jahren nach einem Wunder und erwartete deshalb, dass etwas geschehen würde. Ich legte meine Hand auf sein taubes Ohr und sprach das Wunder aus. Seine Mutter legte dann ihre Hand auf das gesunde Ohr und einer meiner Ärzte, der rechts hinter Oliver stand, testete sein Gehör. Sobald er ein Wort sagte, wiederholte

Oliver es ohne zu zögern klar und deutlich. Er hörte perfekt! Der Arzt untersuchte das Ohr und stellte fest, dass sich eine Öffnung gebildet hatte.

Kannst du dir vorstellen was geschehen würde, wenn eine ganze Gemeinde erwarten würde, etwas von Gott zu empfangen? Bei meinem Reisedienst erlebe ich häufig, dass Menschen mit einer großen Erwartungshaltung im Glauben etwas von dem „Mantel für Wunder" einfordern, den Gott mir gegeben hat. Wenn das der Fall ist, werden Zeichen und Wunder unter ihnen freigesetzt.

4. „Die Überzeugung von allem, was wahrhaftig ist …"

Dieser Teil der Zusammenfassung von Hebräer 11,1 bezieht sich auf „ein überzeugt sein von Dingen, die man nicht sieht". Das griechische Wort, das mit „überzeugt sein"[27] übersetzt wurde, ist das Wort *ẹlenchos* und es bedeutet u. a. Nachweis, Überführung und Prüfung.

Wenn wir zweifeln, dann zeigen wir, dass wir nicht von der Realität des unsichtbaren übernatürlichen Bereichs überzeugt sind. Wahrer Glaube ist ein „Wissen", das aus dem Herzen hervorgeht; eine leidenschaftliche Überzeugung der ewigen Realität der unsichtbaren Welt. Wenn du Probleme erlebst, was „weißt" du dann? Kannst du dann wie Hiob stehen und sagen: *„Ich weiß, dass mein Erlöser lebt"* (Hiob 19,25), oder wie Paulus und sagen: *„… denn ich weiß, wem ich geglaubt habe"* (2. Timotheus 1,12). Viele Menschen besitzen ein verstandesmäßiges Wissen über Gott und den geistlichen Bereich, doch sind sie nicht soweit überzeugt, dass sie auch entsprechend ihrem Wissen handeln. Sind Menschen überzeugt, bewegen sie sich in eine größere Dimension des Glaubens hinein. Wer sich nicht im Glauben bewegt, wird an der gleichen Stelle stehen bleiben und dort auch sterben.

Wir können nicht wie Gott denken, es sei denn, wir haben ein inneres „Wissen". Glaube „sieht" das Unsichtbare, glaubt das Unglaubliche und erhält das Unmögliche.

[27] Überzeugung, überführt sein, nicht zweifeln (je nach Bibel-Übersetzung)

5. „Der Aufseher der Dinge, die wir nicht sehen"
Das Übernatürliche beherrscht das Natürliche und der jetzige Glaube bestimmt, was in der physikalischen Welt sichtbar wird. Aus dem unsichtbaren Bereich des himmlischen Königreiches heraus übt Glaube Herrschaft und Autorität über die Schöpfung aus. Wir besitzen sogar die Fähigkeit, die Natur und den Tod durch ein im Glauben gesprochenes Wort zu kontrollieren. Wenn wir diese Offenbarung bekommen, wird Totenauferweckung etwas Alltägliches werden. Dein Glaube ist der Aufseher oder Türhüter dessen, was du benötigst.

Glaube bestätigt das Unsichtbare als Wirklichkeit.

Haben wir erst einmal die Bedeutung von Glauben so verstanden, wie ich es beschrieben habe, werden wir unsere vorgefassten Gedanken und Argumente in Bezug auf das, was Gott tun und nicht tun kann, beiseitelegen. „Jetzt, Glaube ist …" Alles, was wir tun müssen, ist gemäß der Herrschaft zu handeln, die Gott uns gegeben hat. Empfange deine Identität als Kind Gottes. In dem Wissen, dass du zu ihm gehörst, aktiviere dein Maß des Glaubens und bringe jetzt den unsichtbaren Bereich zu dir, deiner Familie, deiner Gemeinde und anderen Menschen! Lege entsprechend der Leitung des Heiligen Geistes eine Frist fest für die Antwort auf deine Not oder deine Umstände. Sprich beispielsweise aus, dass du einen Anruf von einem Arbeitgeber bekommen wirst, einen Auftrag von einem Klienten, Heilung, Errettung, Transformation oder irgendetwas anderes, was du erwartest zu empfangen.

Glaube ist der verlängerte Arm des unsichtbaren Reichs in der sichtbaren Welt.

Wie man im „Jetzt-Glauben" lebt und sich darin bewegt

Hast du in deinem Glauben Stillstand, dann hast du alles in deiner Macht liegende oder deinem Wissensstand entsprechende getan und deine Mittel sind erschöpft. Du brauchst neue Ressourcen, die Gott dir heute zur Verfügung stellt. Schritt für Schritt kannst du *„aus Glauben zum Glauben"* (Römer 1,17) gehen. Gott möchte dich in die Dimension des Glaubens hineinbringen, die sich im Hier und Jetzt befindet – für Zeichen und Wunder und eine Beschleunigung im Vorwärtskommen seines Reiches.

Ich möchte jetzt über Prinzipien und Offenbarungen lehren, die ich über einen Zeitraum von mehr als zwanzig Jahren im Dienst beobachtet und erlebt habe. Wenn du sie glaubst und in die Praxis umsetzt, dann verspreche ich dir, dass du die gleichen Dinge tun wirst, die ich tue und sogar noch größere. Um im „Jetzt-Glauben" zu leben und sich darin zu bewegen, sind folgende Schritte erforderlich:

1. Gebrauche deinen Glauben aus einer Position der Gerechtigkeit heraus

> *Siehe, der Vermessene – unaufrichtig ist seine Seele in ihm; der Gerechte aber wird durch seinen Glauben leben (Habakuk 2,4; Schlachter 2000).*

Wir wurden durch Glauben gerettet und gerechtfertigt und wir können nur durch Glauben im Reich Gottes leben und handeln. Gerechtigkeit ist das Fundament des Glaubens. Wir mögen Glauben haben, eine Manifestation aus dem ewigen Reich zu proklamieren, aber wenn wir in irgendeinem Bereich unseres Lebens nicht mit Gott im Reinen sind, kann unser Glaube annulliert werden. Geben wir zum Beispiel Gott nicht den Zehnten oder andere Opfergaben, wird unser Glaube für Finanzen oder eine Arbeit nicht wirken, auch wenn wir mit großem Eifer glauben, denn wir berauben Gott. Wir werden dann keinen Zugang zu den von Gott zugesagten Wohltaten haben, die er denen versprochen hat, die den Zehnten geben. Wenn in der Familie ein Ehepartner den anderen missbraucht, wird sein oder ihr Glaube unwirksam (1. Petrus 3,7).

Dieses Prinzip gilt für jeden Bereich in unserem Leben und Dienst. Obwohl Gott unseren Glauben und unsere Deklarationen unterstützen will, kann er das nicht tun, weil er damit gegen sein Wort und seine Gerechtigkeit handeln würde.

Weiß das Reich der Finsternis darüber Bescheid, wenn wir nicht in Gerechtigkeit wandeln? Natürlich tut es das! Den Dämonen bleibt es nicht verborgen, wenn wir unseren Glauben nicht in richtiger Art und Weise ausüben. Sie leben im geistlichen Bereich und erkennen, wann unser Glaube Substanz hat und wann diesem die Integrität der Rechtbeschaffenheit fehlt. Wir sollten jetzt einmal innehalten und uns fragen, ob in irgendeinem Bereich unseres Lebens Ungerechtigkeit vorliegt. Wenn dem so ist, müssen wir Buße tun und uns durch das Blut von Jesus reinigen lassen. Dies wird die Gerechtigkeit des Reiches Gottes in uns aktivieren und Gott in die Lage versetzen, uns gemäß seinen Zusagen zu segnen.

Das Gesetz der Gerechtigkeit macht Glauben wirksam; Ungerechtigkeit macht ihn unwirksam.

2. Wandle durch Glauben, nicht durch Schauen

Denn wir wandeln durch Glauben, nicht durch Schauen (2. Korinther 5,7).

„*Schauen*" steht für die Begrenzungen durch unsere natürliche Umwelt, unser Umfeld, Umstände, Schwierigkeiten, Hindernisse, Krankheiten, Mangel, Unmöglichkeiten und anderes mehr. Solche Dinge sind das Gegenteil von Glauben. Um darüber hinauszuwachsen, müssen wir uns eine andere Perspektive und Realität aneignen. Werden unsere Gedanken von schwierigen Situationen, Problemen oder Hindernissen in Beschlag genommen und zermürbt, leben wir nicht im Glauben. Die natürliche Welt ist unbeständig, unsicher und zeitlich, aber Gott verändert sich nicht. Wenn wir im Glauben und nicht im Schauen wandeln, hängt unsere Realität nicht mehr von unserer Umwelt oder unseren Umständen ab, sondern von der ewigen Realität Gottes. Dann werden wir all das, wozu er uns berufen hat.

Alles, was nicht ewig ist, unterliegt der Veränderung.

Manche Menschen bewegen sich mehr in einem „neutralen Optimismus" als im Glauben. Sie sagen zum Beispiel: „Wenn ein Wunder geschieht, dann ist das der Wille Gottes, passiert es aber nicht, dann ist es nicht sein Wille." Jesus predigte oder handelte nicht gemäß einer solchen Denkweise, aber viele Menschen in den Gemeinden scheinen das übernommen zu haben und gehen mit einer „Wahrscheinlichkeitsmentalität" konform. Wenn wir für Heilung beten und nichts passiert, dann ist das in Ordnung; beten wir für Versorgung und nichts geschieht, dann ist das auch okay. Diese distanzierte Haltung offenbart unsere Apathie und zeigt unsere mangelnde Erwartung, etwas von Gott zu bekommen.

Andere Menschen wiederum wandeln im Sinne von Vertrauen statt Glauben. Manchmal werden diese Begriffe synonym verwendet. Doch ist Vertrauen im Allgemeinen ein Gefühl, das mit Beziehungen zu tun hat, während Glaube eine himmlische Substanz ist, die im geistlichen Bereich wirkt und nicht von Emotionen oder Umständen abhängt. Vertrauen arbeitet auf der Grundlage unseres mentalen Wissens sowie auf dem emotionalen Erleben der Kompetenz und vorausgegangenen Treue einer Person. Glaube arbeitet jedoch auf der Grundlage von aktuellem Offenbarungswissen, das der Heilige Geist unserem Geist vermittelt. Deshalb wird in Bezug auf geistliche Dinge unser Vertrauen nicht über das hinausgehen, was wir persönlich von Gott wissen und mit ihm erlebt haben. Es wird uns nicht dazu führen etwas zu glauben, was wir noch nicht von ihm empfangen haben. Es braucht Glauben, um uns von dem, was wir bereits gesehen, gehört oder gefühlt haben, zu dem zu bringen, was der Heilige Geist neu und frisch offenbart hat.

Glaube ist ein kontinuierlicher, übernatürlicher Wandel mit Gott im Jetzt.

Entscheide dich jetzt, dich über die Orte, Menschen und Dinge zu erheben, die dich davon abhalten, im Glauben zu wandeln und zu wachsen. Fange an, eine neue Atmosphäre des Glaubens in deinem Leben und deinem Zuhause aufzubauen. Richte dich nicht nach dem irdischen; begib dich in das Reich des Geistes, wo Glaube deine Realität verändern kann. Krankheiten, Probleme, Nöte und Versuchungen waren nie dazu bestimmt, dauerhaft zu sein. Aber wir haben gelernt, sie zu tolerieren und sie in etwas Permanentes zu verwandeln, indem wir sagen: „Meine Krankheit, mein Krebs, mein Schmerz, mein Mangel, meine Depression …" Wir reden von diesen Dingen, als ob sie uns gehören würden, aber das tun sie nicht! Weise sie jetzt von dir!

Alles, womit wir übereinstimmen, wird zu unserer Realität und Denkweise.

3. Erhebe dich durch den Geist und das Wort über die menschliche Vernunft

Die Dinge, die im Himmel möglich sind, werden von der menschlichen Vernunft abgelehnt, weil sie außerhalb unserer natürlichen Erfahrungen liegen. Wir werden keinen Glauben finden, bis wir nicht über die Vernunft hinauswachsen, denn Gott wird uns ständig bitten Dinge zu tun, die für unseren begrenzten Verstand keinen Sinn machen. Unser natürlicher Verstand kann Wunder, Zeichen und Wundertaten nicht erfassen, denn ihr Zweck liegt darin, das Übernatürliche zu demonstrieren und sichtbar zu machen.

Benutzen wir unsere Vernunft, um eine Krankheit, eine Situation, eine Not oder Unheil zu beurteilen, könnte sich das als tödlich herausstellen. Was macht ein Arzt normalerweise, wenn er einem Patienten erklärt, dass er eine tödliche Krankheit hat? Er versucht ihn davon zu überzeugen, dass er diese Krankheit hat und das Beste daraus machen soll, da nichts anderes für ihn getan werden kann. Der Arzt mag die besten Absichten für seinen Patienten haben, aber er schwächt dessen Glauben. Wenn ein Mediziner jemandem mitteilt, dass er nur noch eine kurze Zeit zu leben hat, dann kann nur der Glaube des Patienten die Macht dieser Worte brechen. Glaube ist nämlich in der Lage, die Ewigkeit zu betreten und von dort alles Nötige in die Gegenwart zu ziehen. Ich schätze Ärzte und die Medizin, denn sie sind für die Menschheit von Nutzen. Ich weiß auch, dass Krankheit eine Tatsache ist. Ich sage den Leuten nicht, sie sollen die Tatsachen verneinen, aber ich bestätige, dass es ewige Wahrheiten gibt, wie z. B. göttliche Heilung, die über irdischen Fakten wie etwa Krankheit stehen.

Es existiert eine Wahrheit, die über die von Ärzten dargelegte Realität hinausgeht, nämlich dass der Tod von Jesus am Kreuz unsere Heilung zur Verfügung gestellt hat. In diesem Wissen müssen wir uns entscheiden, wem wir glauben wollen. Werden wir den Ärzten oder Gott glauben? Der Diagnose oder seinem Wort? Krankheit oder Glaube?

Glaube ist die Fähigkeit zu glauben, was der Verstand unsinnig findet.

Der Heilige Geist befähigt uns, über unseren Verstand und jede Vernunft hinauszugehen. Empfangen wir die Taufe im Heiligen Geist, bekommen wir die Geistesgabe der Zungenrede oder Zungensprache, die der Verstand nicht versteht (z. B. Apostelgeschichte 10,44-47; 1. Korinther 14,2). Gott schenkte uns die Zungenrede, damit wir unseren Verstand umgehen und mit ihm kommunizieren und im geistlichen Bereich von ihm empfangen können. Bist du noch nicht im Heiligen Geist getauft, dann bitte Gott um die Gabe seiner übernatürlichen Kraft und Gegenwart. Dann achte nicht mehr länger auf die Umstände und fange an, im Glauben das Rhema, das du vom Heiligen Geist empfängst, zu proklamieren und ihm zu gehorchen. Verliere also nicht den Segen, nur weil es vielleicht schwer zu verstehen ist. Verständnis ist keine Voraussetzung dafür, Gott zu gehorchen. Im Glauben zu leben bringt immer auch ein Element von Risiko mit sich.

Dementsprechend sollte unsere Realität von der Wahrheit bestimmt werden – das Wort Gottes – die als höchste Ebene der Realität über die menschliche Vernunft hinaus wirkt. Bei meiner Aufgabe als Lehrer des Wortes Gottes muss ich mich mit dem Unglauben von Menschen befassen, die versuchen, Dinge „zu durchdenken". Ich arbeite zusammen mit dem Heiligen Geist und der Wahrheit der Schrift, um den Leuten klarzumachen, dass ihre Schlussfolgerungen gemäß den Gesetzen des übernatürlichen Reichs keinen Sinn machen. Sowie ihre geistlichen Augen geöffnet werden, lassen sie den Verstand außen vor und füllen den leergewordenen Raum mit der Logik Gottes. Das Übernatürliche beginnt für sie Sinn zu machen, weil sie nun Gottes Sichtweise einnehmen.

Einer meiner geistlichen Söhne, Pastor David Alcántara aus Honduras, berichtete von einem Mann namens Manuel. Er ist der Chauffeur unseres Präsidenten und erlebte einen schrecklichen Anschlag auf sein Leben. Nachdem er eines Tages den Präsidenten abgesetzt hatte, folgten ihm bezahlte Killer in der Annahme, er sei der Präsident, und durchsiebten sein Auto mit Kugeln. Lebensgefährlich verletzt wurde er ins Krankenhaus gebracht. Seine verzweifelte Frau rief einen Leiter aus unserer Gemeinde an und bat um Gebetsunterstützung. Ein Bein von Manuel war so schlimm zugerichtet, dass die Ärzte beschlossen, es zu amputieren. Seine Frau schloss mit Gott einen Pakt, und als ich an diesem Abend in übernatürlicher Kraft diente, legte mir der Heilige Geist aufs Herz, das Wort der Heilung für Manuels Leben auszusenden. Ich verkündete, dass Gott dabei war, in Manuels Bein neue Knochen, Fleisch, Arterien, Venen, Nerven und so weiter zu schaffen. Am nächsten Tag hatten die Ärzte alles für die Amputation vorbereitet, doch beim Entfernen der Verbände stellten sie zu ihrem Erstaunen fest, dass Manuels Bein vollkommen gesund war. Es hatte sogar eine neue Haut!

In Gegenwart des Verstandes gibt es keinen Glauben, und das Unmögliche wird niemals möglich sein. Doch ist der Glaube gegenwärtig, ist der Verstand nicht präsent und das Unmögliche wird möglich!

4. Sage dich los vom Geist der Religion und werde aktiviert im Glauben Gottes

Wie wir gesehen haben, versklavt Religion uns durch das Errichten von Gedankenfestungen – starren Gedankenstrukturen, die so hart sind wie Zement. Sie verhindern, dass das Neue von Gott in unsere Herzen und unseren Verstand hineinkommt. Fließen wir nicht mehr in der Offenbarung, kann unser Verstand durch von Menschen aufgestellte Regeln und Traditionen verschlossen werden, und wir werden wieder gesetzlich. In diesem Zustand können wir den Heiligen Geist betrüben, so dass er sich zurückzieht.

Den Menschen fällt es sehr schwer, vom Geist der Religion loszukommen. Wenn sie versuchen, sich aus diesen Bindungen zu befreien, werden sie oft von anderen religiösen Menschen als Unruhestifter, Übeltäter oder sogar als Verräter bezeichnet. Um die Herrschaft der Religion zu brechen, müssen wir uns von den Bindungen durch menschengemachte Regeln und Traditionen losschneiden und ungeachtet aller Kritik von Seiten anderer der Kraft des Heiligen Geistes gestatten, alle Gedankenfestungen in uns zu zerstören.

Hältst du nur Traditionen ein oder führst du ein Leben, das dem Glauben im Jetzt entspricht? Erlebst du in deinem Leben und deinem Dienst nicht die manifeste Kraft Gottes, dann bewegst du dich vermutlich nicht im Glauben. Lerne auf den Heiligen Geist zu warten und zu hören, was er sagt. Während du wartest, wird das Rhema kommen und dir zeigen, was du in einer bestimmten Situation oder einem gegebenen Moment tun sollst. Gott schenkte dir Glauben, damit du mit ihm Schritt halten kannst und nie die nächste Welle der Bewegung des Heiligen Geistes verpasst.

Im Glauben ist Bewegung und Leben, aber in Religion ist Stagnation und Tod!

Viele Leiter und Gläubige sind der Meinung, dass sie sofort frei sind, nachdem sie sich ihres religiösen Geistes bewusst wurden und diesen von sich gewiesen haben. Nur weil sie der Religion den Rücken gekehrt haben bedeutet das aber nicht, dass Religion sie völlig verlassen hat. Mose wuchs im Haus des Pharao auf, wo reichlich Zauberei, Magie, ägyptische Weisheit sowie Kontrolle und Manipulation vorhanden war. Dieser zukünftige Leiter des Volkes Israel musste vierzig Jahre als Schafhirte in der Wüste verbringen, damit die ägyptischen Traditionen und die dort herrschende Religion aus seinem Verstand und seinem Herzen beseitigt werden konnten. Mose verließ Ägypten an einem Tag, aber es waren vierzig Jahre nötig, um Ägypten aus Mose herauszubekommen, so dass er ganz von der Kraft Gottes abhängig wurde. Erst als dieser Prozess vollendet war, rief Gott Mose und schickte ihn zurück nach Ägypten, um sein Volk zu befreien.

Ich lade dich ein, dich von dem Geist der Religion in deinem Leben abzukehren, indem du die folgenden Worte betest. Bedenke dabei, dass dein Gebet von Herzen kommen muss.

Lieber Jesus, ich tu Buße drüber, dass ich Regeln und Traditionen befolgt habe, die die Wirkung deines Wortes aufgehoben und mich davon abgehalten haben, dich auf intime Weise zu kennen und zu höheren Ebenen des Glaubens vorzudringen. Vergib mir und reinige mich mit deinem Blut. Ich schwöre freiwillig jedem Geist der Religion und Tradition ab und treibe sie aus! Ich erkläre, dass ich frei bin und den Geist des Glaubens für das Jetzt empfange. Durch dich bin ich in den Glauben Gottes hineingetauft. Amen!

Religion mag den wahren Glauben bei dir deaktiviert haben, aber als ein Apostel Gottes reaktiviere ich dich heute in Gottes Glauben, um dein Wunder jetzt zu empfangen. Erneuere jeden Tag deinen Sinn und lehne Traditionen und Religion ab, während du den echten Glauben ergreifst!

5. Bewege dich kontinuierlich in der von Gott offenbarten Erkenntnis

Der Glaube kommt also aus dem Hören der Botschaft und die Verkündigung aus dem Wort von Christus (Römer 10,17; Neue evangelistische Übersetzung).

Wir können nicht im „Jetzt-Glauben" wirken ohne eine „Jetzt-Erkenntnis". Offenbarung oder offenbartes Wissen bringt unseren Glauben auf eine andere Ebene und unser zunehmender Glaube führt uns zu einer weiteren Offenbarung. Dieser Zyklus kann nicht gestoppt werden, denn wenn wir das Ende unserer geistlichen Erkenntnis oder Offenbarung erreichen würden, würden wir auch an das Ende unseres Glaubens gelangen. Es gäbe dann nichts Weiteres mehr zu glauben oder zu manifestieren. Unser Glaube sollte ständig in Bewegung sein; aus diesem Grund gehen wir *„aus Glauben zum Glauben"* (Römer 1,17).

Glaube basiert auf Wissen. Für uns sind nur die Teile der Bibel wirksam, die wir auch kennen.

Wir müssen kontinuierlich frisches Wissen durch ein Rhema des Heiligen Geistes empfangen, das unser Herz für eine geistliche Wahrheit erhellt. Weil Glaube mit Wissen arbeitet, erleben wir in den Bereichen unseres Lebens Schwierigkeiten, wo wir Gottes Wort nicht im Glauben angewandt haben. Wir können keine Verheißung mit „Jetzt-Glauben" einfordern, wenn wir nicht wissen, dass sie existiert oder ob sie uns zusteht. Wenn wir also von Gott kein Wort empfangen, haben wir kein aktuelles Wissen, mit dem wir unseren Glauben ausüben können. Ich habe mir hunderte von Bibelstellen und biblischen Lehreinheiten auf mein iPod heruntergeladen und höre sie mir andauernd an, um meinen Geist und meinen Glauben zu nähren.

Leiter können ihre Nachfolger weder über ihre eigene Wissensebene, noch über ihren eigenen Grad an Glauben hinausbringen.

6. Steh fest auf der Wahrheit, nicht auf Fakten

Und ihr werdet die Wahrheit erkennen, und die Wahrheit wird euch frei machen (Johannes 8,32).

Fakten stehen in Bezug zu den Verhältnissen, den Umgebungen und den Situationen, aber diese Dinge sind ständig in Bewegung. Im Gegensatz dazu ist Wahrheit absolut; es ist eine Realität, die sich niemals ändert (Hebräer 13,8). Inmitten von Fakten und Gegebenheiten - und auch danach - ergreift der Glaube die Wahrheit!

Fakten und Gegebenheiten sind temporär, Glaube aber ist ewig.

Es kann eine Tatsache sein, dass du gerade arbeitslos oder krank bist, dass es Familienprobleme gibt oder du andere Schwierigkeiten erlebst. Dessen ungeachtet ist es die Wahrheit, dass Gott dich mit allem versorgt, wessen du bedarfst *„gemäß seinem Reichtum in Herrlichkeit durch Christus Jesus"* (Philipper 4,19; wörtl. übers.), dass du durch Jesu Striemen geheilt wurdest (1. Petrus 2,24), dass Gott der Wiederhersteller von Beziehungen ist (z. B. Epheser 2,14-18), und dass unsere Bedrängnisse *„ein über die Maßen überreiches, ewiges Gewicht von Herrlichkeit bewirken"* (2. Korinther 4,17-18). Die Entscheidung liegt bei dir: Akzeptierst du die Fakten oder die Wahrheit?

Glaube basiert auf der Wahrheit. Solange du denkst, du hast eine andere Möglichkeit oder Alternative, wirst du dich nicht festlegen zu glauben.

In schwierigen Zeiten stellen etliche Gläubige die Wahrheit in Frage. Aber Gott hat keinen „Plan B“ in Reserve. Wenn er ihn hätte, dann wäre er nicht mehr länger souverän oder ewig, und sein Reich wäre nicht unerschütterlich. Wir müssen einen festen Stand einnehmen und glauben, was Gott gesagt hat. Wir können mitten in einer Krise oder einem Problem sicher sein, dass er seine Meinung, seine Pläne oder seine Kraft in Bezug auf uns oder unsere Bestimmung, Versorgung, Heilung und Befreiung nicht ändert. Hinsichtlich dieser Dinge ändert Gott sich nicht und wir sollten das auch nicht!

Wenn die Ärzte dir Krankheit oder Tod verkünden, dann akzeptiere das nicht. Setze den Glauben Gottes ein und ergreife deine Heilung. Wenn du die Worte des Arztes annimmst, entsprichst du damit dem Wunsch des Feindes, dich zu zerstören. Was der Doktor sagt, ist wahr und eine zeitliche Tatsache, aber es ist nicht Gottes *Wahrheit* für dein Leben. Unser Erbe in Christus ist Reich-Gottes-Gesundheit. Hebe deshalb den Einfluss dieser Worte mit der Kraft von Gottes Glauben auf. Benutze die Währung des Reiches Gottes, um dein Wunder zu ergreifen und sage dem Arzt: „Ich akzeptiere diese Diagnose nicht.“

Ändern sich die Fakten, ändern sich auch die Gefühle, aber Glaube ist fest gegründet auf der Wahrheit.

Vene Labans aus Südafrika wurde vor sechs Jahren als HIV-positiv diagnostiziert. Einige Tage vor Beginn unserer Konferenz für das Übernatürliche in East London, Südafrika, lud eine Freundin Vene zu den Veranstaltungen ein. Sie zögerte, entschied sich dann aber doch, hinzugehen. Am Sonntag predigte ich über „Das Evangelium von Jetzt“, was besagt, dass, wenn du glaubst, du dein Wunder jetzt erhalten wirst. Dann rief ich alle nach vorne zum Altar, die HIV-positiv oder Krebskrank waren. Vene kam nach vorne, willig, ihren Glauben für ihre Heilung einzusetzen. Einer meiner Mitarbeiter sprach Heilung über ihr aus und sie spürte, wie Hitze ihren Körper durchströmte. Am nächsten Tag war ein Termin in der Klinik vorgesehen, wo sie ihre monatliche Medikation bekommen sollte. Doch eine Freundin meinte, sie solle sich stattdessen testen lassen, um ihre Heilung zu bestätigen. Also bat Vene um einen neuen Test. Alle Ehre sei Gott – das Resultat war negativ!

An einem einzigen Tag wurde das Leben von Vene komplett umgewandelt. Ihre Krankheit war temporär; sie kam zu einem Ende, als Vene der Kraft Gottes begegnete. „Diese Konferenz hat mein Leben vollkommen verändert; sie hat mir Freude, Gesundheit und alles gegeben, was ich brauchte", sagt sie.

Glaube ist dort, wo das Übernatürliche beginnt.

Stimmen wir mit dem überein, was die natürliche Welt sagt, werden wir es als letztes Wort akzeptieren und es wird über uns bestimmen. Setzt sich diese Denkweise in unseren Herzen fest, sind wir nicht mehr fähig, das Übernatürliche zu empfangen. Wir werden zu Magneten, die Krankheit, Armut, Mangel, Depression und Schmerz anziehen. Wir müssen in unseren Herzen die Wahrheit etablieren, die über alle zeitliche Wirklichkeit hinausgeht. Nimm jetzt alles in Empfang, was Jesus am Kreuz zur Verfügung gestellt hat!

Einzig Wahrheit kann sich über Fakten und Tatbestände hinwegsetzen, weil sie der höchste Grad von Realität ist und über Fakten hinaus wirkt.

7. Erkenne den Rhythmus deines Glaubens und behalte ihn bei

Gott richtete es so ein, dass alles im Leben einen kontinuierlichen Rhythmus hat. In einem sich wiederholenden Ablauf umkreist die Erde die Sonne und der Mond die Erde. Pflanzen und Tiere haben einen bestimmten Lebenszyklus. Jedes Jahr setzt sich aus vier aufeinanderfolgenden Jahreszeiten zusammen. Ernten erfordern einen Kreislauf von anpflanzen, nähren und einsammeln. Der Körper des Menschen hat biologische Rhythmen. Wir atmen zum Beispiel regelmäßig Luftsauerstoff ein und Kohlendioxid aus. Das menschliche Herz schlägt in einem stetigen Rhythmus und pumpt ständig Blut in alle Teile des Körpers. Um das Leben im Körper aufrechtzuerhalten, dürfen diese sich ständig wiederholenden Abläufe nicht unterbrochen werden.

Ich glaube, dass es gleichermaßen einen „Rhythmus" bei unserem Glauben gibt, der in Bewegung bleiben muss. Wenn er aufhört, wird das Leben des Reiches Gottes behindert. Empfangen wir beispielsweise eine Offenbarung oder Weisung durch den Heiligen Geist, setzen sie aber nicht um, unterbricht das den Kreislauf von Offenbarungen (z. B. Jakobus 1,22). Der Glaube hört auf und das Wort vergeht, weil es außerhalb der Ebene unseres Gehorsams liegt. Deshalb müssen wir eine neue und frische Offenbarung jedes Mal in die Praxis umsetzen und erleben. Wir müssen den Rhythmus des Glaubens in allen Lebensbereichen aufrechterhalten.

8. Übe deinen Glauben aus durch Liebe

Denn in Christus Jesus hat weder Beschneidung noch Unbeschnittensein irgendeine Kraft, sondern der durch Liebe wirksame Glaube (Galater 5,6).

Das griechische Wort, das hier mit „*wirksame*" übersetzt wurde, ist das Wort *energẹō*. Es bedeutet: tätig und wirkungsvoll sein, wirken, arbeiten, tun. Während Gerechtigkeit den Glauben betriebsfähig macht, verleiht Liebe ihm Energie und aktiviert ihn. Glaube wirkt durch Liebe, weil er in Übereinstimmung mit dem Charakter Gottes funktioniert. Glaube, der nicht aus Liebe entspringt, ist wie eine schallende Zimbel – bloß Lärm ohne Substanz dahinter (1. Korinther 13,1).

Die Liebe Christi ist unermesslich (Epheser 3,18-19) und steht uns allen durch den Heiligen Geist zu Verfügung (Römer 5,5). Wir können das Risiko eingehen, über das hinauszugehen, was der natürlichen Welt, unserem Verstand, unserem religiösen Hintergrund und unseren eigennützigen Motivationen zufolge vernünftig erscheint. Wir tun es, indem wir unserem Glauben entsprechend handeln – gegründet auf unserer Liebe zu Gott, seinem Reich und zu den Menschen, die die Manifestation seiner Kraft sehen und erleben müssen.

Jedes Wunder und jede Heilung, die Jesus vollbrachte, waren motiviert von Mitgefühl.

---

9. Verpflichte dich, deinen Glauben anzuwenden, auszuüben und zur Verfügung zu stellen

Bei unserer Erlösung empfingen wir ein Maß von Gottes Glauben, aber wir müssen ihn bewusst ausüben. Ich schlage vor, dass du damit beginnst, für kleine Dinge zu glauben. Gib deinem Glauben einen bestimmten Auftrag. Glaube z. B. für einen kleinen Geldbetrag, Heilung deiner Kopfschmerzen oder etwas anderes, dass du brauchst. Wenn dein Glaube ausgereift ist, gehe über diese kleinen Anliegen hinaus und riskiere es, für kreative Wunder, Befreiung, profitable Geschäftsabschlüsse, die Errettung von Seelen, transformierte Herzen, Zunahme der Geistesgaben, übernatürliche Gunst bei Menschen in Verantwortung und andere Dinge zu beten. Das Wichtigste ist, durch deinen Glauben zu leben und ihn fortwährend auszuüben, so dass du seinen Rhythmus beibehältst und du dich zu höheren Stufen des Glaubens weiterbewegst.

Betrachte den Glauben nicht als eine Notfallausrüstung, die nur benutzt wird, wenn Probleme auftauchen. Dann wirst du nämlich „aus der Übung" sein. Stell dir vor, du hast nur noch einen Monat zu leben oder dein Geschäft steht vor dem Bankrott oder deine Ehe ist gescheitert. Dann würdest du nicht erst anfangen wollen zu lernen, wie Glaube funktioniert – und es ist keine Zeit mehr, auf Hilfe in der Zukunft zu warten! Glaube ist „jetzt", um uns mit praktischen Lösungen für unsere tagtäglichen Herausforderungen zu versorgen. Doch sollen wir ihn auch täglich praktizieren. Wir müssen uns entscheiden, unseren Glauben jetzt sofort zielgerichtet einzusetzen.

Trete ein in die Dimension von jetzigem Glauben

Wenn du noch nie Jesus gebeten hast, der Herr und Erlöser deines Lebens zu sein und du dein Maß des Glaubens noch nicht empfangen hast, oder wenn du dich von Gott entfernt hast und du eine Versöhnung mit ihm brauchst, dann lade ich dich jetzt ein, das folgende Gebet laut zu sprechen, damit du in dem Reich leben kannst, wo der Glaube lebt:

Himmlischer Vater, ich erkenne an, dass ich ein Sünder bin und dass meine Sünde mich von dir trennt. Ich glaube jetzt, dass Jesus für mich am Kreuz gestorben ist und du ihn von den Toten auferweckt hast. Ich tue Buße von all meinen Sünden und bekenne aus freiem Willen Jesus als meinen Herrn und Erlöser. Ich widerrufe jede Übereinkunft, die ich mit der Welt, mit meinem Fleisch und mit dem Teufel eingegangen bin und gehe mit dir einen neuen Bund ein. Ich bitte dich, Jesus, in mein Herz hineinzukommen und mein Leben zu verändern. Ich bin gewiss, dass du mich mit offenen Armen empfangen würdest, wenn ich jetzt sterben würde. Amen!

Vielleicht übst du deinen Glauben aus und hast die Kraft Gottes bis zu einem gewissen Grad erlebt, möchtest aber in die Dimension von Glauben für Hier und Heute hineinkommen, um deine Umgebung zu revolutionieren. Dann lade ich dich ein, folgendes Gebet laut zu beten:

Himmlischer Vater, ich bekenne Jesus als meinen Herrn und Erlöser. Ich glaube, dass er zu deiner Rechten sitzt und ich mit ihm versetzt bin an die himmlischen Orte und ich deinen Glauben empfangen habe. Deshalb möchte ich von heute an im göttlich Übernatürlichen leben und wandeln. Ich besitze legalen Zutritt zum unsichtbaren Reich und das Übernatürliche ist für mich normal, weil ich deine Sichtweise habe, in der alles möglich ist. Zeichen, Wunder und Wundertaten sind mein Lebensstil. Ich erkläre, dass ich ein Botschafter des Reiches Gottes bin und ich im Glauben dein Reich auf die Erde bringe. Ich rufe das ewige Reich her zur physischen Welt! Ich heile die Kranken, treibe Dämonen aus, setze prophetische Worte frei, befreie die Gefangenen und verkündige in Kraft das Evangelium vom Reich Gottes. Vater, ich gehe jetzt einen Bund der Selbstverpflichtung ein in dem Wissen, dass du mir die Gnade schenkst, diese Dinge zu tun, bis Jesus auf die Erde zurückkehrt. Amen!

Kapitel 9

Demonstrationen der Kraft des Reiches Gottes im Hier und Jetzt

Jesus lehrte seine Jünger zu beten: *„Denn dein ist das Reich und die Kraft und die Herrlichkeit in Ewigkeit! Amen"* (Matthäus 6,13; Schlachter 2000). Jesus kam auf die Erde, um Gott als unseren himmlischen Vater zu offenbaren – und das Reich, die Kraft und die Herrlichkeit gehören ihm.[28] Obwohl jede Facette der Herrschaft Gottes unterschiedlich ist, wirkt sie immer in Verbindung mit den anderen: das Königreich Gottes ist die Herrschaft des Himmels, die Kraft ist die Fähigkeit des Himmels und die Herrlichkeit ist die Atmosphäre des Himmels. Gott ruft uns dazu auf, auf der Erde seine Herrschaftsgewalt auszuüben, seine Kraft zu demonstrieren und seine herrliche Gegenwart zu manifestieren – hier und heute!

Unser Vorbild dafür, wie man das Reich Gottes sichtbar zeigt, ist Jesus. Als er auf der Erde lebte, brachte er die Gegenwart Gottes überall mit hin. Er kündigte das Eintreffen des Reiches Gottes hauptsächlich auf zwei Arten an, die in Apostelgeschichte 1,1 aufgeführt sind: *„Den ersten Bericht habe ich verfasst, o Theophilus, über alles, was Jesus anfing zu* ***tun*** *und zu* ***lehren*** *…"*

- **Tun:** Jesus tat die Werke des Reiches Gottes.
- **Lehren:** Jesus lehrte über das Reich Gottes.

Wenn wir die Menschen nicht über das Reich Gottes lehren, wird es nicht vorwärtskommen. Und wenn wir die Werke des Reiches Gottes nicht tun, wird es nicht in Kraft demonstriert werden. Ge-

[28] Bücher zur weiteren Lektüre zum Thema Gottes Kraft und Herrlichkeit von Guillermo Maldonado: Übernatürlich in Gottes Kraft leben, Artikelnr. 175528; Erlebe die Fülle der Herrlichkeit Gottes, Artikelnr. 175532; Verlag Gottfried Bernard, Solingen, www.gbernard.de

genwärtig haben wir viele Lehrer, aber wenige „Macher". Warum gibt es in der Gemeinde eine so große Diskrepanz zwischen lehren und tun? Viele Gläubige sind in dem, was sie an Kenntnissen vermitteln, lehrmäßig korrekt und genau, aber sie lehnen die Manifestationen des Übernatürlichen ab. Sie verkündigen Wahrheiten, aber leben nicht gemäß dem Glauben Gottes, durch den seine Kraft in die Gegenwart gebracht wird. Das Sprichwort: „Wissen ist Macht" ist nur eine Halbwahrheit. Wenn Wissen nicht umgesetzt wird, bringt es auch keine Veränderung hervor und seine potentielle Kraft geht verloren.

Wir haben eine Generation junger Leute, die eine Erfahrung mit etwas suchen, das über sie selbst hinausgeht – etwas, das sie weder in der Religion, Ausbildung, Sport, Musik, Geschäftsleben, Technologie, Sex, Ruhm und so weiter gefunden haben. Sie suchen in Wirklichkeit nach einer Erfahrung mit dem lebendigen Gott. Viele von ihnen konsumieren illegale Drogen, praktizieren Zauberei oder lassen sich auf andere schädliche Praktiken ein in ihrer Suche nach dieser Gotteserfahrung, und am Ende zerstört der Feind sie. Kann die Gemeinde diesen jungen Leuten – und Menschen aus allen Generationen – eine persönliche Begegnung mit Gott und seinem Reich bieten? Sie kann es dann, wenn die Gläubigen kontinuierlich Gott und sein Reich erleben. Wir können es, wenn wir von bloßem Kopfwissen übergehen zu Erfahrungen mit Gott und seiner Kraft durch den Heiligen Geist.

Einmal sponserte unser Dienst eine Konferenz über das Übernatürliche in Chile. Dort gab Pastor Ulises sein Zeugnis. Er erklärte, dass er sich Jahre zuvor dazu entschieden hatte seinen Dienst aufzugeben, weil er es müde war, sich mit den Problemen in seiner Gemeinde zu befassen. Außerdem war er frustriert über den Mangel an Frucht – es gab keine Wunder, Errettungen oder andere geistliche Nachweise, die eine Weiterführung seines Dienstes rechtfertigt hätten. Zu jener Zeit hielt ich eine Konferenz in Argentinien ab, die Pastor Ulises besuchte. Dort bekam er ein prophetisches Wort: Der Herr sagte ihm, er solle seine Gemeinde nicht verlassen, weil eine nie dagewesene Welle von Wundern stattfinden würde. Zwei Jahre später, während einer CAP Konferenz (Apostolische und Prophetische Konferenz) in Miami, prophezeite ich über ihm, dass er zum Präsidenten der

Pastorenvereinigung seiner Stadt ernannt werden würde. Vier Monate danach kam dieses Wort in Existenz. Seitdem gebraucht der Herr ihn, um die unterschiedlichsten Wunder zu manifestieren, wovon die eindrucksvollsten drei Totenauferweckungen waren.

Die erste Totenauferweckung ereignete sich, als die Tochter von Pastor Ulises einen tödlichen Herzinfarkt erlitt. Als er seine Tochter sterben sah, begann er voller Angst und Verzweiflung zu beten. Der Heilige Geist hielt ihn dazu an, den Tod zu bedrohen und den Geist des Lebens über ihr zu proklamieren. Alle Ehre sei Gott – als er dies tat, öffneten sich ihre Augen und sie begann normal zu atmen. Von Gefühlen überwältigt umarmte er seine Tochter und dankte Gott für seine Macht und Gnade. Dieses Wunder erfüllte ihn mit Glauben und führte ihn zu einer höheren Ebene des Glaubens.

Die zweite Totenauferstehung geschah während einer Taufe an einem Fluss. Eine junge Frau, die an der Zeremonie teilnahm, ertrank. Als man sie aus dem Wasser zog, war ihr Körper angeschwollen und ihre Haut blau angelaufen. Sie wurde für tot erklärt. Als Pastor Ulises zum Unglücksort kam, sagte man ihm, dass nichts mehr getan werden könnte. Aber er hörte, wie der Heilige Geist ihm das gleiche Mandat gab wie an dem Tag, als seine Tochter von den Toten auferweckt wurde. Ohne sich weiter darum zu kümmern, was die anderen gesagt hatten, fing er an, im Namen Jesu Leben über der jungen Frau zu verkünden – und sie kehrte ins Leben zurück! Sie sah aus, als wäre sie gerade aus einem tiefen Schlaf erwacht. Ihre Haut bekam wieder eine gesunde Farbe, weil das Blut erneut durch ihren Körper zirkulierte. Alle freuten sich und lobten Gott.

Die dritte Totenauferweckung fand in einem Einkaufszentrum statt; ein Mädchen erlitt einen Herzinfarkt. Und wieder vernahm der Pastor den Befehl des Heiligen Geistes. Voller Überzeugung, dass Gott ein Wunder tun würde, begann er für das Mädchen zu beten und sprach ihr Leben und Gesundheit zu. Sofort kehrten ihre Lebenszeichen zurück und sie erholte sich innerhalb weniger Minuten.

Pastor Ulises kann sich gar nicht genug bei Gott für die Vermittlung des Heiligen Geist bedanken. Diese Impartation transformierte sein Herz und seinen Verstand. Er war schon in Begriff seinem Dienst den Rücken zu kehren, als die übernatürliche Kraft des Reiches Gottes in sein Leben kam. Heute ist er ein Mann des geistlichen Kampfes, der das Königreich Gottes in Kraft aufrichtet und Seelen der Macht des Todes entreißt.

Geistliches Wissen oder Erkenntnis kommt durch Erfahrung

Obwohl es für uns wichtig ist, Menschen über das Reich Gottes zu lehren, ist es noch kraftvoller, die Botschaft zu demonstrieren. Wenn wir nicht entsprechend der Botschaft handeln, dann sind wir uns und anderen gegenüber nicht wahrhaftig. Jesus Christus führte das Reich Gottes vor Augen, indem er lehrte und in Kraft handelte. Und er gab uns durch den Heiligen Geist die Fähigkeit, das Gleiche zu tun.

Nach der hebräischen Denkweise entsteht wahres Wissen oder Kenntnis durch Erfahrung. Wir werden viele der Wahrheiten Gottes nicht verstehen, bis wir sie nicht persönlich erlebt haben. Dieses Wissen bekommt man nicht nur durch das Studium der Bibel. Wäre es so, dann wären die Theologen die wirksamsten Werkzeuge, um das Reich Gottes zu manifestieren. Und doch scheinen etliche von ihnen in einem Zustand von geistlichem Stillstand festzustecken. Sie studieren die Bibel von vorne bis hinten und erlangen trotzdem kein rechtes Verständnis von Gott, weil sie die Vorstellung ablehnen, dass seine Kraft in unserer Welt auch heute noch wirksam ist. Wenn wir Gott in ein theologisches Konzept umwandeln – ein Konzept, dass durch den menschlichen Verstand begrenzt ist – werden wir ihn nie auf einer vertrauten Basis kennen.

Gott hat uns nicht zu religiösen oder apathischen Christen berufen, sondern zu wahren Söhnen und Töchtern, die fähig sind, seine Gegenwart und Kraft auf der Erde sichtbar werden zu lassen. Wir müssen ein Evangelium mit übernatürlichen Beweisen präsentieren, die bezeugen, dass Jesus lebt und seine Auferstehungskraft auch für heute ist! Die meisten Menschen interessieren sich nicht für uns, unser großes Wissen oder unsere netten Worte. Unterm Strich interessiert sie nur: Führen unsere Worte zu übernatürlichen Werken? Führt unser Wissen zu einer Erfahrung mit Gott? Bringt unsere Offenbarung eine Manifestation von Gottes Kraft hervor? Bringt unsere Theologie den Kranken Heilung, den Unterdrückten Befreiung, den Armen Wohlstand und führt sie die Sünder zur Buße? Werden durch unser Zeugnis Menschenleben verwandelt?

Viele Menschen wollen nicht eine Botschaft hören – sie wollen sie sehen und erleben.

Wissen oder Erkenntnisse sollten zu übernatürlichen Erfahrungen führen

Unsere Erfahrungen mit Gott sollten zu echten Erkenntnissen über ihn oder in eine vertraute Beziehung mit ihm führen. Umgekehrt gilt das Gleiche. Wann immer wir eine Information oder Wissen über Gott bekommen, sei es durch das geschriebene Wort oder ein Rhema, sollte dies zu einer Begegnung mit ihm führen. Gott möchte immer, dass wir eine persönliche Berührung mit seinem Reich und seiner Kraft haben, wenn er uns eine Erkenntnis oder ein Rhema schenkt. Empfangen wir also ein Wort, das uns inspiriert, herausfordert und ermutigt, mehr von ihm zu begehren, dann sollen wir nicht dort stehen bleiben, wo wir sind. Wir sollen vielmehr den nächsten Schritt tun und die Realität dieses Wortes erleben, was uns immer zu ihm selbst führt. Die Erneuerung unseres Sinnes soll unser Leben transformieren. Menschen, die Wissen und Erkenntnis anhäufen, ohne es in die Praxis umzusetzen, werden bloß religiös.

Offenbarungswissen ist göttliche Erleuchtung für die Demonstration der Gegenwart und Kraft des Reiches Gottes.

> *So oft jemand das Wort vom Reich hört und nicht versteht, kommt der Böse und raubt das, was in sein Herz gesät ist. Das ist der, bei dem es an den Weg gestreut war (Matthäus 13,19; Schlachter 2000).*

Das „*Wort vom Reich*" ist wie eine Saat. Wenn wir ein Wort von Gott bekommen und zulassen, dass es in uns eingepflanzt wird, verleiht es uns Kraft und befähigt uns dadurch, es zu befolgen. Doch verstehen wir ein Wort von Gott nicht oder nehmen es nicht an, kann es nicht in uns eingepflanzt werden. Stattdessen ist es wie eine Saat, die am Wegesrand verstreut wurde; sie landet auf flachem Boden und steht in der Gefahr, von Vögeln und vorbeikommenden Tieren gefressen zu werden. Geistlich gesehen ist es das, was geschieht, wenn der Feind kommt und uns das Wort stiehlt.

Das Wort „*versteht*" im obigen Vers ist eine Übersetzung des griechischen Wortes *syniēmito*. Es bedeutet wörtlich „zusammensetzen, zusammenbringen" und weist hin auf ein gedankliches Verständnis, das zu einem gottgefälligen Leben führt. Mit anderen Worten, es ist ein Verständnis der Gotteserkenntnis, was zu einem transformierten Leben führt.

Ein gläubiger Christ mit einer Reich-Gottes-Mentalität ist jemand, der der Stimme Gottes gehorcht, indem er die Wahrheiten umsetzt, die er über Gottes Reich erfährt. Das führt dazu, dass er Erfahrungen mit Gott macht, die ihn in die Lage versetzen, die Auswirkungen dieser geistlichen Wahrheiten zu verstehen.

Wir müssen Gott kennen, um seine Werke zu veranschaulichen.

> *[Gott] der uns auch tüchtig gemacht hat zu Dienern des neuen Bundes, nicht des Buchstabens, sondern des Geistes. Denn der Buchstabe tötet, der Geist aber macht lebendig (2. Korinther 3,6).*

Kommt es aufgrund dessen, was wir aus seinem Wort gelernt oder durch ein Rhema empfangen haben, nicht zu einer Erfahrung mit Gott, dann haben wir nur den „*Buchstaben*" des Wortes und nicht den „*Geist*", der „*lebendig macht*". Wir besitzen dann einfach nur Wissen über etwas, das sein sollte oder sein könnte, aber es tritt nicht ein. Machen wir aber aufgrund der Kenntnisse eine Erfahrung, verändert sich unsere Perspektive. Wir gewinnen geistlich an Tiefe und können das Wort Gottes mit größerer Klarheit und Einsicht erklären. Wir beschreiben Gott und seine Wahrheiten nicht mehr aus der Warte eines externen Beobachters. Es ist fast so, als wären wir innerhalb der Wahrheit oder ein Teil davon. Im Gegensatz dazu erleben Menschen, die in Religion feststecken, keine Veränderung. Sie gewinnen auch nicht solch eine Klarheit in ihrem Wissen, weil Religion keine Erfahrungen bietet. Sie entwickeln eine geistliche Taubheit, die zum Selbstbetrug führt. Infolgedessen manifestiert sich in ihrem Leben auch nicht die Kraft des Reiches Gottes (Jakobus 1,21-25).

Offenbarungswissen ist die Grundlage dafür, das Übernatürliche zu manifestieren.

Was ich gerade gesagt habe, möchte ich mit dieser Warnung ins Gleichgewicht bringen: Wir sollen unser geistliches Leben nicht nur auf Manifestationen gründen, sonst werden wir wahrscheinlich in Fehler und Irrtümer verfallen. Es kann sein, dass wir dann weisem geistlichem Rat kein Gehör mehr schenken, weil wir glauben, die Manifestationen wären ein Beweis dafür, dass wir mit Gott im Reinen sind und wir seine Sichtweise haben. Stattdessen müssen wir ein Leben auf der Basis der Offenbarung von Gottes Wort führen, das einhergeht mit sichtbaren Erweisen, die seine Lehre bestätigen. Genauso wichtig ist es, andere Christen darin zu unterweisen und zu jüngern.

Gottes Reich, Kraft und Herrlichkeit sind nicht nur theoretische Ideen oder historische Tatsachen, an die man sich erinnert. Erlebt man sie hier auf der Erde in Form von übernatürlichen Manifestationen, bewirken sie verwandelte Menschenleben! Weil die westliche Mentalität in unserer Kultur so vorherrschend ist, muss ich noch einmal die Wichtigkeit betonen, dass wir uns von unserem rein theoretischen Wissen lösen, damit wir dahin gelangen können, die Kraft Gottes zu erleben. Der menschliche Verstand ist einfach zu sehr begrenzt, er kann die Größe Gottes nicht erfassen. Wir müssen Gott Raum geben, damit er auf sichtbare Weise demonstrieren kann, was wir glauben und proklamieren.

Die Realität, die du im unsichtbaren Reich zu erleben behauptest, muss natürliche Manifestationen haben.

Wie bereits erwähnt möchte Gott vielleicht nicht nur eine frische Offenbarung in Bezug auf geistliche Erkenntnis geben, sondern auch in Bezug auf natürliches Wissen, wie z. B. im Bereich der Wissenschaft, Technik oder Kunst. Verschiedene wissenschaftliche Erfindungen, medizinische Durchbrüche und technologische Entwicklungen stammen von Menschen, die Ehrfurcht vor Gott, einen geheiligten Sinn sowie das Verständnis hatten, dass alles Wissen der Menschheit dienen soll. Wollen wir verstandesmäßige Riesen werden, dann müssen wir mit Offenbarungen von Gott beginnen, die durch den Heiligen Geist gegeben werden (z. B. Epheser 1,17-19).

Nochmals zur Klarstellung: Ich lehne den Verstand nicht ab. Wir müssen aber die richtige geistliche Ordnung zurückgewinnen, damit unser Geist – geleitet vom Heiligen Geist – unsere Seele und unseren Körper lenken kann. Der Geist steht über dem Verstand; er kann uns an Orte in Gott bringen, die der Vernunft nicht zugänglich sind. Der Verstand muss folgen, nicht führen. Wenn unser Denken durch eine Erfahrung mit Gott erneuert ist, versetzt das unseren Verstand in die Lage, der Führung des Heiligen Geistes zu folgen.

Alle Weisheit und Erkenntnis kommt aus der Weisheit und Erkenntnis Gottes.

Von der westlichen Denkweise beeinflusste Menschen leben in einer Überbetonung des Intellekts. Sie verlieren ihre geistliche Schärfe und es fällt ihnen schwer, Wunder anzuerkennen und zu empfangen. Jedoch habe ich festgestellt, dass es den Menschen in Afrika, Asien, Südamerika und der Karibik leichter fällt, Wunder zu sehen und zu erhalten, weil sie immer noch an die geistliche Dimension glauben.

Während einer Verbandsversammlung von Pastoren in meiner Stadt Miami berichtete mir ein Pastor von einem außergewöhnlichen Wunder, das Gott in seinem Leben getan hatte. Pastor Favio nahm an einem Gottesdienst in Palm Beach teil, wo ich predigte. Er sagte, ich hätte verkündet, dass viele Wunder stattfinden würden, inklusive übernatürlichem Gewichtsverlust. Er nahm dieses Wort für sich in Anspruch, denn er wog ca. 136 kg und schaffte es nicht, Gewicht zu verlieren. Er litt sehr unter seiner Fettleibigkeit. Zusätzlich zu anderen gesundheitlichen Problemen hatte er Schwierigkeiten mit dem Bücken, dem Gehen sowie Atemproblemen beim Sprechen.

Drei Tage nach dem Pastorentreffen zog sich Pastor Favio morgens an und seine Frau rief aus: „Guck mal, deine Hose. Sie rutscht runter!" Er schaute sich an und war erstaunt, wie schlabberig seine Hose und sein T-Shirt an ihm aussahen. Dann entschloss er sich, einige seiner alten Anzüge in verschiedenen Größen anzuprobieren. Er hatte sie aufbewahrt, konnte sie aber schon seit Jahren nicht mehr tragen, da er so viel zugenommen hatte. Er begann mit einem Anzug in Größe 58 und versuchte danach immer kleinere Größen, bis er die Größe 48 erreicht hatte. Dieser Anzug passte ihm! Als er sich auf die Waage stellte, sah er, dass er fast 32 kg Gewicht verloren hatte.

Aber das Wunder hörte an dieser Stelle noch nicht auf. Er verlor weiteres Gewicht und wiegt jetzt nur noch 84 kg. Seine Veränderung war so radikal, dass die Leute erstaunt fragten, ob er krank gewesen sei. Seine Mutter fragte ihn, ob er sich habe Fett absaugen lassen! Als er von seinem Wunder berichtete, konnte sie es nicht glauben. Pastor Favio ist ein gesunder Mann und ein guter Verwalter des Wunders, das Gott ihm schenkte. Überall erzählt er sein Zeugnis und betet für Menschen, die fettleibig sind, indem er das gleiche Wunder in ihrem Leben proklamiert.

Pastor Favio verlor weder durch eine Diät noch durch eine medizinische Behandlung an Gewicht, denn keine dieser Methoden hatten bei ihm Erfolg. Es war vielmehr die Kraft Gottes, die sein Leben berührte und ihn umgestaltete. Das war die Demonstration einer geistlichen Wahrheit, die sich in der natürlichen Welt manifestierte.

Es gibt keine Demonstrationen der Kraft des Reiches Gottes ohne ein frisches Offenbarungswissen vom Heiligen Geist darüber, wie sie sich manifestieren sollen.

Das Gleichgewicht zwischen Wort und Geist

Jesus konnte die Botschaft vom Königreich Gottes lehren und sichtbar machen, weil er immer in Kontakt mit dem Vater war. Seine Worte und Taten trugen das Leben Gottes in sich. In der Bibel ist es Gottes Muster, dass er den Geist vor seinem Wort sendet, denn sein Wort hat auf der Erde nur Kraft, wenn es aus der Atmosphäre seiner Gegenwart stammt - ansonsten wird es leblos sein. Nochmals, es ist der Unterschied zwischen dem *„Buchstaben"* und dem *„Geist"* (2. Korinther 3,6) seines Wortes. Wenn beispielsweise ein gläubiger Christ ein prophetisches Wort weitergibt, das nicht aus der Gegenwart Gottes kommt, kann es jene, die es annehmen, aus seiner Gegenwart herausziehen und geistlich gesehen trocken werden lassen. Ist aber der Heilige Geist in der Gleichung, bringt er Leben und erzeugt geistliche Bewegung.

Einige Menschen leben in stehenden Gewässern. Das Wasser kann tief sein, aber es gibt keine Bewegung des Geistes in ihnen. Gott schuf nichts auf der Erde, bis der Heilige Geist über dem Wasser schwebte (1. Mose 1, 2-3). Es gibt nichts Schlimmeres als eine Person, die in ihr eigenes Wissen versunken ist und keine geistliche Regung hat. Wenn wir predigen, aber der Heilige Geist sich nicht bewegt, dann reden wir nur von verstandesmäßigem Wissen, das wir noch erleben müssen. Unserem Wissen fehlt die Offenbarung und damit das geistliche Leben.

Menschen werden geistlich vertrocknen und sterben, es sei denn, der Heilige Geist bewegt sich in ihnen.

Jesus reagierte auf eine Frage einiger religiöser Leiter, indem er sie fragte: *„Irrt ihr nicht deshalb, **weil ihr die Schriften nicht kennt und nicht die Kraft Gottes**"* (Markus 12,24)? Gottes Wort und sein Geist arbeiten zusammen. Beide sind wichtig; fehlt eins von beiden, gibt es ein Ungleichgewicht. Ein Wort Gottes wirkt, wenn er spricht (entweder ein geschriebenes Wort aus der Bibel oder ein Rhema), und die Kraft Gottes wirkt, wenn er handelt. Wenn wir nur das Wort betonen und den Heiligen Geist ignorieren, riskieren wir es, Fehler zu machen. Menschen, die nur das Wort allein betonen, erkennen es normalerweise nicht, wenn sich die Gegenwart Gottes einfindet.

Alle Gläubigen können das Reich Gottes im Hier und Jetzt demonstrieren. Doch um das zu tun, müssen wir über den „Buchstaben" des Wortes Gottes hinaus zum Geist gehen, der ihm Leben und Kraft verleiht. Die Pharisäer kannten den Buchstaben des Gesetzes sehr gut, aber als die ultimative Offenbarung Gottes zu ihnen kam – Jesus, das fleischgewordene Wort – nahmen sie ihn nicht an (z. B. Johannes 1,1-14). Ein Wort von Gott wird das Königreich Gottes nicht sichtbar machen, bis wir eine Offenbarung darüber bekommen haben.

Biblische Worte allein werden keine übernatürlichen Manifestationen hervorbringen – sie müssen mit Offenbarung vom Heiligen Geist verknüpft werden.

Manifestationen von Gott sind Offenbarungen, die von den natürlichen Sinnen wahrgenommen werden können, sodass wir hier und jetzt einen sichtbaren oder hörbaren Beweis für sein Reich, seine Kraft und seine Herrlichkeit haben. Der Heilige Geist ist der Vermittler dieser Manifestationen.

> *Der Wind weht, wo er will, und du hörst sein Sausen, aber du weißt nicht, woher er kommt und wohin er geht; so ist jeder, der aus dem Geist geboren ist (Johannes 3,8).*

Gott, der Heilige Geist, ist ein unsichtbares Wesen, das in unseren Herzen wohnt. Während heute viele Werke des Heiligen

Geistes geschehen können, die wir weder erkennen, sehen oder spüren, so offenbart doch der Heilige Geist Gott, den Vater, und Gott, den Sohn, auf vielfältige Weise. Wie der obige Vers zeigt, hat niemand je den Wind gesehen, aber wir wissen, wann er bläst, weil wir die Bäume sich hin und her bewegen sehen, wir sehen Staub aufwirbeln usw. Wind ist unsichtbar, aber sein Einfluss ist wahrnehmbar. Gleicherweise kann niemand den Heiligen Geist in einem Gläubigen wohnen sehen, aber seine Manifestationen sind durch das Leben dieses Gläubigen und in ihm erkennbar.

Der Heilige Geist manifestierte sich im Leben der Jünger an Pfingsten, kurz nachdem Jesus auferstanden und in den Himmel aufgefahren war:

> *Als nun dieses Geräusch entstand [die Jünger sprachen in fremden Zungen], kam die Menge zusammen und wurde bestürzt, weil jeder Einzelne sie in seiner eigenen Mundart reden hörte (Apostelgeschichte 2,6).*

Niemand sollte darüber streiten oder anzweifeln, dass diese Zungensprachen eine Manifestation des Heiligen Geistes waren. Durch sie wurde eine Menschmenge angezogen, die sich die Predigt von Petrus über Jesus anhörte, und an einem einzigen Tag wurden über 3000 Menschen errettet (Apostelgeschichte 2,41)! Ohne diese Manifestationen wie das Geräusch eines *„brausenden, gewaltigen Windes"* und der Anblick von *„zerteilten Zungen wie von Feuer"* (Verse 2-3) hätten die Menschen nicht erkannt, dass der Heilige Geist gekommen war, denn er macht sich durch seine Manifestationen bemerkbar. Die Gaben des Heiligen Geistes, einschließlich der Zungenrede, sind die wesentlichen Weisen, durch die er sich unseren natürlichen Sinnen zeigt: *„Jedem wird aber das offensichtliche Wirken des Geistes zum [allgemeinen] Nutzen verliehen"* (1. Korinther 12,7; Schlachter 2000).

Wir können die Bewegung des Geistes auf oben genannte, aber auch auf andere Weisen erkennen, und heute in seiner Kraft leben. Dadurch werden wir fähig, über die menschlichen Probleme und Konflikte hinauszuwachsen und Gottes Reich auf der Erde auszubreiten.

Sinn und Zweck der Demonstration des Reiches Gottes im Hier und Jetzt

Wir wollen sicherstellen, dass wir die Hauptgründe für Gottes Wunsch verstehen, sein ewiges Reich auf der Erde sichtbar werden zu lassen, und warum es so wichtig ist, dass es uns zuerst um sein Reich geht (Matthäus 6,33).

1. Damit unser Glaube auf der Kraft Gottes gegründet ist

Und meine Rede und meine Predigt bestanden nicht in überredenden Worten der Weisheit, sondern in Erweisung des Geistes und der Kraft (1. Korinther 2,4).

Im Dienst des Paulus lag es nicht an der Redegewandtheit oder Bildung, dass er so großartige Resultate für das Reich Gottes erzielte, sondern an den sichtbaren Demonstrationen des Wirkens des Heiligen Geistes. Unser Glaube muss auf der Kraft Gottes gegründet sein und nicht auf abstrakten Theorien oder menschlichen Möglichkeiten. Predigten, biblische Schulung, Bildungsabschlüsse, theologische Argumentation und dergleichen können nicht erreichen, was eine Erfahrung mit Gott fertigbringt.

Gott und seine Manifestationen zu erleben verändert unserer Denkweise, unsere Einstellung und unser Verhalten. Lehre oder Theologie reichen als Fundament unseres Glaubens nicht aus, egal wie solide sie sind. Es ist schwer, im Sieg zu leben, es sei denn, wir bewegen uns in der Kraft Gottes. Das ist für uns kein Luxus – es ist eine absolute Notwendigkeit! Ich möchte dich dringend bitten heute die Entscheidung zu treffen, das Übernatürliche in deinem Leben erfahren zu wollen. Ich bete, dass die Kraft des Reiches Gottes über dir freigesetzt wird und sich für deine Sinne wahrnehmbar manifestiert. Empfange es jetzt!

Wir können Gott nur unter Beweis stellen, wenn wir ihn erlebt haben.

2. Um einen Zusammenhang zu schaffen zwischen dem Reich und der Kraft Gottes

Im ersten Kapitel der Apostelgeschichte lesen wir, dass Jesus in den sechs Wochen zwischen seiner Auferstehung und seiner Himmelfahrt mit seinen Jüngern *„über die Dinge redete, die das Reich Gottes betreffen“* (Apostelgeschichte 1,3). Im zweiten Kapitel goss Gott zu Pfingsten die verheißene *„Kraft aus der Höhe“* (Lukas 24,49) über die Jünger Jesu aus (Apostelgeschichte 2,1-4). Das führte dazu, dass sie mit dem Heiligen Geist getauft wurden und tausende von Menschen in das Reich Gottes kamen. Im dritten Kapitel kam die Herrlichkeit oder Gegenwart Gottes und manifestierte sich in der Heilung eines Mannes, der seit Geburt lahm war (Apostelgeschichte 3,1-9).

Jesus war sich darüber im Klaren, dass er seine Nachfolger darauf vorbereiten musste, die Ausgießung des Geistes zu empfangen. Wäre der Heilige Geist herabgekommen, *bevor* Jesus seinen Jüngern die Offenbarung über das Reich Gottes gegeben hätte, wäre ihnen der geistliche Zusammenhang in Bezug auf die erhaltene Kraft entgangen. Die Kraft Gottes kommt immer für diese Zwecke: um das Reich Gottes aufzubauen und zu erweitern. Auch wir müssen verstehen - und lehren - in welchem Kontext die Kraft steht, die Gott in unserem Leben ausgießen möchte. Wenn wir ignorieren, aus welchem Grund der Heilige Geist auf uns kommt, können wir geistlich, mental und emotional vertrocknen oder ausbrennen. Wirken wir aber aus den richtigen Beweggründen in der Kraft Gottes von seinem Thron in der Himmelswelt aus, werden wir nie austrocknen oder ausbrennen, In seiner Gegenwart ist der Ort der Ruhe und *„Fülle von Freuden“* (Psalm 16,11).

Kraft ohne einen Zweck bringt Verwirrung und Burnout.

Ein damit im Zusammenhang stehender Grund, warum Jesus seine Jünger nach seiner Auferstehung über das Reich Gottes lehrte, waren die behördlichen und kulturellen Gegebenheiten seiner Zeit. Während seines Dienstes hier auf der Erde hatten ihn die religiösen Pharisäer und Sadduzäer immer wieder in Frage gestellt und verfolgt. Er wusste, dass von der Zeit seiner Auferstehung an eine große Verfolgung seiner Gemeinde seitens des religiösen Establishments losbrechen würde, und seine Jünger deshalb Kraft brauchen würden, um kühn und effektiv ihren Auftrag auszuführen. Die gleichen religiösen Führer würden versuchen, alle Beweise für die Auferstehung von Jesus zu beseitigen, um seine Glaubwürdigkeit zu zerstören. Doch der Beweis für seine Auferstehung aus den Toten würde von seinen mit dem Geist erfüllten Jüngern kommen, die in seinem Namen und der Kraft seiner Auferstehung Zeichen und Wunder vollbringen würden.

Heute wird in vielen christlichen Kreisen gelehrt, dass der einzige Grund für die Erfüllung mit dem Heiligen Geist die Befähigung *„in Sprachen* [Zungen] *zu reden"* ist (Apostelgeschichte 2,4). Zungenrede ist die Sprache des Himmels und ein Zeichen des Übernatürlichen. Doch um blinde Augen zu öffnen und den Lahmen neue Körperkraft zu geben bedarf es mehr als nur in anderen Zungen zu reden – obwohl wir geistliche Stärke, Führung und Befähigung bekommen können, wenn wir in unserer himmlischen Sprache sprechen. Wir müssen uns klarmachen, dass der Hauptzweck, mit dem Heiligen Geist getauft zu sein, darin liegt, Kraft zu empfangen (Apostelgeschichte 1,8). Wenn die Menschen das nicht erkennen, dann bleiben sie weiter krank, deprimiert und von Dämonen gequält, obwohl sie schon mit dem Geist getauft worden sind.

Mit dem Heiligen Geist getauft zu sein hat nicht den Zweck, das Zeichen der Zungenrede zu verherrlichen, sondern Gottes Kraft zu empfangen.

Gott gab uns die Kraft des Heiligen Geistes, damit wir den Teufel und alle seine Werke zunichtemachen können, Versuchungen überwinden, über die fleischliche Natur herrschen und inmitten von widrigen Umständen triumphieren. Ich glaube, in der Gesellschaft wird Sünde heutzutage als Norm gesehen, weil die Gemeinde die Kraft des Geistes nicht manifestiert hat, um Menschen zu befreien. Das bedeutet zum Beispiel, dass sich homosexuelle Männer und lesbische Frauen damit zufrieden geben, in Sünde zu leben, weil nur wenige Gläubige die Kraft Gottes demonstrieren, die sie wirklich verändern kann.

Odalis Lozano führte ihr ganzes Leben lang eine lesbische Lebensweise. Als junges Mädchen hielt sie ihr Haar kurz, trug Männerkleidung und benutze ein männliches Portemonnaie. Mit Achtzehn fing sie an, Beziehungen mit Frauen zu haben. Männer lehnte sie ab; sie widerten sie an.

Laut Odalis war ihr Leben die Hölle auf Erden. Ihr Herz war erfüllt von Wut, Hass, Bitterkeit und Groll gegen ihre Eltern, weil diese ihr nie gesagt hatten, dass ihr Lebensstil schädlich war. Sie trank auch zu viel, war in Süchten gefangen, praktizierte Masturbation und verbrachte viel Zeit in Casinos, weil sie vom Spielen besessen war. Sie hatte große Angst vor Ärzten, weil sie dachte, sie könnten sie ohne einen medizinischen Grund an ihren sexuellen Stellen berühren. Ihre fehlende persönliche Identität führte dazu, dass sie elf Jahre mit einer Partnerin zusammenlebte, obwohl sie unglücklich war. Es gab ständig Streitereien ums Geld. Die Situation wurde so schlimm, dass Odalis Partnerin sie aus dem Haus warf und sie obdachlos wurde.

Verzweifelt begann sie zu Gott zu schreien: „Herr, hilf mir! So kann ich nicht weiterleben!“ Dann kam sie zu „King Jesus Ministry“, und die Liebe Gottes begann sich ihrer anzunehmen. Sie nahm an einer Zurüstungszeit teil, die von meiner Frau geleitet wurde. Dort empfing sie innere Heilung und Befreiung. Als der Geist des Lesbianismus in seine Schranken gewiesen und aus ihr ausgetrieben wurde, schrie Odalis und musste erbrechen. Sie hatte auch ein Gefühl wie von brennendem Feuer in ihrem Unterleib. Von diesem Tag an hat der Heilige Geist ihr Leben komplett verändert, sowohl geistlich wie körperlich. Heute fühlt sie sich wie eine Frau. Sie trägt entsprechende Kleidung und hat ihr Haar wachsen lassen. Ihr Selbstbewusstsein hat zugenommen und es sind keine weiteren schmerzlichen Tränen bei ihr geflossen. Odalis ist glücklich, weil sie jetzt inneren Frieden hat.

Einige Monate nach ihrer Befreiung kam ihre ehemalige Partnerin zu einem unserer Gottesdienste, und auch sie wurde von dem Geist des Lesbianismus, der sie so viele Jahre gebunden hatte, befreit. Heute fühlt sie sich als Kind Gottes mit einer eigenen

Identität und Bestimmung. Die Liebe des himmlischen Vaters hat sie umgestaltet! Heute nutzt Odalis ihr eigenes Zeugnis dazu, anderen Frauen zu helfen, ihren lesbischen Lebensstil zu verlassen und durch die Kraft Gottes befreit zu werden.

Die Niederlage Satans kann nur durch eine Reich Gottes Perspektive wahrhaft verstanden werden.

Um in schwierigen Zeiten siegreich zu leben, das Reich Gottes zu verbreiten und Veränderung in die Gesellschaft zu bringen, brauchen wir echte, wahrhafte Kraft. Wenn der Heilige Geist auf uns kommt und uns erfüllt werden wir fähig, die Dynamitkraft Gottes „explodieren" zu lassen. Das geschieht durch Manifestationen, die aus der unsichtbaren Welt in die sichtbare Welt kommen, um den Nöten der Menschen um uns herum zu begegnen.

Wenn Pfingsten auf uns herabgekommen ist, dann sollte es die Norm für uns sein, täglich die Auferstehungskraft zu demonstrieren! Jeder kann permanent ein Pfingsterlebnis haben. Wenn sich in unserem Dienst ein Dämon zeigt, treiben wir ihn aus. Ist jemand krank, heilen wir ihn durch die Kraft Gottes. Das Gleiche kannst auch du tun.

Ein „Pfingsten" zu erhalten ohne die Kraft des Reiches Gottes ist lediglich eine weitere christliche Erfahrung.

Die Jünger Jesu waren gewöhnliche Menschen, die durch die Kraft, die sie im Obersaal empfangen hatten, außergewöhnliche Taten vollbrachten. Das Kommen des Heiligen Geistes war nicht nur ein geschichtliches Ereignis des ersten Jahrhunderts. Es kann hier und jetzt geschehen, wenn wir den Glauben dafür haben, es zu erhalten. Gott sucht keine religiösen Führer und auch nicht unbedingt „große Bibelgelehrte", um sein Reich zu bauen. Er sucht nach ganz gewöhnlichen Menschen, die offen sind für die

Realität seiner Kraft und Herrlichkeit, und die diese Facetten seiner Herrschaft aus dem unsichtbaren Reich in das Hier und Jetzt bringen können – Menschen, die an sein Wort glauben und danach handeln.

„Pfingsten" ist das Reich Gottes in Bewegung im Hier und Jetzt.

3. Um Ordnung herzustellen

Ein weiterer Zweck für die Demonstration des Reiches Gottes besteht darin, das „Territorium" einer Person oder eines Ortes in den ursprünglichen Plan Gottes zurückzuversetzen. Nimm einmal an, eine Person leidet unter Skoliose und Gott heilt diese Person, indem er den Rücken begradigt. Mit dieser Handlung hat Gott den Rücken dieses Menschen in den Zustand zurückversetzt, wie er ursprünglich sein sollte. Er hat die Schöpfungsordnung wiederhergestellt. Der folgende Bericht stammt von einer Frau, für die Gott solch eine Wiederherstellung bewirkte.

Mafe Regettis Geruchssinn funktionierte fast einundzwanzig Jahre lang nicht. Man hatte ihr in die rechte Kopfseite geschossen und die Kugel war im Frontallappen ihres Gehirns steckengeblieben. Das beeinflusste die normalen neurologischen Funktionen und führte zu ihrer Unfähigkeit, Geruch wahrzunehmen. Dann besuchte Mafe eine CAP Konferenz (Apostolische und Prophetische Konferenz) in Miami, überzeugt davon, dass sich Gottes Kraft in ihrem Leben manifestieren würde. Während eines der Treffen, in dem den Menschen gedient wurde, kam die Herrlichkeit Gottes auf die Versammlung herab und plötzlich konnte sie verschiedene Gerüche um sich herum wahrnehmen. Um eine Bestätigung für die Wiederherstellung ihres Geruchssinns zu bekommen, probierte sie verschiedene Parfums und andere Duftstoffe aus. Gott hatte wiederhergestellt, was beschädigt gewesen war! Die medizinische Wissenschaft hatte für ihr Problem keine Lösung, aber Gott schenkte ihr durch seine übernatürliche Kraft Ganzheit.

4. Um Reich Gottes Struktur zu schaffen

Ich definiere den Begriff *Struktur* als den Prozess, durch den etwas ausgeführt wird, oder die Art und Weise, wie etwas aufgebaut wird. Der Geist Gottes schafft für uns eine Struktur, in der Gottes Werke verrichtet und sein Reich aufgebaut werden. Es gibt keinen Auftrag und keine Wiederherstellung der Absichten Gottes ohne eine Struktur. Um die Kraft Gottes auf die richtige Weise zu gebrauchen, muss erst die Struktur geschaffen werden. Wenn seine Kraft auf Gläubige freigesetzt wird, bevor sie in der Reich Gottes Struktur und ihrem Kontext gegründet sind, oder wenn die Kraft auf Gläubige kommt, die ihren Zweck vergessen haben, kann es schwierig werden, diese Kraft zu handhaben, und damit gefährlich. Ich bin der Überzeugung, dass dies ein Grund dafür ist, warum Erweckungen manchmal mit der Zeit zum Erliegen kommen. Zum Beispiel enden einige von ihnen, weil die darin involvierten Leute in Streit geraten und Spaltungen entstehen, andere enden, weil die Leiter der Sünde erliegen.

Mit welcher Struktur gründet der Heilige Geist das Reich und baut es auf? Es ist die Struktur der Beziehungen - nicht Regeln, Traditionen oder von Denominationen oder von Gemeinden geschaffenen Statuten. Das Christentum ist keine Religion, aber wir haben es oft in eine verwandelt, weil es gemäß menschlicher Kriterien geleitet wurde, statt vom Heiligen Geist.

Als die Gemeinde geboren wurde, war sie ein Organismus - keine Organisation. Was ist der Unterschied? Das Wörterbuch definiert *Organisation* u. a. als „Vereinigung, Gesellschaft, verwaltungstechnische und funktionelle Struktur (als eine wirtschaftliche oder politische Partei)". Ein *Organismus* wird definiert als „eine komplexe Struktur von voneinander abhängigen und untergeordneten Elementen, deren Beziehungen und Eigenschaften weitgehend durch ihre Funktion in dem Ganzen bestimmt werden". Eine Organisation zu gründen ist nichts Schlechtes, solange sie auf Beziehungen basiert.

Die Mitglieder der Gemeinde - der Leib Jesu - sollen in gegenseitiger Abhängigkeit ihre Aufgaben als Sachwalter der Kraft und der Gegenwart des Reiches Gottes auf der Erde ausüben. Doch die Gemeinde hat sich größtenteils in eine Vielzahl von unabhängigen Teilen zersplittert, sodass sie statt wie ein Organismus mehr wie eine mannigfaltige Organisation funktioniert. Diese Zersplitterung verhindert, dass sich der Heilige Geist so bewegen kann wie zur Zeit der Urgemeinde. Wenn heutzutage spontan die Manifestation der Herrlichkeit Gottes auf eine Versammlung herabkommt, dann muss sie sich der Abstimmung von Ältesten und Diakonen „unterordnen", ob sie empfangen werden darf oder nicht. Es ist unglaublich, dass Gott in seiner eigenen Gemeinde um „Erlaubnis bitten" muss, dass er sich manifestieren darf. Das ist so, als ob ein Hausverwalter oder Butler eine Versammlung der Hausangestellten einberufen würde, um zu entscheiden, ob der Hausbesitzer sein Haus betreten oder was er mit seinem Eigentum machen darf.

Als Jesus hier auf der Erde war, lehrte und errichtete er eine flexible Struktur für das Reich Gottes, die sich auf Beziehungen gründet. Er machte die Aussage, dass der Vater in ihm war und er im Vater (Johannes 17,21). Er sagte zu seinen Jüngern: *„Ich bin der Weinstock, ihr seid die Reben"* (Johannes 15,5), *„Wenn ihr in mir bleibt und meine Worte in euch bleiben, so werdet ihr bitten, was ihr wollt, und es wird euch geschehen"* (Johannes 15,7) und *„Ihr kennt ihn* [den Heiligen Geist], *denn er bleibt bei euch und wird in euch sein"* (Johannes 14,17). Jesus betete: *„... damit sie* [seine Jünger] *alle eins seien, wie du, Vater, in mir und ich in dir"* (Johannes 17,21). Und Paulus schrieb: *„Denn wie der Leib eine Einheit ist, doch viele Glieder hat, alle Glieder des Leibes aber, obgleich es viele sind, einen einzigen Leib bilden: So ist es auch mit Christus."* (1. Korinther 12,12; Einheitsübersetzung). Im Reich Gottes geht es um Beziehungen.

Als Verwalter des Reiches Gottes ist der Heilige Geist ständig in Bewegung; er hält sich nicht an starre Strukturen. Die Gemeinde von heute ist voll von straffen Strukturen. Das führt dazu, dass die Menschen unabhängig voneinander handeln statt durch die Entwicklung von Beziehungen, durch welche die Kraft Gottes wirken kann. Ein Geist der Unabhängigkeit kann zum Beispiel dazu führen, dass Leiter hart mit Menschen umgehen, anstatt sie zu fördern. Sie können dem Schmerz anderer und, was noch schwerwiegender ist, der Stimme Gottes gegenüber unsensibel werden.

Ich glaube, Geduld und Mitgefühl findet man heute nur selten. Frage dich selbst einmal: „Kann ich andere lieben, auch wenn ich ein negatives Gefühl ihnen gegenüber habe?“ Wenn wir nicht mit der Hilfe des Heiligen Geistes eine Beziehungsstruktur aufbauen, werden wir unsere Glaubensgeschwister ablehnen, anstatt in Einheit mit ihnen zusammenzuarbeiten. Manchmal scheint es die Organisation einer Gemeinde oder eines Dienstes zu sein, welche die Leute trotz ihrer Probleme zusammenhält, und nicht das Reich Gottes und seine ewigen Absichten. Besitzen wir eine Reich Gottes Denkweise, erkennen wir den Wert einer Person und ihren Beitrag für den Leib Jesu. Wir heißen die verschiedenartigen Menschen willkommen, die Gott in unser Leben gesandt hat.

Als Jesus hier auf der Erde war, lehrte und errichtete er eine flexible Struktur für das Reich Gottes, die sich auf Beziehungen gründet.

Deshalb müssen wir eine flexible Struktur für das Reich Gottes auf Erden unterstützen, basierend auf Beziehungen. Damit erhalten wir die Ordnung aufrecht, die Jesus etabliert hat. Solch eine Struktur wird Leiter haben, die andere Pastoren und Gläubige unterstützen, indem sie ihnen die Vorteile und Segnungen von geistlicher Vaterschaft und Abdeckung anbieten. Ich weiß von bestimmten Gemeinden, die nicht auf der Basis von Beziehungen arbeiten und denen eine geistliche Abdeckung fehlt. Als Folge davon fühlen sich die Leiter allein und ungeschützt. Ihnen fehlen die Vision, das Training und die Werkzeuge, die ihnen dabei helfen würden, das Reich Gottes in ihrem Umfeld aufzubauen. Das war bei dem Pastor im nachfolgenden Zeugnis der Fall.

Pastor Guillermo Rubalcaba aus Mexiko diente Gott schon in jungen Jahren. Vor einigen Jahren gründete er in seinem Hinterhof eine kleine Gemeinde von sechs Leuten, die dann auf 120 Teilnehmer anwuchs. „Meine Frau und ich wollten Gott durch unseren Dienst Freude bereiten, aber es mangelte uns an Vision und Identität. Wir wussten nichts über geistliche Vaterschaft oder die apostolischen und prophetischen Dienste. Wir hatten keine Ahnung, wie wir Menschen zu Jüngern machen konnten oder wie wir unsere Mitgliederzahl steigern konnten.

Unsere Gemeinde basierte auf guten Absichten. Wir wünschten uns das Übernatürliche, gaben uns aber mit Gottesdiensten zufrieden, in denen es Lobpreis und Anbetung und die Predigt gab – nichts darüber hinaus. Es verließen mehr Menschen wieder die Gemeinde als dablieben. Wir fühlten uns alleine und ohne Unterstützung. Es gab nur wenige Ressourcen: Das Gemeindegebäude bestand aus einer schwachen Metallkonstruktion mit einem Zelt als Dach und wir saßen auf Plastikstühlen. Eines Tages träumte meine Frau, dass sie in den Himmel aufgestiegen war, um eine Bezahlung zu verlangen. Sie wurde gefragt: „Unter welchen Namen seid ihr registriert?" Da wir nicht eingetragen waren, konnten sie uns nichts geben! Wir brauchten eine geistliche Abdeckung!

Während dieser Zeit sahen wir uns die Verkündigung von Pastor Maldonado im Fernsehen an. Wir bewunderten seinen Dienst, dachten aber, es sei zu weit entfernt von uns, um ihn persönlich zu erleben. Durch eine gottgegebene Verbindung wurden wir zu einem Treffen seines apostolischen Netzwerks eingeladen. Als wir ankamen, hatte er eine Prophetie für uns und nahm uns als seine geistlichen Kinder an. Von diesem Tag an veränderte sich unser persönliches Leben. Gott heilte alte Wunden und wir fühlten uns nicht mehr länger allein. Die Unterweisung, die wir bekamen, beeinflusste unser Leben. Wir bekamen eine Identität und fingen an, Vision in die Gemeinde einzupflanzen. Danach wuchsen wir auf 2000 Mitglieder an. Wir etablierten eine apostolische Leitung und jetzt bieten wir zwei Gemeinden in Mexiko und einem „Haus des Friedens" in Spanien geistliche Abdeckung. Pastorin Ana Maldonado hatte eine Prophetie für uns, dass Gott uns Land für die Gemeinde geben würde. Danach wurden uns zwei Grundstücke gespendet!

Darüber hinaus wurde übernatürliche Kraft für Wunder freigesetzt und es gibt unzählige Zeugnisse.

Mario Gonzales beispielsweise hatte eine halbe Million Dollar Schulden, weil sein Buchhalter die Steuern nicht gezahlt hatte. Wir beteten im Glauben, dass seine Schulden annulliert werden würden, und das Wunder geschah! Zuerst bekam er die Nachricht, seine Schulden wären auf die Hälfte reduziert worden. Einen Monat später wurde ihm der Bescheid zugestellt, dass die restlichen Schulden gestrichen worden waren. Er brauchte gar nichts zahlen.

Es gibt auch das Zeugnis von Joel, der mit einem Herzfehler auf die Welt kam. Mit fünfzehn Jahren konnte er nicht mehr gehen und litt unter Atemnot. Nach einer Operation am offenen Herzen teilte man ihm mit, man könne nichts mehr für ihn tun. Joel wurde rund um die Uhr an ein Sauerstoffgerät angeschlossen und war auf den Rollstuhl angewiesen. So lebte er zehn Jahre lang. Eines Tages hörte er mich im Radio predigen und besuchte danach eine unserer „Wunder-Veranstaltungen". Nachdem ich für ihn gebetet hatte, verspürte er eine große Hitze und zitterte. Dann entfernte er sein Sauerstoffgerät und spürte, wie Luft in seine Lungen drang. Er stand aus seinem Rollstuhl auf und ging umher! Er war zur Ehre Gottes geheilt worden! Heute führt Joel ein normales Leben. Er bringt sich in der Gemeinde ein und besucht wieder die Schule.

In einem anderen Fall ging es um eine Frau namens Guadalupe. Sie ging wegen Bauchschmerzen zum Arzt, der eine Bauchfellentzündung feststellte und sie ins Krankenhaus einwies. Nach weiteren Untersuchungen wurde ihr mitgeteilt, das ihr Zustand schlechter war als ursprünglich angenommen. Ihr Darm war so angeschwollen, dass er durch die Haut hervortrat. Aufgrund des starken Drucks, den der Darm auf den Magen ausübte, platzte dieser auf. Als die Ärzte sie operierten, entdeckten sie Krebs und mussten ungefähr eineinhalb Meter des Darms entfernen. Guadalupe lag fünfzehn Tage im Koma. Vier weitere Operationen waren nötig und sie bekam einen künstlichen Darmausgang. Während der letzten Operation bemerkten die Ärzte, dass ihre Organe schwärzlich aussahen, als ob sie verfault wären. Guadalupe befand sich im Endstadium. Die Ärzte verschlossen ihr mit Klammern die Bauchdecke und schickten sie zum Sterben nach Hause.

Während eines Wunder-Gottesdienstes salbten wir Stoffstücke mit Öl. Die Tante von Guadalupe nahm ein Stück und ging damit zu ihrer bewusstlosen Nichte nach Hause und salbte sie damit. Als Guadalupe erwachte, berichtete sie, dass sie Frieden spürte und sich wohlfühlte. Innerhalb von Tagen klang die Schwellung in ihrem Bauch ab, die Klammern gingen von selbst heraus und die Wunde heilte auf wundersame Weise. Gott hatte sie geheilt! Das ist ein kraftvolles Wunder! Als sie zu weiteren Tests ins Krankenhaus ging, konnten die Ärzte es nicht glauben. Ihrer Einschätzung nach hätte sie schon tot sein müssen. Sie wurde untersucht und bekam die Bestätigung, dass alle inneren Organe gesund und krebsfrei waren! Guadalupe war auch unfruchtbar gewesen, weil sie keine Eierstöcke hatte, aber Gott schuf neue Eierstöcke. Heute wiegt sie ihr Baby in ihren Armen."

Die Frucht von Pastor Rubalcabas Dienst spricht für sich selbst. Nachdem er eine Reich Gottes Struktur einführte, indem er unter die Abdeckung eines geistlichen Vaters kam, ordnete er die Beziehungen in seiner Gemeinde entsprechend der Prinzipien des Reiches Gottes neu. Alles wurde aktiviert, was vorher zurückgehalten worden war. Heute ist er Pastor einer lebendigen, wohlhabenden und mit übernatürlicher Kraft erfüllten Gemeinde.

Ich kenne Gemeinden und Dienste, die starke Strukturen basierend auf Regeln und Gesetzen haben. Aber es fehlt ihnen an Kraft. Das liegt daran, dass ihr höchstes Ziel darin besteht, eine Ordnung basierend auf menschlichen Vorstellungen und Zielen aufzurichten. Eine starre Struktur führt oft zu Extremen und hindert dadurch den Heiligen Geist, sich frei zu bewegen. An diesem Punkt wird Gott die Gemeinde verlassen und übrig bleibt nur noch Formalität. Jede Manifestation von Gottes Reich muss innerhalb eines Netzwerks von Beziehungen und Zielen demonstriert werden.

Es ist gefährlich zu bleiben, wo Gott nicht mehr ist.

5. Um Satan und seine Dämonen zu binden

Jedes Mal, wenn wir einen Dämon austreiben, binden wir den Feind. Satan ist besiegt, wenn die Kraft des Reiches Gottes an einen Ort kommt und das Territorium beschlagnahmt, das illegal besetzt wurde. Es gibt Christen, die die Kraft Gottes mit Tanzen und Schreien verwechseln. Wenn sich in ihrer Nähe ein Dämon zeigen würde, wüssten sie nicht, wie sie ihn austreiben können. Ihre Erkenntnis über die Kraft Gottes, die durch den Heiligen Geist in ihnen wohnt, ist sehr begrenzt! Es gibt tatsächlich Christen die denken, wenn sie einen Dämon bedrohen, kann dieser auf sie überspringen und ihnen schaden, ähnlich wie bei den umherziehenden jüdischen Exorzisten aus Apostelgeschichte 19,13-16. Aus dieser Furcht heraus lehnen viele Menschen die Praxis von Dämonenaustreibungen ab. Im Grunde nahmen einige Christen einen Vorfall aus der Apostelgeschichte, der Dämonen beschreibt, die die Oberhand behalten, und haben diesen als Norm für Christen festgelegt. Aber diese jüdischen Exorzisten waren nicht gläubig. Sie taten es aus eigener Initiative - nicht gemäß der Kraft Christi.

Die meisten Christen, die Dämonenaustreibungen gutheißen, sind der Meinung, es sollte während eines besonderen Gottesdienstes geschehen, der entweder vom Pastor oder von anderen dafür geistlich geschulten Mitarbeitern geleitet wird. Entweder wissen sie es nicht oder erinnern sich nicht, dass die Bibel sagt, *sie selber* haben Macht und Autorität über den Feind (z. B. Lukas 10,19).

Die Unterwerfung Satans geschieht immer in Verbindung mit der Ankunft von Gottes Reich. Wenn wir den Zweck des Reiches Gottes nicht verstehen, übersehen wir unsere Fähigkeit, den Feind zu besiegen, und treiben die Dämonen nicht aus. Die Gemeinde ist in der Lage Dämonen auszutreiben, weil Jesus den Sieg bereits gewonnen hat! Wir müssen keine jährlichen „Wunder-Kampagnen“ veranstalten und besondere Prediger herbeiholen, um bei Menschen die Dämonen auszutreiben. Wir haben die Kraft Gottes in uns. Auch wenn die Dämonen zuerst versuchen werden uns zu widerstehen, wenn wir sie im Namen Jesu und der Kraft seines Geistes vertreiben, müssen sie fliehen.

6. Um Gericht und Gnade zu bringen

Die Demonstration des Reiches Gottes kann entweder Gericht oder Gnade bringen, je nachdem ob die Menschen sie ablehnen oder annehmen (z. B. 2. Korinther 2,15-16). Als Mose die Israeliten aus der Sklaverei befreite, brachte die Kraft Gottes Gericht über Ägypten und Gnade für Israel – Vernichtung für die einen und Freiheit für die anderen. Wenn sich Gott in unserer Mitte bewegt ist es wichtig, dass die Motive unserer Herzen rein und wir ihm gegenüber offen sind. Wir wünschen uns ja seine Gnade und nicht sein Gericht. Doch wenn wir in Christus sind, dann gibt es selbst in seiner Bestrafung Gnade für uns. Seine Gnade ist jeden Morgen neu (Klagelieder 3,22-23).

7. Um zu bestätigen, dass wir legitime Zeugen von Christus sind

Wir sind dann glaubwürdig, wenn wir als Gläubige die gleiche geistliche Frucht hervorbringen wie die Urgemeinde. Gott bestätigte deren Zeugnis vom auferstandenen Christus mit mächtigen Demonstrationen seiner Kraft. Wir können den Menschen Rettung bringen, wenn wir selbst errettet worden sind. Ebenso sind wir in der Lage andere Menschen zu befreien, wenn wir selbst befreit worden sind. Wir werden andere heilen können, wenn wir selbst geheilt worden sind. Unsere Frucht wird unser Zeugnis bestätigen, wo auch immer wir sind – im Büro, in der Schule, im Lebensmittelgeschäft, überall. Wenn wir nicht von etwas befreit oder geheilt wurden, können wir keine glaubwürdigen Zeugen sein. Doch setzen wir die gleiche Kraft frei, durch die wir befreit oder geheilt worden sind, können wir eine geistliche Revolution herbeiführen.

Ich möchte dich ermutigen, mit dem Anfang zu beginnen: Erzähle den Menschen, was mit dir an dem Tag geschah, als du wiedergeboren wurdest. Dann berichte darüber, wie du dich seitdem verändert hast. Niemand kann dein Zeugnis so weitergeben wie du. Ich kann nicht als Zeuge für deine Erfahrungen aussagen, weil ich sie nicht erlebt habe. Nur du kannst mit absoluter Sicherheit darüber sprechen, wie du dich verwandelt hast. Wenn du das tust, wird sich die Kraft Gottes manifestieren, weil du ein legitimer Zeuge bist. Entscheide dich jetzt, noch heute dein Zeugnis weiterzugeben!

Je mehr du im Glauben auf die von Gott gegebenen Offenbarungen reagierst und dabei seine Gegenwart und Kraft erlebst, umso mehr wirst du Zeugnis geben können mit begleitenden Manifestationen des Reiches Gottes, die deine Worte bekräftigen. Gib dich nicht damit zufrieden, unwirksame Zeugnisse weiterzugeben. Zeige den Menschen eine Demonstration der in dir wohnenden Kraft Gottes, damit auch sie verwandelt, geheilt und befreit werden können!

8. Um das Reich Gottes durch geistliche Macht auszubreiten
Das Reich Gottes kann nicht ohne kraftvolle Demonstrationen der Macht Gottes errichtet werden. Wie wir gesehen haben ist solche Kraft nötig, um das Reich der Finsternis aus einer Person oder einem Ort mitsamt der Wurzel auszureißen und zu vertreiben. In Kapitel 10 werden wir uns näher anschauen, wie das geschieht. Und wenn wir dann jemandem begegnen, der bedürftig ist, kann Gott zu uns reden und dahin führen, seine verändernde Kraft zu manifestieren – hier und jetzt!

Wenn du bereit bist dich festzulegen, Gottes Reich zu veranschaulichen, bete bitte folgendes:

Lieber Jesus, ich erkenne dich als meinen Herrn und Erlöser an. Ich bin bereit und verfügbar, um dein Reich hier und jetzt zu demonstrieren. Ich bitte dich um deine übernatürliche Gnade, Risiken einzugehen, und um übernatürliche Kühnheit, deine Kraft und Herrlichkeit zu manifestieren. Ich bitte deinen Heiligen Geist, auf mich zu kommen und mich jetzt zu befähigen, die Werke des Reiches Gottes zu tun. Herr Jesus, im Glauben will ich, wo auch immer ich hingehe – in meine Schule, zur Arbeit, in ein Restaurant, zu einer Sportveranstaltung, in ein Einkaufszentrum, auf eine Urlaubsreise oder wo auch immer – für die Kranken, Niedergedrückten und Gefangenen beten und sie in deinem Namen befreien. Diejenigen, die ihre Errettung oder die Taufe im Heiligen Geist noch nicht empfangen haben, werden sie durch deine Kraft empfangen. Ich übergebe dir jetzt meinen Willen und mein Herz. Ich bete dies in deinem Namen, Amen.

Kapitel 10

Die Ausbreitung des Reiches Gottes durch geistliche Macht

Gott gab den Menschen zwei globale Befehle. Der erste war, Herrschaft über die Erde auszuüben, was Adam und Eva nicht verwirklichten. Nach seiner Auferstehung gab Jesus der Gemeinde den Missionsbefehl, um das Reich Gottes auf der Erde auszubreiten - seine Grenzen zu erweitern und in neue Gebiete, Dimensionen und Bereiche vorzustoßen (z. B. Matthäus 28,18-20). Während die Gemeinde den Auftrag des zweiten Befehls erfüllt, kehrt sie auch dazu zurück, Herrschaft über die Erde auszuüben.

Jesus gab uns eine globale Vision

> *Die Mehrung der Herrschaft [von Jesus] und der Friede werden kein Ende haben ... (Jesaja 9,6; Schlachter 2000).*

Jesus ermahnte die Apostel, mit dem Evangelium des Reiches Gottes in die ganze Welt zu gehen (Markus 16,15). Durch die Kraft Gottes beeinflussten die Nachfolger Jesu innerhalb kürzester Zeit weite Teile ihrer Gesellschaft - ohne moderne Kommunikationssysteme wie Fernsehen, Radio oder Internet. Ein Grund dafür, warum sie die Ausbreitung des Reiches Gottes so vorantrieben, war ihr Glaube, dass Jesus innerhalb kurzer Zeit zurückkehren würde. Die Apostel predigten jedes Mal so, als würde Jesus am nächsten Tag wiederkommen, und sie taten es in der Furcht des Herrn. Sie wirkten mit heiligem Eifer und verkündeten das Evangelium in Gerechtigkeit und Veranschaulichung der Macht des Reiches Gottes. Eine große Zahl von Menschen sprachen auf ihre Botschaft der Erlösung durch Christus an und unterstellten von ganzem Herzen Gott ihr Leben.

Wenn wir wissen, wie man die Zeichen der Zeit deutet, werden wir erkennen, dass Jesus bald wiederkommen wird, denn das Böse hat enorm zugenommen und die Herzen vieler Menschen sind erkaltet (Matthäus 24,12). Gottes Reich auf der Erde zu erweitern ist eine dringliche Sache! Als am 11. September 2001 die „Twin Towers“ in New York City angegriffen und zerstört wurden, rannten viele Menschen wieder zurück in die Gemeinden und Kirchen aus Angst, dass das Ende der Welt nahe war. Wenn wir Gerichte, Erdbeben, Tsunamis und ähnliche Dinge sehen, müssen wir das Reich Gottes aus echter Überzeugung und mit Demonstrationen seiner Kraft verkünden. Die Manifestationen aus dem unsichtbaren Reich werden dazu führen, dass Menschen hungrig werden nach den Dingen Gottes. Sie bekommen ein echtes Verlangen danach, ihn anzubeten, heilig zu leben, Sünde zu überwinden und zu Gefäßen zu werden, durch die er seine Gegenwart und Macht auf der Erde zeigen kann. Voller Leidenschaft werden sie anderen den lebendigen Christus auf spürbare Weise offenbaren.

Wir müssen eine Offenbarung bekommen, in alle Welt zu gehen

Die frühe Gemeinde verkündete das Evangelium mit bemerkenswerten Resultaten. Aber die meisten der Gläubigen blieben in den ersten Jahren innerhalb eines begrenzten Gebiets; viele von ihnen befanden sich in Jerusalem. Sie wuchsen zahlenmäßig und dachten vielleicht, dass ihnen das in den Augen Roms politische Macht geben würde.

Was taten sie in Jerusalem, wenn ihr Auftrag doch war, in alle Welt zu gehen? Betrachten wir ihre Situation aus heutiger Sicht, dann warteten sie vielleicht darauf, ein wenig reifer zu werden oder eine weitere Befreiungssitzung zu haben. Oder sie dachten vielleicht, sie sollten sich noch mehr geistliches Wissen und mehr Erfahrung aneignen, und nahmen an Jüngerschafts- oder Leiterschaftskursen teil und besuchten Konferenzen und Veranstaltungen. Es könnte sein, dass sie Spenden sammelten um sicherzustellen, dass genug Geld für die Reiskosten da war. Möglicherweise warteten sie erst ab, bis ihre Kinder verheiratet waren oder warteten auf die Zeit, wo sie bequem in Rente gehen konnten.

Ich glaube, die ersten Christen blieben dort, wo sie waren, weil ihnen die Offenbarung fehlte, zu gehen – die Offenbarung, dass der Missionsbefehl global war. Es sollte in Jerusalem anfangen, aber dann sollte es erweitert werden bis nach Judäa, Samaria und die ganze Welt. Der gleiche Mangel an Offenbarung hindert auch die Gemeinde von heute daran, ihr Mandat zu erfüllen. Die Gläubigen halten sich aus all den eben genannten und anderen Gründen zurück. Allem Anschein nach fühlen sich viele von uns geistlich noch nicht bereit, das Evangelium vom Reich Gottes mit sichtbaren Manifestationen zu verkündigen. In der Zwischenzeit bleibt die Welt verloren und Menschen sterben und gehen in die Hölle.

Es mag sein, dass es in unserem Leben Zeitabschnitte gibt, in denen wir uns eine Auszeit nehmen, um einen christusähnlichen Charakter zu entwickeln. Aber die meiste Zeit wachsen der Charakter und die Ausübung von geistlicher Macht gleichzeitig. Manchmal sagt jemand: „Ich werde Gott bitten mich mit Kraft zu erfüllen, wenn mein Charakter reif genug ist, um sie empfangen zu können." Wenn wir jedoch darauf warten „reif" zu werden, bevor wir das Reich Gottes demonstrieren, werden wir nie bereit sein, denn es wird immer irgendetwas geben, das noch verändert werden muss.

Sind wir geistlich in der Position, in der wir von Gott Offenbarung, Kraft und Herrlichkeit empfangen und sie mit sichtbaren Manifestationen demonstrieren können? Dann wird unser Leben sich mit Sicherheit verändern. Was wir wirklich brauchen ist eine Offenbarung über den globalen Befehl von Jesus. Wie im vorigen Kapitel besprochen sind wir im Geist getauft, um Kraft zu empfangen – und wir empfangen Kraft, die uns befähigt hinzugehen und das Reich Gottes aktuell sichtbar zu zeigen!

Wenn du darauf wartest, dass dein Charakter vollständig ausgereift ist, bevor du mit dem Evangelium vom Reich Gottes in die Welt gehst, wirst du nie bereit sein, hinaus zu gehen.

Wir sind Bürger von Gottes Herrschaftsbereich, Könige und Priester, die aus dem himmlischen Bereich heraus auf der Erde herrschen, Repräsentanten und Botschafter des Reiches Gottes. Jesus gebot, dass wir uns um die Welt sorgen sollen, nicht nur um den unmittelbaren Kreis von Familie, Freunden und Gemeinde. Der Feind möchte uns ins in engen Grenzen halten, damit das Gebiet, in dem wir andere Menschen erreichen können, nicht stetig wächst. Während wir zu allen Völkern, Rassen und ethnischen Gruppen der Welt gehen, um Gottes Herrschaftsbereich zu erweitern, muss die Gemeinde als Ganzes an jedem Ort, in jeder Stadt und jedem Land wie die Botschaft eines Königreichs arbeiten.

Begegnest und erlebst du die Kraft Gottes, wird dich das innerlich und äußerlich verändern.

Der Übergang von Besetzung zu Ausbreitung

Saulus aber willigte in seine [Stephanus] Tötung mit ein. An jenem Tag entstand aber eine große Verfolgung gegen die Gemeinde in Jerusalem; und alle wurden in die Landschaften von Judäa und Samaria zerstreut, ausgenommen die Apostel (Apostelgeschichte 8,1).

Die meisten Gläubigen der Urgemeinde blieben solange in Jerusalem, bis eine heftige Verfolgung eintrat und sie zwang, die Stadt zu verlassen. Von da an begannen sie, den globalen Auftrag, den sie von Jesus erhalten hatten, auszuführen.

Es lag nie in Gottes Absicht, dass wir die Erde nur „besetzen" oder schlicht und einfach auf ihr leben. Sein Plan für uns war immer, dass wir sein Reich aktiv ausdehnen und erweitern. Geistlich gesehen ist es ungesund, sich an einer Stelle niederzulassen mit dem Gefühl, man ist angekommen. Sobald du dich mit diesem Platz zufrieden gibst, wirst du nicht mehr weiterkommen, denn wenn deine Leidenschaft nachlässt, beginnst du zu sterben.

Für das Vorankommen des Reiches Gottes ist seine Ausbreitung von entscheidender Wichtigkeit – und das ist ein Prozess. Gott gab den Israeliten das verheißene Land nicht sofort als Ganzes, weil das Volk gar nicht in der Lage war, alle Gebiete auf einen Schlag zu besetzen. Er gab ihnen jedes Gebiet, das ihre Fußsohlen berührte (5. Mose 11,24; Josua 1,3). Auf diese Weise versetzte er sie in die Lage, sich auszubreiten. Das Gleiche wird er auch für uns tun.

Das Ziel von Krieg ist Sieg. Das Ziel von Sieg ist Besetzung. Und das Ziel der Besetzung ist Expansion.

> *Und er [Elisa] sprach: Nimm die Pfeile! Und als der sie nahm, sprach er zum König von Israel: Schlage auf die Erde! Da schlug er dreimal und hielt inne. Da wurde der Mann Gottes zornig über ihn und sprach: Wenn du fünf- oder sechsmal geschlagen hättest, dann hättest du die Aramäer bis zur Vernichtung geschlagen; nun aber wirst du die Aramäer nur dreimal schlagen (2. Könige 13,18-19).*

Der Prophet Elisa hatte gewollt, dass der König von Israel fünf- oder sechsmal auf den Boden schlug, doch dieser tat es nur drei Mal. Als Folge davon errang er nur drei vorübergehende Siege über seinen Feind. Sein Fehler kostete ihn den vollständigen Durchbruch im Kampf gegen die feindliche Nation. König Joas besaß nicht genug Leidenschaft, um die Salbung aufzunehmen, die Gott ihm geben wollte.

Verliert ein Leiter seine Leidenschaft für Expansion, wird ihn das seinen Dienst, sein Geschäft, seine Organisation kosten – alles, worüber er herrscht.

Salbung und Leidenschaft gehören zusammen, denn wenn wir Leidenschaft besitzen, werden wir auch mit aller Kraft zuschlagen und Risiken eingehen, um zu expandieren. Wenn wir in einen neuen Bereich hineingehen, begegnen uns normalerweise alle möglichen Probleme und Unannehmlichkeiten. Wir werden den Sieg nicht bekommen, wenn wir uns auf die Siege in der Vergangenheit verlassen. Wir müssen leidenschaftlich kämpfen, um in all das zu gelangen, was Gott uns gegeben hat. *„Durch viele Drangsale müssen wir in das Reich Gottes gelangen"* (Apostelgeschichte 14,22).

Wir wurden geboren, um uns auszubreiten! Jedes weltliche Reich musste kämpfen, um neue Gebiete zu erobern. Bist du bereit, ebenso viel für das Reich Gottes zu tun? Wie wir erkannt haben, stagnieren wir geistlich, wenn wir uns in Gott nicht weiterentwickeln. Wir bleiben auf derselben Stufe mit dem gleichen Maß an Glauben und werden nicht mehr *„von Herrlichkeit zu Herrlichkeit"* verwandelt (2. Korinther 3,18). Willst du weiter nach vorne drängen, um in größere Dimensionen der Salbung. Herrlichkeit, Kraft, Autorität, finanzieller Versorgung, Offenbarung und mehr zu gelangen? Bist du bereit, durch Offenbarung deinen Einfluss in deiner Familie, deinem Dienst, deinem Unternehmen oder deiner Organisation zum Wohle des Reiches Gottes auszuweiten? Entscheide dich heute noch!

Gott wird uns immer darum bitten, zu expandieren – selbst wenn wir der Ansicht sind, dass wir einen erfolgreichen Dienst oder überfließenden Reichtum haben oder in einer friedlichen Gemeinschaft leben. Die Armuts-Mentalität sagt „Es ist genug", aber Gott möchte, dass wir uns ausdehnen und das Reich Gottes ohne Verzögerung vermehren. Ein erweitertes, zunehmendes Reich gibt Gott als *El Shaddai,* dem Allmächtigen, Ehre.

Jedes Prinzip des Reiches Gottes wurzelt in dem Gesetz von Ausbreitung und Vermehrung.

Pastor Guillermo Jiménez hatte in Las Vegas eine Gemeinde mit 1 500 Mitgliedern. Viele Pastoren wären mit einer Gemeinde dieser Größe zufrieden gewesen, doch er und seine Frau wussten, dass etwas in ihrem Dienst fehlte. Nach mehreren Jahren gleichbleibender Mitgliederzahl besuchten sie uns und baten um Rat, wie sie diesen Stillstand überwinden könnten.

„Wir waren eine aktive und motivierte Gemeinde, aber auch sehr methodisch", sagte Pastor Jiménez. „Als ich Apostel Maldonado traf, sagte er als erstes zu mir: ‚Ihr braucht die übernatürliche Kraft Gottes.' Wir bekamen ihre geistliche Abdeckung und wurden in dieser übernatürlichen Kraft aktiviert. Danach wuchs unsere Gemeinde innerhalb von drei Jahren auf 3 500 Mitglieder. Es gab eine große Begeisterung unter den Gemeindegliedern, Menschen zu Jesus zu führen und Leiter auszubilden. Wir richteten Kurse für Jungbekehrte ein, bildeten Mentoren für die Jüngerschaft aus und führten Wunder-Gottesdienste, Befreiungs-Seminare und eine Leiterschaftsschule ein. Wir lernten, geistliche Kriegsführung zu betreiben und zu beten – wir haben jetzt über 100 Fürbitter. Während einer finanziellen Krise entschieden wir uns, Gott gehorsam zu sein und ein 4 645 qm^2 großes modernes Gebäude zu bauen. Es ist vollständig bezahlt, weil sich der Zehnte und die Sonderopfer der Gemeindemitglieder verdoppelt haben.

Seit wir uns diese Vision zu Eigen gemacht haben, erleben wir auch Kritik und Opposition. Manche Gemeinden lehnen das Übernatürliche ab, aber es lohnt sich, weiter voranzugehen. Unser Dienst hat eine gewisse Bekanntheit erlangt. Pastoren von anderen Gemeinden besuchen uns, weil sie alles über die übernatürliche Kraft Gottes erfahren und darin aktiviert werden möchten. Die „Supernatural Fivefold Ministry School" [29] und die CAP Konferenz (Apostolische und Prophetische Konferenz) sind dabei eine große Hilfe. Jedes Mal, wenn wir unsere Co-Pas-

[29] „Schule für den übernatürlichen fünffältigen Dienst"

toren und leitenden Mitarbeiter mit zu diesen Konferenzen nehmen, kehren sie brennend, aktiviert und ausgerichtet auf die Vision der Gemeinde und ihrer Pastoren zurück. Wir sind sehr dankbar für diese Veranstaltungen, denn dort werden alle, die wirklich lernen wollen, zugerüstet. Die Stadt Las Vegas wird von der übernatürlichen Kraft Gottes beeinflusst!"

Das alles konnte geschehen, weil ein Pastor sich nicht mit einer Mitgliederzahl zufrieden geben wollte. Er beschloss, sich aus seiner Komfortzone hinauszubewegen in dem Wissen, dass Gottes Auftrag permanente Erweiterung ist.

Ein Großteil der Gemeinde Jesu scheint heutzutage Angst davor zu haben in neue Bereiche vorzudringen, in denen sie vorher noch nie war. Diese Abneigung unter den Gläubigen ist für die Leiter eine große Herausforderung. Doch wenn ein Leiter Menschen in eine größere Dimension hineinführen will, muss er selbst bereits dort gewesen sein.

Jemand kann eine Wahrheit lehren und demonstrieren, weil er sie selbst erlebt hat.

Es wird oft gesagt, dass ein guter Angriff die beste Verteidigung ist. Das Reich Gottes auszubreiten bedeutet, in die Offensive zu gehen. Das geschieht, indem wir in neue Gebiete hineingehen, die der Feind im Griff hat. Wir starten dort neue Gemeinden, Dienste, Unternehmen oder andere Aktionen, die die übernatürliche Kraft Gottes demonstrieren. Das heißt, wir gehen ständig vorwärts und greifen das Reich der Finsternis aggressiv an. Dann werden die Pforten der Hölle uns nicht überwältigen (Matthäus 16,18). Wir können nicht abwarten, bis der Feind uns angreift, bevor wir gegen ihn vorgehen. Stattdessen sollten wir in ständigem „Angriffs-Modus" sein.

Die Arbeitsweise des Reiches Gottes ist Angriff, damit es sich kontinuierlich ausbreitet.

Unser Eden hier und jetzt erweitern

Als Gott die ersten Menschen segnete, gab er ihnen gleichzeitig den Auftrag, sich zu vermehren und über die Erde zu herrschen: *„Und Gott segnete sie, und Gott sprach zu ihnen: Seid fruchtbar und vermehrt euch, und füllt die Erde, und macht sie euch untertan; und herrscht …"* (1. Mose 1,28). Zu segnen bedeutet zu bestätigen und mit der Fähigkeit zum Erfolg auszurüsten. Ausbreitung und Herrschaft sind also die ersten Anzeichen dafür, dass Gott uns gesegnet hat. Er setzt seine Segnungen in zunehmenden Etappen frei: dreißigfach, dann sechzigfach, dann hundertfach (z. B. Markus 4,8).

Gott gab Adam das Gebiet von Eden; von dort sollten sie sich ausbreiten und die ganze Erde erfüllen. Desleichen will er jedem von uns sein eigenes „Eden" geben; verkörpert durch unser Gebiet, Gnade, Salbung, Gunst, Maß, Sphäre, Autorität, Macht, Finanzen, Gaben, Begabungen, Einfluss und mehr – alles, wozu wir berufen sind, um es auszuführen und zu erweitern. Abhängig von unserer Treue und wie wir mit dem umgehen, was er uns gegeben hat, wird er unsere Segnungen vermehren oder wegnehmen.

Unsere Treue und Sachwalterschaft bestimmt das Maß, in dem unsere Segnungen zunehmen werden.

Woher wissen wir, dass wir mehr von Gott brauchen? Wenn er uns mit einer Vision betraut, die über uns hinausgeht, die unser derzeitiges Maß an Glauben übersteigt und die dem Zweck der Ausbreitung des Reiches Gottes dient. Wenn wir in Bezug auf geistliches Wachstum und Fortbewegung immer offensiv bleiben, wird Gott uns den Zuwachs geben. Es ist seine Verantwortung als Vater, uns zu geben was wir brauchen. Wenn er uns mehr als das gibt, dann dient es dazu, andere damit zu segnen. Wollen wir nur mehr für unsere eigene Versorgung und unsere Wünsche bekommen, wird Gott uns das nicht gewähren, weil diese Motive in seinen Augen nicht ausreichen. Sie stehen nicht in Übereinstimmung mit seinem Charakter und den Zielen seines Reiches. In der Gemeinde liegt häufig die Denkweise vor, festzuhalten, was man hat. Aber diejenigen, die gemäß einer Reich Gottes Mentalität arbeiten, werden alles investieren und vermehren, was Gott ihnen gibt.

Der Zuwachs kommt, während wir das Reich Gottes ausbreiten.

Um zu veranschaulichen, wie wir als Verwalter mit den Ressourcen von Gott umgehen sollen, lehrte Jesus das folgende Gleichnis:

> *Es [das Reich der Himmel] ist wie bei einem Mann, der vorhatte, in ein anderes Land zu reisen. Er rief seine Diener zu sich und vertraute ihnen sein Vermögen an. Einem gab er fünf Talente, einem anderen zwei und wieder einem anderen eines – jedem seinen Fähigkeiten entsprechend. Dann reiste er ab (Matthäus 25,14-15; Neue Genfer Übersetzung).*

Ein Verwalter ist jemand, der sich um den Besitz oder die Vermögenswerte einer anderen Person kümmert; er ist nicht der Besitzer. Im Gleichnis von den Talenten gehörte das Geld nicht den Dienern; sie hatten es nur zu verwalten und wurden in Bezug auf ihre Treue und Haushalterschaft geprüft (Verse 16-30). Immer dann, wenn wir das Gefühl haben, unsere Gaben, unser Geld, unser Dienst oder irgendetwas anderes, das Gott uns gegeben hat, gehören uns, wollen wir ihm normalerweise auch nichts von den Ergebnissen zurückgeben, die wir damit erzielen. Erkennen wir aber an, dass wir Gottes Verwalter sind, fällt es uns leichter, ihm seine „Güter“ zurückzugeben und in weitere Dienste zu investieren.

Während wir das Reich Gottes ausbreiten, ist meiner Ansicht nach Regel Nummer eins für uns, gute Verwalter unserer Zeit zu sein. In dem Abschnitt von Matthäus 25 gibt der Eigentümer jedem der drei Diener einen Geschäftsauftrag, und *„nach langer Zeit“* (Vers 19) kehrt er zurück, um abzurechnen. Auf ähnliche Weise wird Gott zu bestimmten Zeiten unseres Lebens kommen und fragen: „Was hast du mit dem gemacht, das ich dir gegeben habe?“ Wir sollen das, was wir haben, vermehren und ausbauen, „*jeder seinen Fähigkeiten entsprechend*“ (Matthäus 25,15).“Entsprechend unserer Fähigkeiten“ bedeutet nicht notwendigerweise, dass wir weniger zuwege bringen, wenn wir geringere Fähigkeiten haben. Denen, die nutzen was sie haben, wird mehr gegeben – Gott kann uns zusätzliche Fähigkeiten und Mittel geben. Außerdem schränken ihn unsere menschlichen Fähigkeiten nicht ein. Jedem von uns gibt er übernatürliche Kraft, einschließlich der „*Kraft, Vermögen zu schaffen*“ (5. Mose 8,18).

Der Diener in diesem Gleichnis, der nur ein Talent erhielt, machte gar nichts damit. Stattdessen vergrub er es, und als sein Herr dies feststellte, sagte er: „Du *böser und fauler Knecht! ... du hättest mein Geld den Wechslern bringen sollen*“ (Matthäus 25, 26-27; Schlachter 2000). Der Diener war unproduktiv und nutzlos, denn er hatte überhaupt nicht versucht, ein guter Verwalter des ihm anvertrauten Guts zu sein. Er hatte noch nicht einmal versucht, mit dem Geld Zinsen zu erwirtschaften. Der Eigentümer ging sehr hart mit diesem Diener um. Aber nicht nur das, er ordnete auch folgendes an:

> *Darum nehmt ihm das Talent weg und gebt es dem, der die zehn Talente hat! Denn wer hat, dem wird gegeben werden, damit er Überfluss hat; von dem aber, der nicht hat, wird auch das genommen werden, was er hat (Matthäus 25,28-29; Schlachter 2000).*

Wir müssen vermehren, was Gott uns gibt, sonst werden wir es verlieren.

Wir sollen das, was der Herr uns gegeben hat, nicht als etwas Selbstverständliches ansehen. Wenn wir es nur festhalten und nicht einsetzen oder vermehren, werden wir es verlieren. Es wird dann jemand anderem gegeben werden, der davon Gebrauch machen und es vermehren *will*. In den Jahren meines Dienstes habe ich den Beweis für dieses Prinzip erlebt. Ich kenne Leiter, Dienste und Gemeinden, die einmal Salbung, Offenbarung, üppige Finanzmittel, Gunst, Gnade und vieles mehr besaßen. Doch mit der Zeit haben sie alles verloren, weil sie keine guten Verwalter dieser Segnungen waren. Gott richtete sie und gab ihren Segen an jene, die ihn investieren und Gewinn damit machen würden. Wir können nicht im Reich Gottes leben und keinen Zuwachs verzeichnen.

Unabhängig davon, wie viele Ausreden wir dem Herrn präsentieren, warum wir keinen Ertrag mit dem gemacht haben, was er uns gegeben hat, das Ergebnis wird immer das gleiche sein. Menschen verstecken sich hinter Entschuldigungen wie Angst, Zeitmangel oder der Meinung, dass Gott zu viel von ihnen verlangt. Sie pochen darauf, dass Zahlen nicht alles sind, und so weiter. Doch egal welche unterschiedlichen Berufungen und Bereiche Gott uns gegeben hat – wir sind vielleicht Bauern, Pastoren, Ärzte, Mechaniker, Künstler, Wissenschaftler oder Geschäftsleute – wir müssen eine Dividende für das Reich Gottes einbringen.

Der Überschuss, den Gott schenkt, soll für die Ausbreitung seines Reiches verwendet werden.

So spricht der Herr, dein Erlöser, der Heilige Israels: Ich bin der Herr, dein Gott, der dich lehrt, was Nutzen bringt, und der dich auf den Weg führt, den du gehen sollst (Jesaja 48,17; Einheitsübersetzung).

Gottes Reich kennt keine Defizite, sondern nur Überfluss. Wenn wir ein Geschäft beginnen und mit einem Betriebskostendefizit enden, dann sind wir keine Reich Gottes Geschäftsleute. Das heißt nicht, dass wir keine finanziellen Herausforderungen und zeitweiligen Rückschläge haben werden. Doch wenn wir nicht die Initiative ergreifen und das investieren und ausbauen, was wir haben, wird Gott sagen: „Nimm von dem weg, der keinen Ertrag gebracht hat, und gib es demjenigen, der Gewinne erzielt."

Das funktioniert im Bereich des geistlichen Dienstes genauso. Wir müssen unseren Einflussbereich fortwährend vergrößern, indem wir Seelen gewinnen, Menschen zu Jüngern machen, die Kranken heilen, die Geknechteten befreien und den Notleidenden helfen. Unabhängig von der Größe deiner Gemeinde, für das

Reich Gottes ist es nie genug! Gott liegt die ganze Welt und die Globalisierung seines Evangeliums am Herzen. Vor Jahren waren die meisten meiner Konferenzen ein Verlustgeschäft, bis Gott mich das Prinzip von Dividende oder Ertrag lehrte. Ich muss „Gewinne" machen, nicht nur finanziell, sondern auch an geretteten Seelen, trainierten Jüngern, impartierter Offenbarung und ausgeübter Salbung, um weiter in die Ausbreitung des Reiches Gottes zu investieren. Als ich diesem Prinzip folgte - vertrauend darauf, dass der Heilige Geist die Resultate herbeiführen würde, während ich voranschritt - erlebte ich keine Verluste mehr.

Die drei Stufen von Gottes Versorgung sind: genügend, reichlich und überreichlich.

Verfolge deine Bestimmung und du bekommst, was du brauchst

Das Gleichnis von den anvertrauten Pfunden (Lukas 19,12-27) ist eine weitere Illustration über das „handeln" im Reich Gottes: *„Er* [ein Edelmann] *berief aber zehn seiner Knechte und gab ihnen zehn Pfunde und sprach zu ihnen: Handelt damit, bis ich wiederkomme"* (Lukas 19,13). Die Menschen in der Welt wissen, wie sie Gewinne machen, und Unternehmen erwarten Produktivität von ihren Mitarbeitern. Paradoxerweise besitzen viele Gemeinden keine Denkweise der Vermehrung, obwohl ihr Auftrag in Erweiterung besteht.

Die Ausbreitung des Reiches Gottes setzt voraus, dass wir die Pläne und Absichten Gottes verfolgen, statt uns auf unsere eigenen Bedürfnisse zu konzentrieren. Wenn Menschen sich nur mit ihren eigenen Bedürfnissen beschäftigen, entwickeln sie oft eine Mentalität der Begrenztheit und Bedürftigkeit. Jesus hat am Kreuz bereits für unsere körperlichen, emotionalen, materiellen und geistlichen Bedürfnisse bezahlt. Durch Christus versorgt Gott uns mit allem, was wir brauchen. Und wenn wir zuerst nach seinem Reich trachten, wird er uns reichhaltig versorgen.

Finden wir unsere Bestimmung, dann finden wir auch unseren Reichtum.

Das erinnert mich an ein beeindruckendes Zeugnis von einer „Supernatural Fivefold Ministry School“[30], die in unserer Gemeinde in Miami stattfand. Paul Galindo aus Los Angeles hatte ein eigenes Geschäft gegründet mit dem Namen „Go Green Consultants“. Sie boten Mittel und Wege an, alternative Energie aus natürlichen Quellen zu nutzen. Sein Geschäft lief sehr gut und die Verträge waren Millionen von Dollar wert. Doch als jemand in der Firma Geld unterschlug, verlor Paul alles. Er war entmutigt und wollte aufgeben. Zur gleichen Zeit erlitt sein Vater, Pastor einer Gemeinde in Kalifornien, einen Herzinfarkt. Paul musste deshalb aushilfsweise den Dienst seines Vaters übernehmen. Eine Frau erzählte ihm von meinem Dienst und gab ihm Bücher und Lehr-CDs von mir. Durch dieses Material bekam er Offenbarungswissen und wollte mehr. Deshalb besuchte er die „Supernatural Fivefold Ministry School“.

Auf der Konferenz gab ich ein Wort der Erkenntnis weiter. Es ging darum, dass unter den Anwesenden Geschäftsleute waren, die gerade kurz vor der Unterzeichnung von millionenschweren Verträgen standen. Doch Anwälte würden dem im Weg stehen. Paul befand sich tatsächlich gerade mitten in den Verhandlungen über einen Vertrag, bei dem es um rund 18 Millionen Dollar ging. Doch aufgrund von Anwälten waren die Verhandlungen abgebrochen worden. Plötzlich bemerkte ich Paul in der Versammlung. Ich bat Dr. Renny McLean, über ihm zu prophezeien. Dr. Renny sagte ihm, er sei in einem Veränderungsprozess und solle seine Hände sauber halten und sich um sich selbst kümmern. Kurze Zeit später erhielt Paul einen Anruf von einem Investor, der zu ihm sagte: „Ich weiß nicht, um was es bei dir geht, aber ich werde in dein Projekt investieren!“ Und er schloss einen Vertrag im Wert von einer Million Dollar ab!

Als Paul nach Los Angeles zurückgekehrt war, begannen sich viele Türen für ihn zu öffnen und er konnte einen Vertrag über

---

[30] „Schule für den übernatürlichen fünffältigen Dienst“

18 Millionen Dollar abschließen! Paul sagte: „Wenn du für Gott brennst, wird Geld unbedeutend. Wäre der Durchbruch vor dieser Konferenz geschehen, dann hätte ich bestimmt meinen Dienst für Gott für das Geschäft aufgegeben. Das prophetische Wort hat mein Herz verwandelt. Ich bin viel gespannter auf das, was Gott tun wird, als darauf, wieviel Geld ich machen werde." Jetzt steckt Paul seine Geschäftsgewinne in den Ausbau des Reiches Gottes. Er hat verstanden, dass Gott dieses erstaunliche Finanzwunder für genau diesen Zweck vollbracht hat.

Viele Menschen sind zufrieden damit, einfach nur Mitglieder einer Gemeinde zu sein. Doch Gottes großer Plan ist, dass wir als seine Könige auf der Erde herrschen und sein Reich auf neue Gebiete ausdehnen.

Wir werden wissen, wann wir in dem richtigen Bereich und Herrschaftsgebiet tätig sind, weil wir dann ertragreich sein werden.

Der Plan des Feindes, das Reich Gottes aufzuhalten

Satan hat einen Eindämmungsplan, um das Vorankommen von Gottes Reich zu stoppen. Er setzt ihn ständig auf vielerlei Weise um. Das bedeutet, dass wir in einem permanenten Kampf gegen einen Geist der Unterdrückung stehen. Wir sollten daher nicht überrascht sein, wenn jede Vorwärtsbewegung, die wir für das Reich Gottes vornehmen, mit Schwierigkeiten, Widerstand und Verfolgung gekontert wird. Der Feind wird versuchen uns zu binden und zurückzuhalten. Er will uns auf einen Ort, eine Situation oder einen Sachverhalt eingrenzen – in unserem persönlichen Leben, unserem Dienst, unserer Arbeit oder irgendeinem anderen Schauplatz, wo wir aktiv an der Ausbreitung des Reiches Gottes beteiligt sind. Wir müssen lernen, diesem Widerstand entgegenzuwirken.

Steckst du schon seit langer Zeit am gleichen Ort fest? Fühlst du dich eingeengt? Hast du die Vision, die du einmal hattest, verloren? Erlebst du einen Rückgang in deinen Finanzen, deinen Geschäften oder deinem Dienst? Hast du ein Gefühl von Stillstand? Es ist gefährlich sich dort aufzuhalten, wo Gott nicht ist. Deshalb müssen wir ständig voranschreiten, koste es, was es wolle.

Wenn du einen Punkt in deinem Leben erreicht hast, wo du wie vor einer unverrückbaren Mauer stehst, bist du vielleicht der Meinung, du hast etwas falsch gemacht. Es ist immer wichtig, dass wir unsere Motivationen überprüfen und Gott bitten uns zu zeigen, ob wir über etwas Buße tun müssen. Doch vielleicht hat Satan einfach nur eine Mauer aufgebaut, um deine Fortschritte für das Reich Gottes aufzuhalten. Dann brauchst du einen geistlichen Durchbruch.

Zuerst einmal musst du lernen zu entdecken, welche Hauptmaßnahmen Satan geplant hat, um dich einzugrenzen, und wie du das verhindern kannst. In erster Linie versucht der Feind uns in Schach zu halten, indem er uns zu Selbstgefälligkeit und Passivität verleitet.

- **Selbstgefälligkeit** weist auf Selbstbefriedigung hin – die Wünsche des Fleisches zufriedenstellen oder in Egoismus und Selbstbezogenheit nach persönlichem Gewinn streben.
- **Passivität** bezeichnet den Zustand von Gleichgültigkeit, wenn das Böse die Macht übernimmt. Durch eine tolerante Gesinnung erlauben wir dem Feind, an Boden für sein Reich der Finsternis zu gewinnen, ohne etwas dagegen zu unternehmen (z. B. Offenbarung 3,16).

Ein Bruder in unserer Gemeinde hatte einen schweren Kampf gegen die Machenschaften des Feindes zu führen, der ihn aufhalten wollte. „Ich stand vor dem Bankrott und dem Verlust von einer Million Dollar“, berichtete er. „In manchen Wochen verdiente ich nicht einmal einen Dollar. Ich war verzweifelt und hegte sogar Selbstmordgedanken. Eines Sonntags hatte ich nur noch vierzig Dollar übrig und gab sie in der Gemeinde in den Opferkorb. Während des Gottesdienstes rief der Apostel sämtliche Geschäftsleute nach vorne zum Altar, die alles verloren hatten. Augenblicklich ging ich nach vorne und empfing eine Prophetie von ihm: ‚Der Herr sagt, dass er dir zu Beginn des nächsten Jahres alles zurückgeben wird, was der Teufel gestohlen hat.' Der Feind wollte mich stoppen. Er wusste, dass es mein Wunsch war, mit für die Ausbreitung des Reiches Gottes zu sorgen.

Die Zeit verstrich und wir wurden sowohl emotional wie auch finanziell auf die Probe gestellt. Der Feind flüsterte uns immer wieder ins Ohr, nicht zurück in die Gemeinde zu gehen und alles hinter uns zu lassen. Er versuchte mich zu verleiten, mir das Leben zu nehmen. Doch wir hielten durch, indem wir dienten und Opfer gaben – häufig gaben wir, was wir uns eigentlich nicht leisten konnten. Zu Beginn des neuen Jahres fing eines meiner Geschäfte an, auf übernatürliche Weise zu wachsen. Statt pro Woche Rechnungen im Wert von 300 Dollar auszustellen, wurden es 15 000 Dollar pro Woche. Ein anderes meiner Geschäfte war versiegt, obwohl wir alles Mögliche versucht hatten, es in Gang zu halten. Doch kurz darauf brachte es ohne große Anstrengung 5 000 Dollar pro Monat ein. Wir fingen an, über das Internet zu verkaufen. Über Nacht stiegen unsere Gewinne auf 10 000 Dollar pro Monat. Unsere Bestände waren dauernd knapp, weil der Verkaufsumfang immer größer war als unsere Einkäufe. Das war völlig übernatürlich!

Als ich ein Jahr später um kreative Ideen betete, bekam ich von Gott die Anregung eine Firma zu gründen, um Geschäfte zwischen den Vereinigten Staaten und Lateinamerika abzuwickeln. Ich schloss mich mit zwei weiteren Unternehmen zusammen, und wir schossen förmlich von Null auf 100 000 Dollar Umsatz im Monat. Wir wissen, dass dies ein Wunder von Gott ist. Vorher hatten wir alles aus eigener Kraft versucht, ohne ihn. Wir hatten viel Geld dafür ausgegeben, doch es war vergeblich und wir hatten alles verloren." Durch seine Treue zu Gott, seine Verpflichtungen, seine Gebete, seine Opfergaben und seine harte Arbeit vereitelte dieser Bruder den Plan des Feindes, ihn auszuschalten. Er gab nicht auf, sondern harrte solange aus, bis er den dringend benötigten Durchbruch erlebte.

Geistlicher Durchbruch ist der Schlüssel zu Wachstum

Wir können beginnen, Satans Maßnahmen zu deaktivieren und geistlichen Durchbruch erleben, indem wir die Antworten auf zwei wichtige Fragen herausfinden: „Was ist ein geistlicher Durchbruch?“ und „Warum brauchen wir geistliche Durchbrüche?“ Anschließend müssen wir die Schritte erlernen, wie wir persönlich einen geistlichen Durchbruch bekommen.

Was ist ein geistlicher Durchbruch?

Ein Durchbruch ist ein plötzliches Eingreifen Gottes, das uns durch alles hindurchbringt – und darüber hinaus – was uns daran hindern will, in ein neues Gebiet für das Reich Gottes zu gelangen. Um einen Durchbruch zu erhalten ist eine „Durchbruchs-Salbung“ oder ein „Geist der Stärke“ von Gott erforderlich. Dadurch können wir das, was er uns gegeben hat, steigern, multiplizieren, ausbauen oder erweitern.

Im Übrigen, meine Brüder, seid stark in dem Herrn und in der Macht seiner Stärke (Epheser 6,10).

Das Wort *„Stärke“* in diesem Vers ist das griechische Wort *ischys* mit der Bedeutung von „Durchsetzungskraft“. Zusätzlich zu „Stärke“ hat *ischys* auch die Bedeutung von „Fähigkeit“, „Macht“ und „Kraft“. Dieses Konzept von Stärke kann verglichen werden mit der militärischen Stärke und den militärischen Mitteln einer großen Nation. Eine „Durchbruchssalbung“ oder ein „Geist der Stärke“ bedient sich der Stärke des Himmelsreiches und seines allmächtigen Gottes, dessen Arsenal, Strategien und Vormarschtruppen aufgeboten werden, um die Einkapselungspläne des Feindes zunichtezumachen und das Gebiet von Gottes Reich zu erweitern.

Und Simson sprach: „... Mit dem Unterkiefer des Esels erschlug ich tausend Mann“ (Richter 15,16)! Simson war ein Richter und Krieger aus dem Alten Testament. Als der Geist der Stärke auf ihn kam, konnte er tausend feindliche Philister töten, obwohl er nur mit dem Unterkiefer von einem Esel bewaffnet war. Er konnte sogar schwere Stadttore auf seinen Schultern tragen und die gewaltigen Mittelsäulen im Tempel der Philister niederreißen, wodurch er weiteren dreitausend Philistern den Tod brachte (Richter 16,2-3; 21-30). Als er in der Kraft Gottes handelte, konnte er nicht zurückgehalten werden. Gott will uns die Kraft und Stärke geben, die Mauern von Krankheit, Armut und Unterdrückung, die uns in Schach halten wollen, zu beseitigen und zu zerstören.

Die Kraft Gottes im Bereich von geistlichem Kampf wird als „Stärke" bezeichnet.

Warum brauchen wir geistliche Durchbrüche?

Wir brauchen geistliche Durchbrüche, weil nur Gott die Einschränkungen zerschmettern kann, die Satan uns auferlegt. Er setzt uns damit frei von dem, was uns bindet. Der Feind will uns verstricken, sodass wir nicht vorankommen, auch wenn wir uns bewegen – wie eine Person auf einem Laufband oder ein Hamster im Hamsterrad. Unsere Anstrengungen sind vergebens und wir sind dauernd frustriert. Wir sind nicht in der Lage, ein neues Gebiet für das Reich Gottes zu erobern oder die nächste Stufe des Glaubens zu erklimmen, bis Gott durch ein übernatürliches Ereignis eingreift.

Wenn wir völlig vergeblich gegen etwas kämpfen, zeigt das unsere Schwachheit. Nur Gott kann unschädlich machen, was uns bindet und zurückhält.

Henry und Claudia González sind Pastoren einer Gemeinde in Kolumbien. Zu dem Zeitpunkt, als sie an unserer „Supernatural Fivefold Ministry School"[31] teilnahmen, war ihre Leiterschaft ziemlich passiv und sie fühlten sich geistlich schwach. Es schien so, als würden die Leute die Gemeinde genauso schnell wieder

[31] „Schule für den übernatürlichen fünffältigen Dienst"

verlassen, wie sie gekommen waren. So wuchs die Gemeinde nicht. Auch in den Bereich von Wundern hatten sie noch nicht durchbrechen können. In der „Supernatural Fivefold Ministry School“ bekamen sie geistliche Vaterschaft und Abdeckung für ihre Gemeinde. Das führte zu einer radikalen Veränderung in ihrem Dienst. Sie hatten mit 600 Mitgliedern begonnen, von denen 120 die Gemeinde verließen. Doch nun wuchs die Gemeinde auch durch Neubekehrte auf über 1 000 Mitglieder an. Die Gemeinde wächst weiter und die geistlichen Gaben der Mitglieder sind aktiviert worden. Darüber hinaus waren sie in der Lage, ihre Hypotheken in nur sechs Monaten abzuzahlen!

Während der regulären Gottesdienste heilt Gott Menschen von Krebs, Leukämie, Lungenkrankheiten sowie vielen anderen Erkrankungen. Das Wunder mit den größten Auswirkungen war die Totenauferweckung eines achtjährigen Jungen namens Denis, den man für tot erklärt hatte. Sein Vater hatte ihn zum Arzt gebracht, weil er über Schmerzen im Bein geklagt hatte. Man stellte einen bösartigen Tumor am Oberschenkelknochen fest. Nach weiteren Untersuchungen fanden die Ärzte heraus, dass auch seine Lungen betroffen waren. Die Ärzte berieten sich und beschlossen, den Oberschenkel zu amputieren. Während der Operation trat eine Komplikation auf, die zu erheblichem Blutverlust führte. Der Junge erlitt einen Schock und starb auf dem OP-Tisch. Zwei Stunden nach erlöschen aller Lebenszeichen betete der orthopädische Chirurg, der Christ war, für ihn und bedrohte den Geist des Todes. Zur Ehre Gottes kehrte Denis zurück ins Leben! Denis berichtete, dass er sich selbst mit Gott dem Vater durch die Wolken schweben sah, als er tot war. Neue Tests ergaben, dass sich die Metastasen in der Lunge aufgelöst hatten. Gott hatte Denis nicht nur neues Leben eingehaucht, sondern ihn auch von Krebs geheilt.

Ein Mitglied der Gemeinde berichtete von einem weiteren bemerkenswerten Zeugnis. Sein Bruder war mit seinem Motorrad in ein Auto gekracht und sofort gestorben. Der Mann betete für seinen Bruder, bedrohte den Geist des Todes, und der Bruder wurde wieder lebendig! Ein anderes Heilungswunder geschah bei einem autistischen Kind, das sich den ganzen Tag nur vor und zurück wiegte, offenbar ohne sich der Realität um sich herum bewusst zu sein. Eine Woche nachdem dieser Junge eine Impartation der übernatürlichen Kraft Gottes bekommen hatte, lief er herum, aß selbständig und hatte vollen Kontakt mit der Wirklichkeit. Des Weiteren betete einer der Gemeindeleiter für ein zwanzig Tage altes Baby, das mit Krebs auf die Welt gekommen war, und das Kind ist jetzt völlig gesund! Lob sei Gott!

Im Rahmen der Multiplikation in der Gemeinde gründeten Henry und Claudia González sieben Gemeinden auf Grundstücken, die gestiftet worden waren. An einem der Standorte hatten sie einen Zauberer zum Nachbarn. Der Pastor verkündete, der Zauberer würde in einem Monat weggehen. Nach einem Monat fanden die Frau und der Sohn des Zauberers zu Jesus Christus und noch einen Monat später wurde der Zauberer ebenfalls errettet. Heute ist er ein verwandelter Mann und frei von Zauberei.

Das Pastorenehepaar González sagt: „Die geistliche Vaterschaft setzte das Erbe des Übernatürlichen frei und gab uns Sicherheit in die Pläne Gottes für unser Leben. Dadurch wurde die Passivität, Entmutigung und alles andere, was uns zurückhielt, aus uns und aus der Gemeinde vertrieben und das Reich Gottes auf unserem Territorium errichtet."

Der Feind versucht uns zu täuschen, indem er uns dazu bringt, uns auf die Schwierigkeiten und Notlagen zu konzentrieren. Er will, dass unsere Umstände zu unserer Realität werden, weil wir auf diese Weise die negativen Situationen weiter stärken, indem wir sie immer wieder bekennen und eingestehen. Er will uns vergessen machen, dass alle Umstände zeitlich begrenzt sind und ein „Ablaufdatum" haben (z. B. 1. Petrus 1,6-7). Deine Schwierigkeit hat ein Verfallsdatum, weil dein Durchbruch außerhalb von Zeit existiert; er ist übernatürlich und wird durch Glauben herbeigeführt.

Konzentrieren wir uns auf unsere Umstände, werden wir nie wissen, was wir hätten erreichen können.

Schritte zum Erhalt eines geistlichen Durchbruchs

Viele Menschen wünschen sich einen geistlichen Durchbruch, weil sie mit einer bestimmten Situation in ihrem Leben unzufrieden sind. Doch ein Wunsch alleine reicht nicht aus, damit Gottes Geist der Stärke aktiviert wird, um die von Satan errichtete Begrenzungsmauer zu zerstören. Wir müssen folgende Schritte unternehmen:

1. Weigere dich, die Situation zu tolerieren

Wir müssen Passivität und Nachgiebigkeit in unserem Leben überwinden, wenn wir den Feind zurückschlagen wollen. Wenn wir eine Situation satthaben - wenn wir uns bewusst werden, genug ist genug, und wir die Umstände nicht mehr länger dulden wollen - werden wir Gott inständig suchen. Wir erkennen, dass wir am Ende unserer eigenen Kräfte und Fähigkeiten angelangt sind, und verlassen uns nur noch auf seine. Das war bei den zehn Aussätzigen der Fall, die Jesus heilte, insbesondere bei dem Samariter, der zu Jesus zurückkehrte, um Gott zu verherrlichen und sich zu bedanken (Lukas 17,11-19). Wenn Aussätzige sagen können: „Jetzt reicht es“, und die Entscheidung treffen, leben zu wollen und bei Gott nach Rettung suchen, warum dann nicht auch wir? Sind wir gefangen in einem Problem, einer Angewohnheit, einer Sucht oder Schwierigkeiten, müssen wir anfangen zu sagen: „Genug! Jetzt ist Schluss! Nie wieder! Das war das letzte Mal!“

2. Sei erfüllt mit rechtschaffener Empörung

Als junger Mann war König David mit rechtschaffener Empörung gegen die Feinde Israels erfüllt. Deshalb forderte er den Riesen der Philister, Goliath, heraus und tötete ihn durch den Geist der Stärke von Gott (1. Samuel 17,26; 32). Als das Leben von drei jungen hebräischen Männern im Exil in Babylon bedroht war, weil sie das Götzenbild nicht anbeten wollten, wurden sie erfüllt von heiligem Zorn. Sie erklärten dem König, dass sie keine falschen Götter anbeten würden oder vor dem goldenen Standbild niederknien würden. Nachdem sie in einen feurigen Ofen geworfen wurden, rettete Gott sie. Er brachte auch ihre Feinde zum

Schweigen und gab ihnen Gunst beim König (Daniel 3,13-30). In gleicher Weise sollten auch wir reagieren, wenn wir mit Krankheit, mangelnden Finanzen, kriegerischen Konflikten, Sünde, Gebundenheiten oder irgendetwas anderem konfrontiert werden, das uns zu vernichten droht. Dann können wir Überwinder werden und unseren Durchbruch erlangen, indem wir in gerechter Empörung darauf antworten. Der Feind weiß genau, wann es uns ernst ist und wir voller heiligem Eifer sind, genauso wie unsere Kinder wissen, wann wir es ernst meinen und ihnen nicht erlauben werden, ihre Grenzen zu überschreiten.

3. Übe „geistliche Gewalt" aus

Wenn wir Gott suchen und er uns den Geist der Stärke oder die Durchbruchssalbung gibt, dann müssen wir das vorantreiben, was bisher aufgehalten oder eingegrenzt wurde. Wir werden geistlich gesehen gewalttätig, nicht körperlich. Wir sollen auf den Teufel und seine Dämonen zornig werden, nicht auf Gott oder andere Menschen. Ansonsten ist unsere Gewalt nämlich weder von Gott, noch ist sie heilig. Heilige Empörung kämpft gegen Ungerechtigkeit, Krankheit, Armut, Depression und alle anderen Werke des Teufels.

> *Aber von den Tagen Johannes des Täufers an bis jetzt wird dem Reich der Himmel Gewalt angetan, und Gewalttuende reißen es an sich (Matthäus 11,12).*

Eine wortgetreuere Übersetzung dieses Verse könnte so lauten: *„Von den Tagen des Johannes des Täufers an bis jetzt wurde das Reich der Himmel durch Gewalt [Stärke, Macht] regiert, und nur jene, die an der Macht sind, kontrollieren es."* Gott hat alles unter Kontrolle, aber er hat uns Autorität und Macht gegeben, in dem Gebiet Herrschaft auszuüben, das er uns zugewiesen hat. Warum müssen wir in unserer Regentschaft *„gewalttätig"* sein? Weil wir in einem ständigen Kampf mit dem Reich der Finsternis stehen und darum streiten, wer die Herrschaft über die verschiedensten Gebiete auf der Erde haben wird – seien es physische Orte, Menschen oder Einflussbereiche. Gott hat seinem Volk die Herrschaft gegeben. Herrschaft ist die höchste territoriale Macht. Aus diesem Grund kämpft Satan seit Anbeginn der Schöpfung gegen die Menschheit und setzt dies auch heute weiter fort.

Jesus lehrte uns, dass wir den *„starken Mann"* bzw. Satan binden müssen, um ihn zu bezwingen (z. B. Matthäus 12,29). Der Beginn davon ist, Jesus als Herrn unseres Lebens zu bekennen, denn der Satz „Jesus ist Herr" ist ein territorialer Begriff – das Wort *Herr* verkörpert absolute Autorität und Herrschaft.

Um deine Autorität an einem Ort zu etablieren, musst du immer den Namen von Jesus kundtun.

Schauen wir uns nun die Auswirkungen von Matthäus 11,12 genauer an:

- **„Von den Tagen Johannes des Täufers an bis jetzt …":** Johannes der Täufer predigte als erster das Evangelium vom Reich Gottes. Ab diesem Zeitpunkt begann der Kampf gegen das Reich der Finsternis und hat sich durch alle nachfolgenden Generationen hindurch fortgesetzt.
- **„… wird dem Reich der Himmel Gewalt angetan …":** Warum würde das Reich der Himmel Gewalt erleiden? Jedes Mal, wenn wir das Reich Gottes manifestieren, indem wir eine Krankheit in ihre Schranken weisen, jemanden von der Knechtschaft der Drogen befreien oder von einem mentalen oder emotionalen Trauma, gewinnen wir ein Territorium für Christus zurück und beseitigen das Reich der Finsternis daraus. Wie schon erwähnt wird Satan zurückschlagen, wenn wir damit anfangen, Herrschaft über einen Bereich auszuüben, den er regiert hat. Verliert der Feind ein Gebiet, wird er immer wieder versuchen, es zurückzubekommen. Deshalb müssen wir seinen Plänen gegenüber wachsam sein und seinen Angriffen widerstehen (Lukas 11,24-26).
- **„Gewalttuende reißen es an sich":** Das Reich Gottes wird nicht durch zaghafte, passive oder schwache Menschen ausgebreitet, die sich damit abgefunden haben, nichts zu tun. Wir haben zuvor schon festgestellt,

> dass der Teufel innerhalb der Gemeinde die Lüge verbreitet hat, dass wir nicht dafür zuständig sind irgendetwas zu tun, weil Jesus schon alles am Kreuz vollbracht hat. Viele sind der Ansicht, Gott gibt uns alles umsonst und von unserer Seite sind keine Bemühungen mehr nötig. Es ist zweifellos richtig, dass Gott uns in Christus Gnade schenkt, die unerlässlich für Vergebung und den Erhalt aller seiner Segnungen ist. Wir verdienen uns aber unsere Erlösung nicht und könnten niemals dafür bezahlen. Doch wenn wir alles besitzen wollen, was Jesus für uns gewonnen hat, dann müssen wir immer noch den Feind in der Kraft der Macht Gottes bekämpfen! Als wir Jesus empfangen haben, gab er uns seinen Geist, seine Stärke und seine übernatürlichen Waffen. Damit können wir zurückholen, was Satan uns gestohlen hat – und das Reich Gottes errichten mittels geistlicher Gewalt.

Wenn wir einen Durchbruch erzielen wollen, müssen wir deshalb in der Ausübung der Prinzipien des Reiches Gottes militant sein. Das ist eine geistliche Sache und gilt für uns alle – unabhängig davon, ob unsere natürliche Persönlichkeit durchsetzungsstark oder eher still und zurückhaltend ist. Passivität wird uns geistlich verwundet zurücklassen, statt unsere Durchbrüche sicherzustellen. Wir müssen rücksichtslos gegenüber dem Feind sein – er will uns zerstören! Dämonische Bollwerke werden erbeben und auseinanderbrechen, wenn wir in der Kraft Gottes gegen sie angehen.

Einige Leute haben gelernt, wie sie mit ihren Händen oder Füßen Steine zerschmettern können, weil sie in der Lage sind zu sehen, was jenseits der Steine liegt. Wir müssen ebenfalls fähig sein, über unsere Umstände hinauszusehen, um durch sie hindurchzubrechen. Ein anderes Beispiel: Eine Henne ermöglicht ihren Babyküken nicht die Geburt, indem sie die Außenseite der Schale aufbricht, die sie umgibt. Die Küken müssen selbst durchbrechen, indem sie mit ihren Schnäbeln die Innenseite der Schale anpicken. Sie würden sonst nicht die nötige Stärke bekommen, die sie für ein Leben außerhalb der Schale brauchen. Auf ähnliche Weise sind wir diejenigen, die gegen die Einkapselung oder Eingrenzung des Feindes vorstoßen! Aber Gott gibt uns seine Kraft durch den innewohnenden Heiligen Geist und befähigt uns dazu. In diesem Prozess werden wir immer stärker, um unsere Rolle im Reich Gottes zu erfüllen.

Erst wenn der Geist der Stärke auf uns herabkommt werden wir in der Lage sein, die Mauern der Eingrenzung vom Feind zu durchbrechen.

Geistlich gewalttätig zu sein bedeutet nicht zwangsläufig, dass man eine Menge Lärm macht oder sich die Lunge aus dem Hals schreit. Es bedeutet, die Autorität und Kraft Gottes auszuüben. Jesus war der barmherzigste Mensch, den es je auf der Erde gegeben hat. Aber durch die Kraft des Heiligen Geistes war er auch der geistlich Gewalttätigste. Er war stark und fest und tolerierte Religiosität, Sünde, Krankheit oder Tod nicht. Der Geist Gottes wird ebenso auch auf uns kommen und uns befähigen, auf aggressive Weise an den Dingen vorbeizudrängen, die uns haben auf der Stelle treten lassen. In der Bibel sehen wir zum Beispiel, wie die Mauern von Jericho zusammenfielen, nachdem die Israeliten in das verheißene Land gegangen waren und der Geist der Stärke auf sie gekommen war (Josua 6,20). Und als der Geist der Stärke auf den Apostel Paulus kam, trieb er den Geist der Wahrsagerei aus. Bei jedem geistlichen Durchbruch, den wir erleben, manifestiert sich geistliche Gewalt.

Wir können Gebiete für das Reich Gottes beschlagnahmen und kontrollieren, wenn wir Macht haben. Aber wir können Macht nur ausüben, wenn wir unter geistlicher Autorität stehen. Das ist ein Prinzip im Reich Gottes. Der Schlüssel ist Gehorsam! Niemand kann das Reich Gottes durch Gewalt erweitern, Dämonen austreiben und die Kranken heilen, bis er sich der Herrschaft des Himmelsreiches unterordnet, und der Teufel weiß das sehr gut. Er erkennt diejenigen, die mit dem Gewicht von Autorität sprechen und jene, bei denen das nicht der Fall ist.

Autorität ist etwas, dass anerkannt und in Empfang genommen werden muss.

In christlichen Kreisen gibt es heutzutage viele Diskussionen darum, welches die richtige Methode ist, Dämonen auszutreiben. Wenn sich dann Dämonen manifestieren, nimmt es normalerweise als Folge davon viel Zeit in Anspruch, sie zu vertreiben. In der frühen Kirche geschah das schnell und effizient, weil die Dämonen die Herrschaft Gottes in den Jüngern Jesu wahrnahmen. Sie waren gezwungen zu gehorchen, denn sie wussten, dass die Jünger im Namen des Königs der Könige sprachen.

Um das Reich Gottes auszubreiten, müssen wir deshalb die Autorität von Gott in unserem Zuhause, unserer Arbeit, unseren Gemeinden, unseren Diensten, unserer Gesellschaft und unseren Nationen aufrichten. Etablieren wir die Autorität Gottes nicht und unterwerfen uns nicht seiner überlegenen Herrschaft, haben wir nicht das Recht, seine Macht auszuüben. Kann der Feind die Herrschaft von Gott in uns nicht erkennen, fordert er unsere Autorität heraus und weigert sich, zu gehen. Kann das der Grund dafür sein, warum er oftmals nicht gehen will, wenn wir es ihm befehlen? Kann es sein, dass wir ihm ein legales Recht zum Bleiben gewährt haben, weil wir uns Gott und seinen delegierten menschlichen Autoritäten nicht untergeordnet haben? Unterwerfen wir uns daher Gott und breiten sein Reich in Autorität und Macht aus.

Befindest du dich nicht in Unterordnung, befindest du dich auch nicht in Herrschaft.

4. Bringe Gott herrlichen, spontanen Lobpreis dar

Juble, du Unfruchtbare, die nicht geboren, brich in Jubel aus und jauchze, die keine Wehen gehabt hat! Denn die Söhne der Einsamen sind zahlreicher als die Söhne der Verheirateten, spricht der HERR (Jesaja 54,1).

So wie die unfruchtbare Frau in diesem Vers bringen viele Menschen in verschiedenen Bereichen ihres Lebens wegen eines Geistes der Unfruchtbarkeit keine Frucht. Dieser Geist raubt ihnen die Ausbreitung und den Segen. Wenn sie beispielsweise im Begriff stehen eine Arbeit zu finden, ein Geschäft abzuschließen, zu heiraten oder ein wichtiges Projekt abzuschließen, bewirkt ein Geist der Unfruchtbarkeit, dass sie ihren Segen verlieren. Die Lösung für Fruchtlosigkeit ist geistlicher Durchbruch. Der letzte Schritt in dem Prozess, den Durchbruch zu erhalten, ist, Gott aus freien Stücken von innen heraus wunderbaren Lobpreis darzubringen.

Freue dich, juble laut, bringe Gott überschäumenden Lobpreis dar, singe dem Herrn ein neues Lied! Wir müssen Gott inmitten allen Schmerzes loben, auch wenn es abnormal erscheint, das zu tun. Wenn wir uns um einen Durchbruch bemühen, muss der Ablauf nicht unbedingt Sinn für unseren menschlichen Verstand machen, denn Vernunft erzeugt keinen Glauben. Hier besteht das Prinzip des Reiches Gottes darin, durch vom Geist Gottes inspirierte Lieder in das Reich der Finsternis einzudringen. Diese Manifestation des Heiligen Geistes kann plötzlich auf uns kommen. Ich meine damit nicht die regulären Lieder, die wir oft in der Gemeinde singen, obwohl wir mit ihnen beginnen können. Ich beziehe mich vielmehr auf „plötzliche Ausbrüche" von Liedern, wie ich es nenne. Es geht nicht darum, dass wir ein Lied singen, aufhören und dann den Durchbruch erwarten, sondern wir singen laut solange weiter, bis der Geist der Stärke auf uns kommt. Wir müssen durch Gesang weiter gegen das Reich der Finsternis vorstoßen, weil wir dabei sind, etwas im Geist zur Geburt zu bringen.

Spontaner und großartiger Lobgesang gebiert übernatürliche Durchbrüche.

Hör nicht auf zu singen – sing himmlische Lieder; durchbrich die Finsternis mit Lobgesang für den Herrn. Freue dich, denn einst warst du unfruchtbar, aber jetzt bist du fruchtbar. Rufe jetzt laut mit einer Stimme voller Jubel! Wo auch immer du jetzt bist, der Durchbruch ist auf dem Weg. Er wird dich aus deiner geistlichen, persönlichen, beruflichen oder dienstlichen Stagnation herausführen und du kannst die Mauern der Einschließung des

Feindes zu Fall bringen, das Reich Gottes ausbreiten und die Werke des Feindes zerstören.

Errichte das Reich Gottes in deinem Einflussbereich

Mache weit den Raum deines Zeltes, und deine Zeltdecken spanne aus! Spare nicht! Mache deine Seile lang, und deine Pflöcke stecke fest (Jesaja 54,2).

Wenn der Geist der Stärke auf uns kommt, werden wir uns zum Norden, Süden, Osten und Westen ausdehnen. Die Barrieren, die uns behindert haben, werden zusammengebrochen sein – die Begrenzungen, die uns durch den Sündenfall auferlegt wurden. Dann werden wir das Reich Gottes durch die Multiplizierung unserer Dienste, Gemeinden, Geschäfte und Gaben erweitern. Der Geist der Macht wird auf uns sein, um große Durchbrüche zu bewirken. Heute ist der Tag der Expansion in unserem Leben!

Das passierte einem Pastor aus Venezuela. Während einer Jugendkonferenz, die wir in seinem Land ausrichteten, gab Pastor Gregory ein Zeugnis. Er berichtete, er habe einige Zeit zuvor ein prophetisches Wort von mir bekommen, das sich inzwischen erfüllt hatte. Gott hatte mit gezeigt, dass Pastor Gregory eine Schule und eine Radiostation aufbauen würde. Beide Worte erfüllten sich. Sie haben eine Schule und bekamen die Genehmigung für einen kommerziellen Radiosender. Wenig später nahm Pastor Gregory an der „Supernatural Fivefold Ministry School"[32] teil, wo ich unter der Leitung des Heiligen Geistes für jeden Teilnehmer einen finanziellen Durchbruch freisetzte.

Nach seiner Rückkehr nach Venezuela suchte ein Geschäftsmann Pastor Gregory auf und sagte: „Der Herr ließ mich nicht schlafen, sondern drängte mich, vier Millionen Bolivar[33] in deinen Dienst zu säen." Später säte ein weiterer Geschäftsmann 1,5 Millionen Dollar und ein anderer eine halbe Million Dollar. Eine Welle von übernatürlicher Versorgung war freigesetzt worden!

---

32 „Schule für den übernatürlichen fünffältigen Dienst"

33 Boliviar Fuerte (VEF), Währung in Venezuela

Jemand anderer schenkte Pastor Gregory einen neuen SUV (Bezeichnung für eine Geländelimousine) und bezahlte die Flugkosten für die Reise seiner ganzen Familie. Seine Gemeinde erlebt kreative Wunder und Heilungen, die großen Einfluss ausüben. Dieser Pastor bezeugte voller Freude, dass seine Gemeinde jetzt eine Megagemeinde ist! Der Einfluss von Gottes übernatürlicher Kraft in seinem Leben und Dienst ist offensichtlich. Als er sein Zeugnis beendet hatte, umarmte ich ihn und diente ihm mit der Gegenwart Gottes und geistlicher Vaterschaft. Pastor Gregory wurde sichtlich tief von Gott berührt.

Der Zweck eines geistlichen Durchbruchs ist die Ausweitung von Gottes Reich.

Jesus sagte: *„Ihr habt nicht mich erwählt, sondern ich habe euch erwählt und euch dazu bestimmt, dass ihr hingeht und Frucht bringt und eure Frucht bleibe …“* (Johannes 15,16). Wenn dein Leben keine Frucht für Gott bringt oder dein Dienst keine Wirkung zeigt, dann stell dir folgende Fragen:

- Welchem Gebiet oder Einflussbereich bin ich von Gott zugeteilt worden?
- Warum bin ich in meinem gegenwärtigen Gebiet? Haben mich Umstände hierhin gebracht? Bin ich aus eigener Wahl hier? Oder hat Gott mich hierhin gepflanzt?
- Ist meine Bestimmung mit diesem Gebiet verbunden?
- Welche Person ist als delegierte Autorität für mich zuständig– z. B. mein Pastor oder Apostel? Erlaube ich ihm, mich gemäß dem Wort Gottes zu trainieren, zu jüngern und zu führen?
- Bringe ich die Art von Frucht, die Bestand hat?

Wenn Gott uns beruft, dann befähigt er uns auch, indem er uns die Mittel zur Verfügung stellt, die wir zur Erreichung seiner Ziele brauchen. Wenn wir dagegen nicht für ein bestimmtes Umfeld beauftragt sind oder durch von Gott eingesetzte Autoritätspersonen ordnungsgemäß dorthin gesandt wurden, werden wir keine

Herrschaft darüber ausüben können. Nochmals, der Feind und seine Dämonen wissen, wie man Männer und Frauen erkennt, die außerhalb ihres Einflussbereichs oder ihrer Autorität agieren.

Manchmal erfordert unsere Aufgabe von Gott es, im vollzeitigen Dienst zu sein. Doch Gott ruft Gläubige in viele Bereiche, wie beispielsweise Rechtswissenschaft und Gesetzgebung, Regierungsämter, Bildung, Kunst, Wissenschaft und Technik. Wenn Gott dich z. B. beauftragt hat, das Bildungssystem deiner Stadt zu reformieren, dann wird er dich unterstützen, egal, wie unmöglich diese Aufgabe zu sein scheint, denn es ist dein Territorium. Gott hat dich dorthin gesetzt und seine Kraft wird dir Rückhalt verleihen.

Wir müssen alle dabei sein, unseren Auftrag zu erfüllen. Jeder von uns muss Gott ernsthaft suchen, damit wir unsere spezielle Aufgabe herausfinden. Durch das Gleichnis von den Talenten und den Pfunden verdeutlichte Jesus, dass, wenn wir treu sind mit dem, was Gott uns gegeben hat und wir seine Gaben gut verwalten, er uns mit einem größeren Gebiet und mehr Verantwortung belohnt. Wenn wir auf der Erde treu sind, werden wir darüber hinaus in der Ewigkeit belohnt werden.

Wenn Gott dich an einen Ort gepflanzt hat, dann solltest du den Beweis dafür an deiner Fruchtbarkeit erkennen. Ich glaube, wenn du Erfolg hast, wo du gerade bist, dann hältst du dich auch im richtigen Territorium auf. Denn wenn du deine Bestimmung findest und ihr in Integrität nachgehst, wird der Reichtum Gottes in jedem Bereich deines Lebens mit dir sein.

Wenn ein geistlicher Durchbruch stattfindet, verwandelt sich unsere Denkweise von Begrenzung in eine Denkweise von Erweiterung.

Das Reich der Kraft hier und jetzt demonstrieren

Die Herausforderung des Reiches Gottes liegt im hier und jetzt! Das Reich Gottes ist die auf die Erde gebrachte Atmosphäre, Herrschaft und Kultur des Himmels, damit Jesus König und Herr unseres Lebens sein und Satan aus unserer Mitte entfernt werden kann. Wenn ein Herz verwandelt, eine kranke Person geheilt und eine geknechtete Person befreit ist, sehen wir die Demonstrationen der Kraft des Reiches Gottes. Wir wurden dazu geboren, solche Manifestationen vom Himmel auf die Erde zu bringen; darum gab Gott uns Bevollmächtigung, Gaben und Fähigkeiten.

Durch dieses Buch wurdest du ausgestattet mit der Offenbarung über das Reich der Kraft im Hier und Jetzt. Wenn der Heilige Geist auf dich kommt, wirst du die Kraft Gottes und die Feuertaufe empfangen. Dadurch wirst du entzündet, sein Reich überall zu manifestieren, wo immer du auch hingehst – du herrschst über Krankheit, Sünde, Dämonen, Armut und Tod. Dies ist die Zeit für die Sichtbarwerdung der Kinder Gottes auf der Erde. Gott hat dich erschaffen, damit du mit allen von ihm geschenkten Gaben und Segnungen in alle Welt gehst und sein Reich auf der Erde ausbreitest und vermehrst. Während du diese Dinge tust, wird er deinen Glauben, deine Kraft und deine Segnungen vermehren und dir so ermöglichen, sein Reich in dieser Welt immer weiter auszudehnen.

Bist du breit, das Reich Gottes hier und jetzt zu erweitern? Wenn du Jesus bisher noch nicht als deinen Herrn und Erlöser empfangen hast, möchte ich dir jetzt eine weitere Möglichkeit dazu geben. Du wirst keine Durchbrüche erzielen und das Reich Gottes ausbreiten, solange du noch kein Bürger des Reiches Gottes bist. Warte nicht mehr länger!

Himmlischer Vater, ich erkenne an, dass ich ein Sünder bin und meine Sünden mich von dir trennen. Heute glaube ich, dass Jesus für mich am Kreuz gestorben ist und du ihn von den Toten auferweckt hast. Ich tue Buße über alle meine Sünden und bekenne aus eigenem, freien Willen Jesus als meinen Herrn und Erlöser. Ich sage mich los von jeder Übereinkunft, die ich mit der Welt, mit meinem Fleisch und mit dem Teufel getroffen habe, und schließe einen neuen Bund mit dir. Ich bitte Jesus, in mein Herz zu kommen und mein Leben zu verändern. Wenn ich jetzt sterben würde weiß ich, dass du mich in deinen Armen empfangen würdest. Amen!

Wenn du gerade dieses Gebet gesprochen oder du kürzlich Christus angenommen hast, aber die Taufe im Heiligen Geist noch nicht empfangen hast, bete das folgende Gebet, um mit dem Heiligen Geist erfüllt zu werden mit dem Nachweis des Sprechens in anderen Zungen. Denke daran, der Zweck der Taufe mit dem Heiligen Geist ist, übernatürliche Kraft zu empfangen, um Sünde, Versuchung, Krankheit, Armut, Dämonen und Tod zu überwinden und in allen anderen negativen Lebensumständen Sieg zu haben.

Himmlischer Vater, ich bin dein Kind und bitte dich, mich mit deinem kostbaren Heiligen Geist zu erfüllen. Und so wie der Heilige Geist es mir gibt auszusprechen, fange ich jetzt an, in anderen Zungen zu sprechen.

Bete in der Erwartung weiter, dass du jetzt in einer himmlischen Sprache sprechen wirst.

Wenn du Jesus empfangen hast und mit dem Heiligen Geist getauft bist und du möchtest, dass Gott dich immer mehr für sein Reich gebraucht, bete bitte folgendes:

Himmlischer Vater, ich bin dein geliebtes Kind. Ich bin ein König und Priester unter deiner Autorität und herrsche über mein Territorium in deinem Reich. Ich bin ein Kämpfer und besitze deinen Geist der Macht, um die eingrenzenden Mauern Satans niederzureißen und deine Durchbrüche für eine größere Ausbreitung deines Reiches zu empfangen. Lebe heute in mir und lass deinen Geist sich in meinem Leben bewegen. Lass mein Herz immer empfänglich und gehorsam sein gegenüber deinen Absichten und deinem Willen. Dein Reich komme und dein Wille geschehe auf der Erde, so wie im Himmel – im Hier und Jetzt und in alle Ewigkeit. Amen und Amen!

Guillermo Maldonado

ÜBERNATÜRLICH
in Gottes Kraft leben

Gottes übernatürliche Kraft und seine Autorität für Heilung, Wunder und Befreiung sind für die Gläubigen von heute genauso erfahrbar, wie es in biblischen Zeiten der Fall war. Guillermo Maldonado gibt biblisch fundierte Einsichten weiter. Er berichtet von außerordentlichen Zeugnissen, die ermutigen, die volle Offenbarung von Gottes übernatürlicher Kraft zu ergreifen.

Guillermo Maldonado ist dazu berufen, das Königreich Gottes auf lokaler und internationaler Ebene zu errichten. Er ist für viele Leiter ein geistlicher Vater und ein Apostel für lokale und internationale Gemeinden. Er wohnt mit seiner Frau Ana, die auch Partnerin in seinem Dienst ist, und zwei Söhnen in Miami, Florida.

VERLAG GOTTFRIED BERNARD
ISBN 978-3-941714-28-1 · Best.-Nr. 175528

Guillermo Maldonado

Erlebe die Fülle der HERRLICHKEIT GOTTES

Gott schuf dich, damit du in seiner Gegenwart lebst, sein Herz verstehst und seine göttliche Kraft erlebst. Dein Leben wird transformiert und du wirst fähig, Zeichen und Wunder zu tun, die Gottes Majestät auf der Erde offenbaren. Die vielen Zeugnisse in diesem Buch sind der beste Beweis dafür!

Der Autor beschreibt, wie du

- Durst und Leidenschaft nach Gott entwickelst
- von Gottes Feuer entzündet wirst, das „Unmögliche" zu tun
- ein kraftvoller Zeuge wirst und siehst, wie Menschenleben verändert werden
- das Evangelium durch übernatürliche Zeichen bestätigst
- das Wunder empfängst, das du brauchst!

Die Herrlichkeit Gottes ist eine erfahrbare Realität. Begib dich heute noch in seine manifeste Gegenwart und du wirst für immer verändert werden.

Seit mehr als 20 Jahren erlebt Guillermo Maldonado, wie die übernatürliche Kraft und Herrlichkeit Gottes durch seinen Dienst rund um den Globus sichtbar wird. Das Ergebnis sind mächtige Erweckungen, rasantes Gemeindewachstum und übernatürliche Zeichen, Wunder und Heilungen.

VERLAG GOTTFRIED BERNARD
ISBN 978-3-941714-32-8 · Best.-Nr. 175532

Matthias Jordan

HERRLICHKEIT
Gottes Dimension

Dieses Buch macht es dem Leser leicht, einen eigenen Zugang in die Dimension göttlicher Herrlichkeit und Kraft zu finden. Es weckt den Hunger danach, eine größere Dichte der Gegenwart Gottes zu erleben und eine innigere Beziehung zu Gott zu entwickeln.

Lebensnah beschreibt der Autor tiefe, göttliche Wahrheiten. In dem Spannungsfeld zwischen einem Leben im Geist und alltäglichen Herausforderungen macht uns dieses Buch Mut zu einem Lebensstil, in dem der Himmel sich tatsächlich mit der Erde verbindet.

Matthias Jordan wurde mit 24 Jahren Pastor des „Jesus Centrum Kassel". Nach neun Jahren erfolgreichem Dienst erkannte er jedoch, dass seine Leidenschaft für Jesus dabei auf der Strecke geblieben war. Eine Zeit des intensiven „Gott Suchens" führte ihn zu einem Durchbruch in eine neue Dimension mit Gott.

VERLAG GOTTFRIED BERNARD
ISBN 978-3-941714-21-2 · Best.-Nr. 175521

Christoph Häselbarth

WIE WIR GEHEILT WERDEN KÖNNEN

Christoph Häselbarth und andere erfahrene Seelsorger haben in diesem Buch ihre Erfahrungen in der Seelsorge und im Heilungsdienst eingebracht. Dr. Peter Riechert ist gläubiger Arzt und Pastor. Er und einige andere christliche Ärzte haben ebenfalls ihre medizinischen und seelsorgerlichen Erfahrungen zur Zusammenstellung dieses Buches beigetragen.

Da hinter sehr vielen Krankheiten seelische Ursachen stehen, gibt dieses Buch wertvolle Hinweise, wie diese seelisch bedingten Krankheitsauslöser angegangen werden können (besonders durch Vergebung) und wie gezielt um Heilung gebetet werden kann.

VERLAG GOTTFRIED BERNARD
Paperback, 184 Seiten · Best.-Nr. 175702
ISBN 978-3-934771-02-4

Christoph Häselbarth

Heilung –

Das göttliche Geschenk annehmen und weitergeben

Es wurden schon viele Bücher geschrieben über Krankenheilung. Bei diesem Thema entzünden sich auch die Gemüter, weil die Aussagen der Bibel wie „Durch Seine Wunden sind wir geheilt" oft nicht mit unserer persönlichen Erfahrung in Einklang zu bringen sind. In diesem Buch wird versucht, auf viele dieser Fragen eine biblische Antwort zu geben. Es wird auch in vielfältiger Weise sehr praktisch erklärt, wie wir um Heilung beten und dann auch Heilung bekommen können.

Dieses Buch wird viele Ihrer Fragen zum Thema Heilung beantworten und Zweifel beseitigen – und eine Tür zu Ihrer persönlichen Heilungserfahrung öffnen. Lesen Sie es bitte mit einem weit geöffneten, empfangsbereiten Herzen. Jesus wird Sie mit Heilung beschenken und Sie werden ermutigt sein, selbst für Kranke um Heilung zu beten.

Dr. Christoph Häselbarth war mit seiner Familie für mehrere Jahre in der Entwicklungshilfe in Afghanistan tätig. Anfang der 80er-Jahre rief Gott ihn und seine Frau Utta in einen Seelsorge- und Lehrdienst. Christoph Häselbarth wird gerne als Sprecher auf christlichen Konferenzen im In- und Ausland eingeladen, vornehmlich zu den Themen „Geistliche Vater- und Mutterschaft" und „Heilung".

VERLAG GOTTFRIED BERNARD
ISBN 978-3-941714-15-1 · Best.-Nr. 175515

Wenn Sie wissen wollen, ob Gott heute immer noch heilt, sogar in Deutschland, ...

... wenn Sie spüren, dass es mehr gibt als naturwissenschaftlich-medizinisch begründete Heilverfahren, …

... wenn Sie merken, dass Sie Ermutigung brauchen und der Glaube aufgebaut werden soll, …

... wenn Sie gerne Geschichten lesen von Menschen, die durch Gottes Kraft geheilt wurden, …

... wenn Sie schon immer einige Fragen über göttliche Heilung haben oder mit sich herumschleppen, …

... dann ist dieses Buch für Sie geschrieben.

Andreas Herrmann

ist Leiter des Christlichen Zentrum Wiesbaden und Autor mehrerer Bücher. Seit vielen Jahren steht er in einem dynamischen Heilungsdienst, in dem viele Menschen durch die Zeichen und Wunder, die seinen Dienst kennzeichnen, zu einer lebendigen Beziehung zu Jesus finden.

Verlag Gottfried Bernard
ISBN-Nr. 3-934771-18-1
Best.-Nr. 175718